本书所呈现的内容
均来源于各地检察机关提供的真实案例

检察官职业的全部意义
在于保障国家法律完整统一和正确实施

刺贪

◆职务犯罪侦查真实案例 ◆检察官教育辅助教材 ◆预防职务犯罪通俗读本

■职务犯罪侦查范例选

◎主编 王振川

中国民主法制出版社

图书在版编目（CIP）数据

刺贪：职务犯罪侦查范例选 / 王振川主编. —— 北京：
中国民主法制出版社，2010.12
ISBN 978-7-80219-781-7

Ⅰ．①刺… Ⅱ．①王… Ⅲ．①职务犯罪 – 刑事侦查 –
案例 – 中国 Ⅳ．① D918 ② D924.304

中国版本国书馆 CIP 数据核字（2010）第 229048 号

责 任 编 辑：翟琰萍

书　　　名／刺贪——职务犯罪侦查范例选
　　　　　　CITAN——ZHIWUFANZUIZHENCHAFANLIXUAN
作　　　者／王振川　主编
出 版 · 发 行／中国民主法制出版社
地　　　址／北京市丰台区玉林里 7 号（100069）
电　　　话／63292534　63057714（发行部）　63055903（编辑部）
传　　　真／63056975　63056983
E - m a i l：MZFZ@263.net
经　　　销／新华书店
开　　　本／16 开　787 毫米 × 1092 毫米
印　　　张／29　字数／459 千字
版　　　本／2011 年 1 月第 1 版　2011 年 1 月第 1 次印刷
印　　　刷／中国石油报社印刷厂
书　　　号／ISBN 978-7-80219-781-7
定　　　价／100.00 元

标本兼治、综合治
理、惩防并举、注重预
防。

何勇

二0一0年十二月

中共中央书记处书记、中央纪律检查委员会副书记　何勇同志题词

为廉而威

邱学强

二〇一〇年十一月

中纪委常委、最高人民检察院党组副书记、副检察长　邱学强同志题词

《刺贪》编委会

序 言

王振川

　　公元 17 世纪，在山东淄博蒲家庄，诞生了世界短篇小说之王蒲松龄。蒲氏一生，立志向学，著述颇丰，毕其一生心血的《聊斋志异》，借"花妖狐魅"讥讽封建统治的贪婪暴虐。流传至今，除了"写鬼写妖，高人一等"，还因为其"刺贪刺虐，入骨三分"。

　　改革开放三十多年来，波澜壮阔的中国改革大潮，取得了令世界瞩目的丰硕成果，物质财富增长，人民生活水平提高，社会稳定和谐。但不可否认的是，伴随着社会进步，腐败现象也开始滋生和蔓延。近几年，贪污受贿、挪用公款、滥用职权等职务犯罪案件呈高发态势，涉及的犯罪数额巨大。在社会主义民主法治进程取得重大进展的今天，这些腐败现象的存在，严重损害了党和政府的形象，给中国特色社会主义建设带来了极其不利的影响。

　　腐败是一种社会历史现象，犹如社会毒瘤。本书借用"刺贪"二字为书名，"贪"有贪官、贪婪、贪欲之指；"刺"更像国之利器，是令贪官胆寒的法律之剑、正义之剑。

　　法国启蒙思想家、法学家孟德斯鸠认为，公共权力有两种属性：一是腐蚀性，二是扩张性。权力是滋生腐败的土壤，绝对权力导致绝对腐败。众所周知，犯罪主体、犯罪原因、犯罪目标、犯罪机会是产生职务犯罪的四大要素，缺一不可。从一般意义上说，过分集中的权力、监督机制的缺失、社会环境的影响和某些人贪婪的本性等，是导致职务犯罪发生的主要原因。

本书呈现的数十个案例，均是近年我国各级检察机关立案侦查职务犯罪的真实写照，它以当时发生的案件事实为基础，并进行了一定的艺术加工。这些案例中，广泛涉及土地管理、工程建设、交通、医疗等热点行业，也有教育、水利、环保等过去被认为是"清水衙门"的部门。犯罪主体中，既有位高权重的厅级领导干部，也有手握实权的小人物；既有大学校长，也有国企老总。其共同特点是，他们大多是单位的一把手或部门负责人；涉案金额大，案情复杂；权钱交易的手段隐秘。

本书通过全国各地检察官的办案实践和真实讲述，突出办案的困境和突围的方法，重点突出双方行为、心理、价值观的较量，体现检察官无私奉献的情怀和犯罪分子的贪欲。书中案例立足于检察机关侦办职务犯罪案件的真实过程，以大智大勇的检察官为主体，以一波三折的案件侦破为主线，风格纪实，视角独特，刺贪刺虐，激浊扬清，深挖职务犯罪产生的根源，从个人、家庭、社会环境等方面，探寻贪官走上犯罪道路的行为轨迹，层层剖析其坠入罪恶深渊的心路历程。

本书政治性、实践性、专业性、可读性很强，对各级公务人员、企业家以及社会各界人士，都有所启迪和教益，并具有预防职务犯罪的良好作用。书中所蕴含的侦查谋略和办案智慧，均是成功的经验，可供借鉴，对检察人员进一步做好职务犯罪侦查工作具有指导意义。这些案例，不仅昭示了我党反腐的决心和信心，同时也让人们认识到，反腐败斗争的任务是艰巨的、长期的，只有认真贯彻落实"标本兼治、综合治理、惩防并举、注重预防"的方针和"教育、制度、监督并重"的原则，采取有效的预防措施，才是预防和遏制职务犯罪的根本之道。

"良田万顷日食一升，广厦千间夜眠一床"。个人需要很容易满足，无法满足的是贪欲。作为握有公共权力的人，一定要慎用手中的权力。权力是一把双刃剑，用得好，上可报效国家，下可造福百姓。人的贪欲是个无底洞，要靠修养、道德和对权力的敬畏来克制，因而无论做官做人，我们都须"常修为政之德，常思贪欲之害，常怀律己之心"。

　　检察官职业的全部意义在于保障国家法律完整统一和正确实施。"强化法律监督、维护公平正义"是检察机关的神圣职责。反腐任重而道远，关系到人民群众对党和政府的信任，关系到中华民族对伟大复兴的信心，关系到党的生死存亡。

　　虽然艰难曲折，但我们坚定不移。

二〇一〇年十二月

目录 ▋

私企老总突然失踪
牵出一笔幕后交易
一张碎纸拼图
一组暗藏玄机的神秘数字
揭开一个税务明星的堕落轨迹

数字 739 与 556 之谜

泸州是四川省有名的历史文化名城。2002年初夏的一天，刚刚上班，泸州市人民检察院反贪局的全体检察人员就被局长胥精华召集到了会议室，和此前一样，会议上，一个名叫邬江的人又被大伙提了出来。在讨论过程中，胥精华接了一个电话，刹那间，他脸色大变，低头不语。让胥精华脸色大变的电话很简单：骆小宝（化名）失踪了！

原来，这天上午，一名女子神色慌张地到泸州市公安局报警，声称自己的丈夫骆小宝失踪了。给胥精华打电话的，是泸州市公安局的一名民警。

骆小宝，泸州某房地产开发公司总经理，在失踪之前，他刚刚完成了一笔大买卖——以三千二百多万元的天价，将一块地皮卖给了泸州市国税局。作为国税局的代表，和骆小宝谈判的是国税局局长助理——邬江。接到电话时，胥精华之所以大惊失色，是因为骆小宝的失踪似乎与邬江有着某种非比寻常的联系。

在报警过程中，骆小宝的妻子详细叙述了丈夫失踪前的经过：几天前，丈夫接到一个电话约他到某茶楼喝茶，之后出了门，从此就杳无音讯，而打电话的人正是邬江。

早在三个月前，泸州市人民检察院就接到群众举报。举报信反映，泸州市国税局与泸州某房地产开发公司之间的土地买卖存在着"权钱交易"。在这封举报信中，举报人详细叙述了双方交易的诸多细节，这引起了泸州市人民检察院的高度重视，收到举报信不久便开始了初查。

泸州是四川省有名的历史文化名城

在初查过程中，骆小宝逐渐进入检察机关的视线。然而，让胥精华没有想到的是，正当他准备秘密找到骆小宝核实情况的时候，他却失踪了。

寻找失踪者

泸州市国税局购买的土地是职工住房基建用地，由于购地款是职工集资款，骆小宝的失踪，犹如一枚重磅炸弹，一时间在泸州国税局激起轩然大波。

2001年年初，泸州市国税局集体研究决定，集资兴建职工住房，并随即成立了基建办公室，由局长助理邬江兼任基建办主任，负责物色地皮，准备建房。当时，骆小宝的公司正好有一块邻江的土地急着要开发，得知国税局要建房的消息后，他就与邬江开始接触。随着购地谈判的深入，骆小宝和邬江的交往也日益密切。可以说，此次土地转让的过程，骆小宝是唯一清楚内情的人。

骆小宝的突然失踪打乱了检察机关制定好的侦查计划。在这个关键时刻，他为什么不见了踪影？难道是邬江听到了什么风声，约骆小宝到茶楼密谋后，指使他躲了起来？要想解开这个谜团，检察机关必须找到骆小宝。

检察官火速赶到骆小宝最后出现过的茶楼。

据茶楼老板回忆，那天，两个人确实到了他的茶楼包厢喝茶，不久以后就分道离开，中间没有看出什么异常状况。初查结果显示，没有任何迹象明确表明，骆小宝的失踪和邬江有直接关系。

骆小宝去茶楼赴约后，妻子见丈夫几天未归，就到邬江家里"索夫"，随后报警，如此一折腾，这事很快就被闹得沸沸扬扬。这样的办案环境对检察机关很不利，可以说，案件不管涉及到谁，都已经打草惊蛇，他们完全有时间做手脚，销毁重要证据。

对于前期的摸查，胥精华异常谨慎，他决定还是先从骆小宝的公司入手，希望能够发现一点蛛丝马迹。

缺页旧台历上的数字

在搜查骆小宝办公室的时候，检察官带回了一本旧台历。骆小宝有在台历上做记录的习惯，主要记一些电话号码、人名以及待办事项之类的内容。但在这本带回来的台历中，胥精华发现其中缺了一页，这引起了他的注意。

缺的这页台历上记的是什么呢？找到这页台历会不会带来新的线索？这件事情提醒胥精华，有必要对骆小宝办公室再次仔细搜查。

带着这个疑问，胥精华亲自带队，再次来到骆小宝的办公室。

再次搜查并没有马上找到胥精华希望看到的台历缺页，检察官在办公室的角角落落开始寻找。在墙角的一个碎纸篓里，他们终于有了意外的收获。在肮脏的废纸篓里，检察官把里面的纸片全倒在地上，一个纸团一个纸团打开，发现一张废纸片上，有一个"邬"字。

"邬"是个比较少见的字，检察机关的主要调查对象就叫邬江，这个"邬"字是不是指邬江呢？随后，胥精华把其他纸团一一打开，撕碎的纸片被拼凑到一起，一页完整的台历出现在胥精华的面前。这页台历，正是缺的那一页。台历纸上，除了一个"邬"字，还有739、556两组数字。从这两组数字排列的方式来看，它们并没有被排列在一起，可见这两组数字不是一个六位数的组合，它们应该有各自独立的意义。

739 和 556 到底什么意思？在同一张纸上，还出现了邬江的"邬"字，这应该不是骆小宝随手写的，胥精华觉得有必要重新审视这两组数字的秘密。

回到办公室，外围查账组传来了消息。他们发现，泸州市国税局把三千多万土地款划给骆小宝的公司没几天，骆小宝公司的账上就划走了几笔款，这几笔款项加在一起正好是 556 万元。同时，在这家公司继续调查的检察官还得到一条重要线索，有一个股东说，这块土地，最初股东们商量，如果每亩能够卖 50 万元就可以出手，没有想到最后竟卖出了每亩 65 万元的高价。

从事反贪工作的人对数字都特别敏感，胥精华在办公室拿了一个计算器，结合本案的土地价格、土地面积，翻来覆去地进行加减乘除运算，试图让数字说话。泸州某房地产公司卖给泸州国税局的土地是 49.276 亩，按照股东的说法，每亩地多卖了 15 万元，也就是说，这块地皮多卖了 739 万元，这印证了台历缺页上的数字，但是，739 跟 556 是什么关系呢？胥精华一遍遍在纸上演算着。多番组合之后，这几个数字间的一个内在关系慢慢浮现了出来：739 跟 556，他们之间的差是 183，但是这个 556 是 183 的三倍，也就是说 739 是 183 的四倍！

所谓的"三倍""四倍"是不是他们之间的分赃比例呢？运算到此，胥精华大胆设想，骆小宝和邬江当初计划以 1∶3 的比例划分这笔 739 万元的赃款，即一人分得 183 万元，另一人分得 556 万元。

外围查账组继续调查发现，在骆小宝公司开户的建设银行泸州市分行某储蓄所，其户头上的 556 万元已经消失了。是骆小宝携款出走，还是他取出来送给了什么人？胥精华分析，骆小宝从银行直接取现金的可能性不大，因为提取五百多万现金，银行方面需要提前预约。另外一种可能，就是先取款，然后用其他存折同时又存进去，取钱又存钱，这样才可能不提取任何现金。

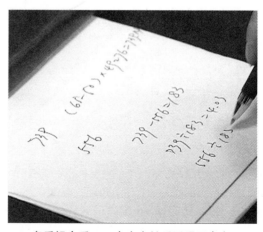

多番组合后，一个内在关系浮现了出来

农民有了五百万

胥精华马上部署外围查账的检察官，清查当天在这个储蓄所存了五百多万的是哪些人。这一查，一个叫王重刚（化名）的人名跳了出来，这一天，只有这个叫王重刚的人，账户上突然存进了5561805元。

检察官把存、取款的单据调取出来，经笔迹核查发现，这两张单子的笔迹出自同一个人。经鉴定，这个取款又同时存款的人，就是骆小宝。但是，这个王重刚是谁？骆小宝为什么要把五百多万巨款交给王重刚？要想解开谜底，只有找到王重刚。

通过派出所排查，全市有九个叫"王重刚"的人。

检察官随即展开了对泸州市区"王重刚"的逐一排查，对户籍数据库里有联系电话的王重刚，进行电话核实；没有电话的一一上门走访，询问他们的资产情况。通过排查，九个"王重刚"都没有这笔钱。

王重刚难道不是泸州市区人？检察官扩大了排查范围，渐渐

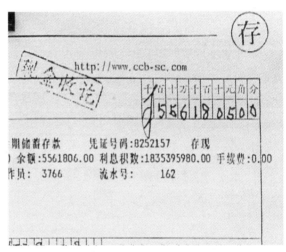

一个农民的账户上突然有了556万

地，一个来自农村的王重刚进入了检察官的视线。这个王重刚家住泸县农村，今年29岁，是个普通农民。

检察官马不停蹄赶到泸县，找到王重刚时，他正在地里干农活儿，他说他的身份证被正在泸州打工的弟弟带走了。检察官马上赶回泸州，根据王重刚提供的地址，在泸州市区一家快餐店找到了王重刚的弟弟。让人意想不到的是，王重刚的弟弟矢口否认用哥哥的身份证到银行开过户，更不清楚这笔钱的来历，因为哥哥的身份证也不在他手里。

王重刚弟弟说，他到店里刚上班，身份证就被老板娘收走了。他还提供了一条重要线索，这家店的老板娘不是真正的老板，真正的老板是他的丈夫。经过查实，

检察官有了一个令人振奋的发现，这家快餐店的老板叫邬河（化名），是泸州市国税局局长助理邬江的亲弟弟。

显然，调查与邬江越来越近了。

胥精华分析，邬江很有可能盗用了王重刚的身份证去银行开户，再利用这个账户移花接木，藏匿赃款。一切外围调查结果显示，邬江有重大经济犯罪嫌疑，泸州市人民检察院立即决定对邬江立案侦查，并执行刑事拘留。

审讯室里的对抗

一场抓捕行动悄悄开始了。6月10日晚，夜静得出奇，十余名检察人员秘密而机警地包围了邬江的家，胥精华身着便衣和法警一起靠近屋子。邬江就在家里，他没有反抗，似乎知道这一刻迟早要到来。简单地拿了几件换洗衣物，邬江被带到了检察院。

讯问室里，邬江沉默不语，只说自己跟骆小宝没有任何往来，也没有经济交往。

时间一分一秒地过去了。整整一天的审讯中，邬江一副事不关己的态度，大谈自己的政绩，谈为国税系统作了多少贡献。

这都在胥精华的预料之中。在宣讲完检察机关的政策后，检察官几乎一言不发，只是静静地听邬江讲。胥精华在观察，他要看邬江有多大的反侦查能力；他要看邬江的心理承受能力有多大；他要看邬江有没有认罪的表现，有没有交代问题的迹象。

邬江到讯问室以后，一直不敢正视检察官的目光，凭直觉，胥精华断定里面一定有问题。听了几个小时的"政绩报告"后，胥精华就收兵了——邬江还没到交代问题的临界点。

检察机关对邬江刑事拘留后，开始根据前期调查的结果，对邬江的基本情况进行了梳理。知己知彼，是大战前的必要准备。邬江是泸州市国家税务局局长助理，曾先后担任泸州市合江县税务局副局长、泸州市税务局税政科副科长、泸县国税局局长、泸州市龙马潭区国税局局长等职务。邬江有兄弟三人，他排行老大，为人精明，做事果断。了解邬江的人都知道，他刚参加工作时，可以说年轻有为，追求进步，并一直希望能够在税务系统步步高升，有所发展。出于一种强烈的自信，郇江比较高傲，几乎没有人可以让他佩服。在外面，他八面玲珑，应付自如，是个公关高手；可在家里，他却有些冷漠——对妻子都缺乏温情，和父母也没有多少话可说。

再次提讯郇江之前，胥精华首先问看守人员，得知郇江常常整夜难以入睡，而且不时地唉声叹气。这些信息表明，郇江思想有了松动，胥精华决定再次提审郇江。

这次面对面，郇江的口风开始有了一些松动，但只避重就轻地抛出一些小问题。

胥精华有多年的讯问经验，他知道，郇江此时心存侥幸，这个时候有必要给他透露一点信息。胥精华直截了当地问郇江："骆小宝办公室台历上的739和556，是不是你和骆小宝的分赃比例！"

听到这话，郇江的脸色顿时一变。

这时，胥精华又为审讯加了一把火，他严厉地指出，检察机关不会无缘无故请你来，郇江你怎么解释你弟弟的快餐店里，王重刚账户上的556万元？

听到这话，郇江的脸完全变成了瓦灰色，目光呆滞无神。

此时，坐在对面的胥精华断定，在这场攻心战中，决胜的时刻到了——

在交代问题的临界点，胥精华做了一件令郇江想不到的事情，他掏出手机，拨通了郇江一位好朋友的电话。在气氛高度紧张的审讯室，电话那头的声音分外清晰，朋友希望胥精华转告郇江："一定配合检察机关，否则我们没有见面的机会了！"

听到这个电话的郇江，一下子跪在地上痛哭流涕。至此，原本心存侥幸的郇江，心理防线彻底崩溃。

追踪赃款

郇江交代，赃款的去向，可以找他的弟弟郇河。

郇河是郇江最小的弟弟，也是郇江最信任的人，他的所有赃款没有告诉妻子，没有告诉父母，都放在这个弟弟那里。郇江想，弟弟开着快餐店，有自己的生意，本身也有一定的经济实力，如果有人怀疑，能够解释得清。

郇河是某区财政局的一般工作人员，考虑到他本人并不知情，检察机关准备秘密传唤邬河。没想到，检察官在财政局没有找到他，同事反映，他已经请假回家好几天了。检察官马上赶往邬河家，在他家里也扑了个空。原来，因为阑尾炎发作，邬河住进医院输液去了。

邬河卧病在床，经医生同意后，他被带到了检察机关。邬江不愿意自己的弟弟受到牵连，特意写了一张字条，托办案检察官转交邬河，让他配合检察机关，尽快追回赃款。

见到哥哥的亲笔字条后，邬河讲了所有钱款去向。每一张存单的密码和号码，他都记下来，然后用不干胶，贴藏在办公室的铁皮柜底下。而存折和房产证的存放地点，邬江也颇费心机，全部放在了合江县老家一个朋友刚装修的房子里，存单用两三层胶纸口袋封起来，然后用不干胶裹紧，卷成一个圆筒，放在吊顶的灯孔里。

检察官马上进行了搜查。查获的存款和购房合同款加起来，正好能复原从骆小宝账户上消失的 556 万，银行物证和邬江口供全部吻合。

一个税务明星的堕落

邬江业务精熟又深谙交际之道，是泸州税务系统最耀眼的明星，他从普通工作人员到区税务局局长，只用了不到十年时间，他一直希望能在仕途上有更大的发展。

邬江给弟弟的字条

2000 年是邬江命运发生改变的关键一年，从这年起，四川国税系统开始深化干部人事制度改革，在人员录用、干部选拔方面，实行全省统一考试和公开竞聘上岗。

邬江是一个有争议的人，组织上多次准备提拔他为泸州市国税局副局长的时候，都有人反映他有经济问题，让他的升迁备受挫折。原本雄心勃勃的邬江，在局长助理这个闲职上，一呆就是两年多。这让邬江的心里很不平衡。

之前的多次举报，相关部门都对邬江进行了调查，但五六次下来，并没查出什么实质性问题。应付上级调查轻车熟路的邬江，不由得暗自得意，他的胆子也越来越大。

在邬江办公桌的台历上，检察官发现了这样两句话："四十尤如此，还看百年后。"据邬江解释，这句话的意思是，他出生于1961年，案发的时候已经满四十岁，他认为人过四十，仕途方面不能如意，不如手里留点钱来得实惠。2001年年初，泸州市国税局集体研究决定，集资兴建职工住房，任命邬江兼任基建办公室主任，主要负责工程项目的报建、施工队伍的考核、招投标审批等工作。组织上的信任，让邬江实权在手，这个时候，他觉得机会来了。

骆小宝的出现，很合邬江此时的心境。

两个人第一次见面的时候，骆小宝暗示他，尽量照顾一下，大家都有好处。就这样，泸州某房地产开发公司最后以每亩65万元的价格，将49.276亩土地转让给了泸州市国税局，每亩高出公司底价15万，共计739万元。按先前的约定，这739万就是邬江和骆小宝的"好处"。在这里，邬江为了占有更多的金钱，且不引起"盟友"骆小宝的怀疑，使了一个花招，即以1：3的比例，把钱分成四份，骆小宝占一份，另外三份邬江来处理。邬江这样做，有堂而皇之的理由，他向骆小宝表明还有其他领导要考虑，把整个钱分成几份，他只占其中的一份，让对方感觉到这样很公平。其实，这556万元全部落入了邬江的腰包。

虽说钱已经到手，但邬江明白，在泸州这样经济欠发达的地区，一次贪污556万元，如果被检察机关查获，是可以被处以极刑的。这556万元拿在手里，犹如一颗炸弹，令邬江惶惶不可终日，可是这种惶

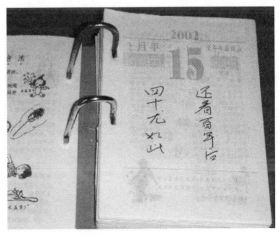

邬江办公桌台历上的感慨

恐很快被贪婪的欲望排挤开了。

由于556万元巨款实在太明显，过了几天，邬江又找到骆小宝，把存有五百多万元的存折还给了他，邬江有了另外的安排。他指使骆小宝把这些钱转到了指定的账户——王重刚的账上，所以就有了一个在家务农的农民，突然有了556万元巨款的荒谬故事。随后，邬江觉得还是不安全，他又想到做几张假身份证，开设了多个银行户头。有了这些户头，邬江又指使骆小宝把556万元化整为零，分批转移，企图扰乱检察机关的侦查视线。

拿到钱以后，邬江还想出了另外一条"洗钱"途径。当时他弟媳的快餐店，虽然生意一般，但邬江却四处散布说"赚了一两百万元！"没过多久，邬江就花一百多万元，以他弟弟的名义买了一间门面房。

其实，弟弟邬河对这些钱的来源也提出过疑问，毕竟自己的哥哥只是国家工作人员，不可能突然有这么一大笔钱。但邬江编造了一个谎言，他说，这些钱是一个做生意的朋友，不方便用真名实姓存钱，先放在他这里的。为了掩人耳目，邬江利用真假身份证，将556万元分成34笔在各大银行间进行转移，试图混淆外人视线，可谓费尽心机。但是魔高一尺，道高一丈，这一切最终还是没有逃脱检察官的慧眼。

庭审前，写得一手好文章的邬江，开始了他人生最真挚的一次写作，他分别给他的妻子、父母及朋友写了一封信。在信中，年已四十的邬江犹如梦醒后的孩子，费力地梳理着他走过的人生道路，他写道："走到今天这一步，就像一场噩梦，太不应该了，我的无知和糊涂，把一个好端端的家毁了，也使自己的亲人为我蒙受羞辱……"

邬江在法庭上受审

2002年10月24日，泸州市中级人民法院对本案开庭审理。泸州市国家税务局原局长助理邬江伙同他人，抬高土地售价，虚增现金

739万元，予以私分，数额特别巨大，已构成贪污罪。鉴于邬江对于犯罪事实的坦白交代，并且所有赃款全部退清，且到案后有检举立功表现，泸州市中级人民法院以贪污罪，判处邬江无期徒刑，剥夺政治权利终身，并处没收全部财产。邬江没有提出上诉。

邬江被判决时，骆小宝下落不明。

贪便宜不嫌东西小
收贿赂不惧数目大
疯狂敛财，偏执守财
贪婪成性搬钱忙
噩梦醒来成泡影

"守财奴"的世纪疯狂

2003 年 7 月的某个上午，深圳市盐田区人民检察院依法对一名涉嫌职务犯罪的公务员的住宅进行搜查。一系列搜查后，检察官并没有新的发现，但却看到了另一幅景象：在这个握有实权的公务员家中，两个抽屉里放着很多酒店免费赠送的牙膏牙刷、沐浴露、洗发液之类的小物品。

这让检察官在匪夷所思之余，也感觉有些好笑。

然而就在几天后，同一案件的检察官在搜查这名公务员的另外一处住宅时，却再也笑不出来了。这回，他们看到的景象让人目瞪口呆：十万十万的人民币成捆地放在一米高的保险柜里，一张张存折随意扔放着；大衣橱里，两只密码箱塞满了一沓沓现金；一些散放的纸币甚至出现了腐蚀或者残缺；还有大量"身价"过万的燕窝，由于放得太久，有的都长毛了。

检察官迅速请银行协助清点，三四名银行工作人员、一部验钞机、两部点钞机一刻不停地工作，甚至有一部点钞机都"累坏了"。银行工作人员最后说，这些现金和存折有一千多万元。

清点结束已是中午时分，大家叫来盒饭，守着千万巨款吃了一顿简单的午餐。"这是我这辈子吃得最惊心动魄的一顿午餐。"一位检察官事后说。

一边是惊心动魄的千万巨款，一边是从酒店带回家的免费小物品，两种东西竟然属于同一个人！这个让人匪夷所思的人是谁呢？

小工程也有大学问

2002 年 6 月的一天，几封举报信摆在了时任深圳市盐田区人民检察院反贪局副局长许定坤的面前，信中举报的内容，是深圳市公路局在公路建设中存在着严重的经济问题。看上去，举报内容很具体，涉及人员很多，行贿者和受贿者都有具体的名字，甚至连送钱的时间、地点都写得一清二楚。

修好一条马路，倒下一批干部。深圳市公路局真的有严重经济问题吗？经过研究，检察机关决定从外围查找线索。在建设局，检察官在查阅了大量招投标资料后，从粤通公司发现了一个重要突破口。

粤通公司是深圳市公路局的下属单位，主要以道路工程建设项目为主，承揽项目后，一部分自己做，一部分再转包给一些施工队。这本是一种极平常的经营模式，但是检察官在调查中发现，粤通公司的不少工程项目并不是通过招投标方式拿到的，而且拿到项目后，很快就分包给了几个资质不够的施工队。这引起了检察官的注意。

他们从粤通公司的工程查起，很快，包工头程轶群（化名）和毕有金（化名）进入了检察机关的视线。

调查发现，程轶群早先只是一个泥水匠，后来通过承包道路工程，一夜暴富，住豪宅，开宝马，很是"风光"。另一个包工头毕有金的情况也差不多如此。两人都与粤通公司有过多次"合作"，才有了如今的气派。程轶群和毕有金只是个包工头，他们靠什么拿到的工程？他们和粤通公司到底有什么关系？

程轶群是潮汕人，为人义气。程轶群说，他跟粤通公司经理肖立（化名）关系很好，能够发达，肖经理功不可没。他说，逢年过节，他怀里揣着两只橘子去了肖经理家，就这样，肖经理就把工程给他做了。程轶群拿工程的"经验"，让检察官哭笑不得。

凭着多年的办案经验，检察官判断，两人之间的交情绝非"两只橘子"

道路施工现场

那么简单。其实，对于检察机关的目的，程轶群心知肚明，但是只要触及核心问题，他就避重就轻，甚至缄口不言。问得急了，他就一句话："我是生意人，不能出卖朋友，问题有，但是现在我不会讲。"

谁都知道答案，可就是无法把答案落实到纸面上，这实在是对检察官耐心和毅力的巨大考验。不过，东方不亮西方亮，就在程轶群这边"死扛"的时候，毕有金那边却出现了转机。毕有金开始接受问话时，跟程轶群的态度如出一辙，被追问紧了，他就说逢年过节送一点茶叶、搞点小红包之类，根本不涉及具体问题。但是，毕有金承包的一处工程正在建设中，很多事情需要他来协调，时间一长，他受不了了，他想尽快交代问题，以便及早脱身。于是挤牙膏似的，毕有金陆续交代了向粤通公司经理肖立数次行贿近10万元的事实。

处长帮"包工头"做标书

检察机关决定对粤通公司经理肖立立案侦查，并立即传唤了肖立。和行贿者的吞吞吐吐相比，肖立的"坦诚"倒让检察官感到了前所未有的轻松。

肖立是技术型干部，到案后，他十分配合检察机关的讯问，一天左右，他就交代了收受四五个包工头的钱物，总共接近百万元的事实。然而，在讯问肖立的过程中，检察官明显感到，深圳市公路局的内部管理十分混乱，肖立很可能只是一个小人物。肖立交代说，正在建设中的龙大线总共有十几个"标"，这个工程涉及的都是关系户，能够在这里中标的都有一定背景，其中有个包工头叫刘潇博（化名），给他送了接近20万元行贿款。

顺着这条线索，检察官来到了龙大线上刘潇博的工地，工地上的工人说，他们也有好几天不见刘老板了。不仅如此，龙大线上十几个"标"的包工头，一下子集体失踪了，看来，肖立被检察机关传唤的消息传得很快。为了尽快找到刘潇博，在公安机关的配合下，检察机关在全市协查刘潇博的行踪。

其实，听到肖立出事的消息后，刘潇博躲了两天。两天里，他也在四处打探，但觉得外面的风声并没有流传得那么紧，更重要的是，自己承建的那段工程正到了关键时刻，他很不放心，于是，从隐藏地悄悄溜了出来，刘潇博准备到工地上看看。巧的是，他刚一露头，就被派出所的民警逮了个正着。

刘潇博是个小老板，长期亲力亲为干工程，不仅人高马大，脾气也很暴躁。面对检察官的讯问，他扯着嗓门嚷嚷："你们检察院找我没道理，现在我工程紧，你们让我走！"

检察官并不着急，他们告诉刘潇博："你是犯罪嫌疑人，现在正接受检察机关的调查，我们是有强制力的。检察机关不是不通情理，你的权利、你的利益我们不会损害，你交代了问题，我们可以按照法律规定从宽处理。"见这招不奏效，刘潇博开始要赖，他一会儿要拿东西砸人，一会儿又威胁检察官说，自己要触电门自杀。比起向肖立行贿的其他行贿人，刘潇博的反应过于激烈了，根据经验，检察官分析，刘潇博在向肖立行贿之外，可能还有更大的违法犯罪事实，正是精神压力过大才导致了如此激烈的反应。

其实，刘潇博强硬的外表下，是一颗恐慌的心，他正在建设中的工程，如果管理不好，会血本无归的，想到这些，刘潇博不再那么嚣张了。

初步平息了刘潇博的情绪后，检察官提出了一个让他无法回避的问题："按照你的能力，连标书都不会做，你怎样拿到在建的工程呢？"

刘潇博只有小学文化，他的工程队也没有专业人员，那么一定是有人在帮助他，如果胡乱编一个人名出来，检察机关很容易调查出真伪。面对这个问题，刘潇博交代，他的标书是深圳公路局建设处处长胡晓周（化名）帮他做的。

建设处是深圳公路局的核心部门，负责深圳地方公路的规划以及招标的设计等。在很多人眼里，三十出头的胡晓周是公路局的"后起之秀"，除了局长和分管副局长，他掌握着公路工程的"标底"，而知道了标底，中标易如反掌。这样一位公路局的重量级人物，帮助包工头做标书？这当中肯定大有文章。在检察官的追问下，刘潇博供述，他曾经向胡晓周行贿15万元。很快，胡晓周接受了检察机关的讯问。

面对讯问，胡晓周一口咬定自己是清白的，一分钱没收。但是检察官发现，从坐进讯问室的那一刻起，他就始终低头看着地板，不敢与检察官对视，而更多的时候，他侧着脸坐在那里，一言不发。

检察官回忆，很长一段时间，空气仿佛凝固了，讯问室里悄然无声。可是身在其中的每个人都真切地感到，双方正进行着一场心理的较量。

检察官老余拿起一杯水，交给了胡晓周——也许紧张的气氛需要缓和一下。正是这杯水，让胡晓周的心里动了一下，他现在最关心的，是检察机关找了哪些包工头，检察机关掌握了他哪些受贿的证据。他欲言又止，而这一切没有逃过检察官老余的眼睛，老余知道，胡晓周的心理防线即将崩塌。第二天凌晨，胡晓周首先交代了刘潇博给他行贿的事实。胡晓周说，决定工程发包给谁，并不是他一个人能够做主的，通常情况下，那些找他的包工头都有背景，这个背景，就是他的顶头上司、公路局局长黄亦辉。

早年也曾万丈豪情

肖立、胡晓周的相继落马，直接牵出了他们背后的黄亦辉，此时的黄亦辉，已经从公路局局长调任民政局局长了。在讯问过程中，检察官敏锐地感觉到，在肖立和胡晓周的背后，有更大的黑幕有待揭开。

黄亦辉调任民政局局长不久，几封举报信引起了纪检监察部门和检察院的注意。举报信反映，黄亦辉到任后装修民政大楼严重超标，同时黄亦辉利用在公路局的关系，把公路局一个房地产开发项目低价卖给他的一个朋友，随后加价几百万转卖给了民政局。联系起公路局接二连三的受贿案，深圳市纪委决定对黄亦辉展开调查。2003年6月27日，市纪委在掌握了黄亦辉大量违纪事实后，对黄亦辉宣布"双规"，并将此案移交检察机关。同日，深圳市人民检察院指定盐田区人民检察院侦查此案。

7月1日，黄亦辉涉嫌受贿被立案侦查；

9月30日，黄亦辉被刑事拘留；

10月13日，黄亦辉被批准逮捕。

根据前期掌握的材料，检察机关一一进行了突破。随着调查的深入，一个千万巨贪渐渐浮出水面。于是，本文开头的一幕便在黄亦辉的两处住宅中同时"上演"。

黄亦辉1949年出生一个农民家庭，中学毕业后，在公社任资料员兼电影放映员，后来成了公社干部。1984年从惠阳调往深圳，历任深圳市龙华镇镇委书记、宝安区副区长、深圳市公路局副局长、公路局局长、深圳市民政局局长。

龙华镇是黄亦辉深圳为官的起点，也是他在仕途上一路升迁的基础。一位当年同事对他的评价是："一个敢想敢干的年轻人，一个很想给龙华留下一点东西的好干部。"1986年，龙华正式建镇，那时，改革开放的春风吹醒了南国沉睡的土地，龙华这个贫困山区也迎来了发展的黄金期。正式建镇那一年，黄亦辉请来广东省规划设计院、深圳市建设局的专家为龙华勾画蓝图，打造了一个未来龙华的雏形。而十几年前的规划如今已逐一变成了现实，超前规划使龙华始终沿着一条良性发展的轨道前行，少有历史遗留积重难返的包袱。龙华的大发展与招商引资密切相连，黄亦辉在任时，曾给镇领导每人每年200万元的招商引资任务。现在的龙华镇，有了众多全国知名的厂家。同时，黄亦辉在龙华认识了一些老板，在他任公路局局长时，频频送钱的就是这些老板。

1994年8月，黄亦辉终于如愿以偿，从宝安区副区长调往深圳市公路局，当了副局长一年后转正。此时，曾经隐藏在他内心深处被压制的贪欲也开始迅速膨胀起来。

1995年10月，深圳市公路局决定在龙华镇民治村修建一幢造价四千六百多万元的工区综合楼，刚刚转正的黄亦辉将消息透露给了某建筑工程公司董事长陈志祥（化名）。那时，深圳市对政府工程尚未开展招投标，黄亦辉的一句话，陈志祥便与公路总站签订了施工合同。事后，陈志祥将准备好的30万元港币塞给了黄亦辉。

这一次直接送现金，黄亦辉面呈不悦之色，原因很简单，这样直接送现金目标太大。工程前后进行了四年，从1997年春节开始，陈志祥改变了方式，把送现金改为送存折，存折上的名字是陈志祥的，但黄亦辉知道密码，可以随时上银行取钱。薄薄一本存折，不显山不露水，双方都乐意接受。

黄亦辉的社交圈子不大，能够进入核心圈子的，是几个腰缠万贯且出手阔绰的包工头。黄亦辉刚刚当上公路局副

黄亦辉接受讯问

局长，一个叫应坚强（化名）的个体建筑商便塞给他一个内装三万元港币的信封，这位应老板就直接走入了黄亦辉的核心朋友圈。

投资当然是为了回报。2000 年 11 月，深圳市公路局就深圳龙华镇至东莞大岭山的龙大线招投标发布公告，一直对黄亦辉进行感情投资的应老板认为机会来了。一次酒足饭饱后，应坚强向黄亦辉提出参加龙大线工程投标，黄亦辉立刻打了一个电话，将主管工程招投标的建设处处长叫来了。

这个电话当然不会白打，在建设处处长赶到酒店之前，应老板将早已准备妥当的一袋 30 万元港币"小意思"交给了黄亦辉。建设处处长赶到酒店后，黄亦辉令其安排一座路桥让应老板投标。这座造价 2200 万元的路桥工程，有了这些照应，应坚强在竞标过程中一路"过关斩将"，一举中标，最终赚了个盆满钵满。

对整日围在身边的几个包工头，黄亦辉几乎到了有求必应的地步。任民政局局长后，黄亦辉仍不时为他们"两肋插刀"：包工头钟羽（化名）在油松综合市场上资金周转有问题，黄亦辉让民政局的福彩中心以 1430 万元的价格接下这个摊子，钟羽适时送上 180 万元港币。民政局的装修工程，按规定需要公开招投标，为规避招投标，钟羽按照黄亦辉的"指点"，先租下一层楼，装修好后再转租给民政局。如此一转换，规避了招投标制度，钟羽从中赚取了 140 万元装修费，黄亦辉也从中获得一份"厚礼"：50 万元港币及 10 万元人民币。

工程前送上"感情投资"垫底，工程中送上"感谢费"，工程后继续追加"感情投资"，包工头投出的"金钱炸弹"一浪高过一浪，最终将黄亦辉彻底击垮。

妻子与情人"亲如姐妹"

王莹（化名）出身于知识分子家庭，1993 年 8 月，在获得研究生文凭后，她辞去大学教师的工作，来到深圳发展。1996 年 9 月，经人介绍，她认识了黄亦辉。

王莹不仅人长得漂亮，而且气质高雅。黄亦辉好色，只要他看上的女人，总要千方百计弄到手。不到半个月，黄亦辉就将王莹安排进了下属某单位。1997 年 10 月，王莹又被提拔为某项目办副主任，几个月后，她又被调到机关并被"破格"任命为副主任科员。

面对黄亦辉的提拔和"重用"，王莹的内心充满了感激。1999年3月20日上午，黄亦辉约王莹中午到家里吃饭，王莹以为黄妻也在家里，就高兴地答应了，但她中午进门后才发现，只有黄亦辉一个人在厨房里做。饭后，两个人的关系由上下级变成了情人。之后几天里，王莹的心里充满了矛盾：她有一个幸福的家庭，丈夫在深圳事业有成而且前途似锦，四岁的女儿活泼可爱；但另一边，是对自己有恩，并能给自己带来"光明前途"的上司。回想闯荡路上的艰辛，她选择了背叛和依附。

但王莹毕竟是受过较好教育的女人。在与王莹确定为情人关系后，黄亦辉常给王莹一些零花钱，但是王莹每次都再三推辞，开始，黄亦辉以为是女人的羞涩，天下有几个人跟钱有仇呢？可日子久了，黄亦辉发现，拒绝实在是出自王莹的本性。不仅如此，王莹为人低调，从不向任何人透露与黄亦辉的特殊关系，更不利用这层关系谋取好处。黄亦辉一下子感到，王莹就是自己一直苦苦寻觅的红颜知己。

而这一切，被黄亦辉的妻子李丽（化名）发现了。

2000年起，李丽发现丈夫回家的次数越来越少，并且回来得越来越晚，经过打听和留心观察，她发现了丈夫的"外遇"。为此，李丽劝过哭过闹过，但黄亦辉依旧我行我素。

2000年下半年，见王莹很懂事，不会对自己的婚姻构成威胁，无奈的李丽选择了妥协，并在黄亦辉的穿针引线下，与王莹"一笑泯恩仇"，成了相互关心的"好姐妹"。

2001年8月，黄亦辉调任深圳市民政局局长，李丽非常担心丈夫会被别的"狐狸精"所迷惑，通过多次接触，她感觉到王莹温顺善良，没有什么野心，不会破坏她与黄亦辉的夫妻关系，与其这样，还不如让王莹一直呆在他身边。为此，李丽向丈夫建议将王莹调到他身边工作，理由是"多少对你也有个照应"。

这回黄亦辉很"听话"。2003年1月，黄亦辉将王莹安排到民政局下属事业单位，然后又想办法将她转为国家公务员，再调入局机关。

三个"钱奴"

黄亦辉夫妇早年吃过没有钱的苦头，因此当黄亦辉调到深圳的时候，目睹一些老板消费起来一掷千金的派头，他们心里很不平衡。

1987年秋的一天晚上，黄亦辉带回家一个装柚子的蛇皮袋，妻子李丽打开一看，发现里面全是钱，一查，整整30万。明知这些钱来路不正，李丽心里却很高兴。第二年春天，黄亦辉又一股脑地"扛"回家80万元。1991年8月，他则一下子用山竹筐带回家整整120万元人民币。

黄亦辉就任深圳市公路局局长后，所涉项目动辄上千万，黄亦辉很快成了各类包工头主攻的对象。从任公路局局长开始，在之后的七年多时间里，他利用手中的权力，疯狂地收受各种贿赂，其中仅从陈志祥、程轶群、钟羽三人身上，他就收受了一千六百多万元的钱款。

1997年，钱像小山一样塞满了家中的柜子、皮箱，李丽突然间觉得钱放在家里很不安全。她有些害怕：一是怕小偷；二怕一旦案发，有关部门肯定会搜家，那时放在家里的钱岂不成了活生生的"铁证"？于是，李丽把所有的钱打包，放在自己办公室的保险柜里。

"办公室来的人多，万一被人看出疑点怎么办？再者，如果被清洁工看到给偷走了，麻烦就大了。"出于这种心理，李丽决定把放在办公室里的钱转移，但是哪里更安全呢？一番苦思冥想，她想到了陈志祥。陈志祥的办公楼，距离李丽的办公室不远，陈志祥从自己的丈夫手里接了很多工程，不仅对黄亦辉忠心耿耿，而且他的办公室有专人看管，比较安全。于是，李丽以中午没有休息室为由，向陈志祥提出借用一间房，陈志祥满口答应。趁中午人少，李丽将巨款转移了过去。

受贿来的钱，黄亦辉夫妇基本上没怎么动过

黄亦辉调到深圳市民政局任局长，其受贿步伐依旧。或许是有感于与王莹不断深化的"爱情"，黄亦辉不仅花60万元以她的名义买了一套房子，还从2002年9月开始，将所得的部分赃款放到了这套商品房里，为此他让王莹买了一个大保险柜。王莹当时非但没有追问原因，还在买回保险柜后，主动让正在装修的工人将保险柜做到了一个壁柜里面。王莹的"机灵"让黄亦辉感叹不已，称这就叫"心有灵犀一点通"。

从1987年黄亦辉收到第一笔巨款开始，李丽竟然很少动用堆积如山的钱款，只是一门心思考虑着如何更安全地保管它。与李丽相似，面对身边的巨额"财富"，王莹尽管知道保险柜的密码，黄亦辉也多次说过那些钱她想花就花，但她自始至终没有动用过一分钱，甚至没有打开看过。而这些钱，黄亦辉自己更是没怎么动过。

2004年4月29日，深圳市中级人民法院对黄亦辉涉嫌受贿及巨额财产来源不明案进行了审理。检察机关查明，黄亦辉在担任深圳市公路局局长和民政局局长期间，先后共收受贿赂折合人民币一千七百余万元，另有约一千九百万元不能说明合法来源……因涉嫌收钱次数太多，案件起诉书共27页之多，公诉人近一小时才读完。

6月29日，深圳市中级人民法院作出一审判决，以受贿罪和巨额财产来源不明罪，判处黄亦辉死刑，缓期二年执行，剥夺政治权利终身；没收其犯罪所得共计人民币一千四百余万元、港币一千八百余万元、美元二十余万元，没收黄亦辉的其他个人全部财产。

黄亦辉没有提出上诉。

副厅长神秘失踪
权钱交易惊人耳目
日均受贿七万多
河北第一贪上演最后的疯狂

追踪千万巨贪

2003 年 10 月 29 日，河北省省会石家庄。

一张由河北省人民检察院和河北省公安厅精心编织的抓捕大网悄然张开，在石家庄市的机场、火车站、各交通要道，超过七百人的队伍紧张忙碌着，他们要抓捕的是一名涉嫌受贿数千万元的犯罪嫌疑人李友灿。李友灿，身材中等，皮肤较黑，是个年龄五十岁左右的中年男子。干警们接到的任务是，不管李友灿跑到哪里，必须把他捉拿归案。

李友灿是何许人？能让超过七百人的检察人员和公安干警展开拉网式抓捕？

事情还要从两个月前说起。

副厅长弃官而去

李友灿是河北省对外贸易经济合作厅原副厅长兼河北省机电产品进出口办公室主任，副厅级干部。2003 年 8 月 21 日，单位里的工作人员惊奇地发现，他们的主任李友灿失踪好多天了。据省机电办的工作人员说，李友灿平时对自己的考勤要求很严格，如果外出了，他不会不打招呼的。

李友灿失踪前，河北省纪委根据群众举报一直在调查他用公款购买超标汽车的事情，但从常理分析，这不会是李友灿失踪的根本原因。那么李友灿为什么会突然失踪呢？鉴于案情重大，河北省委、省政府成立了由公安厅、检察院组成的联合调查组。

不管什么原因，必须先找到李友灿。

调查组决定对李友灿的住宅和办公室依法进行严密的搜查，希望找到他的踪迹。他们打开李友灿存放办公资料和重要文件的电脑，结果大失所望：李友灿的电脑里除了一些应用程序外，什么资料都没有。

这就奇怪了，李友灿为什么清空电脑呢？是纯属偶然还是早有准备？

查找线索的同时，寻找李友灿的工作也在紧锣密鼓地部署着，但是对李友灿神秘失踪的原因和下落，没有一个人能说得清楚。

据熟悉李友灿的工作人员说，李友灿几乎没有什么爱好，不抽烟，不喝酒，不上歌厅唱歌，也不赌博，唯一的爱好就是喜欢打高尔夫球和保龄球。

李友灿为什么突然不明下落了呢？

要解开这个谜，只有找到李友灿本人，才能水落石出。

北京密宅

2003 年 9 月 7 日，经过九天的调查后，检察官得到这样一条线索：李友灿在北京买了套房子，但房子的具体位置在哪儿，谁也不知道。

北京之大，要想找到一个人，尤其是不敢公开露面的人，无异于大海捞针。但检察官没有放弃，他们断定，购房要实名登记，这是唯一有把握的线索了。

李友灿幼时丧母，只有一个姐姐住在乡下，多年没有来往，他极有可能以妻子或者儿子的名义买房，所以，无论付出什么样的代价，都要找到这套房子。

北京酷热难耐，地表温度超过了 40 度，接受了死命令的检察官头顶烈日，奔波在一个个楼盘间。

2003 年 9 月 13 日，在北京市丰台区鹏润家园，某住宅楼 504 室河北籍业主李易的名字进入检察官的视线，因为李友灿的儿子就叫李易。据物业公司工作人员讲，504 室住着一个中年男人，个子不高，皮肤有点黑，但是说话还是很客气的。

检察官拿出李友灿的照片，请物业人员核对，工作人员一眼认出了照片上的人，就是 504 室的业主，但物业人员说，这些天这个业主并没有来过。石家庄找不到李友灿失踪的任何线索，北京方面也没有李友灿的蛛丝马迹，难道李友灿长了三头六臂，人间蒸发了？根据指示，检察官决定在鹏润家园蹲守，等待李友灿现身。

一连三天过去了，李友灿的身影迟迟没有出现，504室的灯光也始终没有亮过。李友灿究竟在不在里面呢？检察官决定寻求北京警方的帮助。在北京警方的协助下，他们打开了504房间的门。这是一套五十多平米的一居室，检察官眼前出现的是一片狼藉的景象：保险柜里，捆钱的猴皮筋、纸条，还有银行装钱用的纸袋子到处都是，检查门窗，住宅里并没有入室盗窃的迹象……

显然，检察官来晚了一步。

通过对李友灿北京住所的调查分析，他很有可能是携款出走了。能在北京买房，又能让儿子自费出国留学，且保险柜里到处都是银行装钱用的纸袋子……这些都让人生疑。李友灿夫妻俩都是普通的工薪阶层，哪儿来的这么多钱呢？2003年9月16日，李友灿因涉嫌巨额财产来源不明被立案侦查。检察官决定，先从李友灿的工作职责查起，找出他神秘失踪的原因，进而找到他的下落。

汽车配额露出马脚

李友灿失踪前，虽然身份是河北省外贸厅副厅长，但一直兼任下属单位河北机电产品进出口办公室主任，他所负责的机电进出口业务，进口汽车配额是主项。

权力滋生腐败，进口汽车配额问题很可能是李友灿失踪的核心。

进口汽车配额是在一定时期，我国为保护国产汽车企业而采取的对国外汽车进口数量的限制措施。2005年1月1日，我国已取消汽车进口配额管理，在此之前，我国进口汽车配额是根据地方需要免费发放的，审批权就掌握在各地机电办的手中。配额以内的汽车，按照国外市场价格进口，免征关税。近些年，随着人们对进口车需求的急剧增加，汽车配额成了经销商眼中的"金锃锃"。在黑市上，进口汽车配额售价从几万到几十万不等，李友灿每年审批数千个汽车配额，他并不是不知道自己手中权力的价值。

搜查李友灿的办公室，电脑里没有配额的丁点儿记录，所有的笔记本上，也没有留下配额的只言片语。搜查办公室找不到线索；询问周围人员无人知晓内幕；电脑资料删除，单位副手自杀……调查李友灿是不是有问题，所有的正面线索全断了。

检察官了解到，李友灿虽然销毁了省机电办所有配额申请的材料，但在国家商务部里，还会有一份存档记录，这让侦查工作见到了一丝曙光。

检察官再次火速赶赴北京。经查，李友灿申请的汽车配额，共涉及二十多家企业、四千多个配额。可是，经过对二十多家企业逐一调查，结果却让检察官再次陷入失望之中，这二十多家企业都没有给李友灿行贿过。这就奇怪了，没人举报汽车配额问题，也没有发现什么有价值的犯罪线索，李友灿为什么要清空电脑弃官出走呢？

河北省人民检察院的窦清晓说："在这个案子进行不下去的时候，脑子反复在想，到底在哪个细节能抠着他，所以说所走的每一步，都要回忆起来，把这个细节往深处挖，审查了有十来天吧，发现了一个叫李小洁（化名）的女人。"

李小洁是河北省某汽贸公司办理配额申请的负责人，与李友灿有长期的业务合作关系，私交不错。商务部的记录中显示，在一年零九个月的时间里，经李小洁申请、李友灿批准的进口汽车配额多达两千多个。可是，经过调查，在这个时间段，河北全省进口汽车的销售只有几百辆。

李小洁所在的汽贸公司是家国有企业，所有经济往来的账目记载比较规范，检察官经过一周的连续奋战，终于查明，一家叫北京森华创业的公司以480万元的价格，购买了李小洁所在汽贸公司1249个进口汽车配额。这些配额在当时的黑市上，价格至少在5000万元以上。

一个外地公司，能够低于市价十多倍购进本省汽车配额，显然没有道理。失踪的李友灿会不会和这个有关系呢？检察官决定以此为突破口。2003年10月3日，接受讯问的李小洁终于承认，她倒卖的汽车配额，是在省机电办主任李友灿的直接授意下进行的，她个人还收取了"好处费"。

授意向北京森华创业销售汽车配额，仅仅只能说明李友灿存在不法行为，并没有直接证据证明李友灿收受了"好处费"。而对于李友灿神秘失踪的原因和目前的下落，李小洁并不知情。

检察官决定，顺着这条线索查下去，进而查清李友灿的下落。

然而，等他们找到北京森华创业的时候，那里早已人去楼空。北京森华创业的总经理丁伟（化名）已经移居新西兰永久定居了。李友灿神秘失踪，重要证人又出国定居，显然这不是偶然，而是早有预谋。据北京森华创业的知情人介绍，丁伟担任总经理期间，曾设立了一个只有极少数人知道的"小金库"，他移民后，"小金库"里的巨款去向不明。

进一步调查，检察官发现了问题：北京森华创业财务账目显示，2001 年到 2003 年，他们向河北某汽贸公司支付了五千多万元的"进口汽车配额购证款"，可河北某汽贸公司和李小洁却只收到了 480 万元。这其中，竟然有四千五百多万元不知去向。

乘胜追击

北京市朝阳区的北奥大厦，是一个集写字楼、餐饮、娱乐、洗浴为一体的高层建筑。2003 年 10 月 23 日晚 10 点，丁伟的心腹司机刘元（化名）正在唱歌，突然，包厢的隔音门被无声地打开了，几个陌生人站在了他的面前。

来人是河北省人民检察院的检察官。在检察官的追问下，刘元交代了给"河北李厅长"送钱的经过。他说，给"河北李厅长"送钱的提包，长四十多厘米，宽三十多厘米，如果码放百元大钞，每个提包能放进一百三十万元左右。据刘元说，他一人先后给"河北李厅长"送过九个装满钱的提包，他参与送的是两笔钱，一笔在 2002 年九十月份，有 890 万；一笔在 2003 年四月份，有 440 万。

刘元的证言证实，李友灿收受的贿赂达到了 1330 万元。根据《中华人民共和国刑法》第三百八十三条的规定：个人受贿数额在十万元以上的，处十年以上有期徒刑或者无期徒刑，并处没收财产，情节特别严重的，处死刑，并处没收财产。刘元的证言和提供的相关证据，证明李友灿受贿金额达 1330 万元，很显然，李友灿并不是携款出走，而是携款出逃。

2003 年 10 月 29 日，李有灿因涉嫌受贿被检察机关批准逮捕，于是就出现了本文开头七百干警拉网抓捕的一幕。

对石家庄市以及周边地区十几天的拉网式排查，没有发现李友灿的行踪，这说明李友灿极有可能已经出逃外地。李友灿在石家庄没有什么亲人，外地也没有什么朋友，他究竟会躲藏在哪儿呢？就在抓捕工作没有结果的时候，刘元的回忆给检察官带来了一线希望，刘元说，2003 年 8 月份，也就是李友灿失踪的前几天，他看见丁伟和李友灿曾经在一起吃过饭，丁伟或许知道李友灿的下落。

目前只落实了李友灿受贿 1330 万元的证据，与北京森华记录的四千五百多万的漏洞相比，还差了三千多万元。这么多钱去了哪里？刘元不知道，其他人也不清楚，要想找到答案，看来只能找到丁伟。

丁伟已经移居新西兰，专案组经过研究，决定采取的刑事政策是，鼓励主动投案，说清跟李友灿之间的问题，不追究刑事责任。

通过北京市公安局，检察官找到了丁伟的父母，希望他们劝儿子自首。

时间一天一天地过去了。2004 年 2 月 27 日，专案组办公室的电话突然响了起来，有人在电话中声称，自己就是丁伟。

电话里，检察官要求丁伟回国配合取证，丁伟一口回绝了，他表示双方可以约定在香港见面。丁伟不肯回来配合调查，就意味着三千多万元资金漏洞会变成无头案。这是国家的财产，检察机关不能听之任之。而进一步从丁伟和李友灿的相互利益关系来看，丁伟极有可能是知道李友灿目前下落的人，因此检察官决定会一会这个丁伟。

2004 年 3 月 9 日，河北省人民检察院反贪局的窦清晓和另外两名检察官登上了飞往香港的航班。一出机场，窦清晓就见到了丁伟，丁伟在机场门口迎住了他们一行。丁伟长得挺白净，个儿不高，戴眼镜，胖乎乎的，看起来文质彬彬的样子。

面对远道而来的检察官，丁伟的态度和言谈，处处表明他做好了充分的准备。

回忆起当时的情景，窦清晓仍历历在目："我们是有备而去的，他也是有备而来，他想的不会比我们少，到了具体谈案情的时候，他认可跟李友灿之间有配额和金钱的往来，但具体的时间地点、发生配额的多少、发生金钱的多少和一些具体的细节，他说自己记不清楚了。"

没有具体的细节就不能形成证据，没有证据就不能定罪，可是丁伟的态度，明摆着让检察官碰了个软钉子，他怎么会把送出去的大把金钱给忘了呢？一时间，双方陷入尴尬的沉默，整整五分钟，大家一言不发，气氛也随之紧张起来。

为了不让丁伟感到心理上有压力，检察官决定改变策略。

2004 年 3 月 10 日，香港的天空风和日丽。按照约定，丁伟准时来到了检察官的住所，新的取证方案取得了极大的突破。

一次收了 300 万

丁伟交代了和李友灿相识交往的经过。这是一场赤裸裸的权钱交易。

2001 年年初，李友灿去北京某高尔夫球场打球，经朋友介绍，认识了同在球场打球的丁伟。精明的丁伟得知这个相貌平平、皮肤发黑的中年人是河北省机电办主任时，眼睛不禁一亮，心想，要能和这个人拉上关系，自己的财源不就滚滚而来了吗？于是，初次相识，丁伟便热情有加，竭力和李友灿套近乎，打完球后，他主动邀请李友灿到北京的一家高级涉外饭店就餐。丁伟的"热情好客"给李友灿留下了深刻的印象。

2001 年 4 月，丁伟打电话给李友灿，邀请他到北京打高尔夫球，很喜欢打高尔夫球的李友灿没有推辞，爽快地答应了。其实丁伟这次邀请李友灿到北京是"醉翁之意不在酒"，他想利用李友灿手中的权力为自己谋取一些进口汽车配额。

这是一个周末。李友灿到了北京后，丁伟力尽地主之谊，玩得尽兴后，趁着李友灿的兴致，他不失时机地向李友灿提出，能不能想个办法给北京森华创业搞些汽车配额，并承诺事成之后决不会忘了李厅长的关照。李友灿当然知道丁伟"不忘关照"的含义。此时的李友灿，人生信条已经悄然发生了变化，在他看来，当上副厅长，自己的仕途已基本上走到了尽头，因为凭他的年龄、资历、学历、背景等很难再升迁，既然仕途上已经如此，何不利用手中的职权为自己谋点利益呢？况且，自己的儿子要送到国外留学正需要钱，捞钱的事儿只要做得神不知鬼不觉，别人是不会发现的。

李友灿当即答应了："这事我替你想着。"

丁伟的公司在北京注册，不属于河北省管辖，李友灿要丁伟耐心等待，由他想办法将进口汽车配额转给北京森华公司。为保密起见，李友灿还特意嘱咐丁伟，汽车配额的事他们之间单线联系，不要让其他人知道或插手。

怎么才能把河北的进口汽车配额转给在北京的森华公司呢？李友灿自有妙策。回到石家庄后，他很快给河北省汽车经营大户——河北某汽贸公司李小洁打电话，要李小洁到他办公室来一趟。这些年，由于业务上的关系，两个人的私交很好，因此，由李小洁来承办这件事应该是最安全的。李小洁来到办公室后，李友灿直言不讳地说："北京森华公司总经理是我的一个朋友，他想要些进口汽车配额。你以你们公司的名义向机电办申请汽车配额，我批后，你再转给他。"

听了这话，李小洁有点犹豫，她知道，转让进口汽车配额不仅违反规定，而且弄不好还是违法犯罪。李友灿见李小洁犯嘀咕，便开导说："这样做对你们公司和你个人都有利。从你们公司走一下手续，配额转给森华公司后，你们公司可净得利润30万元，森华公司给你个人20万。公家挣了一部分钱，你个人也不白辛苦，公司和个人双赢，这事儿只要你我不说，谁也不会知道。"

在利益的诱惑下，李小洁终于被拉下了水。

2001年8月，李小洁以河北某汽贸公司及下属企业的名义向省机电办申请进口汽车配额69个。李友灿很快批准，并电话通知了丁伟，让丁伟给李小洁20万元"辛苦费"，给有关企业30万元"利润"。丁伟闻之欣喜若狂，当即答应。不久，这69个汽车配额便转给了森华公司。丁伟不忘李友灿的"叮嘱"，付了李小洁20万元，付给有关企业所谓的利润30万元。

不久，李友灿应邀再次来到北京，丁伟不忘"诺言"，拿出300万元酬谢"李厅长"。李友灿也不客气，心安理得地收下了。

最后的疯狂

李友灿大笔一挥，就给森华公司带来了丰厚的财源，在丁伟眼里，李友灿就是财神爷，就是公司支柱，靠上这棵大树，何愁公司不兴旺发达呢？初次交易，双方皆大欢喜，此后，丁伟经常邀请李厅长到北京玩乐。每次赴约，丁伟总是跑前跑后，小心伺候陪同，把李友灿服侍得舒舒服服，在极短时间里，两人便成了"莫逆之交"。

没过多久，在一次玩乐尽兴之后，丁伟问李友灿，能否再搞一些进口汽车配额，数量最好大一点。此时的李友灿已经饱尝权钱交易的甜头，现在，丁伟既然又把捞钱的机会送上了门，他当然不会错过。回到石家庄，李友灿又把李小洁召来，让她再以公司的名义申请进口汽车配额 130 个，由他批后转给森华公司。自上次得到了 20 万元好处费，李小洁知道这次肯定还亏不了自己，便满口应承，积极操办。

李小洁走后，李友灿又打电话给唐山某机电设备公司副总经理贺山（化名）。这个公司也是经营汽车销售的企业，与省机电办有着密切的往来，副总经理贺山和李友灿个人私交也不错。李友灿告诉贺山："北京森华公司丁伟是我的一个朋友，现在生意不太好，你以你们公司的名义申请进口汽车配额 130 个，我批后你转给他，支援他们一下。"贺山不敢不从，遵命照办。没过几天，李小洁和贺山申请进口汽车配额的报告便报送了上来。李友灿也不含糊，快事快办，很快批准了他们的申请。这260 个进口汽车配额手续办妥后，很快便转给了北京森华公司。

丁伟接到这 260 个进口汽车配额后激动不已，他没有想到李厅长办事效率如此之高。

为牢牢拴住李友灿，他特意准备了 875 万元现金回报李友灿。几天后，李友灿亲自开车来到北京，丁伟将八个装满百元面额巨款的旅行包放在李友灿所驾车子的后备箱里。由于钱太多，后备箱放不下，剩下的干脆扔到了车的后排座位上。当然，这次李小洁也没有白忙活，事后，从丁伟那里拿到了 25 万元的辛苦费。

李友灿每次收钱都要现金，这是他的"原则"。2002 年 4 月，李友灿突然找到贺山，以"经常去北京，带司机不方便"为由，索要了一辆银灰色高尔夫轿车。他索要汽车的重要用途，就是为了运钞票。每次要钱，李友灿都会提前通知丁伟准备好现金，自己一个人悄悄开车进京。

由于现金太多，运输和存放都成了问题，拉到家里"体积"太大，长途运输也不是好办法。为了解决这一"难题"，李友灿想出一个"好主意"：他在北京丰台鹏润家园花 50 万元买下一套不太显眼的房子，不是为了居住，而是为了放钱。后来每次从丁伟那里拿到钱，李友灿就拉到这套房子里，一部分存银行，一部分兑换成美元，或者汇给在国外读书的儿子。

第二笔交易刚刚过了几个月，丁伟再次请李友灿给弄一些进口汽车配额。李友灿故伎重演，即命李小洁又以下属企业的名义申请进口汽车配额 180 个，让贺山以唐山某机电设备公司的名义申请进口汽车配额 25 个。这 205 个进口汽车配额由他批准后很快便转给了森华公司。

李友灿这次没等丁伟通知他到北京取款，便主动打电话给丁伟，开口便让他准备 1018 万元现金，下午他将开车亲自去取。由于那天是周末下午，丁伟一时取不出那么多钱，便慌忙将取出的 852 万元现金分别装到和上次一样的八个旅行包内。下午近五时，李友灿一人驾车来到森华公司将现金取走，并嘱咐丁伟尽快将剩余的 166 万元取出来，明天下午他来取。丁伟连连致歉，表示明天一定把钱凑齐。如果说前两次交易李友灿是受贿的话，那么这次则是赤裸裸地索贿了。第二天下午，李友灿如约开车来到森华公司，将丁伟准备好的 166 万元巨款扔进车内，返回了石家庄。

2002 年 8 月，李友灿通过李小洁再次为丁伟提供进口汽车配额 225 个，事后受贿人民币 890 万元；2003 年 4 月，李友灿又一次指使李小洁为丁伟申请进口汽车配额 480 个，又从批给唐山某机电设备公司的进口汽车配额中索要了 10 个转给丁伟。这一次"交易"也是最后一次，李友灿从丁伟处受贿数额高达 1640 万元。

在与丁伟一年零九个月中的五次权钱交易中，李友灿先后为丁伟提供进口汽车配额 1249 个，从中收取的贿赂高达 4723 万元。有人计算过，李友灿在不到两年时间里平均月受贿二百二十多万元，平均日受贿超过七万元。

李友灿第二次收受丁伟的贿赂时，中纪委和最高人民检察院正在查办河北省国税局原局长李真受贿案，李友灿和李真两家住在同一个单元楼里，但此时的李友灿却没有任何收敛。

李友灿收钱，只收现金

亡命哈巴罗夫斯克

2004 年 3 月的香港之行，检察官不仅掌握了李友灿受贿 4723 万元的确凿证据，同时也了解到，此时的李友灿在丁伟的帮助下躲藏在俄罗斯的哈巴罗夫斯克，丁伟的朋友曾诚（化名）可以帮助抓到他。

2004年4月初，由河北省人民检察院组织的抓捕小组立即奔赴东北"第二战场"，抓捕潜逃国外的巨贪李友灿。为防止李友灿逃跑或转移藏匿地点，抓捕组受命指挥曾诚，让曾诚在哈巴罗夫斯克的朋友，对李友灿的住所进行秘密监视。2004年4月7日下午2时许，正当抓捕小组在办理护照，准备出关抓捕李友灿的时候，意外情况发生了。

曾诚接到了俄罗斯朋友打来的电话，说李友灿正在找人理发，并收拾了东西，有走的迹象。专案组一听就急了，如果李友灿跑到俄罗斯其他地方，把他捉拿归案就更困难了。

李友灿为什么突然之间要离开哈巴？难道是他事先得知了什么风声？检察官立即让曾诚给李友灿打了电话。电话中，李友灿告诉曾诚，这两天他预感到可能有事情发生，所以就订了4月9日的机票，准备离开哈巴罗夫斯克。得知这一消息，石家庄指挥部里一片忙碌，再让李友灿跑了，以后抓到他的机会就更渺茫了。事不宜迟，指挥部决定火速从东北出境，飞赴哈巴罗夫斯克。

在取得俄罗斯警方的协助后，2004年4月9日12点40分，载着抓捕组和曾诚的飞机准时从哈尔滨太平国际机场起飞，按照事先计划，他们将在俄罗斯当地时间下午16点05分到达哈巴罗夫斯克，而李友灿乘坐的飞机将在他们到达35分钟后起飞。

看到眼前如同天降的检察官，李友灿顿时傻了眼。他万万没有想到检察官能找到俄罗斯来，他更没有想到自己逃亡了近八个月后，还是落入了法网。

此时的李友灿，头发凌乱，满脸惶恐，已完全没有了往日的威严。

被抓获时，李友灿蓬头垢面

他这样走上堕落

从一名曾经立过战功的军人，到掌握一省进口汽车配额审批大权的副厅长，再到一个贪赃枉法的亡命徒，李友灿经历了人生的巨变。

1952 年，李友灿出生在河南省淮阳县一个普通农家，年幼的他靠姐姐给人养猪挣钱带大。童年的苦难生活在李友灿的心里打下了深深的烙印，他养成了自尊而又敏感的性格，出人头地，发家致富，成了李友灿苦苦追寻的人生目标。高中没毕业，李友灿参军入伍，在部队，他积极要求进步，作为军事骨干很快入了党，提了干。1979 年，他随部队奉命赴南疆参加了对越自卫反击战。在战场上，他和战友们冒着枪林弹雨，置生死于度外，为保卫边疆安宁立下了赫赫战功。战事结束后，他随部队回到内地，作为战斗功臣，他被保送到军校进行培训，并凭着自己的战功和对国防事业的奉献，一步一个脚印，走上了正团职领导岗位。

转业后，他被分配到河北省外贸厅。在新的工作岗位上，他仍然保持部队作风，工作敬业，办事干练。1997 年他被任命为河北省招商局局长（正处级），1998 年 9 月被提拔为河北省机电产品进出口办公室主任（副厅级）。作为手握全省进口汽车配额审批大权的省机电办主任，可以说掌握着某些企业兴衰的命脉。这些，李友灿心里一清二楚。2000 年 3 月，他被提升为河北省外贸厅副厅长，仍兼任着省机电办主任一职。

刚到省机电办时，出于政治上还想进步的考虑，他对自己严格要求，尽管很清楚手中权力的分量，但此时他并没有利用手中的权力，而是把目光放在了经商中。

那年，李友灿带着河北省四百多人的企业代表团去韩国参加展览会，闲逛时，李友灿发现，那里的一种领带和石家庄的一模一样，可价钱却便宜二三十块。他不顾同事的劝阻，一口气买下了 3000 条领带。这些领带，李友灿装了两箱，他用送礼的手段，成功逃避了海关检查，他怕拖着两大箱子领带回石家庄太惹人注目，就在天津劝业场就地出手，挣了六万元钱。

初次下海的成功，让李友灿有些飘飘然，觉得自己既会做官，又会经商。

第一次出手，就能挣到自己几年的工资，李有灿心里久久不能平静。现在到底是做个有钱的商人还是继续仕途生涯呢？他不知道自己该如何选择，权衡再三，李有灿还是选择了从政，因为在他看来，经商是有风险的，而权力或许可以给他带来更多的机会。

随着职位的升迁和权力的增大，李友灿整天周旋于商界大老板之间，每天迎来送往，奔波于酒楼茶肆和娱乐场所，是厅里公认的大忙人。李友灿虽然表面憨厚，不善言语，但他特别爱玩，对保龄球、高尔夫球情有独钟，几天不玩上一局，就手痒痒得坐立不安。当然每次玩乐是不用自己买单的，一些汽贸企业的大老板以能为他买单为荣。石家庄玩腻了，他就上北京、去廊坊，哪里有好玩的地方，他就往哪里跑。面对手中不断增大的权力，这个苦孩子出身的高官似乎觉得终于可以享受生活了。当一批批配额从他笔尖下流出的时候，李友灿总是心潮起伏。

有人看准了他是条大鱼，开始频频投放诱饵。

第一次伸手是 1998 年 11 月份的事情，那年李友灿 46 岁，26 年党龄，这也是他第一次拿到卖汽车配额的钱，李友灿心中忐忑不安。可是，随着时间的推移，受贿的事情并没有暴露，李友灿一颗揪着的心放下了。他就这样偷偷摸摸地挣了几年钱，心里越来越觉得不满足。

认识丁伟后，李友灿的人生观发生了改变。丁伟纸醉金迷的生活，一掷千金的阔绰，让他长了见识，二人的交易同盟迅速形成了。

贪婪改变了李友灿的人生，金钱改变了李友灿的生活。为了保守住四千七百多万元的秘密，李友灿完全丧失了一个正常人的生活。钱成了李友灿追逐的目标，对钱的痴迷，让他完全迷失了方向，连最起码的人性都丧失了。姐姐对李友灿有养育之恩，手握巨款，李友灿有可能让姐姐生活得好些，但是他怕受贿的事情暴露不敢这么做。

2003 年 8 月，河北省纪委根据群众举报开始对省机电办有关人员的经济问题进行调查。也就是在这个月，省外贸厅和省贸易办合并成立了河北省商务厅，鉴于群众对省机电办有关人员经济问题的反映举报，作为原外贸厅副厅长的李友灿这次暂时没有被安排进入省商务厅的领导班子。

此时的李友灿慌了神儿，他深知一旦东窗事发，对他意味着什么。早在 2002 年 8 月 30 日晚上，从电视上看到曾被人称为"河北第一秘"的河北省国家税务局原局长李真一审被判处死刑的报道后，他就预感到自己受贿的事情若日后被查出，肯定也在劫难逃。为逃避法律追究，他开始为外逃做准备。逃跑之前，他销毁了审批有关进口汽车配额的所有资料，然后又悄悄跑到北京，将在北京房子里存放的现金倒腾出来。这一切做完后，他连妻子也不敢告诉，便用化名高价办理了一张假身份证，通过一家旅行社，以到俄罗斯旅游为名，逃到俄罗斯，躲到哈巴罗夫斯克市藏了起来。

选择了亡命天涯后，李友灿拿着巨款让丁伟找朋友帮助他继续出逃，而丁伟的朋友也是看中了李友灿带在身上的几十张存折才帮助他顺利逃到国外的。逃到哈巴罗夫斯克以后，他们拿走了李友灿所有的证件，并找了几个当地人将他软禁在出租房里，不让他出门，更没有人和他说话，几个月的寂寞生活让李友灿生平第一次有了生不如死的感觉。

在哈巴近八个月的时间里，李友灿三次自杀：一次是用皮包的背带，绑在暖气管子上，那个皮带是纯皮的，所以弄断了。第二次用腰带，还是断掉了。第三次吃了一瓶速效救心丸，结果没有任何反应。

自杀不成，又摆脱不了受人控制，李友灿终日惶恐不安，处在一种生不如死的状态下，身心俱疲的李友灿无奈中只好交出随身携带的数千万元存折，此时的他在哈巴罗夫斯克成了一只丧家之犬。

……

2004年4月9日，在俄罗斯警方的协助下，李友灿在俄罗斯哈巴罗夫斯克市被抓获。十天后，他被押解回国。

2004年7月6日，衡水市人民检察院根据河北省人民检察院指定管辖，就李友灿涉嫌受贿一案向衡水市中级人民法院提起公诉。检察机关指控，李友灿在2001年8月至2003年4月间，利用担任河北省外贸厅副厅长兼河北省机电办主任职务之便，利用其掌管河北省进口汽车配额审批分配的职权，为北京森华公司提供进口汽车配额1249个，从中收受人民币

资料图：李友灿被判处死刑

4723 万元。此外，他还索要唐山某机电设备公司价值 21 万元的高尔夫轿车一辆，受贿总额达 4744 万元。

2004 年 8 月 26 日，衡水市中级人民法院依法公开审理了李友灿特大受贿案。法庭上，李友灿对自己的受贿犯罪行为供认不讳。

法庭经审理认为：李友灿身为国家工作人员，利用职务上的便利，为他人谋取利益，非法收受他人财物共计人民币 4744 万元，其行为已构成受贿罪，且受贿数额特别巨大，犯罪情节特别严重。2004 年 9 月 10 日，李友灿以受贿罪被河北省衡水市中级人民法院一审判处死刑，剥夺政治权利终身，并处没收个人全部财产。

李友灿不服，提出上诉。2004 年 11 月 29 日，河北省高级人民法院作出终审判决：驳回上诉，维持原判。

贪恋美色疯狂敛财

厅级高官走向毁灭之路

儿子、妻子、情妇

副秘书长费尽心机左右逢源

检察机关抽丝剥茧巧破迷局

王道生特大受贿案 侦破纪实

橘子洲头，湘江北去。每年深秋，当湘江进入枯水期，橘子洲头就会成为长沙最负盛名的旅游景点。

2003 年 10 月，在橘子洲头某办案点，湖南省人民检察院召开了一次秘密会议，会议上，一个名叫"王道生"的人被反复提及。王道生时任湖南省政府副秘书长，正厅级干部，曾先后担任湖南省洪江县县委书记，怀化地区行署常务副专员，永州市市委副书记、市长，1999 年 9 月调任湖南省政府任副秘书长，主要协助省领导分管业务方面的工作，主管全省经贸工作及省里的重点工程建设。

2003 年年初，有人举报某卷烟厂厂长张吉平（化名）涉嫌受贿，随后，检察机关对这一线索展开了调查，并最终查明了张吉平受贿 94 万元的犯罪事实。在办案过程中，张吉平向检察机关举报说，一个叫陈全和（化名）的烟商曾经向省政府副秘书长王道生行贿。张吉平交代说，陈全和与省政府副秘书长王道生关系很不一般，通过王道生，他向卷烟厂销售了 49000 担、价值 3587 万元的烟叶。

王道生为什么要给烟商陈全和介绍这么大的生意呢？这里面会不会有张吉平检举的权钱交易呢？联想到此前社会上对王道生的种种议论，湖南省人民检察院决定对王道生进行暗中调查。

橘子洲头，湘江北去

烟厂与烟商

其实，这次调查之前，湖南省人民检察院曾经多次调查过王道生。

1998年，湖南省委、省政府抓住国家实施积极财政政策、加大基础设施建设投入的良机，大力实施交通优先发展战略，先后兴建了长沙至益阳、湘潭至邵阳、常德至张家界、临湘至长沙、湘潭至耒阳等多条高速公路，把省内交通主框架由"一纵一横"调整为"一纵三横"。在这期间，有人多次举报，省政府副秘书长王道生利用主管重点工程建设的职务便利，为儿子王键承揽了多项业务，然而，几次调查下来，这些举报人都不肯出面作证，并且不愿说出行贿人的姓名。由于举报人不配合取证，拿不到证据，检察机关一直没有对王道生立案侦查。

这一次，当卷烟厂厂长张吉平检举出王道生，而且说出了行贿人陈全和的名字时，检察机关知道，这是继续调查王道生的有利时机。经过研究，湖南省人民检察院决定对没有烟草经营许可证的烟商陈全和立案侦查。在制定了详细的方案后，检察机关提审了陈全和。

陈全和是湖南怀化人，曾是王道生的下属，1993年下海经商，由于陈全和的岳父是王道生与妻子的媒人，所以两家关系一直不错。调查中，陈全和承认自己的烟草生意得到过王道生的帮助，不过，他坚决否认自己向王道生行贿，并且态度蛮横。他的蛮横自有他的道理，因为知道王道生还在位，他坚信检察机关拿不下王道生。

陈全和的态度让检察官很头疼。他似乎知道检察机关的意图，总是有意无意地回避与王道生有关的一切，不仅如此，他甚至连张吉平供认的事实也予以全盘否认。二十多天过去了，调查没有丝毫进展，湖南省人民检察院反贪局副局长赵荣不得已调整了侦查方向。停止对陈全和的讯问后，他们调取了陈全和与烟厂的往来账目，希望从这里找到线索。

云南、贵州、长沙、怀化、张家界、永州，侦查人员兵分六路，对陈全和收购的 49000 担烟叶、3587 万元烟款逐笔展开了调查。然而，几个月过去了，他们没有发现疑点。

神秘的情妇

作为案件的关键人物，陈全和的拒不交代让调查陷入了僵局，检察官感受到了前所未有的压力，难道是侦查方向错了吗？反贪局副局长赵荣深感责任重大。

事实上，在检察机关刚刚开始调查陈全和时，王道生就已经开始四处活动了。检察机关深知，王道生任职时间长，社会关系复杂，对他的调查必须速战速决，然而，在调查进行的几个月时间里，检察机关的收获并不大。2003 年 9 月，检察官再次提审了陈全和。

和此前的表现一样，陈全和仍然三缄其口。眼看着羁押期限就要到了，专案组成员心急火燎，对他们来说，一旦陈全和被释放，也就意味着对王道生的调查将再次终止。为了尽快找到证据，检察官加大了调查力度，他们对陈全和的账目再一次进行了清查。功夫不负有心人，这一次，他们找到了一点蛛丝马迹：从陈全和的卡上曾经打出过 16 万元钱，这笔钱给了一个叫杨莉莉（化名）的女人。

其实，检察官在不久前调查陈全和与烟厂的往来账目时就发现，1997 年 12 月 2 日，陈全和一次性转给了杨莉莉 16 万元人民币。那时，检察机关认为杨莉莉可能是陈全和的供货商，16万元属于货款。然而，经过调查，检察官发现，这个杨莉莉与陈全和根本没有生意上的任何关系。

既然杨莉莉与陈全和的烟草生意无关，陈全和为什么要给她钱呢？检察官隐隐觉得，这个杨莉莉很可能有问题，她或许就是突破陈全和的关键。

然而，除了知道一个名字，检察机关对杨莉莉一无所知，眼下，关于杨莉莉的一切信息，都成了检察官调查的重点，他们开始四处调查。在一次问话中，卷烟厂厂长张吉平说，有一次，陈全和请他和王道生吃饭，同桌有个

检察官在烟厂查账

女人，好像叫蒋丽（化名），是王道生的情妇。张吉平回忆说，蒋丽是湖南人，大约四十多岁，端庄丰满，皮肤白皙，因为长得还算漂亮，他多看了几眼，因此印象深刻。

得到这条线索，检察官异常兴奋，毕竟，这是半年来获得的最有价值的线索。在取得了张吉平的口供后，检察机关连夜提审了陈全和。

然而，在讯问中，陈全和表现得镇定异常，他坚称自己不认识蒋丽。

陈全和继续负隅顽抗。检察官心里清楚，只有找到蒋丽，案件才会有进一步进展。

寻找

为了找到蒋丽，检察官调取了户籍资料中所有蒋丽的信息。然而，经过逐一排查，符合条件的蒋丽竟然一个都没有。

找不到蒋丽，办案检察官刚刚燃起的热情一下子熄灭了。查了半年多了，难道

又要回到起点？看着手下将士疲惫不堪，总指挥赵荣的心里非常着急。究竟在哪儿错了？赵荣一遍一遍地搜寻着自己的记忆：张吉平、陈全和、王道生、杨莉莉、蒋丽……突然，赵荣的脑海里闪过一个念头：这个蒋丽会不会就是杨莉莉呢？

检察官很快调取了杨莉莉的户籍资料，在众多"杨莉莉"中，一个洪江县的"杨莉莉"引起了检察官的注意，她1959年出生，无论年龄还是籍贯，这个"杨莉莉"都值得怀疑。随后，检察官调取了杨莉莉在银行的账户信息，希望从这里找到线索。同时，他们在本市德雅村查到了杨莉莉的一处房产，走访附近的邻居，邻居们对杨莉莉相貌、体征的描述，跟陈全和说得八九不离十。

杨莉莉极有可能就是蒋丽！虽然自己的猜想初步得到了证实，但是，赵荣却一点都高兴不起来：杨莉莉已经将购买的房产转让他人，检察机关对她的去向一无所知。

自从检察机关初步证实杨莉莉就是王道生的情妇后，寻找杨莉莉就成了调查的重点。由于杨莉莉不知去向，专案组决定到杨莉莉的老家寻找线索。

2003年10月，检察官肖辉文来到了洪江县。通过调查，肖辉文得知，杨莉莉最早在洪江县县委招待所当服务员，1990年的时候，她被调到了怀化宾馆。根据群众反映，早在1980年，年仅21岁的杨莉莉就认识了王道生，并且关系暧昧，在王道生的帮助下，杨莉莉后来转了干，调到了怀化市政府接待处当副主任。可是，怀化市政府给检察机关提供的信息是，杨莉莉已经辞职了，而且去向不明。

对肖辉文来说，这样的调查结果并不能让他满意。第二天，肖辉文按照约定，再次来到了怀化市人民政府，准备通过约好的几位杨莉莉过去的同事，调查她的去向。然而，肖辉文没有想到，原本同意配合调查的几名工作人员竟然全部没来上班，手机也都关机了。

这一反常引起了肖辉文的高度警觉，显然，有人在背后干扰调查。

当然，怀化之行，肖辉文收获也不小。在调查杨莉莉的社会关系时，肖辉文发现，杨莉莉的哥哥姐姐，与一个广东的电话号码联系频繁，这个远在广东的电话主人，就是杨莉莉。

在广东省检察机关的协助下，湖南省人民检察院的检察官掌握了杨莉莉在广东的确切位置。

杨莉莉在广州市天河区开了一家餐馆。由于陈全和只是涉嫌向杨莉莉行贿，并没有充分证据表明 16 万元一定就是贿赂款，因此，赶到广州的当天，检察官并没有对杨莉莉采取行动。

检察官没有贸然行动不无道理。如果陈全和一口咬定给杨莉莉的 16 万元属于借款，杨莉莉或者王道生又能出具借条的话，那检察机关半年多的调查将会前功尽弃。而案件要想继续调查下去，最直接也是最保险的做法就是——突破陈全和。

突破

从案发到现在，专案组审讯陈全和几十次，谁都清楚，突破陈全和不是件容易的事。为了能够顺利完成任务，专案组再次制定了周密的审讯方案，副局长赵荣亲自上阵，大家明白，这或许是突破陈全和的最后机会了。

与此前的多次审讯相比，陈全和的态度依旧，他仍然否认自己向王道生行贿，而每当检察官问到关键问题的时候，陈全和总以身体不适为由，请求休息。陈全和顽梗不化的态度，让检察官深深感到，继续向陈全和宣讲政策仍然还会一无所获。赵荣决定利用已经掌握的证据，主动出击，敲山震虎。

以前，检察官从没在陈全和面前提及杨莉莉，这一次，赵荣把杨莉莉的体貌特征、工作经历、家庭住址以及社会关系，向陈全和"介绍"了一遍。

陈全和默默听着，似乎没什么反应，然而第二天下午，陈全和的情绪有了一些变化，他开始不停地摇头，话也慢慢多了起来。看到陈全和的心理变化，赵荣又一次调整了审讯策略。

这一次，赵荣将话题由杨莉莉转到了陈全和身上。由于陈全和在经营烟草生意期间存在偷税漏税、虚开增值税发票、非法经营等多项事实，赵荣向陈全和表明了检察机关的态度。根据我国刑法的相关规定，偷税漏税、虚开增值税发票属于重罪，数额特别巨大、情节特别严重的，可以判处无期徒刑或者死刑。

连续几天的审讯使陈全和体会到了检察机关一查到底的决心。在看到检察官出具的多份证据后，陈全和知道，这一次他是逃不过去了，偷税漏税、虚开增值税发票属于重罪，相比而言，坦白交代一些问题或许能够减轻法律对他的惩罚。

2004 年 1 月 17 日下午 4 点 30 分，陈全和终于开口了，他主动交代了自己与王道生的关系，承认了自己多次向王道生行贿。

陈全和说，为了感谢王道生的帮助，他分两次送给了王道生 41 万元人民币。一次是自己听说王道生的女儿想买房子，就主动送去了 25 万元。由于当时陈全和送的是现金，因此，检察机关在调查陈全和的账目时，并没有发现这条线索。另一次，则是接到了王道生的暗示之后，送给了杨莉莉 16 万元人民币。

在取得了陈全和的口供后，检察官松了一口气。但是，陈全和的口供并不能充分证明王道生有罪，对检察机关而言，一切才刚刚开始。

突审

虽然检察机关取得了陈全和直接送给王道生 25 万元的书面证据，并且查出了王道生用这笔钱给女儿买了一套房产，但是，对于这 25 万元的性质，王道生会不会辩解，检察机关并没有十足的把握。由于王道生的女儿已经留学国外，取证难度极大，讨论过后，专案组将调查的重点再次转移到了杨莉莉身上。

2004 年 4 月 5 日，侦查一室主任毛晓楚带着两名同事再次来到广州。此前他参与过多次抓捕行动，并且两次来广州"踩点"，但是，这次行动，毛晓楚仍然十分谨慎。王道生与杨莉莉一直保持着联系，传唤杨莉莉必须秘密完成。然而，来到广州后，毛晓楚发现，无论干什么，杨莉莉身边总会有人，要想完全保密根本不可能。

已经过去四天了，检察官没有找到任何机会。如果贸然行动，可能会引起王道生的警觉，可如果继续等待，万一杨莉莉有所察觉，后果也许更加难以想象。为了防止夜长梦多，他们在等待了四天后，直接对杨莉莉进行了传唤。

顶着巨大压力，杨莉莉被从广州带回了长沙，对检察机关来说，留给他们的时间并不多。按照我国刑事诉讼法的相关规定，对于不需要逮捕、拘留的犯罪嫌疑人，传唤时间最长不得超过 12 小时，也就是说，12 个小时内，检察机关必须突破杨莉莉。

杨莉莉的态度将直接影响整个案件的进展，为确保讯问一次成功，专案组在传唤杨莉莉之前就进行了详细研究。根据检察机关事先的了解，在杨莉莉之后，王道生又有了一个新的情妇，在充分分析了杨莉莉与王道生之间的微妙关系后，专案组制定了一套周密的策略。

2004年4月9日，杨莉莉被带回长沙的当天晚上，对杨莉莉的讯问开始了。

起初，杨莉莉的态度很强硬，她坚决否认自己与王道生的情人关系。不过，当检察官告诉她，王道生与其分手是因为有了新的情妇时，杨莉莉的态度一下子变了。

杨莉莉痛哭了一场。仅仅六个小时，杨莉莉就交代了所有问题，她的确是王道生的情妇。按照法律规定，情妇，也就是特定关系人受贿，可以认定为受贿共犯。拿到了这个铁的证据，检察机关正式对王道生立案侦查。

一张大网就此张开。

王道生失踪了

2004年4月10日，检察官兵分三路，开始对王道生和他的家人以及情妇全面摸底。很快，他们就发现了异常情况：王道生的儿子王键突然起程去了深圳，而且随身带着43万元人民币和一个行李箱。

王键去深圳干什么呢？由于检察机关在前期调查中已经发现了王键的诸多问题，因此，检察官也在第一时间赶到了深圳，他们跟王键住同一宾馆、同一层楼，密切注视着王键的一举一动。在那里，检察官发现，王键去深圳只是换点美金，换完后准备回来。

王键去深圳换美金干什么呢？这会不会是王道生收受的赃款呢？了解到这一情况后，湖南省人民检察院决定对王道生、王键采取强制措施，并决定请王道生的妻子协助调查，在办理了相关手续后，专案组制定了周密的行动计划。

2004年4月11日16时30分，湖南省人民检察院开始了行动，检察官兵分几路，对王道生的家里、办公室以及黄花机场进行了布控。20时15分，从深圳飞往长沙的CZ3987号航班降落在了长沙黄花机场。根据事先的布置，检察机关首先对王键采取了行动。

20 时 18 分，王键在机场被抓获，并当场搜出其随身携带的四万美元和六万元人民币。

然而，让检察机关没有想到的是，20 时 30 分，就在他们准备对王道生采取行动时，一个意想不到的情况发生了：王道生家里没人，办公室也没人。

王道生去哪儿了？难道他听到什么风声逃跑了吗？

两个情人

没有任何迹象显示王道生已经畏罪潜逃。专案组分析，王道生可能只是突然去了某个不为人知的地方，他没有逃跑的理由，这和王道生的性格以及经历有着很大的关系。

1947 年 7 月，王道生出生在湖南省石门县白云桥乡一户普通的农家，因为家境贫寒，王道生从小就非常要强，凭借着聪明和勤奋，17 岁时，他考上了大专。毕业后，正值"文化大革命"时期，他被安排到湖南益阳南湾湖第 47 军垦农场接受再教育。1969 年年底，他被分配到怀化地区革命委员会工作，在后来的怀化行署担任过科长。随后，王道生一路升迁，1984 年调到洪江县任县委书记，1989 年至 1994 年任怀化行署常务副专员，1995 年初至 1997 年 2 月任湖南省政府副秘书长，1997 年 2 月调到永州市任市长，1999 年 9 月重回省政府任副秘书长。

任职期间，王道生为人低调，做事圆滑，政绩较突出。

据检察机关的调查，王道生的堕落始于 1984 年。那一年，王道生 37 岁，刚刚就任洪江县县委书记，由于妻儿当时并没有跟随王道生一起去洪江，因此，那时王道生常常一个人，吃住都在县委招待所里，也正在那个时候，王道生认识了第一个情妇杨莉莉。在王道生的心目中，杨莉莉文静贤惠，温柔体贴，会照顾人，这是他跟杨莉莉相好的一个感情基础。

杨莉莉是洪江县委招待所的服务员，因为长得俊俏，王道生时常让她来照顾自己的饮食起居。一次，因为感冒，杨莉莉连续陪伴了王道生三天三夜，渐渐地，王道生对杨莉莉产生了好感。

据杨莉莉供述，1995年年初，王道生调任湖南省政府任副秘书长时，他俩每个月都会见面，保持着情人关系，每次都是王道生提前给杨莉莉打电话，杨莉莉晚上从张家界坐火车第二天早上到长沙。王道生一般会把开好的宾馆告诉杨莉莉，或在那里等她，杨莉莉每次呆三四天，临走前，王道生通常会拿三四百块钱给她买车票。

包养情人，鱼水之欢，带来的是一时的快乐，生活上的腐化，是贪官走向犯罪的开端。也正是从这一刻开始，王道生放松了思想上的警惕，向腐败堕落迈出了第一步。1997年2月，王道生从省政府调到了永州，出任永州市市长，在那里，王道生很快就结识了新的情妇肖圆圆（化名）。

肖圆圆有一家自己的饭店，王道生经常到她的饭店里用餐，关照她的生意，随着接触逐渐增多，肖圆圆成了王道生的女人。1999年9月，王道生重回省政府做副秘书长时，肖圆圆跟随王道生一起来到了长沙。

在永州任职的近三年时间里，王道生为永州带去了十多个项目，数百万的投资，为永州的经济建设与发展作出了一定的贡献。那个时候，王道生的口碑还算不错，虽然有些生活作风方面的议论，但是，检察机关两次初查都没有找到具体的线索。

没有具体的举报人，没有具体的线索，就这样，王道生一直"带病升迁"。

在调查卷烟厂厂长张吉平之前，检察机关并没有想到，烟商陈全和竟然是他们一直苦苦寻觅的线索。他们更不会想到，这位省政府里排名第二的副秘书长，在即将退休的最后几年，竟然一发不可收拾，在犯罪的道路上越走越远。

比拼耐性

自从检察机关获得了行贿人陈全和与特定关系人杨莉莉的口供后，抓捕王道生便成了专案组的重点。其实，之所以选择4月11日这一天行动，一方面是由于王道生的儿子王键去深圳兑换美金，这天晚上回来，检察机关想"人赃并获"；另外一个重要的原因是，王道生在国外留学的女儿将于4月12日回国探亲。

由于烟商陈全和向王道生行贿的25万元，被王道生的妻子买了一套房产，并且房产证上写的是王道生女儿的名字，因此，检察机关有必要找到王的女儿取证。原本以为，王的女儿回国会给检察机关的工作带来些许方便，没有想到，抓捕王道生时竟然出现了意外。

王道生会去哪里呢？检察官就地展开搜查。

时间一分一秒过去了，检察官仍然不知道王道生的去向，一向沉着冷静的总指挥赵荣也开始变得焦虑起来。通过省政府办公厅的工作人员，总指挥赵荣查到了王道生的去向。

果然，王道生没有畏罪潜逃，他去了情妇肖圆圆那里，这既在检察机关的意料之中也在意料之外。在湖南省人民政府办公厅的协助下，检察官很快找到了王道生，2004 年 4 月 11 日 21 时 48 分，专案组对王道生宣布刑事拘留。当晚 22 时 27 分，王道生的妻子也被带到了检察院。

目标对象全部被成功抓获，而且还掌握了新的线索，按理说，这的确是一件值得高兴的事情，然而，作为案件的主要负责人，赵荣的心里却隐忧重重。王道生在消失的一个多小时里究竟干了些什么？为什么他的儿子王键，在机场下飞机时，电话中匆忙告诉父亲"检察院来找我了"时，他还要去情妇那儿呢？果不其然，在第二天开始的讯问中，赵荣找到了答案：王道生去情妇那里串供了。

犯罪嫌疑人串供，对于办案检察官来说不是个好消息。众所周知，串供将会增加讯问的难度，很可能阻碍办案的进程。面对检察机关的讯问，王道生似乎早有准备，他毫不避讳地谈起了烟商陈全和与情妇杨莉莉，声称自己没有经济问题，他说我有借条，在家里你们去找啊。

接受讯问时，王道生的态度极其嚣张，而且咄咄逼人。

面对王道生的公然挑衅，专案组从容应对。对检察官来说，拿到王道生受贿的证据，才是对他最有力的回击。

通过认真细致地研究，专案组决定，将王键作为突破口，先突破王键，再突破王道生的妻子，最后才是王道生，由易到难，循序渐进。在他们看来，犯罪嫌疑人王键年龄偏小，社会经验较少，相比而言，讯问的难度自然最低。然而，面对检察官的讯问，年仅 26 岁的王键显得十分沉稳老到，无论问什么，王键始终沉默不语，和检察官拼起了耐性。

一天时间过去了，检察官仅仅记录下了两页纸，不到 300 字。

王键的态度让检察官感受到了一丝压力。对他们来说，如果对王键的讯问都不能顺利展开，那么，对王道生的审讯必定会遇到更大的困难。

讯问中，检察官一直耐心地对王键讲解政策法规。与此同时，对王键的外围调查也在紧锣密鼓地展开。通过调取银行监控录像，专案组很快查清，王键兑换美金时所使用的 43 万元人民币是一个名叫唐志强（化名）的男子给的。

唐志强是王键的小学同学，是湖南长沙某建筑工程公司业务经理。据唐志强交代，2004 年 4 月，在成功获得湖南某汽车制造股份有限公司长沙基地科技办公楼工程之后，他分两次送给了"合伙人"王键 43 万元人民币。

根据检察机关掌握的情况，正是由于王道生出面打了招呼，唐志强才成功获得了这个科技办公楼总造价高达 1180 万元的工程。在取得了唐志强的口供后，专案组加大了对王键的审讯力度，不过，王键的态度仍然没有丝毫改变。

讯问的第三天，王道生的女儿含泪约见了专案组，她想见一见自己的父母、弟弟，这个世界上她最亲的三个人。

儿子爱上了情妇的女儿

一般情况下，在侦查、审查起诉和一审判决之前，不会允许家属与犯罪嫌疑人见面。不过，考虑到本案以及王道生女儿的特殊身份，湖南省人民检察院经过研究，最终同意了她的请求。

这是一场特殊的生日聚会。2004 年 4 月 17 日 15 时许，在湖南省看守所接待室里，湖南省人民检察院给王道生的妻子过了一个"特殊的生日"，伴随着《生日歌》，王道生的女儿缓缓地走到了母亲身旁。

对湖南省人民检察院来说，允许家属与犯罪嫌疑人见面，这还是第一次。为了防止犯罪嫌疑人串供，专案组有意错开了王道生的女儿与父亲、母亲、弟弟三人见面的时间。爱恨交织，繁华落尽，原本幸福和睦的家庭，曾经的矛盾不快，似乎就在眼前，一家四口，竟然只能以这种方式相见相慰，令人唏嘘不已。

检察官回忆，见面当天，王道生抱女痛哭的场景催人泪下，一声声亲切的问候，一句句温暖的关心，那一刻，王道生悔恨难当。王道生痛哭后跟女儿说，爸爸犯了罪，但是你不要担心，我该配合得配合，你们该配合也得配合。

当着女儿的面，王道生向检察机关作出了自己的承诺，他当场给儿子写了一封信，请检察机关转交给他的儿子。

与女儿见面之后，王道生对检察官的态度来了个180度的大转弯，在第二天开始的讯问中，还没等到检察官开口，王道生首先讲起了他的两个情妇。王道生说，和第一个情妇杨莉莉分手是迫不得已，要不是上天故意捉弄，儿子王键爱上了杨莉莉的女儿，他还不至于要与杨莉莉分道扬镳。

儿子爱上情妇之女，门不当、户不对，在反复劝说杨莉莉无果的情况下，王道生决定将杨莉莉送回老家。那一年，王道生促成了烟商陈全和与卷烟厂三千五百多万元的生意，为了让杨莉莉不再纠缠自己，不再纠缠自己的儿子，王道生暗示陈全和送给杨莉莉16万元人民币。

审讯中，王道生爽快承认了自己帮助过陈全和，并且收受过陈全和多次贿赂的犯罪事实。除了检察机关之前掌握的41万元外，他还主动交代了收受陈全和零散贿赂共计158000元的犯罪事实，同时，还交代了收受其他人贿赂的犯罪事实。

纸永远包不住火。当卷烟厂厂长张吉平因为受贿被检举调查后，王道生心里清楚，检察机关迟早会

王道生的忏悔书

找到他。当儿子在机场电话中告诉他，检察机关已经开始行动时，他马上找到了情妇肖圆圆，要求他务必找到其他行贿人，按照事先约定，统一口径。正因为如此，被拘留后，王道生的态度十分强硬。

王道生并不知道，正是这一系列欲盖弥彰、掩耳盗铃的拙劣手段，让检察机关

顺藤摸瓜，更稳更准地发现了他犯罪的线索。无数事实表明，那些醉心追逐名利、走上贪污腐败道路的人，他们的追求不过是一场梦。

2004年12月24日,湖南省政府原副秘书长王道生因受贿罪一审被判处无期徒刑，剥夺政治权利终身，并处没收个人全部财产；共同受贿人王键因受贿罪被判处有期徒刑十一年，并处没收个人财产20万元。

折翅的"大雁"

2003 年 10 月 18 日，因涉嫌受贿，时任青岛市市长助理的王雁被山东省检察机关带走。作为青岛政界响当当的人物，王雁被传唤的消息不胫而走，迅速在青岛各界，尤其是房地产界引发了一场连锁地震。一夜间，曾经红火一时的上百家房地产商纷纷离开青岛；一时间，青岛上下风声鹤唳，议论声不绝于耳。

这次对王雁的调查，直接引发了随后对青岛市数名高官的调查，也揭开了青岛市房地产界系列腐败案的内幕，这就是后来著名的"青岛事件"。

资料图：美丽的青岛风景如画

一封实名举报信

王雁，青岛市原市长助理，在青岛市政界，王雁俨然一颗冉冉升起的政坛明星。他年轻有为，曾任青岛市贸促会会长，青岛市崂山区副区长、区长、区委书记，获山东省对外开放立功标兵、青岛市有突出贡献领导干部、青岛市十大杰出青年等多项荣誉称号，从普通干部到副厅级领导干部，他只用了短短七年时间。仅凭这些，就足以让普通人难以望其项背。

在人们印象中，王雁学识渊博，才华出众。在担任青岛市贸促会会长期间，他为青岛市引进了三千多家外企和数以亿计的外资，在检察机关对王雁进行调查之前，他刚刚升任青岛市市长助理，政治前途可谓一片光明。

那么，是什么让他面临陨落的命运呢？

2003年10月8日，山东省人民检察院收到一封转自最高人民检察院的举报信，举报信中，外商吴起（化名）实名举报了王雁在担任青岛市崂山区区委书记期间，收受了自己一万美元的贿赂。外商的举报，引起了山东省人民检察院检察长国家森的高度重视，他立即责成主管反贪的副检察长李少华组织精干力量查办。

然而，让检察机关没有想到的是，检察官几次奔赴青岛，却连举报人的影子都没见着。不仅如此，青岛上上下下，认为王雁清正廉洁的呼声十分高涨。

为了查清楚王雁是否存在问题，检察机关对王雁的存款进行了调查。在冻结了他的多个银行账号之后，检察官发现，王雁账户里的存款只有几万元。而此时的王雁，在接受讯问时，一直耐心听着检察官对政策法规的讲解，态度不卑不亢，表情很轻松，一如既往的笑容挂在白皙的脸上，很灿烂。他声称，在崂山真正主政的一年多时间里，他得罪了不少人，其中有一些开发商甚至采取很恶劣的手段，罗织罪名。对于举报信中的一万美元贿赂，王雁说有这事，不过他

王雁在办公室被带走

当时就拒绝了。

这让办案检察官有些疑惑：领导同事都说他是好干部，他个人的账户里也没有大额存款，难道王雁真的被人诬告了？

更让人不解的是，既然当时王雁拒绝了吴起的贿赂，那么事隔半年之后，吴起为什么还要实名举报王雁呢？而且，他在举报信中还详细描述了王雁索取一万美元的经过："他问我，他要的钱有没有带来？我说带来了。他接过去以后，连声谢谢都没有，好像是欠他似的……"

一个说得有鼻子有眼，一个否定得义正词严，谁是真的？

按照法律规定，第一次传唤犯罪嫌疑人的时间不得超过 12 个小时。如果没有充足的证据，检察机关必须放人，那么，王雁到底有没有受贿呢？

12 个小时就要到了，而讯问却没有任何进展。如果王雁没有问题，大批房地产开发商为什么要突然离开青岛？如果有问题，他的钱又去哪里了呢？一连串的疑问涌上了检察官的心头。

举报者说，一万美元退回来了

其实，在此之前，山东省检察机关就对王雁进行了一次秘密调查。当时，检察官深入青岛，按照实名举报的地址，三次约见举报者吴起，却连续吃了闭门羹。

吴起实名举报，为什么避而不见？莫非有什么隐情？

在不得已的情况下，检察官在电话里向举报人亮明了身份，然而，吴起还是充满顾虑。对于见面，他提出了三个条件：第一，约一个秘密地点；第二，一定要替他保密；第三，一定要一查到底，千万不要查不下去，最后把账都算在他身上。在答应了三个条件之后，检察官终于和吴起见了面。

见面时，外商吴起声称，这一万美元后来确实被王雁退回来了——这一点让检察官颇感意外。通过耐心细致的工作，检察机关终于取得了王雁索要、退还一万美元的确切时间和地点，原来，这一万美元是王雁得知自己已被调查后退回的。掌握了第一手证据，检察机关决定对王雁刑事拘留。

即使在看守所里，王雁依然坦然和傲气，像披着一层坚硬的盔甲，让检察官深感棘手。王雁到底存在哪些问题？为什么青岛的房地产商成批地失踪呢？对王雁的调查陷入了停滞。

然而，直觉告诉检察官：王雁的问题，绝不简单！

柳暗花明。就在对王雁的调查陷入停滞的时候，从另外一个调查组传来了新的消息，在查办青岛市崂山区土地管理局原局长于志军受贿案的过程中，于志军供认，王雁曾接受过房地产商的巨额贿赂。消息传到省里，山东省人民检察院检察长国家森亲自召集会议，会上，一个针对王雁案件的专案组成立了。检察官从青岛奔赴全国各地，寻找失踪的房地产商。

冰山露出一角

专案组成立的第三天，山东省人民检察院在青岛市崂山区人民检察院召开了一个政策宣讲会，两百多名青岛房地产公司的代表被召集了起来。在这次会议上，检察官详细向房地产商讲解了检察机关宽严相济的刑事司法政策。会议开过不久，房地产商张某主动向检察机关自首，承认了自己在 2001 年曾向王雁行贿 50 万元的事实。

张某交代完问题，检察机关就让他回去了，没有影响他的任何经营，这让其他房地产商大感意外。通过发动房地产商举报，检察机关很快落实了王雁受贿一百多万元的犯罪事实。

由于案情重大，专案组加大了对王雁的审讯力度，他们为王雁准备了一员老将——山东省人民检察院反贪局副局长季新华。老季曾参与办理山东省泰安市原市委书记胡建学案、安徽省原省委副书记王昭耀受贿案等，经验丰富，名噪一时。

一次两个男人之间的对话，一场智慧和勇气的较量开始了。

季新华仅仅比王雁大一岁，经历相仿——生于军人之家，下过乡，当过兵。同样的人生经历让他们有了共同的话题，他们从部队大院的起床号谈起，谈到火热的军营生活，谈到转业后重新创业的感慨，相似的酸甜苦辣，相近的人生感悟，王雁感觉自己遇上了知音。

他们谈文学，谈音乐，谈历史，谈哲学，也议论国际形势，相同的话题使他们之间好像产生了共鸣，在这个过程中，王雁逐渐适应了这个谈话节奏，而且对季新华也产生了信任感。

随着谈话不断深入，王雁渐渐敞开了心扉。

王雁在青岛市贸促会主政期间，成功引资十几个亿。他曾经六十多次到韩国去，为开拓整个青岛和韩国之间的经济贸易作了很多贡献——青岛大约有四千多家韩资企业，三千多家是他参与引进的。王雁是谈判桌上的风云人物，为青岛市的招商引资立下了汗马功劳，因为政绩卓著，他也因此被评为"山东省对外开放立功标兵"。

不久，王雁被安排到崂山区任副区长，他心里很不满足：崂山区历史遗留问题太多，他不愿去，那时，王雁的妻子一直在国外，夫妻聚少离多。仕途遇到波折，家庭生活也不顺心，面对纸醉金迷的诱惑，王雁渐渐迷失了方向……

季新华与王雁的谈话不断深入。

与此同时，对王雁的外围调查也在紧张而有序地展开。专案组在公安机关的配合下，北上沈阳，南下广州，先后抓获了涉嫌行贿的房地产商人刘某、张某以及干扰办案的姜某等人。此时的王雁还心存侥幸，仍然强作镇定，拒不交代。

季新华感到，有必要给王雁透露一点信息。

在一次审讯的间歇，季新华接听了一个电话，并有意让王雁听到了某行贿人已经被抓获的消息。"无意"中听到这个消息，季新华和同事们发现，王雁的情绪出现了一些微妙的变化，他已不像头一天那样大讲特讲自己的功绩，更多的时候，他选择了不言不语。

第二天，王雁的态度就有了明显的变化，那个之前一直口口声声喊冤、傲慢自负的王雁逐渐消失了，他似乎意识到，检察机关可能掌握了某些关键的证据。

此时，一直坐在对面的季新华断定，在这场攻心战中，决胜的时刻到了！

季新华一开始就跟他谈起了交响乐《红旗颂》，还给他哼了两段。季新华清楚地记得当天的情景："那天谈到《红旗颂》的时候，我的感情也迸发了出来，它深沉的音乐背景和激越的主旋律影响了好几代人，在这种慷慨激越、如诗如画的旋律下，可以说经历过那个时代，特别是参过军的人，都有一种热情澎湃的感觉，我哼了几段旋律，王雁也跟着附和，这时候我发现他的眼眶有点湿润，进而我们的话锋就开始调转了方向。我说父辈打江山，流血牺牲，当时谁也没想到将来要当什么师长、军长，咱们那时候去当兵，和平年代也不可能当上什么将军，但是咱们回到地方之后，确实想干事，要把事业干起来。我们很佩服你的过去，但也很痛惜你的现在。父辈的在天之灵，在注视着我们，我们不能背叛我们自己的誓言！"

王雁后来说，当时季新华的这番话，在自己头顶上嗡嗡作响，就像听到了遥远的天籁。

王雁哭了，他哭自己的过去，更哭自己的现在。2003 年 10 月 21 日上午，酷爱书法和诗词创作的王雁开始了自己人生最关键的一次写作。

整整一天过去了。夜晚来临，王雁的房间一直亮着灯。时年 48 岁的王雁像一个迷惑的孩子，吃力地梳理着走过的路，寻找失去的世界，以求得最后的宽恕。

这是王雁人生中最难下笔的一次写作。

政坛明星的陨落

1977 年，王雁离开火热的军营，转业到青岛市某银行工作。在这里，年轻的王雁与同单位的女友携手跨入婚姻的殿堂。

1985 年，王雁被调到青岛市外经贸委工作，从这里起步，开始了近二十年的政治生涯。那时，王雁的妻子也转到了外贸行业，可是因为回避制度，王雁从来都没有关照过她，甚至多少影响了她的升迁。王雁当时给大家的印象是：依旧保持着部队的优良传统，视金钱如粪土，对堕落腐化嗤之以鼻。大家都知道，王雁没有房子，女儿大了，甚至还和姥姥睡在一起。

2001 年 12 月，上任崂山区区委书记才三个月，王雁就主持了崂山区首次国有土地使用权拍卖会，会上，他发布了这样的"施政纲领"：今后，崂山区所有适合房地产开发的土地，都将通过拍卖的形式公开转让。之后，他拒绝了好几个想非法拿地的开发商送去的贿赂。

那时的王雁一心扑在工作上。王雁和他的妻子本来就有些矛盾，妻子想送孩子出国，但那个时候王雁没什么钱，再加上单位分房，王雁还把房子让了出去，妻子对他渐渐有了些看法。

由于不满丈夫只顾工作、不管家庭，两个人的争吵越来越多，越来越激烈。在一次争吵中，妻子曾说出了这样的话："你当官多年，我们娘俩什么都指望不上你，咱们还是离婚吧！"这话深深触动了王雁。

根据王雁的回忆，他收受的最大一笔贿赂被用作了女儿出国读书的费用。

根据土地管理法的规定，农用地必须转为工业用地才允许房地产商开发。我国的土地政策保护比较严，对农用地严格限制，严格控制农用地的转换手续，一般情况下，要得到省政府的批准，才能把某一块农用地转化为工业用地。王雁深知这一政策，为了规避这一点，他采取与村里违规联合开发的方式。

借着推行治理地产腐败的所谓"新政"，王雁把崂山区的土地审批权牢牢掌握在了自己的手中，规避政策，越权处理。为了获得更大的利益，这只本应振翅高飞的大雁，渐渐迷失了方向，开始了胆战心惊的"权钱交易"。

当时的王雁担任青岛市崂山区区委书记兼区长，青岛市高新技术产业开发区工委书记，青岛市高科技工业园管委会主任、党委书记，崂山风景区管委会主任，崂山区武装部政委，被当地人称为"七个一把手"。

某个地产商人，为了取得土地，给王雁在美国读书的孩子寄去了40万美元，王雁收下了对方的巨额贿赂。投桃报李，在王雁的帮助下，这个地产商人非法得到了土地，获得了数千万元的利润。检察机关查明，2000年至2002年期间，王雁收取了13个房地产商的贿赂，共计人民币496万元。这颗政坛明星，因为金钱在迷途上越走越远。

他用所谓的亲情践踏了良知和法律，然而，这种用金钱维系的亲情和友情，又能给他带来什么呢？

老母被骗，女友受辱

在调查中，检察机关发现了一件蹊跷的事情：在他们第一次传唤王雁的前两周，王雁和妻子正式办理了离婚手续。

王雁将自己的所有财产都给了妻子，之后，妻子带着所有财产到美国去了。这也是为什么检察机关冻结王雁的银行账号后，却没有找到钱的原因。

王雁的前妻到底拿走了多少钱，成了一个谜。

2004年春节前夕，检察官再次提审了王雁，他们希望王雁能说服前妻退回赃款，然而，当他们提审王雁时，新的危机出现了。王雁说："我当时给你们交代的那些问题，是为了争取好态度，希望得到最大限度的从宽处理，把有些属于正常的交往，特别是比较大的，实际上向人家借钱的行为都归为受贿。我觉得这是对法律，对检察机关不负责任，同时也是对我自己不负责任，我想换一些说法。"

王雁的所谓说法，给出了一个危险的信号。

春节后，检察官再次提审王雁，这一次他的态度更明朗了。王雁要翻供，无疑，有人在帮他串供。

可是，王雁一直关押在看守所里，审讯也是秘密进行的，是谁在暗中帮他呢？

与此同时，专案组收到了王雁母亲寄来的一封申诉信，信中言辞恳切，用诸多事实强调王雁清白无辜，这让专案组颇感意外：老人已经七十多岁了，丈夫去世多年，身为长子，王雁对老人一直是报喜不报忧，更不会提工作上的事，她怎么会知道案情呢？很显然，王雁的母亲并不是迷局的制造者。为了查清真相，专案组决定绕开王雁的母亲，另寻突破点。他们迅速变更了王雁的羁押场所，并在原看守所展开调查。

这时候，一个神秘的香港女商人出现了。

白洁（化名）是香港某房地产公司董事长，2001年来青岛投资房地产，那年她33岁，比王雁小13岁。在王雁夫妻争吵不断的时候，白洁和王雁的恋人关系也逐渐公开化。

王雁在认识白洁之前，夫妻已经分居。2001年年初，白洁为了开拓公司在青岛的业务，辗转结识了王雁。双方的第一次接触，白洁送给王雁一大包现金，被王雁当场拒绝。见钱却不收钱，王雁给她留下了一个廉洁的官员形象，在后来的历次招商洽谈会上，王雁出口成章的个人魅力、出众的领导才能进一步征服了这位商海女强人。

直到 2003 年 10 月王雁被检察机关带走，白洁才得知王雁涉嫌受贿。费尽周折，她找到了看守所的一个民警，分两次送去五万元人民币，让他帮助串供。在饭桌上，白洁忍辱喝下被强灌下的白酒和摇头丸，醉得一塌糊涂，还要强作欢颜。

2004 年春节前夕，看守所里的王雁写了几张借条，传给了白洁，随后，白洁立即多方联系律师，商量制造假证翻供。她还飞回香港，连夜将在港物业登报拍卖，兑换 40 万美元，打算随时归还给那个行贿王雁 40 万美元的地产商人。然而，几次联络，这个地产商人始终不肯见面。无奈之下，白洁再次回到青岛，以王雁母亲的名义给王雁的前妻发了一封电子邮件，恳请她退回赃款，所受损失将由自己如数补偿。但是，王雁的前妻拒绝了，接着，这个电子邮箱被注销，王雁的前妻从此再无消息。

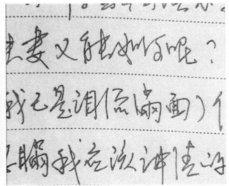

昔日政坛明星，在法庭上话语凝噎   王雁写给山东省人民检察院的信

白洁和王雁的母亲陷入了绝望之中，就在此时，一个自称神通广大，可以想办法"营救"王雁的男子出现了。王雁的母亲急于把儿子"救"出来，病急乱投医，把一生积蓄三十多万元交给了这个男子。然而，男子从此音讯全无，王家在凄凉与失望中度过了春节。

前妻恩断义绝，母亲被骗，女友受辱，面对此情此情，王雁潸然泪下。自以为重情重义的王雁，此时才真正认识到自己犯下了多么愚蠢的错误；那些冠冕堂皇的理由，那些令他曾经十分得意的人情世故，不仅不能用来开脱罪责，反而成为内心深处的道道伤疤。

2004 年 2 月 13 日，王雁给山东省人民检察院写了一封信，请求检察机关对他的母亲和女友从宽处理："我的母亲和未婚妻，是当前支撑我坚持生存下去最重要的两个亲人，这次因为我的事而四处奔波，如果再受到新的刺激和打击而遭遇不测，对我来说意味着什么，我是可以想见的……写到这儿我已是泪流满面。"

　　2005 年 1 月 11 日，王雁因受贿 496 万余元，被济南市中级人民法院一审判处死刑，缓期两年执行，剥夺政治权利终身，并处没收个人全部财产。

　　王雁没有提出上诉。

规划局长的银行保管箱

2003 年 11 月 15 日晚上十点半，青岛市看守所已经过了熄灯时间了。此时，几名不速之客的到来打破了这里的宁静，他们是山东省人民检察院反贪局的三名检察官。深夜来访，是因为情况特别紧急，他们要提审一名重要的犯罪嫌疑人：涉嫌收受房地产商巨额贿赂的青岛市规划局原局长张志光。

一封举报信引发案中案

2003 年 9 月初，山东省人民检察院收到最高人民检察院转来的一封举报信，举报人署名为"难以平愤的受害者"。

举报者称，青岛市崂山区土地管理局局长于志军，在审批土地用于房地产开发的过程中，存在着严重的受贿问题。而检察机关当时没有想到，随着于志军受贿案调查的展开，青岛市规划局原局长张志光涉嫌受贿问题也渐渐浮出水面。

张志光，1983 年毕业于山东建工学院建筑设计系，大学毕业后，他从家乡龙口基层的建筑设计员干起，一步步升任龙口建筑设计院院长，烟台市建筑设计院副院长、院长，2001 年 4 月担任青岛市规划局局长、党组书记。

在青岛市规划局调查的过程中，检察官了解到，张志光是个专业型，甚至是专家型的领导，他对规划设计业务很钟爱，也很钻研。任职期间，他对重大规划项目向社会公示，公开征求意见，组织专家论证。在审批程序上严格实施"一站式服务"，一个窗口对外，开发商与规划审批人员"两头不见面"，对重大项目的审批，由业务部门审查，向社会公示后，再由局长业务办公会议集体研究，决定是否审批。

面对检察官的讯问，张志光一脸的无辜："我到规划局以后，知道这个岗位比较敏感，就给自己定了一个规矩，任何开发商请我吃饭我都不去，不直接跟开发商见面，只参加市领导的宴会，

我也能从这几百亩地中挣回来。

滨海城 500 亩能给我 200 亩我就知足了，当时地价值到每亩 150 万元人民币。为此虽给该局长 100 ...他的。其副总说，不是我跟其是同学，恐怕送礼也...有目共睹。如果能揭开崂山的盖子，远远不是这一点...交易可谓一典范吧！

难以平愤的受害者

举报信

而且晚上八点钟准时回家，这是我作为规划局长一直坚守的原则。"

初步调查结果表明，张志光是同事眼中的好领导，房地产商眼中的好官员，工作有能力，为人重情义。这样的人真的像房地产商指控的那样受贿吗？专案组陷入了深深的困惑中。

调查不成反被控告

上世纪 90 年代末，青岛市房地产市场逐步升温，位于崂山区内的青岛高科技园区，依山傍海，被当地人称为"黄金海岸"，备受青睐。为此，大批房地产开发商蜂拥而至，而他们攻关的主要目标就是时任青岛市规划局局长的张志光。

根据于志军受贿案调查时一个女房地产商的说法，她曾经三次给张志光送过六万美元。检察官依法对张志光的办公室和家里进行了搜查，发现张志光家庭财产有一百多万元，但张志光辩解说，他这一百多万元里面，有自己刚刚挂牌卖掉的"房改房"收益，仅这个就有 75 万元。搜查得出的结论是，张志光的家庭财产与他们夫妇的收入基本相符。

讯问没有结果，搜查出师不利，调查连连碰壁，专案组感到，要查清事实真相，必须另辟蹊径。

检察官通过调查发现，近两年，这个女房地产商开发的房地产项目，在规划局审批手续这一环节上办得异常顺利，这种顺利，已经超出了正常范畴。并且，这个

女房地产商在供述中还提到了一个送钱的细节：第三次送钱时，将车开到了张志光家的楼下，在车上把两万美元交给了张志光。

2003 年 11 月 1 日，张志光因为涉嫌受贿被检察机关刑事拘留。尽管一时还没有取得张志光的口供，但是一系列证据，已经将张志光涉嫌收受女房地产商六万美元贿赂的各个环节完整地链接了起来。

经过多方调查，另一个房地产商人李伟成（化名）又交代了向张志光行贿的事实。李伟成交代，向张志光行贿的是人民币、外币和字画，行贿数额合计人民币六十多万元。至此案件取得了一定进展。

然而，一周之后，李伟成找到省检察院的有关领导，全面否认了他原来的说词。不仅如此，他还控告说，上次之所以违心作证，是由于办案检察官"诱供"造成的。

调查不成反被控告，辱骂、压力、委屈，这一切让办案检察官的心里非常难受，究竟是自己在办案中存在不足导致了现在的被动局面？还是房地产商在借机故意刁难？为了查明事实真相，山东省人民检察院反贪局综合处处长黄静波和同事再次找到了李伟成了解情况。

回忆当时的情景，黄静波说："谈话非常艰难，这个行贿人原来是机关干部，后来到了房地产行业，只因为资历老，所以不讲道理。在这个过程中，他非常不冷静，不是一般的不冷静。在崂山检察院，他大声吆喝，甚至侮辱我们。"

在这种情况下，专案组依法对李伟成采取了拘留措施，最终，他如实向检察机关供述，自己曾经通过一个朋友，向张志光行贿财物共计六十余万元的事实。李伟成如实作证后，检察机关依法对他作出了从轻处理。

看到检察机关兑现了当初的承诺，一些房地产商陆续主动找到检察机关，讲清楚了行贿的问题。近两年来，部分房地产商为了房地产项目的规划审批，先后向张志光行贿，金额接近四百万元。至此，检察机关对张志光受贿问题的调查取得了重大突破。

张志光受贿金额接近四百万元，但是，调查和搜查始终没有发现张志光的非法财产。那么，这些受贿所得，被张志光藏到哪里了呢？

通过前期的大量调查，检察官了解到，张志光的女儿在国外上中学，每年的开销都需要数十万元，这笔巨额的留学费用从何而来？而且，专案组目前调查到张志光的受贿金额接近四百万元，如果这几百万元巨额贿赂都被他转移到了国外，要追回来将非常困难，而受贿的赃款一旦追不回来，不但会给国家造成巨大损失，也会严重降低老百姓对检察机关的信任。

神秘遥控器

面对受贿赃款的去向，张志光支支吾吾，答非所问。细心的检察官发现，每当张志光"说谎"时，他都会下意识地摸着自己的脸。

与此同时，另一路检察官再次对张志光的家里进行了搜查。

在清理物品的过程中，检察官发现了一个遥控器，这个遥控器很小，藏在一个不显眼的角落里。面对这个遥控器，张志光的家人却称并不知道用途，而越是不知道用途的东西就越让人怀疑，这个小小的东西后面究竟是什么呢？干了十几年侦查工作的检察官宣令民疑窦顿生，凭着多年的侦查经验，他感觉这个小小遥控器背后一定有文章。他叫了两个同事跟他一起下楼，拿着遥控器，在张志光家住的小区里四处寻找目标。

此时天色已晚，宣令民也只是想碰碰运气。小区楼下有三十多个车库，宣令民

只要说谎，张志光总会情不自禁地摸着自己的脸

手拿遥控器，对着楼下的车库一个个地摁着。非常巧，对着第三个车库摁下遥控器的时候，卷帘门吱吱地升起来了，车库里，一辆崭新的白色帕萨特轿车露了出来。这个新发现让检察官兴奋不已，"比自己中了彩票大奖还高兴"，宣令民说。

打开车门，在汽车遮阳板里面，检察官找到一本驾驶证。让检察官感到诧异的是，这个驾驶证上的姓名是吴捷（化

名），但照片却是张志光，更让检察官兴奋的，是驾驶证里面还有一把钥匙。

根据多年的办案经验，宣令民判断，这是一把银行保管箱的钥匙，但是这把钥匙出自哪家银行？在那个未知的银行保管箱里，究竟隐藏着什么秘密呢？

于是，当晚十点多，虽然看守所已过了熄灯时间，但季新华和同事还是紧急提审了张志光。季新华是山东省人民检察院反贪局副局长，曾参与办理山东省泰安市原市委书记胡建学案、安徽省原省委副书记王昭耀受贿案等，经验丰富，名噪一时。审讯室里，一场较量开始了。

季新华问："你最后一次打开银行保管箱是什么时间？里边放的什么？"

张志光一听这话，先是一愣，这确实出乎他的意料，他没有想到检察机关这么快就知道了保管箱的事情，保管箱的事情该怎么交代呢？

张志光没来得及多想，摸着自己的脸，回答道："我好好想想，好好想想，里面放了三四万美元，还有存折，大概一百多万吧。"

检察官感觉真相就要水落石出了，现在了解到确实有保管箱，里面放了美元和存折，但还有一个最关键的问题，这个保管箱是哪家银行的？这个关键性的问题至关重要。季新华急中生智问了一句："你为什么从原来那个银行非要转到这家银行？转到这家银行有什么好处？"

张志光脱口而出："不就是图个方便吗，它就在我办公室楼下。"

案件的关键终于浮出了水面，张志光办公室的下面，是一家光大银行。检察机关当夜就通知银行控制了保管箱，第二天按照有关程序打开，在保管箱里找到的现金、存折，不是张志光交代的一百多万元，而是共计七百多万元的资产。至此，张志光受贿的赃款去向终于水落石出。

在费尽千辛万苦找到张志光受贿的非法财产后，一个新的问题又开始困扰着办案检察官。根据前期一些房

银行保管箱没有锁住张志光的秘密

地产商的交代，他们曾经为了办理房地产项目的规划审批，向张志光行贿近四百万元。这些事实，一直还没有从张志光那里得到证实，现在，又发现了张志光来历不明的财产三百多万元。

如何打开张志光的心扉，彻底查清这七百多万元背后隐藏的真相呢？

行贿人不认识张志光

在检察官和张志光之间，面对面的较量已经进入了攻坚阶段。

银行保管箱的秘密被破解了，审讯中，张志光已经没有了先前的底气，现在，他偶尔也会向季新华吐露一些内心的真情实感。张志光交代，他也深知藏在保管箱里的这些钱见不得光，因此保管箱的事情全都是由他自己秘密操办的，家人毫不知情。但是，当季新华和同事跟张志光核实受贿金额的时候，他们很快发现了一个奇怪的现象：在例行性地问到张志光在青岛还有什么亲属的时候，他的情绪就会很激动。

张志光回忆，房地产商冯晓池（化名）曾经向他行贿30万元人民币。当时，冯晓池约他到一家茶馆喝茶，交谈中提到了自己的房产项目，并且希望张志光尽快主持会议，完成项目的规划审批。临走前，冯晓池送给张志光一个茶叶袋，并且嘱咐他说茶叶非常好，不要送人。张志光回家才发现，茶叶袋底下还有一个大报纸包，里面放了30万元人民币。但是，在取证过程中，检察官找到房地产商冯晓池之后，冯晓池一直坚持说，他根本不认识张志光。

冯晓池说，他是通过同学吴敏（化名），也就是张志光的表弟给张志光送的钱。张志光为什么要说谎呢？难道这其中另有隐情？

办案检察官了解到，张志光与表弟一家的感情很深。张志光出身贫寒，父母都是龙口的普通工人，家中兄弟四个，他是老二，大哥有先天性疾病。张志光天资聪慧，恢复高考的第二年，没读过高中的他通过自学考上了山东省建工学院，进入建筑设计系学习。

张志光的舅舅是青岛一家企业的工人，舅妈去世得早，舅舅带着两个表弟吴敏、吴捷（化名）在青岛生活，家境比张志光家略为富裕。上大学时，每到假期，张志光都会到青岛的舅舅家暂住，打短工挣下一个学期的学费和生活费。

最不能忘记的是每次返校时，舅舅都到街上买来大白纸，把它裁成本子订起来，给张志光拿回学校，当做张志光这一学期的作业本和练习本。在张志光最穷困潦倒的时候，帮他渡过难关的人，是他的舅舅。2000年年底，张志光的舅舅在弥留之际，把他的两个表弟——吴敏、吴捷托付给了他。舅舅告诉张志光，说你已经成人了，你两个表弟都不行，我非常不放心，我把他们托付给你了，你一定要好好照顾他们，领着他们好好生活，千万不能出什么事情。张志光这时已有一定的社会地位了，舅舅弥留之际的嘱托，他刻骨铭心地记在了心里。

跟张志光的面对面，让季新华更多地了解了张志光的内心世界。这让季新华不禁联想到，在对房地产商的调查中，张志光收受的贿赂，有三笔都牵涉到他的表弟吴敏。

亲情是每个人人生中不能选择也无法放弃的感情，当亲情和利益、法律发生冲突的时候，谁都会面临选择的矛盾，甚至痛苦的挣扎。那么，在亲情问题上，张志光的痛苦是什么？顾虑又是什么呢？季新华和同事用三天的时间，专门跟张志光聊起了亲情的话题。

近两个月的接触，季新华已经把张志光了解得非常透彻：对亲人和朋友，张志光重情重义，但是，那仅仅是狭隘的小情小义；面对国家利益和个人利益的选择，在大情大义面前，张志光已经超越了政策和法律的底线，滑向了犯罪的深渊。小事明白，大事糊涂，再不迷途知返，不但会害了自己，更有可能连累亲人。季新华的话，句句击中了张志光的软肋，突破了他的"亲情壁垒"，终于，张志光的心理防线彻底崩溃了。

张志光说："舅舅辛苦一生，对我恩重如山，在我最贫穷、最困难的时候，某些方面都胜过父母，最后就这么点嘱托，我知道我表弟的行为构成了犯罪，起码是介绍受贿，我怎么能把他牵扯进来呢？我现在已经罪孽深重，这个事比我交代自己的问题都要难，这是我最不愿意讲的。"

每天受贿一万元

终于，张志光彻底交代了他担任青岛市规划局局长以来，多次收受房地产商贿赂的事实。从 2001 年 4 月担任青岛市规划局局长，到 2003 年 10 月案发，两年半时间里，张志光共收受他人的现金、房产贿赂等，折合人民币 860 万元，平均每天受贿一万元。

建筑规划的审批极为严格，关系到城市建设的长远发展，可是规划权在张志光的手里，就像一块可以随意揉捏的面团。

在张志光受贿的 860 万元中，有 300 万元是通过表弟吴敏介绍的。吴敏的公司从事小区远红外防盗系统的设计和安装，要揽业务，就要找房地产开发商，其中两家房地产商得知他的表哥是规划局局长时，主动提出不但防盗系统工程可以交给他做，而且还可以建立长期的合作关系。但是，他们都提出了一个条件，那就是，要张志光帮忙提高规划的容积率。

简单地讲，容积率就是每平方米土地上，可以建多大面积住房的比例。单位面积上盖的楼层越高，容积率也就越大。在张志光的帮助下，一个房产项目的容积率从 1.2 提高到了 2.5，房地产商因此获得了丰厚的利益。

容积率的提高，直接的标志就是钱。两个房地产商从中获取了丰厚的利润，他们也分别给了张志光 200 万和 100 万人民币。行贿 200 万元的开发商，房子从 6 层直接规划到了 13 层，自己本身能挣 3000 万，拿出 200 万元给帮过自己大忙的规划局长，似乎是"小意思"。

张志光交代，开发商行贿的钱，以远红外防盗工程预付款的名义打到他表弟的账户上，他又以 20% 的比例提成现金送给了表弟吴敏。最终，张志光和吴敏、房地产商都获得了丰厚的利益，但是，规划权的滥用和容积率的提高，不但破坏了市场公平，也让买房的老百姓居住的舒适度下降，利益受损。

至此，张志光心中的"亲情壁垒"被检察机关一一攻破。因为自己的贪婪害得一个好端端的家庭破碎支离，他后悔莫及，同时，张志光更加觉得愧对结婚多年的结发妻子。有好几回，送到家里的钱，妻子都劝他赶紧退给人家，张志光表面答应，实际上很快就拿到了办公室，然后送到银行的保管箱保存了起来。

　　银行保管箱最终没有帮张志光锁住他的秘密，更没有保管住他的亲情。在规划局局长的位置上，张志光牺牲国家利益规划了自己的"大好"人生，但是他做梦也没有想到，用违法手段规划的人生远景最终还是落了空。

　　2005 年 1 月 28 日，张志光因受贿 860 万元被山东省济南市中级人民法院一审判处死刑，缓期二年执行，剥夺政治权利终身，并处没收个人全部财产。张志光没有提出上诉。

　　张志光的表弟吴敏在逃亡半年后被抓捕归案，并被依法追究了法律责任。

官员落马牵出医院院长

异常举动引起重大怀疑

调兵遣将，兵分两路

巧用战略战术

层层揭开收钱黑幕

追查贪财院长

2005 年 5 月，安徽省人民检察院在查办该省一起重大受贿案件时，涉嫌受贿的嫌疑人供述，安徽省医学情报研究所所长丁杉在担任阜阳市人民医院院长期间，曾向他行贿了六万元。随即，这一线索被移交到亳州市人民检察院，反贪局立即成立了专案组，检察官对这一线索展开了初查。

几天后，安徽省人民检察院给亳州市人民检察院传达了一个来自安徽省纪委的重要信息：前段时间，省纪委收到了大量丁杉在担任阜阳市人民医院院长期间，多次收受他人贿赂的举报。举报反映，丁杉在医院人事安排、医疗设备引进、进药、工程建设方面曾收受他人贿赂。

为了查清这些举报内容的真实性，检察官决定先从外围查起。

丁杉其人

丁杉，1954 年出生于河南省永城市，曾任阜阳市人民医院医师、部室主任、副院长、院长，2004 年调任安徽省医学情报研究所所长。

在与当地百姓的交谈中，多数人反映丁杉在阜阳市人民医院当院长期间，口碑很差。

根据安徽省人民检察院的要求，亳州市人民检察院反贪局首先要迅速查清丁杉是否有向他人行贿的事实，以配合安徽省人民检察院对另一起重大受贿案件的查处工作。可是，当他们找到丁杉，讯问是否向他人行贿了六万元时，丁杉矢口否认。

受贿人交代，丁杉给他行贿的时间地点，他都记得清清楚楚，可丁杉却拒不承认。

检察官分析，这是行贿人共同的特点，最开始，每个行贿人都不会承认自己曾经向人行贿过。通过耐心宣讲法律政策，三天后，丁杉把向他人行贿六万元的事实交代清楚了。

接下来，检察官把省院转来的关于丁杉受贿的举报信一一进行了甄别。

有一封举报信称，医院的某医生在承包医院制剂室的时候，曾经向丁杉行贿过。举报信的内容很具体，落款也是举报人的真实姓名。检察官在外围进行了调查并向相关人员进行了调查核实，他们了解到，在承包医院制剂室这件事情上，丁杉的确收过这个医生的好处。

在相关部门的大力支持下，讯问丁杉的工作顺利展开。和检察官预料的一样，最开始，丁杉并没有主动交代自己受贿问题的表现。

经研究，专案组决定将成员一分为二：一组在合肥继续讯问丁杉；另外一组则立即赶往阜阳，在其原工作地——阜阳市人民医院展开调查。他们首先找到了承包医院制剂室的医生。

原来，阜阳市人民医院的这名医生，一直想承包医院的制剂室，为了得到丁杉的支持，2001 年夏季的一天，在医院制剂室办公室，他一次性送给了丁杉 20 万元。在随后的竞标过程中，丁杉心照不宣地在各个方面给予了他很大的关照。

调查终于有了转机，这大大激励了检察官，他们迅速把这一信息反馈给在合肥讯问丁杉的另外一组检察官。在铁的事实面前，丁杉抵挡不住了，他承认了收受制剂室承包人 20 万人民币，并为其提供便利与照顾的事实。

对于这 20 万元受贿款的去向，丁杉交代，都在他妻子手中。

专案组立即赶到丁杉家。然而丁杉的妻子不仅不承认，并且态度非常粗暴。

钱到底藏在哪里呢？丁杉的妻子肯定很清楚，但她根本不予配合，还一直叫嚣自己的丈夫没问题。等到专案组成员告诉她丁杉交代的受贿情况，以及受贿金额巨大所要承担的法律后果时，丁杉的妻子垂下了头，她首先交代了一笔赃款放在丁杉姐姐家。专案组成员迅速赶到丁杉姐姐家，在她家里，办案检察官取到了将近一百万元巨款。

专案组当即决定，对丁杉涉嫌受贿立案侦查。

紧追不放

专案组了解到，丁杉日常有工资，再者也是院长，不需要花太多的钱；丁杉的妻子也是医院的职工，也有工资；丁杉只有一个女儿，也不需要太多的花费。根据专案组的仔细核实，丁杉家庭的合法收入应为58万元，而从她姐姐家搜出的巨款有近百万元，除去制剂室承包者行贿的20万元外，丁杉还有大量来源不明的现金。那么，是不是像安徽省纪委转来的举报信所描述的那样，丁杉在人事安排、进药、引进医疗设备、工程建设上都存在收钱的行为？亳州市人民检察院反贪局决定依据举报信中涉及到的内容，对丁杉权力范围内可能存在暗箱操作的环节展开全面调查。

可是，当检察官讯问丁杉的时候，他什么都不愿意讲了，一连几天都没有任何进展。专案组决定还是从外围进行调查。检察官随即再赴阜阳，想从药品和医疗设备采购环节入手寻找突破口，可是，一些药品供应商以及设备供应单位的相关人员早已听到了风声，要么找不到相关人员，要么人去楼空，要么不予配合。

在合肥讯问丁杉的工作也没有进展。经过商量，专案组果断调整思路，决定先从看得见摸得着的人事方面着手调查，寻找突破口。

专案组在前期调查中了解到，丁杉在医院的人事任免以及进人方面存在着较大问题。根据这一线索，他们迅速调取了丁杉在任阜阳市人民医院院长期间所进人员以及提拔人员的相关资料，很快，他们把目光集中到一名年轻医生的身上，这名医生来自阜阳颖上县的农村，他是在丁杉任院长期间进入医院工作的，不是公开录用的员工。检察官马上找到了这名医生以及他的家人。

这名医生的父亲是农民，丁杉把他儿子安排了工作，他很感激，开始并不愿意说，经过检察官反复做工作，他交代了向丁杉行贿的事实。

有了这个突破口，丁杉陆续交代了在阜阳市人民医院当院长的几年间，安排人员进院以及在干部提拔方面得到的好处：

阜阳市颖西县某学校教师为了让大学毕业的女儿进医院工作，通过阜阳市卫生局跟丁杉打招呼，在丁杉办公室将5000元现金送给了他；

医院一科室医生为让自己的女儿进医院工作，在丁杉办公室给他送了5000元，后丁杉同意安排；

阜阳市人民医院某医生为了给同在该医院工作的田某调整科室，给丁杉送了6000元，后田某被调整工作；

医院在2001年酝酿提拔一名副院长，为了感谢丁杉的推荐直接荣升副院长，医院的张某给丁杉送去了10000元；

……

这些受贿金额共计10万元。10万元交代完了，丁杉就不讲了。

对于丁杉再一次保持沉默，在合肥讯问他的专案组改变了讯问方式。讯问很快取得了成效，丁杉又陆续交代了曾经向他行贿过的人员以及金额。

丁杉的供述表明，在医院的人事提拔和进人方面几乎都收受了相关人员的贿赂。医院新进医护人员，收钱；医生调整科室，收钱；普通医生想当科室副主任、想当护士长，还是收钱。如果没有送钱，就办不了事。

医院一名医生的女儿大学毕业想进医院工作，找到了丁杉，他口头上一直说研究研究，可迟迟不见动静。无奈之下，这名医生陆续给丁杉送去了6000元以后，他女儿的工作才得以落实，而这期间，因为没有搞清楚丁杉的真实意图，他的女儿整整在家待业了两年。

在这些行贿金额中，最小的仅1000元，有的甚至是购物券，大的几千元至几万元不等。丁杉俨然把阜阳市人民医院当成了自己的家，自己就是家长，他无所顾忌，为所欲为，导致医院正常的工作秩序被打乱，社会诚信体系在这里崩塌，勤劳苦干的人得不到提升，投机取巧者反而得到重用。救死扶伤、品德高尚是一名医生应该具备的最基本的职业准则，可这些早已在丁杉的身上丧失殆尽。

讯问工作依旧在进行，丁杉也在慢慢交代。

为了显示自己积极主动交代问题，他每天说一两件。没过多久，医院进人以及提拔过程中涉嫌行贿的人和事，丁杉基本上都交代清楚了，交代出的受贿金额高达五十余万元。随后，专案组成员找到了行贿人，他们也很快印证了向丁杉行贿的事实。

很多钱他记不清了

阜阳地处黄淮海平原的南端、安徽省西北部，辖三区四县，人口八百六十多万人，是安徽省人口最多的地区。而阜阳市人民医院则是阜阳市最大的综合性医院，也是皖西北最大的医院，是卫生部命名的"三级甲等"医院。

此刻，丁杉被检察机关立案侦查的消息，在阜阳市人民医院传得沸沸扬扬。丁杉在任期间，大权独揽，专横跋扈，他的种种劣迹，早就引起了医院从上到下很多人的不满。看到丁杉被立案了，大家的胆子大了起来，举报丁杉在医院进药、基建等方面涉嫌受贿的信件雪片般飞向检察机关，随后，这些信件又集中到了专案组，为继续讯问丁杉提供了重要依据。

面对连续不断的讯问，丁杉真正感受了来自专案组的压力。他有些招架不住了。

丁杉首先交代在医院引进设备上拿到的"回扣"：合肥一家公司做电子胃镜，卖给阜阳市人民医院，丁杉收受这家公司四万块钱人民币。

负责外围调查的专案组成员在合肥传唤了涉嫌向丁杉行贿的的金某，经过耐心教育，金某最终道出了在推销电子胃镜设备时曾向丁杉行贿的事实。可是，金某说出的数字和丁杉交代的数额不同，金某说给医院的回扣是五万元，这究竟怎么回事呢？专案组找到当时参与购买设备的相关当事人，经过进一步询问，检察官了解到了事情的真相。原来，医院进设备的下属给丁杉三万元后，丁杉又拿出一万元返还给下属，加上最开始受的两万元，丁衫最终受贿了四万元。

很快，丁杉又交代了在医院进药上，曾收受阜阳某药业公司药品供应商朱某送

阜阳人民医院急救中心大楼

给他的 15 万元。经过外围核查，朱某说行贿的数额是 18 万元。原来，丁杉把最开始的"见面礼"三万元给忘记了。

就这样一笔一笔地回忆，一笔一笔地供述，丁杉供述的数额达到了八十多万元，与前面交代的在进人以及提拔人员上收受的

五十多万元以及制剂室承包人送他的 20 万元加在一起，丁杉受贿金额竟然高达一百五十多万元。然而，与丁杉姐姐家搜出的近一百万元相比，还有差距，这证明丁杉的问题没有交代清楚。面对讯问，丁杉交代，还有一笔钱放在他的办公室，也就是他任职的安徽省医学情报研究所内。检察官迅速赶到了丁杉的办公室，从枕头里边，发现了十几万元现金以及一部分存折。

可是，这还是离巨额款项有很大差距，丁杉又交代，其余款项在他姐姐家的一只扫把里。随后，检察官再次来到了他的姐姐家。

第二次来到丁杉姐姐家，检察官找到了扫把，扫把杆子里，存折全部卷成香烟形状，一共是几十万元的存折。

面对扫把里的存折，丁杉的姐姐很吃惊。此时她才明白，为什么弟媳告诉她，家里什么东西都能丢，就是这个扫把不能丢了。

这一项又是七十多万元，加上前面搜出的现金，金额共计二百四十余万元。

畸形的收钱乐趣

专案组当即把再次搜出的巨额款项告知丁杉，丁杉默默无言。

检察官分析，丁杉还是心存侥幸，不想交代全部受贿事实，或许他想为自己留一条后路，或许害怕因数额太大惩罚太重。

与此同时，专案组动之以情、晓之以理地耐心开导他，遇到情绪波动不愿意再继续讲的时候，专案组想办法安慰

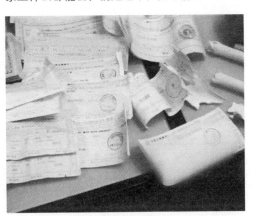

丁杉的姐姐这才明白，为什么弟媳告诉她，家里什么都能丢，就是这个扫把不能丢了

扫把里搜出的存折

他，还从生活上给予丁杉特殊的照顾。

丁杉在家排行老三，上面有两个姐姐。丁杉从小到大都很受父母的宠爱，想想自己的父母，想想自己的妻子女儿，想想自己从普通医生一步一个脚印走上领导岗位，最终却没有把握住人生的航向，丁杉后悔不已，常常泪流满面。

这个时候，丁杉才真正看清了自己的丑陋面目，也深刻认识到自己受贿的严重后果。

跟举报信上反映的一样，丁杉在医院基建、药品以及设备采购方面的受贿金额，动辄就是几万元甚至十几万元：

珠海某制药公司为了搞好和医院的关系，扩大业务量，保证资金顺利回笼，先后给丁杉送去了 17 万元；

在建设阜阳市人民医院急救中心大楼时，收受工程方五笔行贿款共计人民币 15 万元；

阜阳市某药业公司为了得到丁杉的关照，四年中共给丁杉送去了 15 万元；

……

最后丁杉交代的受贿金额有三百多万元，这说明，丁杉的妻子还有一部分赃款没有完全交出来。专案组再次找到了丁杉的妻子。事已至此，丁杉的妻子再也隐瞒不住了，她又交代还有一笔现金在她的姐姐家，放钱的位置非常隐蔽，在客厅大门上的吊顶里。

这一笔又是二十多万元。原来，自从丁杉被立案侦查后，他妻子一个人在家惴惴不安，面对巨额现金和存折，她不知如何是好，于是，她想方设法把现金和存折藏到了自己的亲戚家。可是，这几笔加在一起，离三百多万元还有差距。后来，丁

依法搜查丁杉（左一）的住所

清点赃款

杉的妻子又陆续交代了几笔转移藏匿的赃款。

丁杉也在回忆还有些钱放在哪里，由于受贿的钱太多，很多钱放在哪里连他自己都快忘记了。比如，丁杉从阜阳人民医院院长调到安徽省医学情报所当所长期间，有人给他送了 10 万块钱，他随手放在阜阳家中的床下，并很快忘记了。

专案组又来到丁杉在阜阳的家中，按照丁杉的交代寻找这笔钱的下落。

在丁杉以及他妻子的交代下，经过专案组的取证核实，追回的赃款和丁杉的交代基本吻合。经过核查，丁杉家庭财产共计人民币 368.69 万元，扣除其家庭合法收入 58.74 万元，丁杉受贿赃款总额为 118.9 万元，另有 191.05 万元、5100 美元不能说明合法来源。

办案检察官在丁杉身上发现了一个奇怪的现象，那就是，丁杉收受的贿赂他基本上没有花过。当时，同在一个医院工作的妻子积极支持丈夫大笔收钱，甚至自己也帮着收钱，丁杉与妻子似乎把受贿变成了一种嗜好，在收钱、数钱、存钱中感受这种畸形的乐趣。

赃款如数追了回来，但还要找到行贿人，在医疗设备、药品采购上那些曾向丁杉行贿的人必须一个个落实。专案组决定通过医院一名分管业务的副院长跟这些经销商联系，通过他来做这些商人的工作。

从 2005 年 7 月下旬到 11 月下旬，在四个多月时间里，专案组放弃了所有的休息时间，没日没夜地工作，辗转安徽、河南、广东等地，询问了几百名证人，搜集了五千余页书面证明材料，经历了难以想象的辛苦。

在安徽省纪委、安徽省人民检察院的大力支持下，亳州市人民检察院反贪局的检察官克服了一个又一个困难，最终彻底查清了丁杉受贿的犯罪事实。

2005 年 11 月 23 日，亳州市中级人民法院开庭审理了丁杉受贿以及巨额财产来源不明案。由于案件事实清楚、证据确凿，

法庭上，丁杉对犯罪事实供认不讳

被告人丁杉供认不讳，这起涉案金额高达三百余万元的大案只审理了三个半小时便告结束。

2005年11月30日，亳州市中级人民法院以受贿罪判处丁杉无期徒刑，以巨额财产来源不明罪判处其有期徒刑三年，决定执行无期徒刑，并没收非法所得上缴国库。

对于一审判决，丁杉以量刑过重上诉至安徽省高级人民法院。2006年1月26日，安徽省高级人民法院作出终审判决：丁杉犯受贿罪，判处有期徒刑十三年；犯巨额财产来源不明罪，判处有期徒刑三年；决定执行有期徒刑十五年，赃款予以没收，上缴国库。

上梁不正下梁歪
一张"白条"牵出石油大案
油漏子窃油
是监守自盗还是掩耳盗铃
石油公司出了多少油漏子

白条牵出"油漏子"

2005年9月6日，袁耀权一早就来到离家不远的湖边钓鱼。两个月前，他从中石化广西贵港市石油公司总经理的位置上退居二线，回到了广西灵山县老家，现在的他，总是在不经意地琢磨退休后的生活。水面的浮标突然动了，袁耀权刚要收杆，不料口袋里的手机震动了一下，一条短信蹦出来：公司出事了。短信是公司财务部门的下属发来的。这条短信让袁耀权心中一紧，随即便有些释然，他觉得这可能是石油公司上下级之间正常查账，应该没什么大问题。

或许是人老多情，这条短信触动了袁耀权，往事像潮水一样涌到他的面前。

1999年的10月，袁耀权刚刚就任中石化广西贵港市石油公司总经理，就接到上级单位——中石化集团广西分公司的通知，要求他们尽快占领市场，收购加油站，为将来中石化集团的销售打好基础，而收购的目标是地理位置、销量比较好的加油站。

袁耀权快速回忆着在任期间的日日夜夜，可是不知为什么，他的脑海里总有一张模糊的脸和一个咬破的手指头挥散不去。他万万想不到，就在这时，距离灵山县300公里外的广西

收购目标是地理位置、销量较好的加油站

贵港市人民检察院反贪局正在调查的一起受贿案，矛头直接指向的就是自己。

一张白条的背后

2005年9月3日，广西贵港市人民检察院反贪局局长杨勇刚刚突破一起职务犯罪案件。该案的犯罪嫌疑人为了立功，向检察机关举报了一条线索：贵港市港北区某供销社在转让加油站的过程中，账面上出现了很多白条开支的情况。

这条线索引起了杨勇局长的注意。多年的办案经验告诉他，按照正常途径，财务支出应该开具行政收费的收据或者税票，而白条入账的方式属于不正常现象。

9月4日上午，贵港市人民检察院领导批示对这条线索展开初查。检察官立即奔赴港北区某供销社，审查该供销社的财务账本。审查结果验证了举报线索，白条总计款项达到八万元，其中有一张白条，注明是收购转让加油站过程中的活动经费。

初查结果令检察官感到疑惑，加油站转让过程中会出现什么样的活动经费？又是什么样的活动经费难以用正常票据记入财务账中？职业敏感使检察官感到，八万元白条的背后一定有不为人知的隐情。

当天下午，检察机关首先传唤了供销社主任，让他对这八万块钱的白条作出解释。面对讯问，供销社主任承认了自己贪污公款的事实。"但白条中的八万块钱我没全要，我只拿了其中的三万元。"他说。

"另外五万元呢？"检察官追问。

供销社主任沉默了一下说，供销社想把一个加油站卖给中石化贵港市石油公司，其余的钱他送给了石油公司的领导。"具体送给了谁？"检察官步步紧逼。供销社主任犹豫了一下，他说送给贵港市石油公司办公室主任何力（化名）了。

"送了多少？"

"好像是2.5万元，不对，好像是两万元。"

"到底是多少？"

"应该是1.5万元。"

从供销社主任吞吞吐吐的回答中，检察官感觉这里面有文章，他们当即决定对贵港市石油公司办公室主任何力立案侦查。在有些人看来，案件仅仅只调查了一天，似乎就有了突破性的进展，只要顺藤摸瓜进行下去，这桩受贿案基本就能结束。然而，根据调查，案情并没有这么简单，检察官隐约感觉到，这只是冰山一角。

如何顺利找到案件突破口并做到不打草惊蛇？检察官经过细致分析，准备从石油公司办公室主任何力入手。何力在加油站收购小组中只负责拟定合同，并非决定性人物，当时他已经退休，传唤他不容易惊动石油公司。何力到案后态度比较好，承认确实收了供销社主任送给他的好处费，而他只是把收购加油站的价钱定在了理想中的价位。

在何力的继续交代中，行贿人之一、加油站个体老板汪华金（化名）进入了检察机关的视线。

据何力说，汪华金分两次共送给他五万多块钱。汪华金在当地的实力，检察官早有耳闻，单只是贵港市清汤路一线，就有三个加油站是他的。到案后汪华金交代，他总共转让了三个加油站给贵港石油公司，送了袁耀权 23 万元。

袁耀权！这个人物的出现令检察官眼前一亮。

此前他们了解到，中石化集团广西公司授权旗下分公司，收购一座加油站如果不超过 300 万元，分公司就有权拍板，而最终决定一座加油站能否被收购的拍板人物就是石油公司总经理袁耀权！他是否就是还未浮出海面的冰山主体？

9 月 5 日，贵港市人民检察院成立专案组，对袁耀权涉嫌受贿立案侦查。

咬破手指也不会出卖你

9 月 5 日，正当专案组准备传唤袁耀权的时候，却发现他根本就不在贵港市。这让专案组成员吃了一惊，如果在这个过程中，袁耀权听到风声逃跑了，后果将不堪设想。很快外围调查的检察官传来消息，袁耀权正在广西灵山县老家。

9 月 6 日，顺着指点，检察官着便装驱车来到灵山县，找到了袁耀权的家，家人告诉他们，袁耀权钓鱼去了。

这天一大早，袁耀权就来到离家不远的湖边钓鱼，收到短信后的他，显然已经没有了之前的兴致。虽然他认为那条让自己心里一紧的短信，仅仅只是石油系统内部的财务查账，没什么大不了的，但是记忆中那张模糊的脸和咬出血的手指头，却让他惊悸不已。

此时，他的手机又响了。

电话是广西灵山县人民检察院打来的。1984年至1994年间，袁耀权曾经在灵山县石油公司做过经理，当时灵山县人民检察院在调查一些财务问题的时候曾经找过袁耀权，他们之间算是认识。这次电话，灵山县的检察官只是轻描淡写地希望袁耀权配合弄清一些财务问题。

但这个电话让袁耀权的心里七上八下，很不安宁。他战战兢兢地赶回家中，没想到他前脚刚到，贵港市人民检察院的专案组成员就赶到了。面对突然出现在自己面前的检察官，袁耀权似乎一下子回过神来，心底那丝不祥的预感得到了应验。

在回贵港的路上，袁耀权一言不发，一股灭顶的压力笼罩着他。此刻，在他心底过滤了无数遍的加油站收购过程又一遍开始放映，事情败露在哪个环节？

袁耀权被带回贵港市的当天，一直以一种高度戒备的姿态面对专案组成员。在石油系统工作了二十多年，他精于计算和筹划，这种特性在与专案组成员的对抗中总是首当其冲地反映出来。他知道只要自己一开口，就会处于被动。

很长一段时间，袁耀权始终在过滤事情败露在哪一个环节。到案后不久，突然那张模糊的脸和咬破手指的画面瞬间清晰起来，难道是他出卖了自己？他摇摇头努力想甩开这个念头。

此时，善于把握心理的专案组成员看到，等待已久的时机成熟了，他们故意轻描淡写地提示了几个字——"咬破手指头也不会出卖你"，没想到这句简短的提示瞬间就击溃了袁耀权的心理防线。这话是两个人之间的秘密，检察官是怎么知道的？他没想到一直埋在心底不愿去承认的事实，居然被检察官轻描淡写地提了出来，"咬破手指头也不会出卖你"这几个字像一记重锤，砸在了他心里最脆弱的地方。

在证据面前，袁耀权对自己的受贿事实供认不讳。

事情要从1999年下半年贵港市石油公司收购第一家加油站说起。

为了完成收购加油站的任务，袁耀权成立了一个加油站收购领导小组，由当时公司的中高层领导组成，按照程序，他们对贵港市所有的加油站先进行摸底、汇总，最终由收购小组分析拍板，选择收购。其中，有家叫万里的加油站销量一直很好，但是加油站老板汪华金提出了500万元的收购费用。

500万元显然超出了袁耀权的价格底线，所以他并没同意。

正当收购小组在收购费用上与对方讨价还价的时候，汪华金找到了袁耀权，两个人依然在价格上各不相让。见僵持不下，汪华金神秘地给了袁耀权一个暗示："老板，事成之后，有茶喝！"

袁耀权当然明白这话的含义，但是他心里也有一本账：首先，自己年薪十几万，为了这点蝇头小利而冒险，不值得。再有，袁耀权一贯小心谨慎，对于这种诱惑，没有对汪华金的绝对信任，他绝不愿走错半步。

到了正式签订收购合同的前几天，汪华金再次找到袁耀权，表达了"喝茶"的意思。这一次又被袁耀权拒绝了。汪华金琢磨出了袁耀权的顾虑，索性狠下心来，向袁耀权表白了一番："袁老板，你放心，就是咬破手指，我也不会出卖你。"

汪华金当场咬破手指头，血流出来了。

看到汪华金信誓旦旦地咬破手指，一向谨慎的袁耀权突然被这种"忠诚"感动了，这幅画面此时此刻印入了他的脑海，再也挥之不去，也正是从这一刻起，他认定汪华金是自家兄弟。最终万里加油站以超过400万元的价格被收购，当天晚上，在某酒店停车场，袁耀权心安理得地收下了汪华金的10万元"茶水费"。

很多人看来，袁耀权是经受不住诱惑才开始了第一次受贿，但是谁也没想到，这个看似合理却不堪一击的理由其实只是袁耀权开始受贿的借口。当时，袁耀权知道自己将在五年后退居二线，这个渐渐逼近的现实，让他突然对将来失去了信心，心态也逐渐开始失衡。

袁耀权说："我在石油行业干了二十多年了，之前一直没有受贿的想法，记得我弟弟说要买一部手扶拖拉机，我说不要买，对我不好，我不敢批油给你。到贵港以后，看到社会上富翁很多，心里就有点不平衡了，我自己辛辛苦苦干了几十年，家庭还是一无所有，在这个情况下，就放松了警惕。"

俗话说，吃人家嘴软，拿人家手短。第一次受贿之后，一切看上去都那么风平浪静，袁耀权悬着的心渐渐放了下来。此后他的胆子大了起来，在随后的收购过程中，袁耀权以各种名义收受不同加油站老板的贿赂共计 64.5 万元。

"油漏子"富得流油

袁耀权受贿案的进展一直比较顺利。

至 9 月 12 日，不到一周时间，袁耀权对自己受贿的事实交代完毕，受贿数额也与专案组的调查结果一致，袁耀权的受贿罪名成立。在此期间，袁耀权主动请求打电话给妻子卢爱云（化名），要她尽力退回赃款。卢爱云为了让丈夫能够减轻处罚，按照数额东挪西凑。

就在卢爱云为丈夫尽力退还赃款的时候，专案组也在继续调查石油公司的账目。此时，贵港市石油公司有个人听说袁耀权被抓的消息后，终日惶恐不安的心反而突然淡定了，他就是贵港市石油公司第一油库主任朱继洲（化名），他知道溢余油的事情终于东窗事发了。

9 月 13 日晚，对朱继洲而言既漫长又充满着等待。他一夜都没睡，叫醒了老婆，告诉她，自己有个小本子一定要收藏好，这个本子里记着他的秘密，也是他认定的"保命符"。两年来，他没告诉任何人有这样一个本子，但是今天晚上一定要处理好它。

9 月 14 日傍晚，当检察官出现在朱继洲面前的时候，他正在家中做晚饭。虽然预感到这一两天就会被带走，但是更令他恐惧的是，这一离开要多久才能回来。

而专案组最终决定对朱继洲立案侦查，还是袁耀权提供的线索。

其实在调查袁耀权之前，贵港市检察机关已了解到贵港石油公司的不少问题，其中"溢余油"问题反映最强烈，并且，检察官在调查袁耀权的资产时发现，袁耀权的银行账户以及老家灵山的不动产与其正常的工资收入相比，有相当大的差距。在灵山，袁耀权有两个加油站，三块地皮，自己建了一座房子，还有一辆蓝鸟王小汽车。袁耀权的问题，绝不会像他自己交代得那么简单。

专案组决定投石问路，加大力度审讯袁耀权，但专案组成员也很担心，如果审讯中有纰漏，反而会引起袁耀权的警惕，这很有可能给他隐瞒真相的时间。此时的袁耀权已如惊弓之鸟，对待任何问题都保持谨慎的态度。专案组考虑再三，决定还是先从"溢余油"入手。

审讯时，袁耀权交代完受贿事实后，见审讯人员一时没有追问，以为自己的事情到此为止了，不由地轻轻舒了口气。不料审讯人员突然问了一句："溢余油是怎么回事？"袁耀权顿时乱了方寸，他知道，"溢余油"的问题瞒不住了。在这样的心态下，他索性和盘托出他在担任贵港石油公司总经理时贪污溢余油的情况，同时他也交代出了两个与他贪污溢余油关系密切的人——业务科长李丰田（化名）和油库主任朱继洲。

9月14日，专案组正式对李、朱二人立案侦查。

"溢余油"贪污始末

三人贪污溢余油的事情还要从头说起。

担任贵港市石油公司总经理之后，袁耀权发现，公司的柴油销量总是上不去，他知道，如果完不成广西分公司下达的销售指标，不但年底奖金拿不到，职工的基本工资也可能会发不出来。

2003年7月的一天，袁耀权把业务科长李丰田叫到办公室说："近段时间柴油难卖，咱们要搞点促销活动，扩大销售量。我想好了，将第一油库里的0#柴油溢余油低价销售，来弥补促销费用，当然这事不能让区公司知道。"

溢余油是什么？通常情况下，一座油库每年都会存几十万吨油作为周转，由于柴油容易挥发，按照有关规定，每一千吨柴油允许误差三吨，这就是溢余油。

最终两人商定，在袁耀权的安排下，李丰田负责开出手工票和保管油款，油款不入公司账，促销的费用以"溢余油"弥补。由于促销效果明显，柴油的销量猛增，袁耀权从上级单位将员工的工资奖金都要了回来，之后，袁耀权又多次用销售溢余油的钱为员工发奖金。这些行为，为袁耀权赢得了口碑。

在为自己赢得口碑的同时，袁耀权也在为退休后的生活做打算。贵港市石油公司油库每个月都有几十吨溢余油，由于溢余油在销售上允许不入账，从2003年7月起，袁耀权就叮嘱油库主任朱继洲不要实际上报溢余油数量，这只是他盘算的第一步。

从 2003 年下半年开始，袁耀权大量地向外提取溢余油，每次提取都不用正规的电脑提油单，而是手工开一张普通的提油单让朱继洲签字，或者直接让业务科长李丰田打电话给油库。朱继洲一直都不清楚袁耀权提取溢余油的用途，截止到 2005 年年初，朱继洲保管的提油单上显示，袁耀权陆续提取溢余油二百七十多吨，按当时市价每吨 3500 元计算，二百七十多吨溢余油款将近一百万元。作为油库主任，朱继洲每次都会将提油单保留下来，以防上级单位的调查。

起初朱继洲只是预感到可能会出问题，但他并不知道这一次次提取溢余油，会将自己卷入贪污风暴的中心。当袁耀权和李丰田提取的溢余油逐渐累积到一定数量的时候，朱继洲突然发现自己骑虎难下了。当时朱继洲在石油公司的工资每月两千元上下，虽然他也想过离开油库主任的职位，但是面对妻子下岗、孩子读书、上面还有父母要赡养的家境，他退缩了。朱继洲学会了用酒精麻醉自己，努力不让自己把事情向坏的方向去想。直到有一天袁耀权要他销毁每次的提油单时，他才意识到，那些自己经手签字出去的溢余油，用途已绝不仅仅是作为公司福利那么简单了。

朱继洲意识到，袁耀权有可能贪污了溢余油款，但为时已晚。

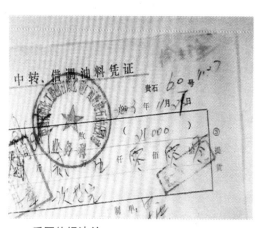

手写的提油单

而袁耀权之所以疯狂地销售溢余油是为了他步步为营的计划。首先，他用第一笔受贿得来的 10 万元投资了一个矿泉水厂，想在将来退休后再做一番事业。但是这个所谓的事业并没成功，亏损了 30 万元。

袁耀权主动找到业务科长李丰田借出溢余油的款项，弥补自己的亏损。精明的李丰田很快领悟了这一个"借"字的含义，也很快意识到为什么以前袁耀权不让如实上报溢余油，并且使用手工提油单的原因了。为了讨好这位顶头上司，他不动声色地将 551180 元打到了袁耀权的账户上。

袁耀权本以为自己的计划天衣无缝，因为知道这件事的人很少，并且平常他也会特别给予知情者以各种好处,目的是堵住这些人的口。但袁耀权千算万算都没算到,他一手提拔的油库主任朱继洲并没有自己想象的那样听话,朱继洲不但没有依照他的指示销毁提油单,反而将它留下来作为自己的"保命符"。恰恰就是这个"保命符",将作为主要证据定下袁耀权贪污的罪名。

贪污成风

朱继洲到案后,很快将本子提供给专案组,本子上,每一笔提油单都有李丰田的签字,这个重要证据让一直到案后拒不配合的李丰田低下了头。朱、李二人自知要受法律制裁,为了立功,开始不甘示弱地相互揭发对方贪污的事实。

2004年3月中旬的一天,朱继洲忽然接到李丰田的电话,他以为又要提取溢余油,不料,这次的内容却让他的心砰然一动。李丰田在电话中说:"你看看我们两个,冒那么大风险,一点好处都捞不到,看看有机会搞一点。"朱继洲同意了。2004年3月到4月,两人分三次提取溢余油70吨私下销售,共得油款226000元,赃款两人平分。

正当朱继洲和李丰田互相揭发的时候,专案组外围人员调查取证得知:油库主任朱继洲不仅与袁耀权、李丰田一起私卖溢余油,同时还伙同油库副主任私自贩卖溢余油,与袁耀权的妻子卢爱云私自销售煤油,总计分得赃款233500元。

上梁不正下梁歪。这些昔日袁耀权十分信任和倚重的部下,很快就学会了袁耀权"发财"的门道。李丰田利用保管"溢余油"款的便利,取出三十多万元用于购买房产和花销。见有"便宜"占,朱继洲的心更痒痒了,他从自己的油库提走了10吨溢余油,卖出后一直没有交钱给李丰田。得知公司"处理"溢余油,袁耀权的妻子也走"后门"来了,她要走了26吨溢余油,只付了三万元钱。

石油公司在袁耀权的"带领"下,贪污成风,各有生财高招。不过,这些下属发的只是小财,袁耀权"坐镇指挥"发的是大财,他与公司相关人员商议,采取虚列工程开支款、职工奖金、修理费、运输费、提留效益工资等手段,从贵港市石油公司及贵港石油液化气公司的账上套取资金813万元,另设小金库。

放我一马，给你 100 万

根据朱继洲的供述，袁耀权的妻子卢爱云进入了专案组的视线。此时，卢爱云还在积极地四处为袁耀权张罗退款，这个情况令专案组成员感到挺意外。他们向其他到案人侧面了解卢爱云的情况后分析，此时的她，如此镇定地帮助专案组退回袁耀权贪污受贿的赃款，唯一的原因就是心存侥幸。

2006 年春节刚过，检察机关对卢爱云立案侦查，并利用她的侥幸心理，以了解袁耀权曾经交给她的账目为由将她传唤到案。

卢爱云到案后不久，就做出了一个令专案组成员惊讶的举动。这一天，已经两天没有说话的她突然要找专案组负责人周开俊，请求单独向他交代问题。专案组同意了她的请求。谁都没有想到，卢爱云居然异常平静地提出：她私下里给周开俊 100 万元，希望周开俊能写个条子放她一马。在她看来，这个交易对一个检察官来说应该充满诱惑。

就在卢爱云等待答复的同时，周开俊快速分析了一下掌握的案情：卢爱云在案发前已经帮助袁耀权退还了 135 万元，这个时候还能拿出 100 万元，说明她的问题不简单。于是，他假装表现出对这桩"交易"感兴趣的样子，由此知道了卢爱云藏匿赃款的地方。

卢爱云说，还有一点钱，放在她的一个哥哥那里。

得到线索后，周开俊迅速带领专案组成员找到了该地点，但是他们搜索了所有的房间都没有发现赃款。专案组立即对在场的家人分开做工作，最终，卢爱云的家人从屋后一间杂物房中取出一个铜罐，铜罐里掏出一叠存折，金额有一百二十多万元。这些存折实际上是在袁耀权被抓后不久，卢爱云偷偷转移的一部分。

袁耀权：看到社会上富翁挺多的，我心里不平衡

2006 年 1 月 25 日，贵港市人民检察院对卢爱云批准逮捕。

根据卢爱云的供述，贵港市石油公司其他涉

案人员一一到案，最终一宗庞大的贪污案完全浮出水面，涉案人员多达13人。

2006年6月23日，广西贵港市中级人民法院对袁耀权贪污受贿案作出一审判决：袁耀权利用职权便利，单独或者伙同他人侵占私自出卖公司溢余油所得公款及采取虚假手段套取公款共2938750元，数额特别巨大，已构成贪污罪，判处袁耀权有期徒刑十三年，并处没收个人财产人民币10万元；被告人利用职权之便，收受受益人人民币645000元，其行为构成受贿罪，判处其有期徒刑十一年，并处没收个人财产人民币5万元。数罪并罚，决定执行有期徒刑十八年，并处没收个人财产人民币15万元。

其余"油漏子"均受到了惩处。

贪污上千万

国土蛀虫胆大包天

一场财色双收的黄粱美梦

一个小官大贪的模本

勇擒湘西"土地爷"

2004年4月的一个周末，湘西土家族苗族自治州人民检察院的检察官袁进忠，在集市上邂逅了当兵时的战友，寒暄后，多年不见的两人一起走进了路边的饭店。吃饭闲聊的时候，战友说他们村子里征地，征地补偿款是五十五万元，但实际上发到村民手里的只有四十七万元，差了八万元。

说者无意，听者有心。战友的一番话，让袁进忠的心里头震了一下。

分手后，袁进忠来到战友所说的万溶江乡接丰村。这个村子离袁进忠的老家很近，有一些早年就认识的乡里乡亲，因为这个缘故，袁进忠很快打听出了八万元钱的去向：吉首市万溶江乡国土所的工作人员刘国瑞拿走了两万元，余下的六万元进了村委会的账户，成了接丰村当年的招待费。令袁进忠没想到的是，关于八万元钱的去向，在接丰村是个公开的秘密。

在更进一步的了解后，袁进忠将掌握的情况向他的上级、湘西土家族苗族自治州人民检察院反贪局侦查一室主任李福生作了汇报。

说话算数的湘西"土地爷"

湘西土家族苗族自治州位于湖南省西北部，正式建州于1957年，州府设在吉首县，1982年，吉首改县设市。上个世纪末，国家开始实施西部大开发战略，吉首市委、市政府审时度势，提出了"举全市之力，开发乾州新区，再造一个吉首"的跨世纪发展目标。作为湘西土家族苗族自治州第一个省级开发区，乾州新区规划用地总面积约 750 公顷，计划总投资 45 亿元人民币。

乾州新区的规划开发用地，大部分集中在吉首市万溶江乡。因此，当袁进忠将在万溶江乡接丰村了解到的情况向李福生汇报时，有个名字在李福生的脑海里一闪而过——杨祥云。但李福生并没多想，眼下让他心生疑惑的是：刘国瑞拿钱的事情，接丰村几乎尽人皆知，可为什么四年来一直就没有人举报呢？

刘国瑞 55 岁，是吉首市万溶江乡国土所所长、吉首市万溶江综合开发公司总经理，同时他还是吉首市乾州新区建设指挥部拆迁部的工作人员。于是，李福生决定组织检察官对此事进行调查。调查中，检察官发现，刘国瑞任职的吉首市万溶江综合开发公司能量极大，自 2000 年乾州新区开发启动以来，这家公司几乎承揽了乾州新区与征地、拆迁有关的大部分工程，吉首市世纪大道、溶江开发小区等重点工程的建设，也有万溶江综合开发公司的影子。

从万溶江乡接丰村的线索入手，检察机关的调查不断深入，很快，检察官就取得了刘国瑞收受接丰村村委会"好处费"两万元的相关证据。调查中，检察官还发现，刘国瑞之所以能在吉首市万溶江乡国土所、吉首市万溶江综合开发公司、吉首市乾州新区建设指挥部这三个单位同时任职，与吉首市国土局党组书记、副局长杨祥云有很大的关系。

杨祥云何许人也？

在吉首，几乎没有人不知道杨祥云。杨祥云有两个身份：一是吉首市国土局党组书记、副局长；另一个是吉首市乾州新区建设指挥部拆迁部部长，在拆迁和征地这一块，他是说话算数的人。作为国土局党组书记、副局长，杨祥云掌握着整个乾州新区规划建设用地的审批大权，是当地炙手可热的人物。社会上，关于杨祥云的议论也五花八门。有这样一则传闻，在吉首甚至在湘西，谁要是得罪了杨祥云，绝不会有好果子吃，因为在吉首，没有他解决不了的事情。就拿征地来说，找其他人，没用；找到杨祥云，一句话就能解决问题。

杨祥云，1956 出生在吉首市万溶江乡一个普通的农民家庭，他当过兵，种过地，担任过村干部。杨祥云结过三次婚，这三次婚姻可以称得上是杨祥云的"杰作"。1983 年，27 岁的杨祥云与青梅竹马的同村姑娘邹某结为夫妻，1999 年离婚时，他留给了邹某一套 20 万元的房子以及 30 万元人民币。2003 年 11 月，杨祥云与第二任妻子吴某协议离婚，为此，他一次性赔偿给了吴某 40 万元人民币。2004 年，杨祥云与第三任妻子——万溶江综合开发公司董事长刘清芳高调结婚，聘礼是一栋六层高楼，价值近三百万元人民币。

李福生并不认识杨祥云，和同事们一样，他也只是听说过这个人，况且在他的办公桌上，一直放着好几封匿名举报信，在这些笔迹不同的信件中，被举报的对象正是"大名鼎鼎"的杨祥云。正因为如此，当初袁进忠汇报万溶江乡的情况时，李福生的脑海里，杨祥云的名字霎时间一闪而过。

作为国家公职人员，杨祥云哪儿来的这么多钱？

一套班子，两块牌子

通过调查，检察官发现，吉首市万溶江综合开发公司最早是一家集体所有制企业。上个世纪 90 年代初期，我国兴起了一波全民办公司的热潮，许多党政机关纷纷办起了公司，1992 年，时任万溶江乡国土所所长的杨祥云与万溶江乡政府联合成立了万溶江综合开发公司，当时的名称是吉首市国土房屋综合开发公司万溶江分公司，登记注册的性质是乡镇集体企业。按照公司的章程规定，万溶江分公司实行双重领导，行政上隶属于万溶江乡人民政府，业务上受吉首市国土房屋综合开发公司指导，主要业务是卖地、代征和代建工程。这些明确的规定，都成了日后检察机关调查和讨论的难点。

1997 年，中央要求政企分开。这之后，吉首市国土房屋综合开发公司万溶江分公司更名为吉首市万溶江综合开发公司，完成了股份制改革，这使得原本就十分复杂的公司背景变得更加复杂。

2004 年 8 月 9 日，湘西土家族苗族自治州人民检察院的会议室里，一场关于湘西风云人物杨祥云的案情分析会正在激烈地进行着。据参加会议的检察官回忆，当天，激烈的讨论持续了两个多小时，讨论的焦点在于，这个万溶江综合开发公司到底是个什么性质的企业？激烈的讨论并没有产生结果，这使得承办案件的负责人李福生陷入了进退两难的境地。

为了弄清公司的性质，李福生与同事们再一次展开了调查。

很快，他们就证实了自己的判断。万溶江综合开发公司之所以能够承揽到乾州新区的大型项目，与万溶江乡国土所以及杨祥云有着密不可分的关系：公司和国土所是一套班子，两块牌子，财务人员都是同一个人。

一套人马，两块牌子，左手征地，右手开发，这里面会不会有什么问题呢？

在进一步的调查中，检察官发现了诸多疑点。其中，最让人感到疑惑的是，自2000年乾州新区开发伊始，万溶江乡所有的拆迁征地补偿费用都由万溶江综合开发公司给付，而杨祥云的第三任妻子刘清芳正是万溶江综合开发公司的董事长。

调查重点渐渐发生了改变，很明显，杨祥云与这些事情密不可分。杨祥云是否利用职务便利为妻子牟利？他的行为是否合理合法？这些都还是一个谜。就在检察机关考虑下一步侦查方向的时候，有人给检察院打电话，直接为杨祥云说情。电话里说，动了杨祥云，乾州新区的开发至少延迟五年，因为新区的开发涉及到国土问题，涉及到新区的用地、搬迁等，都和他有直接关系。

事实上，就在万溶江综合开发公司和刘国瑞被调查的时候，检察官也几次接到杨祥云的电话，他想邀请检察官一起吃吃饭、打打牌、唱唱歌。不过，这些努力却没有得逞。见软的不行，杨祥云干脆放出狠话：如果谁敢查他，谁就准备离开湘西，他杨祥云说话算话。

杨祥云的种种表现，让检察机关更加坚定了自己的判断。

数百万土地出让金，没了

李福生的爱人在吉首一家批发市场里做生意，自从李福生接受了调查杨祥云的任务后，他的爱人和孩子时常会遇到恐吓和跟踪，一家人的生活陷入了危险之中。不少亲戚和朋友为李福生一家捏着一把汗，甚至打电话劝李福生，叫他换一个案子，不要去招惹杨祥云。每当听到这样的劝说，倔强的李福生总会毫不犹豫地表明态度。

调查已经进行半年多了，如果杨祥云没有问题，他为什么要搞这些卑鄙的"小动作"？其实，这并不是检察机关第一次与杨祥云打交道。早在一年前，检察机关就曾经调查过他，不过，由于一直没有掌握直接的证据，那次调查在一浪高过一浪的压力中被迫中止。

所以，此次对杨祥云的调查会遇到阻力和压力，李福生早有心理准备。

正是由于非常清楚这一点，李福生在接到几封举报信后，一直没有贸然采取行动。在初查过程中，检察机关摸清了这样一个事实：万溶江综合开发公司的实际控制人是杨祥云。检察官心里很清楚，刘国瑞只是杨祥云的"马仔"，这次调查的最终目标是杨祥云。这位手握大权，在当地跺跺脚就引起轰动的风云人物，为什么有那么多人心甘情愿为他卖命？

为了不打草惊蛇，湘西土家族苗族自治州人民检察院经过研究，确定了新的侦查策略：检察机关对外声称，万溶江综合开发公司的行为不属于检察机关的侦查范畴；对内，李福生向领导表下了半年内结案的决心。

其实，在李福生心中，他曾无数次设想过调查杨祥云的方案。在与同事们商量之后，他们最终决定，从最为敏感的万溶江综合开发公司入手。随后他们调取了万溶江综合开发公司的账目，希望从数字中间寻找一个有效的突破口。

那段时间，司法会计尹采珍天天都在看账，从白天到晚上，每天持续十几个小时。功夫不负有心人，一张工程发票引起了尹采珍的注意。办案检察官对建筑工程都不是十分专业，在这种情况下，他们进行了一次实地勘察，进行了估算，很快，实地勘察的结果证实了他们的判断，这是一张虚开的发票。本来就一万块钱的工程，但是报了七八万块钱，差价的工程款到哪里去了？

几乎就在同一时间，外围调查组也发现了问题。

1998 年，万溶江乡政府向吉首市政府提出，想在辖区内建一个溶江开发小区，并提议由万溶江综合开发公司负责开发，市政府原则上表示同意。然而，最终决议还未形成，万溶江综合开发公司就迫不及待地以吉首市国土局的名义，与万溶江小溪桥村签订了征地协议书，协议征地面积 138.39 亩。1999 年 7 月 30 日，吉首市政府召开第 31 次常务会议，听取了万溶江乡关于建设溶江开发小区的汇报，并形成了《会议纪要》，"原则同意《溶江开发小区建设方案》，开发小区面积约 120 亩"。

按照该《纪要》，开发公司将实际开发土地(不含城市主干道占地和规划的沿河成片公共绿地)的部分收入按每亩 10 万元的标准，投入小区城市主干道、桥梁建设，国土、规划部门按主干道实际完成工程量，即按照每亩 10 万元的标准办理土地出让和规划手续。

2000 年 6 月 25 日，万溶江综合开发公司分别以万溶江国土所和公司的名义与万溶江乡小溪桥村签订了两份征地补偿协议书，补偿征地 3.2 亩和 0.27 亩。至此，万溶江综合开发公司共在小溪桥村征地 141.86 亩。

1999 年 10 月至 2004 年 8 月，万溶江综合开发公司共出让国有土地 93.78 亩(不含乾州新区指挥部的 15.59 亩国有土地)。按照吉首市政府《会议纪要》要求，公司在开发溶江小区时投入城市主干道、桥梁建设(包括道路征地)361.2596 万元，国土部门按规定只能办理 36.13 亩的土地出让手续，然而在时任吉首市国土局副局长杨祥云的操控及催办下，办理了 93.78 亩国有土地出让手续，造成了完成 937.8 万元工程量的假象，576.5 万元土地出让金变成了公司的资产。

为了弄清楚这批资金的准确去向，检察官开始四处调查。2004 年 8 月 15 日，检察机关决定对刘国瑞和刘清芳立案侦查。

刘清芳失踪了

由于杨祥云势力庞大，为了防止意外，检察机关对刘国瑞和刘清芳立案侦查的事情只有少数人知道，并决定第二天一早开始采取行动。当天晚上十二点，李福生到家后不久，杨祥云的妻子刘清芳就打来一个电话，电话中，刘清芳主动询问起了案情进展。刘清芳的电话让李福生感到很意外，刘清芳似乎已经知道检察机关要找她了，回想着刘清芳的话，李福生一夜未眠。

第二天一早，按原定计划，检察机关准备开始行动的时候却发现，刘清芳不见了。

刘清芳为什么在这个时候失踪了呢? 联想到头天晚上她打来的电话，李福生非常自责。为了尽快找到刘清芳，李福生亲自带人四处寻找，转眼间两个小时过去了，仍然没有刘清芳的任何消息。一筹莫展之际，李福生意外接到一位神秘人士打来的电话，电话中，神秘人士告诉李福生：刘清芳在吉首金碟宾馆 217 房间。

接到电话，李福生马上调转车头，疾驰而去。

当李福生赶到金碟宾馆，敲开 217 房门见到刘清芳的那一瞬间，压在他心里的大石头终于平安落地。与此同时，刘国瑞顺利到案。

当晚七点，检察机关依法对刘清芳和刘国瑞进行讯问。对于检察官的讯问，刘清芳似乎早就做好了准备，根本不予理会。为了尽快取得突破，检察官加大了审讯力度，然而，一个让他们意想不到的情况发生了：刘清芳全身抽搐，病态非常明显，检察官被迫终止了审讯。

他们赶紧请来了医生。医生赶到现场时，一眼就认出了刘清芳，三年前，正是他主刀为刘清芳做了心脏搭桥手术。看到刘清芳的情况，医生对她进行了全面的检查，检查的结果让大家都松了一口气。医生告诉检察官，刘清芳只是因为心情紧张导致浑身抽搐，并不是真正的心脏病发作，可以正常审讯。在得到了医生的允许后，审讯重新开始，然而，刘清芳的态度并没有丝毫改变。同样，负责审讯刘国瑞的小组也遇到了难题，面对检察官提出的问题，刘国瑞一问三不知，审讯陷入僵持中。

怎样才能突破刘清芳和刘国瑞呢？

在审讯过程中，检察官发现，只要问到关键性问题，刘清芳就会犯病。在这种情况下，检察官给了她无微不至的照顾，在政策攻心和检察官的关怀下，刘清芳咬紧的牙关开始有了松动。她明确表明了自己的态度，要交代问题可以，但要保证她的父母和孩子的安全。

为了打消刘清芳的顾虑，检察官反复和刘清芳谈心，并告诉刘清芳，她的父母与孩子已经有人保护。经过激烈的思想斗争，刘清芳终于交代了杨祥云实际操控万溶江综合开发公司以权谋私的犯罪事实。她说这一切都是杨祥云策划的，自己完全是一个傀儡，杨叫她怎么做她就怎么做。

紧接着，刘国瑞也交代了事实真相。

"棋子"的悲哀

根据外围调查以及刘清芳、刘国瑞的口供，万溶江综合开发公司的实际操纵人就是杨祥云，至此，一张猎鹰大网迅速铺开。2004 年 8 月 23 日，检察机关对杨祥云执行刑事拘留。如同预料中的一样，在审讯过程中，杨祥云摆出一副"刀枪不入"的架势，气焰十分嚣张。

就在杨祥云被拘留的第二天，检察官接连收到恐吓电话，杨祥云手下的"四大金刚"甚至放出话来，说他们已经组织了十多个人要来检察院把杨祥云抢回去。杨祥云的态度以及他周围的恶势力给审讯工作带来了阻碍，为此，检察机关重新调整审讯策略，再次扩大调查范围，以形成完整的证据链。

据刘清芳、刘国瑞以及其他证人交代，2001 年 1 月，杨祥云被组织部门任命为吉首市国土局党组书记、副局长，根据局里分工，杨祥云负责乾州新区国土管理工作。为了达到继续控制万溶江综合开发公司的目的，杨祥云交待他们买断万溶江综合开发公司。

为了顺利买断公司，杨祥云指使刘国瑞，找吉首某会计师事务所对公司资产进行审计，审计报告显示，公司资产有 739 万元。杨祥云担心，公司资产过大，乡党委政府不同意买断，于是他便授意刘国瑞、刘清芳少报公司资产，多报公司困难。2001 年 2 月，在杨祥云一手策划下，刘国瑞、刘清芳以 19 万元的价格买断了万溶江综合开发公司的所有权。

2002 年 4 月，杨祥云从公司净资产中拿出 755 万元，作为公司股本，刘国瑞、刘清芳各出资 6.5 万元也作为各自的股本，合计 768 万元，注册成立万溶江国土房屋综合开发有限公司，企业性质也由集体所有制变为股份制，其中公司集体占 98.3% 的股份，刘国瑞、刘清芳各自占 0.85% 的股份，刘国瑞任公司执行董事，刘清芳任公司总经理。然而这还只是杨祥云计划中的第一步。2003 年 2 月 16 日，杨祥云主持召开股东大会，正式宣布刘清芳任万溶江国土房屋综合开发有限公司董事长，并占有公司 90.7% 的股份。

接着，杨祥云又实施了他的下一步计划，他要和刘清芳结婚。从刘清芳被招聘进万溶江公司当出纳到他们成为情人，直至成为夫妻，刘清芳更像是杨祥云手中的一枚棋子。

正是杨祥云步步为营的计划，致使刘清芳和刘国瑞一步步迈向犯罪的深渊。

那么，刘清芳、刘国瑞为什么听杨祥云的？他们三人之间又是一种什么样的关系呢？

据刘清芳交代，1993年，17岁的她还只是吉首四中的一名高三学生，一天，时任万溶江乡国土所所长的杨祥云找到她家，劝她的父母让刘清芳来自己的公司工作，也就是那一年，刘清芳放弃了高考，来到了杨祥云的公司。进入公司后，杨祥云总是有意无意地关照她，出钱让她参加成人高考，学习财务管理，还为她掏钱治心脏病。那个时候，在刘清芳的心里，杨祥云既是一个好领导，又像一个大哥，杨祥云对她的刻意关照，刘清芳心存感激。2001年3月份，杨祥云与已经结婚的刘清芳在吉首水电宾馆第一次发生了性关系，此后，两人逐渐发展成为情人关系，直至后来成为夫妻。

和刘清芳一样，刘国瑞对杨祥云也一直感激不尽。1988年，杨祥云调到万溶江乡国土所任所长，当时，吉首市国土局曾有意从内部任命一名副所长，杨祥云力排众议，推荐了刘国瑞。正因为如此，刘国瑞视杨祥云为带头大哥，对他唯命是从。

杨祥云被带上法庭

在刘国瑞眼里，杨祥云在当地是一个黑白通吃的人物。

一个是杨祥云的妻子，一个是被杨祥云一手提拔起来的"马仔"，再加上杨祥云在当地的庞大势力，这是当初刘清芳、刘国瑞拒不交代杨祥云犯罪事实的真正原因。

尽管杨祥云一直心存侥幸，对检察机关的调查一直不予配合，但是在充分的证据面前，杨祥云最终难逃法网。

2006年1月20日，湘西土家族苗族自治州人民检察院以涉嫌贪污罪对杨祥云、刘国瑞、刘清芳向自治州中级人民院提起公诉。

2006 年 8 月 3 日，湘西土家族苗族自治州中级人民法院作出一审判决：被告人杨祥云利用职务之便，以低价买进土地、高价出让土地的方式贪污国家资产，贪污数额共计 1495 万元，其中被告人刘清芳、刘国瑞未全部参与，按法律规定，刘清芳和刘国瑞的贪污数额减去了未参与部分，贪污数额均为 1023 万元，其行为均构成了贪污罪。在共同犯罪中，由于杨祥云是主犯，刘清芳、刘国瑞是从犯，因此依法判处主犯杨祥云死刑，缓期二年执行，剥夺政治权利终身，并处没收个人全部财产；刘清芳、刘国瑞被判处有期徒刑各十二年，剥夺政治权利三年、一年，并处没收个人财产 50 万元、20 万元及其在吉首市万溶江国土房屋综合开发有限公司的股份及收益。

被告人杨祥云、刘清芳提出上诉。2007 年 6 月 16 日，湖南省高级人民法院作出终审判决：驳回上诉，维持原判。

在逃通缉犯控告副县长
是诬蔑陷害，还是另有隐情
农民血书沉冤
引来媒体公开报道
为伸张正义
检察官一查到底

农民血书沉冤的背后

2006 年 3 月 25 日，河南《大河报》收到了一封读者来信，一位年轻的记者拆开后，一个大大的血色"冤"字让他心头一颤。

信中写道："我是一个在逃犯，名叫杨明清，是驻马店市确山县瓦岗乡的农民。1984 年，我们家承包了花龙沟北坡的荒山。2003 年，村支书找到我说，副县长班新平想出两万多元让我把荒山承包证转让给他们。迫于多方压力，我们以 2.6 万元转让了山上的树和剩余的 30 年承包权。今年春节，我和妻子从外地回来，几名警察突然到我家抓我，也不说什么原因。慌乱中我从村子里逃了出来，之后我才知道，因为副县长班新平告我诈骗，我被公安局通缉了。当着村干部的面把荒山承包证转让给了他们，我怎么会成了诈骗犯？"

杨明清在信的最后写道："在外面的这些日子，我提心吊胆，只怕有人抓我，但我知道我是被冤枉的，

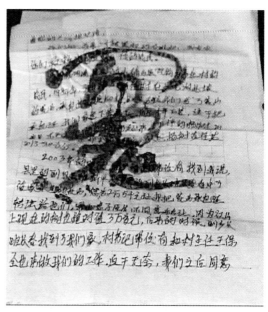

杨明清向《大河报》血书自己的冤情

我不能落在他们手中，希望记者能给我这个无助的农民帮助，为民做主，查明事实，为民伸冤，还我清白之身。"

农民成了通缉犯，血书状告副县长，是什么给了他这么大的勇气？职业敏感使这位记者意识到，这里面一定有隐情。为了揭开谜底，他决定亲赴确山县采访。

记者的调查很快水落石出。2006年4月11日，《大河报》以《用"以工代赈"建私人山庄》为题，大篇幅披露了驻马店市确山县原副县长强行占用

报纸发表的记者调查

农民林地，枉法追诉通缉无辜农民以及用国家以工代赈款兴建私人山庄的问题。一石激起千层浪，此事公之于众后，不仅在社会上激起了很大反响，也引起了检察机关的关注。

一则报道有可能就是一条案件线索，况且此事牵涉到农民的切身利益，因此，驻马店市人民检察院反贪局在上级领导的指示下，立即成立了专案组，对此事依法进行调查。

忍痛卖山林

李涛和栗贯中是驻马店市人民检察院反贪局侦查三处的检察官，他们仔细分析了报纸上的内容后决定，先找到《大河报》记者了解事情的经过。

据记者介绍，当初调查这件事的时候，很多人证实，农民杨明清的林地是由副县长班新平买的，而且班新平还指使他人诬告杨明清诈骗。对检察机关来说，仅靠

记者采访的内容，并不能证明班新平有强占农民林地又追诉通缉农民的嫌疑，要了解事情真相，必须尽快找到当事人杨明清。

通过杨明清的妻子，检察官见到了杨明清，杨明清以证人的身份进入案件中。

调查中，检察官了解到，杨明清是地地道道的农民，一直跟岳父母、妻儿生活在河南省确山县瓦岗乡花龙沟村，这里地处山区，林木资源丰富，荒山荒坡面积很大。上世纪80年代，一些人开始承包荒山，通过植树造林发家致富。杨明清1984年承包了一片50亩的荒山，承包期是50年。杨明清预想，等这片林子长起来，自己一定能发财致富，改变家里清贫的生活。一家人经过近二十年的劳作，林子郁郁葱葱地长起来，眼见着树木就要成材了，杨明清一直在憧憬着卖掉木材之后的富裕生活，然而，他的致富梦还没实现，横祸却不请自来。

杨明清的妻子回忆说，2003年春天，家里来了两名村干部，说有人要买自家的荒山。于是她问买荒山的人是谁？

村干部说，他们是替副乡长来的，开价25000元。

要"买"荒山的人叫白普旺（化名），是瓦岗乡副乡长。杨明清一听就傻了，先不说钱的事儿，单这片林子就倾注了一家人近二十年的心血，25000元就要买走，从感情上他难以接受。更何况按当时市价计算，这片林子的转让费折合下来怎么着也得十几万啊！

杨明清告诉村干部说："这林子我们不卖，再说价钱太低了。"

杨家不同意转让山林，村干部来了一趟又一趟，但屡遭拒绝。几天后，白普旺亲自出马来到杨明清家中，并摆出一副志在必得的架势。他透露，看中这片山林的不是他本人，而是常务副县长班新平，班副县长想在那儿建水库。

杨家明白，自己是地地道道的农民，别说是副县长，就是副乡长他们都得罪不起。迫不得已，当着村干部的面，他们忍痛将50亩郁郁葱葱的山林，以26000元的低价转让了。山林变卖后，他们一家再也无事可干，于是夫妻俩把门一锁，出门到外地打工去了。

然而，背井离乡的夫妻俩并不知道，厄运并没有忘记他们。

2006年春节，杨明清夫妇从外地回家过年，阖家团聚的时候，几名派出所民警突然闯入家中，声称杨明清涉嫌诈骗。杨明清一听就懵了，在他看来，诈骗是大罪，慌乱中他冲出家门，暂时到附近的山上躲了一天。没有抓住杨明清，杨明清的岳父母和弟媳随即被派出所带走，"他们说我们犯了包庇罪，把我们三个人关了28天，交了4000元钱才放我们出来"，杨明清的岳父抹着眼泪说。

躲在附近山上的杨明清百思不解，四处打探，最后得知，状告自己诈骗的竟是副县长班新平，并且是因为那26000元转让款的事儿。

杨明清有家不能回，有冤无处诉。在外逃亡的日子里，恐惧、悲伤无时无刻不在折磨着这个老实巴交的农民，他感到莫大的冤屈。走投无路下，经人指点，他写了一封血书寄到了《大河报》，希望媒体能够替自己申冤。《大河报》是当地很有影响力的媒体，杨明清希望通过媒体，能让政府看到他的冤屈，给他一个公正的评判。

两个关键人物

根据杨明清的陈述以及记者的采访，检察官了解了事情的经过，并开始从外围进行调查。

他们了解到，杨明清的50亩林地确实已被买走，并且他本人确实因为诈骗而被通缉，但此事和副县长班新平有没有关系，还有待进一步调查和证实。

与此同时，《大河报》记者提供的消息说，在采访的时候，他曾跟班新平进行了联系，并且还录了音，更重要的是，他还保留着当时的录音。在录音中，记者以山林购买者的身份在跟班新平"讨价还价"。

班新平，47岁，河南省上蔡县人，曾任上蔡县人民政府办公室主任、确山县人民政府副县长、确山县人民政府常务副县长，2006年年初调任驻马店市农业局副局长。

根据记者提供的线索，检察机关在外围继续展开调查。

他们在瓦岗乡走访，与一些村民广泛交谈。村民们反映，水库是县里一位姓班的大领导建的，在水库修建过程中，这位领导还多次到现场查看并指挥工程进度。结合在当地发现的"以工代赈"纪念碑以及村民的反映，检察官分析后认为，确山县原常务副县长班新平涉嫌贪污以工代赈款。在取得了村民以及记者的证言后，驻

马店市人民检察院决定对班新平立案侦查。

2006年5月1日，黄金周的第一天，李涛和栗贯中第一次对班新平进行了传唤。但在讯问室里，班新平信誓旦旦地保证，自己没有任何问题，完全是被诬陷的。的确，虽说有记者与班新平的电话录音以及外围调查的一些证据，但这些证据还不够充分，要想让班新平开口说话，还需要其他证据和证言。

与此同时，检察官在杨明清的林地承包合同上发现了一个疑点。

根据承包合同，从农民手中转包林地的并不是班新平，而是一个叫董闯（化名）的人，经手操办的人则是副乡长白普旺。当时修建水库不仅需要杨明清的林地，还需要旁边别的村民组的山地。经调查，杨明清山林旁边的20亩山地，也被这个叫董闯的人以10000元的价格转包了，经办人也是副乡长白普旺。

两份合同里，都出现了董闯和白普旺两个人的名字，那董闯跟白普旺是什么关系？这两个人跟班新平有没有关系？对此，调查很快有了结果。

原来，董闯跟白普旺原本并不认识，完全是因为班新平的关系：董闯是班新平的外甥，而白普旺则是班新平一手提拔起来的。白普旺一直对班新平心存感激，所以在班新平要买山地建水库的时候，白普旺"义不容辞"地当起了急先锋，与董闯一起，共同运作转包山林建人工水库的事情。

根据这些情况，检察官意识到，案件的突破口应该在董闯和白普旺身上，他俩是此案突破的关键人物。然而，这两个人，一个是班新平的亲戚，另一个是对班新平心存感激的下级，对他俩的传唤一定要谨慎。专案组进行了反复研究后，决定对两人采取不同的传唤方式：对白普旺秘密传唤；而对董闯的传唤，则大张旗鼓，表明检察机关欲将此案一查到底的决心。

果然，讯问中两人都否认转包林地的事和班新平有关。如果他们所说属实，就意味着副县长班新平并没有强占农民的山林，更证明不了他存在诬蔑陷害、滥用职权等职务犯罪行为。

班新平难道真的与此事无关吗？

白普旺是学生出身，老家在农村，走到这一步很不容易；另外，白普旺性格内向，心理素质相对较弱。考虑到这些因素，专案组决定以白普旺为突破口，他们选择富有审讯经验的李涛上阵。经过耐心说服，白普旺在思想上有了松动的迹象，他开始为自己极力辩解，他咬定是董闯要买山林，他只是起个牵线搭桥的作用，此事更与班新平无关。

与此同时，对于董闯的讯问也在同步进行。董闯曾经在陕西生活过，恰好专案组成员栗贯中毕业于西北政法大学，对西北方言和习俗有一定的了解，因此，专案组选择栗贯中讯问董闯，一方面给他巨大的压力，另外也给他产生某种亲和力。

这一招儿果然奏效。渐渐地，董闯发生了细微的变化，他开始变得恐慌，眼神四处游走，但就是不敢看栗贯中。

一个农民被诬陷的原委

此时，在外调查的检察官传回了一个重要信息：《大河报》登出文章后，班新平给白普旺和董闯等相关人员打了无数个电话。专案组分析，班新平料到检察机关会对自己采取措施，于是就四处部署，统一口径，这也是班新平被传唤后一直避重就轻，与检察机关兜圈子的原因。对于专案组来说，越是在复杂的情况下，越需要冷静和清醒。专案组成员对侦查工作开展以来的每一个环节，作了一次缜密思考，一个新的行动方案形成了。

第一套方案是加大对白普旺和董闯的讯问。在反复阐明利害关系后，白普旺的心理防线崩溃了。紧接着，董闯扛不住了，也交代了事实真相，他承认是班新平指使他们强占山林，又陷害农民诈骗。董闯证实，《大河报》的报道刊出后第二天，班新平把他和白普旺都叫到了办公室，交待他们要统一口径，一定说承包的事儿和自己无关。

两个人都证明，转包杨明清以及村民组土地的人，其实就是班新平。

但是班新平本人仍然坚持，拒不承认此事与自己有关。

根据白普旺证言，杨明清被诬陷的原因很简单：当白普旺在班新平的授意下同杨明清签下转让承包合同后，班新平就筹划着在承包的林地上建一个人工水库。可是水库施工时，却遭到了附近林场职工的集体阻止，原因是，在他们的头顶上悬着个水库，万一山洪暴发，太危险了！施工被阻止后，白普旺找到杨明清，希望他做个证人，现身说法跟林场说道说道，可杨明清此时已把山地转包，失去了倾注全家近二十年心血的山林，他不想管这些事儿。另外，林场和他们是近二十年的邻居，关系一直处得不错，修水库会威胁林场职工的安全，夫妻二人考虑关系不好处理。于是他们拒绝了白普旺，把门一关，外出打工去了。

看到杨明清不帮这个忙，班新平主动给林场打了个电话，毕竟是在自己管辖的一亩三分地上，后来，水库还是建成了。只是，杨明清夫妇的拒绝和出走惹恼了班新平，他觉得自己很没面子，于是决定收拾一下杨明清。

至此可以确认，农民杨明清的承包、转包手续以及其间的经营都合法，没有任何违法行为，所谓的诈骗纯属子虚乌有。经过调查以及证人的证言，花龙沟70亩山地的承包人，实际上就是班新平。

那么，他转包这块山地建座水库干什么用呢？

副县长的"如意算盘"

白普旺证实，当时的常务副县长班新平在一次下乡视察时，看中了瓦岗乡花龙沟这块风水宝地——这里三面环山，中间一块平地。副县长一时兴起，想在这个山沟里弄个水库，养点鱼，搞搞休闲旅游，发点小财。于是，他授意白普旺想个办法，把这片地方协调承包下来。

就这样，通过白普旺的"穿针引线"，班新平以极低的价钱顺利地转包了花龙沟的70亩山地，并让外甥董闯出面签订了转包合同，他"聪明"地认为，只要没有自己的签字，就不会被人查出来。林地、山地弄到手后，班新平就开始筹划修建水库及大坝事宜了。

转让山林前，杨明清夫妇恋恋不舍

可是，建一个水库需要几十万块钱，这个钱又从哪里来呢？

检察官在花龙沟拦河坝的下方发现了一块石碑，上面写着：二〇〇四年度国家以工代赈项目；地点：花龙沟拦河坝；投资：25万元。这明明是班新平个人承包的山地，怎么就成了"以工代赈"项目呢？

《国家以工代赈管理办法》规定，以工代赈是指政府投资建设基础设施工程，受赈济者参加工程建设获得劳务报酬，以此取代直接救济的一种扶持政策。"以工代赈"是一项农村扶贫政策，是一项德政工程，所使用的款项不需要再还给国家。"以工代赈"项目有着严格的审批程序，要经过村里逐级往上申报，需要经过各个部门的严格审查，最后国家才能批准。而这其中的关键，是要经过县级部门审核。班新平当时正担任确山县常务副县长，"以工代赈"项目必须经过他的批准才行。

另据相关规定，"以工代赈"项目的建设内容为贫困地区的基础设施建设，安排的重点是与解决贫困群众温饱及脱贫致富密切相关的生产性基础设施建设项目，其中主要包括县乡村道路、农田水利、人畜饮水、基本农田等建设内容。可是，在花龙沟这个地方，是不是需要修建水库灌溉农田呢？

检察官在随后的调查中了解到：当地村民并不认为这里需要修建水库，并且水库大坝就在林场职工家属院上面300米的地方，家属院两边都是山，头顶上悬着个大水坝，如果遭遇连天大雨，或者山洪暴发，水库一旦决堤，后果将不堪设想。

当地既无耕地也不需要灌溉，更没有河流需要泄洪，在这里筑坝造水库的项目怎么能批下来呢？专案组分析，作为副县长，班新平是审批修建水库的关键环节，他应该清楚这个项目。面对检察官的讯问，班新平承认，当时是自己违规操作了这个项目。班新平承认这个项目与自己有关，那修建水库的资金又从何而来？

检察官展开了大规模的调查。由于案情复杂，牵涉部门和人员很多，尤其是在对财政局、水利局、扶贫办、发改委等相

国家以工代赈项目碑

强占农民山林修起来的水库

关部门的调查取证中，原先的领导已经调离了，现任的领导对当初的事情又不太清楚，况且时间也有些久远，有很多人都记不清当初的事情，调查异常艰难。

班新平曾任确山县常务副县长，分管各个部门的工作，在当地有着千丝万缕的关系，而且，所牵涉的人大多曾是他的下属，他们也怕自己交代了以后，会承担法律责任，于是部分人选择了环顾左右而言他。怎么才能找到突破口呢？

根据前期调查，专案组掌握了一条重要线索，即审批"以工代赈"项目程序很复杂，但首先要从村里往上申报，于是他们再次来到花龙沟村进行调查。在村委的调查中，村委会负责人明确表示，他们并不知道这个水库项目从何而来，更不知道这个水库修起来有什么用途，村里从来没有申请过这个项目。

国家投入的"以工代赈"项目，为什么没有按照严格的程序走呢？

李涛和栗贯中决定，在水库施工单位寻找证言和证据。由于检察官锲而不舍，主要证人陆续道出了实情。事实上，在确山县 2005 年"以工代赈"项目计划中，根本没有这个项目的只言片语，更谈不上项目论证报告、立项报告、开工报告、竣工报告、工程移交书等文件，但在班新平的积极斡旋下，这个 2004 年就已经建成的工程，却在 2005 年以"以工代赈"项目给批了下来。

那么，班新平究竟是如何运作的呢？

2006 年年初，已调任驻马店市农业局副局长的班新平，虽不在其位但仍谋其政，遥控指挥确山县发改委相关人员两次办理转款手续，将上级批复的以工代赈资金中的 22.5 万元转至确山县建筑公司项目经理账户中，余款 2.5 万元作为工程质量保证金仍留在确山县财政局，旅游度假的地方就这样成了"以工代赈"项目。但是二十多万元修建水库是远远不够的，于是，班新平授意县财政局和县水利局相关人员，将原本划拨到瓦岗乡另外一个水库大坝的15万元扶贫款，转到花龙沟拦河坝项目上。

班新平时刻想着在自己的私家园林里，风风光光带上一帮人聚会打牌、划船垂钓，体验一番神仙般的生活，为此，他不遗余力，利用手中的权力，用尽了各种办法，甚至工程还没有完工，他就迫不及待地前往"视察"。

在铁一般的证据和事实面前，所有的狡辩都是徒劳的。

根据所有证据，检察机关认为，班新平身为常务副县长，利用手中的职权，在合法外衣的掩盖下，将国家级贫困县——确山县的扶贫资金、以工代赈资金占为己有，在其个人承包的山地上修建拦河坝工程，其行为涉嫌构成贪污罪。2006年10月23日，驻马店市驿城区人民检察院以班新平涉嫌贪污犯罪，向驿城区人民法院提起公诉。12月7日，法院经审理认为：班新平利用职务之便，以非法手段侵吞、骗取国家扶贫资金共计40万元用于个人修建水库，侵害了国家公共财产的所有权和国家工作人员职务的廉洁性，触犯了《中华人民共和国刑法》，构成贪污罪。一审判处班新平有期徒刑十三年，剥夺政治权利二年。

班新平不服，提起上诉。2007年3月9日，驻马店市中级人民法院终审裁定：驳回上诉，维持原判。

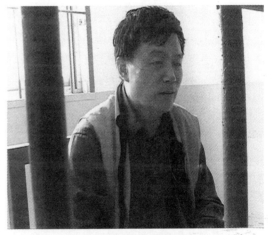

证据面前，班新平还在狡辩

焦炭集团董事长神秘住院
一封检举信牵出惊天大案
万本银行账露出蛛丝马迹
疯狂敛财父子上阵
机关算尽难逃法网

焦炭牛老大的末途人生

2005 年 10 月 7 日，山西省心血管病医院六楼的某间高档病房里，住进了一名五十多岁的中年男子。作为当天的值班护士，小郭从见到这个病人的那一刻起，就能感觉到他和普通病人有些不同：精神状态特别差，胡子拉碴的，也不爱说话。

其实小郭并不知道，这个让她感到费解的病人叫牛新民，时任山西省焦炭集团董事长。更让她想不到的是，这个病人在山西可是个跺跺脚，地上就颤三颤的"大人物"，山西作为煤炭大省，他掌管着全省焦炭的产销大权。

牛新民这次住院显得非同寻常。在医院陪同他的几个人一脸凝重，看上去，他们好像并不是亲属；而牛新民本人更是显得心事重重，一脸茫然，他的眼神里满是绝望。

经过检查，牛新民患有心脏病和糖尿病，但并没有严重到危及生命的程度。那么，究竟是什么让一个大权在握的副厅级干部感到如此绝望？

医护人员依然尽职尽责地忙碌着。然而，伴随着牛新民的住院，一场波及山西乃至全国煤炭行业的"大地震"悄然拉开了序幕。

有人非法截留"一金两费"

也是在这一天，山西省人民检察院反贪局副局长常锐回到了家中——他已经四天四夜没有回家了。这些天，他始终为牛新民的案子忙碌着，尽管案情一直没有进展，但是职业敏感让他意识到，这个案子一定有问题，而且还是大问题。

常锐的思绪又回到 2005 年年初。春节过后的一天，山西省人民检察院反贪局接到了一封举报信，信中反映有人非法截留"一金两费"。

山西是我国重要的焦炭基地，焦炭产量占全国焦炭总产量的 40%，同时占据了整个世界焦炭市场的 1/6。而举报信中所提到的"一金两费"，就是国家为保护煤炭资源而向煤炭生产企业征收的煤炭能源基金、服务费、管理费的统称，在当时也被称为"能源基金"。基金收不回来，就相当于国家收不上来税一样。通常情况下，国家标准是一吨焦炭收取 30 元钱，而举报信反映的问题，就是企业所缴的"能源基金"被恶意截留。常锐知道，如果举报信中提到的情况属实，那么这笔钱将会是一个天文数字。

根据举报信提供的线索，2005 年 2 月 29 日，山西省人民检察院反贪局开始了调查。

负责征收"一金两费"的山西省焦炭集团是国家大型二级企业，成立于 2002 年 7 月，其主要职能就是对全省焦炭运销进行统一管理，并代表政府收缴出省焦炭专项基金。

随着调查的逐步深入，常锐和他的同事们发现，这个掌控着全省焦炭业外销大权的企业问题很多：许多省内的焦炭生产企业被获准缓缴"一金两费"，而且缓缴的金额高达数亿元。

这种做法是国家不允许的，况且，这远远超出了山西省焦炭集团的职权范围。

"缓缴等于给企业挣钱了。那个基金数量很大，如果不缓缴基金的话企业经营就要贷款，而缓缴基金连贷款都不用，白使用这些钱。国家的钱，让企业白白地使用，明知道这是违反规定，却又顶风而上。"常锐说。

山西是我国重要的焦炭基地，焦炭产量占全国总产量的 40%

而能为这些企业办理缓缴能源基金手续的，正是时任山西省焦炭集团董事长的牛新民。

老总只有几万元存款

经过三天的治疗，牛新民的病情已经得到控制。护士小郭注意到，牛新民的周围也在悄悄地发生着变化，走廊里再也看不到刚开始陪同他的那些人的身影，陪护换成了牛新民的家人，而牛新民的病房也开始热闹起来，时常会有鲜花和水果送进来。但是让医护人员感到奇怪的是，他们始终没有见到送鲜花和水果的人——这些礼品，都是鲜花店和水果店接受委托送到病房来的。

看望一个生病住院的人，哪怕是副厅级领导干部，本来是件再正常不过的事情，为什么看望牛新民的人却躲躲闪闪，不愿意露面呢？细心的小郭还注意到，尽管在家人陪护下，牛新民的脸上有了笑容，可是当有医护人员在场时，他和家人的谈话显得格外谨慎，唯恐被人探听到什么。这一切，都让人感到费解。

私下里，小郭听同事议论说，这个赫赫有名的焦炭集团的老总，正在被调查。那么，病房里的牛新民，到底是个什么样的人？

其实，对于牛新民，山西省人民检察院反贪局副局长常锐并不陌生。牛新民，1952年出生，山西长治人，1987年进入煤炭行业，承包了长治市煤炭运输公司；1991年12月，牛新民被任命为长治市煤炭管理局副局长；2002年4月当上了山西省焦炭集团的董事长。这样一个为煤炭事业操劳了半生的副厅级干部，会置国家的明文规定于不顾，铤而走险吗？

正当检察官大感不解时，常锐接到了一个电话。

打来电话的，是山西省纪委的负责人。电话里说，群众对牛新民反映比较大，反映的问题主要是三方面：一个是截留能源基金；一个是调人，说他收受贿赂调人；另外一个就是财务管理混乱。

这个电话，让常锐坚定了自己的判断：牛新民有问题！

早在几个月之前，山西省纪委曾因为一个古董花瓶对牛新民展开过调查。当事人送给牛新民一个花瓶，是在古董市场上花五万块钱买的，而且送的时候，有好几个人可以证明。据此，检察官可以认定，牛新民确实收受贿赂了。

2005 年 6 月 7 日，牛新民被山西省纪检委宣布"双规"，并移交到检察机关，但是面对调查，牛新民却态度强硬，拒不交代问题。针对这种情况，检察官决定把工作重点放在调查牛新民及亲属的财产状况上。

调查中发现，牛新民的个人存款不过几万元钱。

富有的牛家二公子

虽然牛新民个人账户里并没有多少存款，但奇怪的是，牛新民却有一个极其富有、挥金如土的儿子：在他儿子牛连庆开办的三家公司的账面上，检察官发现了数千万元的巨额资金，并且，他账户上的钱，基本上是只进不出。

这一反常引起了检察官的怀疑，如果是正常的公司经营，那就有进有出。他是只进不出，所以钱的来源肯定有问题。

牛新民有两个儿子，牛连庆排行老二。熟悉牛新民的人都知道，他非常疼爱这两个儿子，尤其是小儿子牛连庆。小儿子毕业后，牛新民给他安排的工作非常好，但是牛连庆却不愿意做，并且执意要出国，牛新民把小儿子送到了英国。牛连庆回国后，注册了一家公司当起了老板，而牛新民也给儿子买了一套七十多万元的房子。牛新民对儿子，有求必应。这样一个为儿子谋划生活的父亲，会不会为了儿子置国家法律于不顾呢？牛新民的问题，是不是出在儿子的公司上呢？

当检察官把牛连庆公司的情况摆到牛新民面前时，牛新民突然宣布，不再吃饭喝水。

连续几天不吃不喝，同时拒绝服用任何药物，牛新民的身体状况越来越糟糕。牛新民的问题，还能不能调查下去呢？尽管检察机关已经感到，这次捉到的是一条大鱼，但是却没有确凿的证据证明牛新民违法。常锐和同事磨破了嘴皮子，但是牛新民就是不吃不喝。

时间一天天过去了，牛新民的身体开始出现虚脱。

难道这一次调查，就这样草草收场吗？经过整整一夜的开会研究，检察机关决定临时改变策略——对牛新民暂时停止调查。被"解除"调查后的牛新民，住进了山西省心血管病医院。

突破口

山西省心血管病医院里，牛新民已经住了些日子了。通过这些天的治疗，牛新民的身体渐渐好了起来，同时牛新民的心情也发生了变化，他不再像刚住院时那样沉默寡言，除了经常起床在走廊里活动活动，有时他还会和医生聊上一会儿，当然也说一些情绪性的话语，比如，做某某事情真难，其他人对他不满意等。

对于常锐来说，牛新民的一言一行都暗藏着深意。常锐陷入了沉思，牛新民为什么要说这样的话呢？难道真的像他所说的那样，是被冤枉的吗？

常锐的脑海中一遍遍回忆着牛新民案件中的疑点。他突然发现，当牛新民的儿子被列为调查对象后，正被调查的牛新民的态度发生了巨大变化，这难道仅仅是护犊之情吗？是否还会有其他隐情呢？

常锐决定把调查的重点依旧放在牛新民的小儿子牛连庆身上。

调查发现，牛连庆2002年大学毕业，几年时间，这个二十出头的年轻人竟然开办了三家公司，这几个公司的账目上，巨额资金来自四面八方。通过调查很快发现，与牛连庆公司资金往来比较频繁的企业，大多是山西省焦炭集团的下属企业，而金额比较大的，要算临汾某焦炭公司。2003年至2005年，短短两年多的时间里，临汾某焦炭公司通过转账的方式，数次汇给牛连庆公司数百万元，其中一笔金额就高达120万元。到底是什么业务，能让临汾这家焦炭公司给牛连庆如此高的报酬呢？

巨额账目的发现，再联想到牛新民对调查儿子所表现出来的巨大异常，让常锐明确了调查的方向。专案组当即决定，把临汾这家焦炭公司的老总钱广厚（化名）叫到太原进行谈话；同时派出检察官，赶往临汾，调查该公司究竟和牛连庆有什么业务往来。

当天下午，钱广厚来到了太原，但谈话一开始便遇到了问题。钱广厚坚称，跟牛氏父子就是送过烟酒，其他的交往再也没有了，单位也没有任何交往。

专案组了解到，钱广厚跟随牛新民多年，作为牛新民的老部下，他是不会轻易开口的。谈话中，检察官发现了一个细节，钱广厚一直有意无意地回避"能源基金"的缴纳情况，而就在不久前的调查中，检察官清楚地记得，临汾这家焦炭公司正是牛新民违规办理缓缴手续的企业之一：钱广厚两次找到牛新民违规办理焦炭基金和管理费等的缓缴与减免事宜，所涉金额大概有一千六百万元左右。

面对检察官的追问，钱广厚一口咬定，给牛连庆的钱是纯粹的业务往来，并且还签有劳务合同，因此与缓缴"能源基金"没有关系，更与牛新民没有关系。

此时，前往临汾调查账目的检察官传回消息，临汾某焦炭公司无法说明与牛连庆的公司究竟有什么业务往来，而据公司财务人员最终交代，所谓的劳务合同是在老板的授意下伪造的。

事实面前，钱广厚难以自圆其说，而他的交代，让办案检察官大为吃惊。钱广厚说，2005年三四月份的时候，牛新民把他叫到办公室，说是最近家里有点事情，今年你给我拿上20万，你就不用给我钱了。这笔钱，是五一以后，牛新民让他的儿子去临汾自己办公室拿的。钱广厚交代，是牛新民利用职权，赤裸裸地向企业索要钱财。

如果钱广厚所说属实，这无疑为本案的调查找到了一个突破口。

然而，这仅仅是一个开始，随后钱广厚又交代出了更让人吃惊的事情。早在2003年，牛新民就带着儿子牛连庆找到他，要求他帮牛连庆做点生意，给儿子几车皮的生意做做。无奈之下，钱广厚把自己的客户介绍给牛连庆，让他代签一下合同从中赚取差价，短短几个月，牛连庆就白白拿走了一百多万元。2004年，因为客户不能再接受这种见不得光的奇怪方式，钱广厚停止了与牛连庆的"合作"，这让牛新民大为恼火。2004年10月，牛新民又把他叫到了太原，在吃饭中间，牛新民提出："我以前跟你讲过，让你每个月保证给我儿子发一到两列车皮，你只发了六七列，你就不发了。这样吧，我不管别的，你少一列，我问你要10万块钱，要不，你直接给我120万咱就算了。"

对于掌管大权的上司的要求，钱广厚不敢反驳。回到公司后，他便以劳务费的名义，由牛连庆开出发票，把120万元汇到了牛连庆公司的账上。

钱广厚的交代，让检察官感到震惊，同时更明确了调查方向。检察官决定对牛连庆公司的账目进行全面调查，调取全部银行账，逐笔分析究竟发生了什么业务。鉴于牛连庆在其中充当了重要的角色，专案组经过研究，依法对牛连庆采取了措施，同时加快了对牛连庆公司往来业务的调查。

不久，大量犯罪事实浮出了水面。

攻守同盟

此时，还在医院中的牛新民并不知道对他的调查已经有了重大突破。在医院安然无恙住了二十多天，来看望他的人也多了起来，时不时还有人送营养品、鲜花。躺在医院的牛新民一方面积极探听外面的消息，另一方面也开始玩起了花样，他对前来探望的人放出口风："检察院这回调查又没戏了，我把他们摆平了。"对于牛新民来说，首要的问题是稳住人心，给那些曾经向他行贿的人传达平安的信息。

牛新民的这些话，给那些害怕受牵连的人吃了一颗定心丸。

而对于正在被接受调查的小儿子牛连庆，医院中的牛新民更是费尽心机，他要订立攻守同盟，在牛新民看来，只要自己不倒，儿子很快也会没事的。

但是这次，牛新民打错了算盘。他并不知道，早在他住院的前一个月，也就是2005年9月12日，山西省人民检察院就已对牛新民涉嫌受贿立案侦查，牛新民在医院里的一举一动，都已经在检察机关的掌握之中。牛新民在医院中的这些表现，让检察机关意识到，如果再让牛新民一味活动，将严重阻碍案件的调查，而从目前的人证、物证来看，已经完全可以证明，牛新民存在通过为下属企业违规办理缓缴"一金两费"来索取贿赂、为亲人谋取私利等行为。

2005年11月18日，经过省检察院的审核，山西省人民检察院反贪局决定，对还在医院中的牛新民采取行动。第二天上午7点钟，检察官来到医院，出示证件后，牛新民觉得有点吃惊，之后感叹："我想到了，早晚会有这么一天，没想到会这么快！"

在一左一右两名检察人员的"陪同"下，牛新民悄无声息地离开了医院。

正义与邪恶的较量

2005 年 11 月 19 日，阳泉看守所，省检察院反贪局的荣奋钢处长负责给牛新民办理羁押手续。牛新民走进看守所的一个细节给荣奋钢留下了深刻的印象："进看守所的时候，按照规定必须搜身，登记身上所带的物品，在他上衣口袋里头拿出一个信封来，是办喜事时用的那种信封，里头有一沓人民币，是 2900 块钱。我想这个应该是在医院的时候，有人去看他给的礼金。"

牛新民出生在山西长治郊区，家庭生活的贫困，使他过早地承担起生活的重担。从小牛新民就敢说敢做，说一不二，1987 年进入煤炭行业后，他的权力欲更加膨胀，开始积极钻营。他给好多人形成一个印象：他神通广大，后台是很硬的；别人不敢干的事，他敢干。他在大会上公开讲"什么是组织，我就是组织"。面对这样一个在煤炭行业摸爬滚打了近二十年的重量级人物，他会轻易认罪吗？

正如检察官预料的那样，审讯工作一开始就不顺利，牛新民不是答非所问，就是拒不开口，审讯始终没有大的进展。

时间一天天过去了。常锐知道，要想让牛新民低头认罪，就要打垮他的心理防线，那么究竟什么能触动他的敏感神经呢？牛新民最担心的到底是什么？

几次交锋之后，常锐找到了牛新民的软肋：他对家人的牵挂。因为每谈一个问题，他都要考虑家人，他多次讲，这个事跟我儿子没关系，是我办的。

牛新民自幼家境贫寒，曾经的艰辛生活让他认识到，不能让自己的儿子再吃苦受罪，为此，作为副厅级领导干部的牛新民极尽所能地为儿子规划着生活的蓝图。然而牛新民没想到的是，他精心规划的结果，却把小儿子牛连庆一步步推入了犯罪的泥淖。很多证据表明，牛新民受贿大多和牛连庆有关。检察官意识到，要想突破牛新民，就必须先拿下已经被调查的牛连庆。

在大量证据面前，牛连庆很快就全盘交代了。但是对于牛新民来说，尽管他已经意识到了自己的问题，但是对儿子受牵连的状况，他坚决不能接受。作为一个爱子心切的父亲，这是他心灵深处最不愿触及的地带。他开始就儿子的问题和检察官讨价还价。

儿子受牵连，看守所内的牛新民如坐针毡，他没有反思造成这种结果的原因，而是继续和检察机关对抗着。这一次，牛新民故伎重演，2006 年春节前，牛新民在看守所又开始不吃不喝了，他想再使出"杀手锏"，与检察机关进行最后的抵抗。

亲情感化

2006 年大年三十下午，荣奋钢赶到了阳泉看守所。一见面，牛新民就说："过年了，我想让家人给我写封信。"其实牛新民也明白，不管怎样抵抗，这一次他将难逃罪责，此时，他的心中依旧牵挂着两个儿子的命运。他迫切地想知道，他两个儿子现在怎么样了，他一直苦苦经营的那个家，现在怎么样了。

在征得领导同意后，检察官开始寻找牛新民的亲属。

2006 年那个飞雪漫漫的除夕之夜，当人们在享受一年中最温暖的团圆之夜的时候，山西省人民检察院反贪局的检察官却为牛新民的一封家信而四处奔走。家书抵万金，他们知道，一封家书对牛新民心底最脆弱的神经触动该有多么巨大；他们更清楚，春节收到这封家书，就是找到了一把打开罪恶灵魂的钥匙。

整整一晚上，五六名检察官同时分成三四路，都在找他的家人。大年初一早晨，检察官才了解到，他的家人回老家长治过年去了。于是，反贪局一名副处长，专门到长治找到他的家人，把这封信写了。

这是一封特殊的家书，它带来的不仅仅是家人的信息；这是一群特殊的邮递员，他们千里送鹅毛，送去的也不仅仅是一纸家人的问候。从太原到阳泉，从阳泉到长治，整整一天一夜，检察官牺牲了与家人共享天伦的时刻，顶风冒雪奔波数百公里，终于在大年初一的下午，把牛新民的家书送到了阳泉看守所。

或许是良心发现，牛新民的情绪稳定下来，并表示不再绝食了。

机关算尽的牛新民最终明白，他这

牛新民情绪隐定下来，不再绝食了

次再也无法逃避法律的制裁。疯狂的贪欲，不仅使他走上了一条不归路，还把自己疼爱的儿子拉下了水。

经检察机关查明，牛新民在职期间，违纪违法涉案金额高达1767.42万元。私欲的大门一旦打开，罪恶接踵而来，据不完全统计，从2002年7月到2005年4月底，牛新民在担任山西省焦炭集团董事长期间，擅自为五十多家企业办理能源基金缓缴手续，共

牛新民一案的卷宗

截留能源基金两亿五千多万元，致使山西省财政收入减少了一个多亿。

2006年3月11日，在经过数个不眠之夜后，牛新民写下了悔过书：经过长时间认真考虑和反省，认识到这些事情自己做得确实出格，触犯了党纪国法，我现在甘心情愿接受任何惩处……

2006年10月31日，朔州市中级人民法院对牛新民与其子牛连庆贪污、受贿、巨额财产来源不明案作出一审判决：牛新民犯受贿罪、贪污罪和巨额财产来源不明罪，判处有期徒刑十八年；牛连庆犯受贿罪，判处有期徒刑六年。

他是受人尊敬的大学校长
也是国内知名的水利专家
他并不缺钱
却被金钱迷住了双眼

大学校长的贪婪之祸

2006年3月6日，星期一。湖北省人民检察院反贪局的会议室里，跟往常一样，每周上班第一天，大家都要聚到一起，寻找线索，研究案情。当他们在汇集来的信息中查找的时候，一封举报信引起了他们的注意。

举报信署名"樊辅者"，被举报的是武汉科技大学校长刘光临。信中说，刘光临在武汉科技大学黄家湖新校区建设中，收受建筑承包商的贿赂。

刘光临在武汉是个名人。1946年出生的刘光临，已经60岁了，他是国内知名的水利专家，享受国务院特殊津贴，也是武汉市第十一届人大代表，这样一位在业内德高望重的教授、博士生导师，果真会收受他人贿赂？高级知识分子一般是清贫的，但也是清高的，不屑与铜臭为伍，这是中国知识分子的特点，但是，这封举报信写得很具体，有地点、时间和人物，还有具体的数额。

"樊辅者"，这个名字让湖北省人民检察院反贪局副局长吴忠良觉得，显然不是真名，很可能是"反腐者"的谐音。而举报信中透露的信息，也让检察官对举报人有了一个初步的判断，那就是，这个举报人不是建筑商就是学校的工作人员，是一个了解刘光临并跟他走得很近的人。

正当检察官分析举报信内容的真实性时，陆续又有几封相同署名的举报信寄到了反贪局，信中反映的问题与"樊辅者"的内容一样：刘光临受贿的金额大的有二十多万，小的有一两万。

写举报信的人为什么这么知情？而匿名举报预示着，要找到举报人，可能不容易。

武汉科技大学历史悠久，是一所多学科的综合性大学

初查时，检察官异常谨慎

"虽然信上涉及的受贿金额不是很多，但是字里行间，却让我们捕捉到了某些重要的信息，那就是，这些信息都与武汉科技大学新校区建设工程有关。"吴忠良说。

武汉科技大学位于素有"九省通衢"之称的湖北省会武汉，是一所以理工科为主，医学、经济学、文学、法学、哲学等各学科协调发展的综合性大学，学校历史悠久，最早可追溯至清末湖广总督张之洞创办的湖北工艺学堂。历经传承演变，1958年，学校开始设置本科，定名为武汉钢铁学院，1995年武汉钢铁学院、武汉建筑高等专科学校、武汉冶金医学高等专科学校三校合并，组建为武汉冶金科技大学，1999年4月28日，经教育部同意、湖北省人民政府批准，学校更名为武汉科技大学。

举报信中反映的问题，都与武汉科技大学新校区建设工程有关。由于刘光临的特殊身份，对于前期的摸查，检察官异常谨慎。

2006年3月下旬，武汉科技大学校园里很安静，师生跟往常一样有条不紊地上课下课。此时，湖北省人民检察院反贪局的检察官已经深入到学校展开了秘密的初查。

检察官了解到，武汉科技大学黄家湖新校区，占地面积超过 2000 亩，总投资接近二十亿元。整个新校区建设工程分三期，第一期已经完工，检察官调查的时候，二期工程已近尾声，三期工程马上就要开工了。前面两期工程已经投入了十几个亿，大大小小的项目很多。

当检察官实地暗访时，发现很多工程还在施工中，每个工地上，都有包括项目建设单位、项目名称、项目负责人等内容的告示牌。

到工程建设管理部门调查后，检察官了解到，这所大学新校区的基建工程项目共由 11 家建筑公司承接。在对工程项目摸底后，大家感到了一丝宽慰：某一个工程是由哪个施工队来施工的，项目经理是谁等信息，与举报信上提到的基本吻合。这似乎印证了检察机关最初的判断，这个举报者如此知情，一定是个很了解内情的人，并非捕风捉影。

仔细核查这些建筑公司的资

武汉科技大学在建的黄家湖新校区一隅

质，一些蛛丝马迹逐渐显露出来。某个施工队，是个只有三级资质的施工队，按行内的说法，就是一个搞修修补补的游击队，根本不具备承建大型工程的资质，但是，他们在承接学校大型工程时，挂羊头卖狗肉，借用另外一家有一级资质的公司取得了大型工程的承建权。按照国家相关规定，大型工程建设对建筑方的资质要求很高，必须是一级或者特级资质，而像武汉科技大学黄家湖新校区的建设，必须是一级资质以上。

检察官在新校区建设项目上，发现了很多类似的情况。

随后，四个承接工程量很大的建筑公司负责人浮出了水面。之所以是这四个人，是因为，他们的公司在学校承接的工程量比较大，但都是借用他人的资质，并且都采用议标的方式拿到了项目。

追踪中间人

随着调查的深入，承揽该校工程量最大的建筑商孙强（化名）进入检察机关的视线，经过耐心细致的说服，孙强打消了疑虑，开口讲出了实情。让检察官感到意外的是，他说自己没有直接跟校方接触，他交代，是通过一个叫田三儿（化名）的中间人拿到工程的，而他给田三儿的活动经费高达二百六十余万元。有了田三儿的"牵线搭桥"，孙强才如愿以偿地承接到武汉科技大学黄家湖新校区的建设工程。

田三儿何许人也？通过进一步了解，检察官得知，田三儿是石首人，只有小学文化，以到处拉关系得好处为业，找到田三儿，刘光临是否受贿将水落石出。根据孙强提供的线索，检察官迅速出击，试图找到田三儿，然而，此前得到消息的田三儿，如惊弓之鸟四处躲避——深圳、广州甚至省内的各个市县。田三儿十分警觉，行踪不定，每到一地都将自己的手机号换掉，然后使用当地的号码。

找到行踪诡秘的田三儿，对检察官来说困难之大，可想而知。

但是，他们并没有放弃。2006年五一前夕，检察官得知田三儿将开车从外地经武汉回老家石首，于是立即严密部署，在田三儿必经之地的路口蹲守。从早上四点钟到晚上十二点，检察官连眼睛都不敢眨一下，紧盯着高速公路过去的每一辆车子。然而一天过去，田三儿的车和人并没有出现，原来，五一节那天，狡猾的田三儿绕道回的老家。随后，检察官又了解到田三儿躲到了广东深圳。

检察官决定，驾驶两辆车，驱车一千多公里迅速赶到深圳，异地找到田三儿配合调查。可是，这一次田三儿又逃脱了。

2006年5月8日，办案检察官得到消息，田三儿又回到了武汉，正躲在一个棋牌室打牌。他们迅速找到了那个地方。棋牌室里乌烟瘴气，几个人激战正酣。看到检察官，在场的几个人比较配合，纷纷把身份证拿出来，然而一个矮胖的男子解释说，他没带身份证，只有驾驶证，然后磨磨蹭蹭在手提包里摸了半天，又说驾驶证也没带。

这引起了检察官的注意，询问他的名字，矮胖男子承认自己就是田三儿。田三儿找到了，检察官松了一口气。

可是，万万没想到，田三儿的一番说辞让检察官美好的希望变成了失望，田三儿只承认了接受建筑商孙强活动经费的事实，但是他坚决否认向学校领导送钱。田三儿说，他也找过刘光临，并且明确表示过感谢他的意思，但是刘校长很廉洁，几次都拒绝了他的"好意"，甚至有一次把钱递过去了，刘校长当场就退回来了。

建筑商孙强承认，他承接武汉科技大学黄家湖新校区的工程，的确是在田三儿帮助下才顺利拿到的。可田三儿态度异常坚决，说他拿了孙强的二百六十多万元不假，但是自己花了，并没有向武汉科技大学的领导行贿。

柳暗花明

事已至此，检察官决定启动第二条线索，那就是找到另一个建筑商钱立强（化名）。可是，费尽周折找到钱立强时，他说自己也没跟校方直接接触，是通过一个中间人桂平（化名）把事情办妥的。检察官随后找到了桂平，但桂平也否认了向学校领导送过钱，他说自己曾经换过三万美元，准备送给校长刘光临，但送的时候，刘光临坚决不收。

第二条线索遇到的情况和第一条线索几乎一模一样。

问题到底出在哪里呢？难道另外两位建筑商也会出现这样的情况？检察官迅即作出决定，果断启动第三条线索。第三条线索，是建筑商周玉海（化名）。

顺着这一条线索往下查，周玉海供述，他为了顺利接到工程，给了武汉科技大学美术教师何帅（化名）320万元的活动经费，何帅开了一家装饰公司，由他在中间穿针引线，自己才顺利拿到了工程。为了避免何帅得到消息后躲藏，检察官迅速找到了他。

经验丰富的检察官段勇，从何帅故作镇静而又极其慌乱的眼神中，已经觉察出了他的心虚。经过法律宣讲和耐心劝说，何帅最终承认了向武汉科技大学校长刘光临行贿48万元的事实。原来，何帅曾经为刘光临装修过房子，因此结识了刘光临，后来，何帅利用这一关系，通过刘光临顺利地替周玉海拿到了造价六千五百多万元的图书馆建设工程，周给何的活动经费为320万元，何拿出48万元给了刘光临。据何帅交代，就在检察机关找他的前一天，他跟刘光临有一次密谈。当天，刘光临向何帅表示："最近查得很紧，他们动不了我，但是你们自己要小心，你们出事了我可不管。"

这次谈话的内容，被检察官认为是何帅心理防线最终崩溃的重要原因。

何帅彻底交代了向刘光临行贿的过程。2005年3月，武汉科技大学新校区图书馆工程开始招标，何帅找到刘光临了解该工程情况，并表示想参与该工程的投标，刘光临同意帮忙。由于入围单位资质要求很高，何帅便通过私人关系，借用了江苏某公司和山西某公司的建筑特级资质参加该工程报名。

新校区建设招标办公室最初确定的图书馆工程拟入围名单中，江苏公司并不在列。刘光临获悉后，给招标办公室负责人打招呼，并坚持要将江苏公司确定为入围单位。此后，在学校招投标会上经刘光临表态，周玉海、何帅操作的山西公司和江苏公司均入围了。

投标开始后，在刘光临的照顾下，江苏公司顺利中标。中标后，因有人举报江苏公司系非法借用资质，武汉科技大学一直未与江苏公司签订施工合同。

后来刘光临几次召开校长办公会，决定图书馆工程仍由江苏公司中标，施工合同才得以签订。这样，周玉海就以江苏公司的名义承接了图书馆工程。

刘光临利用职务之便为周、何承接工程，收受两人贿赂共计人民币48万元。"新校区建设规模大，建筑商都削尖脑袋想挤进来，有的建筑商为打通关系，就用钱铺路，这是一个'潜规则'，大家都这样。"何帅说。

至此，第三条线索终于有了重大突破，武汉科技大学校长刘光临涉嫌受贿。

2006年6月10日，湖北省人民检察院反贪局对刘光临涉嫌受贿立案侦查。与此同时，湖北省人民检察院通过武汉市人民检察院向武汉市人民代表大会常务委员会报请，许可对刘光临采取强制措施。

6月19日，武汉市人大正式批复，湖北省人民检察院反贪局迅速作出决定，依法传唤刘光临。

床板下的秘密

但是，面对检察官的讯问，刘光临根本没当回事。

在讯问刘光临的同时，检察官直奔刘光临家里，依法进行搜查。搜查进行了一个多小时，但毫无收获。无意间，检察官发现卫生间的天花板上有个天窗，打开以后，发现上面全是烂纸箱子，在这些烂纸箱子里面，检察官找到了两个密码箱。通过刘的爱人获得密码以后，两个密码箱被打开，密码箱里，藏着现金120万元。

面对巨款，刘光临的老伴坐不住了，她一头栽在床上，好长时间没有起来，甚至连厕所都不去。这个异常举动引起了检察官的注意，他们意识到，校长夫人躺着的这张床，可能有问题。

检察官将刘的夫人请出了卧室，挪开席梦思，打开床板，一叠叠人民币映入眼帘。检察官照此类推，在刘家另一个房间的床板下，又发现了一个箱子，之后，检察官又陆续在刘光临家里发现了数额不等的现金以及存折。

在现场，银行工作人员用三台点钞机清点了四个多小时，这个看似清廉的校长竟是一个富翁——家里的现金加上存折，总共有三百多万元。

这么多钱让在场的人都吃惊不小。他们迅速把搜出巨额现金的情况，告知还在继续讯问刘光临的另外一组检察官，得到这一消息后，进行讯问的检察官信心大增。

面对讯问，刘光临根本没当回事

刘光临：数钱也有乐趣

而此时的刘光临依旧跟检察官兜着圈子，大谈他在武汉科技大学任校长期间，政绩卓著，闭口不谈自己的经济问题。2006 年 6 月 20 日晚，直到检察官告诉刘光临搜查的结果，并宣布对他刑事拘留时，刘光临一下子变成了另外一个人，他顿时面色沉重，惶恐不安。

在之后两天里，刘光临如实交代了受贿的全过程。除接受周玉海、何帅的 48 万元贿赂外，刘还先后为另外三家企业承揽工程提供帮助，分别接受贿赂 42 万、40 万、24 万。

在去看守所的路上，刘光临一直保持沉默，此前他没想到，自己会落到今天这般模样。

随着刘光临的落马，很多困扰检察官的问题迎刃而解。一些先前拒绝承认行贿的建筑商纷纷交代了行贿的事实，案情的深入，也使得包括基建处长在内的一批干部相继被查获。

"我们只做了一件事，把校长拘留时的照片摆在桌子上，问他们认不认识，他们一下子就懵了，并很快就交代了。"一位检察官透露。

那么，这么多钱，刘光临为什么要放在家里呢?

刘光临说："有时候闲来无事，晚上跟老伴一起，把钱翻出来，两个人把钱清点一遍，享受一下自己有这么多钱的乐趣。"

是书记举报了校长

刘光临担任武汉科技大学校长后，的确为学校的发展作出了贡献。如果不是因为涉嫌重大受贿，刘光临将会以一位有成就的大学校长身份，体面地退休，但是，在到达权力巅峰的时候，他放松了警惕。或许，他认为自己快退休了，能捞一把就捞一把；或许，他认为自己为学校发展贡献了力量，得点好处理所当然。最终，他被别有用心的人拉下了水。

在对其中一个建筑商的"中间人"进行讯问的时候，一个令人意外的人被反复提了出来，这就是该校党委书记吴国民。"中间人"交代，给刘光临行贿的同时，也给吴国民行贿了。

而在此之前，当检察官到学校调查刘光临的相关情况时，吴国民代表学校与检察官积极沟通，并且表示学校将全力配合检察机关，调查核实刘光临的有关问题。

可是后来，武汉科技大学党委书记吴国民涉嫌受贿的证据越来越多了。

检察官迅速对吴国民家里和办公室进行了搜查。在搜查过程中，检察官发现一封举报信，这封举报校长的信件，跟寄给检察机关的信内容完全一样！这个发现，也吻合了检察机关最初的判断，即写举报信的人就是校长身边的人。

在案件调查中，吴承认了写举报信的事实。对于写信的理由，吴国民作了这样的解释："我感觉校长调来以后，对人、财、物的事项很感兴趣，插手也比较多，我感觉对学校不好。"

很显然，这个理由并不充分，进一步追问之下，吴承认，他跟校长刘光临有矛盾，而且矛盾很深。当被问到举报校长，有没有想到会牵涉到自己时，吴很沮丧："我如果不说，也许学校的事出不来，现在是搬起石头砸到自己头上来了。"

而说到书记吴国民，刘光临显得很激动："他不学无术，成天就搞小动作。"

占地面积超过 2000 亩，建设总投资有
人去求他，有多少人的公司资质不够，
武汉科技大学新校区的工程上的事展
的说法！谢谢您们！

一名老共产党员：樊辅者
2006 年 3 月 6 日

"樊辅者"的举报信

吴国民的落马，对武科大师生来说，无疑又是一枚重磅炸弹。

2006 年 8 月 18 日，湖北省人民检察院决定对吴国民立案侦查，一个多月之后，吴国民涉嫌受贿的事实浮出水面。2001 年至 2006 年上半年，吴国民利用职务之便，多次收受贿赂，总计折合人民币六十七万余元。

2006 年 9 月 6 日，吴国民被批准逮捕。

未能兑现的承诺

建树颇丰的知名教授、厅级高校校长和一个受贿数百万的"贪官"，截然不同的角色，同时集中于刘光临一个人身上，让人止不住地扼腕叹息。

刘光临 1946 年 5 月出生于江西赣州，1981 年从武汉水利电力大学研究生毕业，是"文革"后第一批研究生，随后留校任教，先后任系主任、科研处长、教务处长，1996 年任武汉水利电力大学副校长。武汉水利电力大学既是他的母校，也是他的发迹之地。

一位接近刘光临的教授说，在工作上刘光临是个有魄力的人，胆子大，能力强，但在担任学校领导后，爱说大话空话，缺少人文修养，更像个政客。

另外，刘光临被认为做学术不够严谨。他曾经要求自己的博士生一年内写完博士论文，这个要求显然过高了，当时很多博导都表示，三年内能完成博士论文就不错了，学术研究不能单用时间来限定，但刘光临依旧我行我素。刘光临曾对一些老博导说，我带的项目动辄几十万、上百万资金，你们的项目都太小了。这让很多老教授对他的学术态度和素养不予认可。

2000 年是刘光临命运发生改变的一年，这一年，武汉水利电力大学并入武汉大学，作为武汉水利电力大学第一副校长的刘光临没进入武汉大学校务领导班子，这让他的情绪一度极为低落。正是因为这次人事调整"受挫"，刘光临便有了离开武汉大学的想法，这被认为是他进入武汉科技大学的一个动因。

2001 年，在武汉大学高等教育研究所工作半年后，刘光临调入武汉科技大学担任副校长，同年 9 月，被正式任命为武汉科技大学校长、党委副书记。在武科大工作后，刘光临一直还住在武汉大学校内，如果不出事，他很快就能退休了。

颇具讽刺意味的是，2006 年年初，武汉科技大学落实党风廉政建设责任制自查报告会上，当时的书记吴国民、校长刘光临公开承诺：廉洁自律，从我做起；严格要求，接受监督。不过这些承诺并未兑现。

2006 年 10 月，湖北省人民检察院侦查终结了武汉科技大学系列案件，并指定咸宁市人民检察院审查起诉刘光临一案。咸宁市人民检察院以刘光临涉嫌受贿罪以及巨额财产来源不明罪，向咸宁市中级人民法院提起公诉。2007 年 8 月 7 日，咸宁市中级人民法院一审判决，以受贿罪、巨额财产来源不明罪判处刘光临有期徒刑十二年。

湖北省人民检察院指定荆州市人民检察院审查起诉吴国民涉嫌受贿一案，荆州市人民检察院以吴国民涉嫌受贿罪向荆州市中级人民法院提起公诉。2007 年 9 月 25 日，荆州市中级人民法院一审判处吴国民有期徒刑十年，并处没收个人财产 10 万元。

另外，武汉科技大学系列案中其他三名涉嫌受贿的犯罪嫌疑人也依法得到了惩处。

三昼夜难觅嫌疑人踪影
嚣张妻子与内向丈夫
异心夫妻结成同心联盟
情与法的冲突
贪与欲的必然结局

明白夫妻糊涂事

2006 年 5 月 17 日，汪啸洲从河南来到深圳。汪啸洲是河南省确山县教育体育局某教研室副主任，这次来深圳，她是陪女儿到新的工作单位体检报到的。在目送女儿走进写字楼后，汪啸洲的神色突然变得凝重起来，她快步走进路边的一个公共电话亭。打完电话，汪啸洲准备离开的时候，一个陌生的家乡口音在她身后突然响起："你是不是确山的汪啸洲老师？"

汪啸洲一愣："我是啊，你是？"

来人是河南省驻马店市人民检察院的李涛和刘燕。面对突然到来的检察官，汪啸洲的担心一下子变成了现实。而几乎就在同一时间，远在千里之外的驻马店市人民检察院正在调查汪啸洲和她的丈夫王进华涉嫌共同受贿案。

苦闷中，他酩酊大醉

2006 年 5 月初，河南省驻马店市人民检察院在查处另一起贪污案中，涉案人员胡柳（化名）为了检举立功，向检察机关举报了一条重要线索：2003 年年初，确山县总工会要盖住宅楼，为了承揽这个项目，他向确山县总工会主席王进华行贿了 10 万块钱。胡柳交代，他把 10 万块钱送到了王进华家里，由于王进华不在家，他把钱塞给了王进华的妻子汪啸洲，并托她向丈夫吹吹"枕边风"。

在取得了行贿人的供述后，检察机关初步确定王进华夫妇涉嫌受贿，并根据这一线索，对王进华夫妇涉嫌受贿展开了初查。

初查很快有了结果。妻子收钱，丈夫办事，王进华的确利用职务之便为胡柳谋取了利益，驻马店市人民检察院于是成立专案组，对王进华夫妇同时立案侦查。

王进华，1958年生人，大专文化，中共党员，曾任确山县人民政府办公室主任，案发前任确山县总工会主席。汪啸洲，1957年生人，大学文化，时任确山县教育体育局某教研室副主任。

2006年5月13日，专案组对王进华的家进行了严密控制，以防王进华夫妇得到消息后逃匿。整整一天过去了，蹲守人员始终不见王进华夫妇的影子。王进华的家是一幢自建的小楼，家里大门紧闭，里面没有任何动静，蹲守到半夜一两点还是发现不了人，两人似乎都不在家，也不在工作单位，难道他们失踪了？

王进华和汪啸洲是同学，婚后生有一女，原本一个幸福的三口之家，由于王进华有了外遇，最近几年夫妻关系一直不好。究竟是因为夫妻吵架离家出走还是他们听到风声逃跑了，很难确定。

第二天过去了，无论王进华还是汪啸洲，始终没有露面，检察官有些着急。

虽然蹲守没有结果，但检察官并没有失去耐心。第三天早上七点多钟，一个三十多岁的陌生女子突然出现在王进华家门口，她拿出钥匙，熟练地打开了王进华的家门。检察官立即把这一情况汇报给上级领导，此时，一直在焦急等待消息的反贪局局长丁磊果断下达命令：不能再等了，赶紧跟进去。得到命令的检察官迅速推开王进华的家门，眼前的景象让他们没想到——王进华就在家中。

刚才拿着钥匙开门的女人，是王进华的妹妹，她是来给王进华送饭的。此时，王进华已经喝得酩酊大醉，直到被带到检察院，他还处于醉酒状态，鉴于此，检察机关首先给王进华醒酒。

王进华的到案，让专案组成员感到了一丝兴奋，但兴奋之余却并不轻松。调查中，检察机关初步确定，王进华的妻子汪啸洲已经离开确山县，汪啸洲去哪里了呢？检察官多次讯问王进华，然而王进华表示，自己这几天跟妻子吵架了，并不知道妻子的去向。

王进华始终没有交代妻子汪啸洲的去向，是确实不知道还是为了干扰调查？检察官加大了对汪啸洲的调查力度。很快，外围调查组传来一个消息，汪啸洲和同事一起去郑州出差了。专案组的检察官松了一口气，他们立即派人赶往郑州。然而，汪啸洲的同事说，就在前一天，有个人来找汪啸洲，她神色匆匆地跟着那个人走了，也跟单位请假了，但具体去哪儿，汪啸洲没说。

汪啸洲去向不明。根据前期调查掌握的情况，在全国好几座城市，汪啸洲都有亲戚，她去这几个地方的可能性都有。就在检察官准备进一步调查汪啸洲的去向时，王进华的一条手机短信，为检察官找到汪啸洲提供了重要线索。信息是女儿给父亲发过来的，大意是我在深圳已体检合格，准备到公司上班了。

根据检察机关的了解，汪啸洲的女儿刚刚大学毕业就去了深圳，这是她找的第一份工作。汪啸洲会不会为了女儿初次参加工作的事情前往深圳呢？

反贪局局长丁磊叫来李涛和刘燕，说给你们 10 分钟时间准备，马上订机票飞往深圳。

得到上级领导的指示，李涛和刘燕登上了去深圳的飞机。此时，他俩心里都没底，且不说汪啸洲可能不在深圳，即便在深圳，这么大一座城市，他们又上哪里找到她呢？

深圳巧遇

根据王进华手机短信提供的线索，检察官仅仅知道他的女儿刚刚被深圳某公司录用,至于她的住址、固定电话等详情一概不知。问王进华，王进华只说自己也不知道。

王进华的对抗态度，给远在深圳寻找汪啸洲的检察官增加了难度，为了顺利完成任务，他们分头开始行动，李涛找当地检察机关协助，刘燕则在王进华女儿应聘的公司里查找。李涛与刘燕考虑得很周全，王进华的女儿刚刚大学毕业，好不容易找到这家大公司的工作，如果表明身份查找，有可能会影响王进华女儿的前途，因此，他们只能暗中查找。这是一个有着几千员工的大公司，查找工作进展缓慢。

正当刘燕在那家大公司楼前一筹莫展的时候，一个酷似汪啸洲的中年女子和一个年轻女孩说说笑笑地迎面走来，她们看上去其乐融融。刘燕眼前一亮，此前，刘燕曾经看过汪啸洲的照片，她的相貌已深深地印在脑海里。刘燕当即判断，来人就是汪啸洲母女俩，真是"踏破铁鞋无觅处，得来全不费工夫"，刘燕赶紧通知了李涛，此时的李涛，与当地检察机关接洽后，已返回大楼附近，正准备跟刘燕会合。

气氛顿时紧张起来，刘燕丝毫不敢懈怠，紧紧地盯着她们两个人的一举一动。看得出来，中年女子非常高兴，在依依不舍地目送年轻女孩走进大楼后，中年女人脸上露出了满意的笑容，不过，笑容仅仅停滞了十几秒便突然凝结，她好像满腹心事，随后快步走进了路旁的公共电话亭，熟练地拨下了一组号码。

放下电话，中年女子非常不安地要离开，就在此时，有人操着乡音喊起了她的名字："你是不是确山的汪啸洲老师？"那一刻，中年女人有些吃惊。在离家千里的深圳，除了女儿，有谁会知道汪啸洲的名字呢？

她下意识地答应着，同时也感到大事不妙。

中年女人正是汪啸洲。她怎么也没想到检察机关的速度这么快，面对检察官，在紧张了片刻之后，汪啸洲渐渐平静下来，提出要见女儿一面。

经过商量，李涛、刘燕同意了汪啸洲的请求。

和女儿的见面，汪啸洲显得非常愉快，生怕女儿看出什么来，并且嘱咐女儿好好工作。可是，临分别的时候，她的女儿像感觉到了什么，情绪突然失控，紧紧拉着汪啸洲的手不放。

她时而激昂，时而哭泣

当晚11点，汪啸洲被顺利地带到驻马店市人民检察院，至此，专案组成员提着的一颗心终于放下了。因为长时间的旅途，汪啸洲的腿有点浮肿，丁磊得知情况后，特意嘱咐检察官一定要照顾好汪啸洲，在讯问的时候让她尽量坐得舒服一些。这让汪啸洲有了一丝感动。

就在检察官去深圳寻找汪啸洲时，检察机关对王进华的讯问一刻也没放松，但直到汪啸洲到案，王进华本人一直矢口否认，拒不交代收受了胡柳的贿赂。

专案组分析，王进华早就料到检察机关会对自己采取措施，于是做好了充足的准备，他先是以醉酒的状态来麻醉自己，掩饰内心的恐慌，继而多听少说，避重就轻地与检察机关周旋。

如何才能让王进华开口说话呢？

专案组在充分分析案情后，决定从汪啸洲的身上寻找突破口。

根据几天来与汪啸洲的接触，检察官明显感到这个女人极不简单。面对专案组的调查，汪啸洲不停地展示着自己的演技，她时而慷慨激昂，时而泪流满面。

看来，要让汪啸洲交代也是个难题。一方面，她和王进华是多年的夫妻；另一方面，她也怕说出实情，会受到法律的严惩。更重要的是，汪啸洲还存在侥幸心理，她认为只要自己不说，检察机关就不会找到有力的证据，证明不了她和丈夫王进华共同受贿。

汪啸洲的情绪化性格，给案件的调查带来了一定的难度，专案组知道，汪啸洲在用撒泼耍赖的手段，企图蒙混检察机关对她和丈夫的调查。检察官并没有被汪啸洲的障眼法所迷惑，他们反复向汪啸洲阐明利害关系：继续抵抗不仅救不了丈夫，救不了自己，还会害得整个家庭支离破碎。

汪啸洲的软肋在女儿，这一点是专案组成员的共识。果不其然，在说到女儿和她的新工作时，汪啸洲的心理防线被瓦解了。汪啸洲交代，2003 年，胡柳为了承包确山县总工会家属楼工程，分两次将 10 万元和 20 万元现金送到她的家里，因为当时王进华不在家，这两笔钱都由她代收了。

汪啸洲被成功突破后，检察官加大了对王进华的审讯力度，在证据面前，王进华自知抵赖不过，最终承认了收受贿赂的事实。

三个人的三种说法

然而，一个十分明显的矛盾出现了，王进华、汪啸洲和行贿人胡柳的证言不能吻合：胡柳交代的是 15 万，第一笔 10 万，第二笔 5 万；王进华交代的是 20 万；汪啸洲交代得更多，第一笔 10 万，第二笔 20 万。

三个人三种说法，最大的差别是第二笔金额，胡柳说是 5 万，汪啸洲说是 20 万，为什么第二笔金额有那么大的出入呢？案情突然变得有些扑朔迷离。在进一步研究之后，专案组决定再次讯问行贿人胡柳，到底送了多少钱？

看守所里，胡柳发誓诅咒说，第二笔确实只送了 5 万块钱。他对检察官说，你们可以自己算，如果送 20 万，在整个工程上就没有什么利润了。

专案组分析，行贿和受贿的数额大小直接关系到当事人受到法律严惩的程度，一般情况下，行贿人交代的数额比较贴近事实真相，但是受贿人把数额说大，这样的事情他们还从来没有遇到过。他们两个人到底谁说的是真话呢？经过研究，专案组决定对他们测谎。

测谎结果表明，是汪啸洲在说谎。

可汪啸洲为什么把数额说大呢？她收的这些钱又放在哪里呢？汪啸洲不说，王进华更是一问三不知。检察机关依法对王进华夫妇的住宅、单位、亲戚家进行了搜查，同时，准备冻结王进华夫妇在银行的存款。整整一个月过去了，专案组成员跑遍了确山县农行、建行、邮政储蓄等大大小小的营业网点，没有发现任何有价值的线索，这令他们万分焦急。

既然受贿是两人都已承认的事实，那么这些钱到底放在哪里了呢？如果是放在家里，检察机关搜查的时候并没有发现大笔的现金；如果存入了银行，又为什么没有发现一点痕迹？

只要功夫深，铁杵磨成针。检察官的锲而不舍终于有了回报，案情调查又一次出现了转机。根据胡柳交代的向王进华行贿的时间段，检察官把银行所有的原始存款单调出来，耐心细致地比对，终于，一张可疑的存款单映入了检察官的眼帘：存单的名字叫朱晨旭（化名），朱晨旭这三个字的笔迹非常像汪啸洲的笔迹。

这个名叫朱晨旭的人是谁？她跟汪啸洲有没有关系？

检察官随即提取字迹并进行了笔迹鉴定，结果证实这确实是汪啸洲的笔迹。这条线索一下子为案件的进展打开了突破口，并且，检察官对朱晨旭的身份也作了了解：她是汪啸洲的一个远房亲戚，应该喊汪啸洲表姨。紧接着，检察官采用相同的方法，从银行档案室里一张一张地重新翻出存款单，又陆续发现了汪啸洲其他名字的存款。在调查中，检察官了解到，由于王进华夫妇在当地关系复杂，因此给汪啸洲用别人名字甚至假名字存款带来了便利条件。

当办案检察官将朱晨旭等人的名字逐一向汪啸洲提起的时候，汪啸洲大惊失色，她一下子瘫坐在地上，哭了起来。

一张纸条揭谜底

与此同时，外围调查组也有了一个令人振奋的发现。检察官在去王进华的妹妹家进行搜查时，王进华的妹妹神情可疑，好像有什么秘密怕被发现，这个细节立即引起了检察官的注意。在其妹妹家缝纫机的后边，有一个不起眼的女用小包，检察官拿起这个包的时候，戏剧性的一幕出现了：王进华的妹妹上去一把抢下这个小包，将里面一张纸塞进了嘴里。

说时迟，那时快，检察官立即制止了她并将这张纸抢了回来。这是一封王进华的女儿写给父母的信，大意是，让母亲把水搅混，把事情揽下来，让父亲说什么也不知道；并让父母在对犯罪事实的供述方面弄一些和实际情况不符的数字，以此扰乱检察机关的侦查视线。

原来，王进华的女儿上大学期间学习很优秀，拿到了双学士学位，其中就有法学学士学位，有一定的法律知识基础。得知父母出事后，王进华的女儿在一些人的出谋划策下，给父母写下了这封信，交待母亲一定把数额说大，混淆是非，企图帮助父母逃避法律责任。

汪啸洲千算万算，怎么也没算到女儿写的信竟然会被发现。女儿是她的至爱，也是她的希望，无论如何，女儿不能牵扯进来。

汪啸洲此时处在自己糊涂的思维中，尽管还在顽抗，但已经没有了先前的力气。检察官和汪啸洲谈话，在谈到了他们夫妇感情问题的时候，汪啸洲再也控制不住自己的情绪，她异常激动地站起来，痛哭流涕的同时，大骂王进华，说王进华这些年来对不起她，对不起她的女儿。

汪啸洲心底的最后防线彻底崩溃了。

狐狸终究斗不过猎手

其实，案发之前，王进华就已听到了风声，从那时起，他心中就有一种不祥的预感，但同时又心存幻想，幻想着胡柳不会供出他们来。那些天，他的情绪特别低落，每天躲在家里，借酒浇愁，常常一喝就是三大碗，很快把自己喝晕。检察官在他家门口蹲守的几天里，王进华一直呆在家里。

王进华在家喝闷酒，而汪啸洲也感到事情不妙，借去郑州出差之机，她匆匆收拾一下就去了深圳，想躲过这阵风头，看看再说。没想到她前脚刚到深圳，惊魂未定之时，驻马店市人民检察院的检察官随后就赶到了。

专案组分析，那时他们夫妇已经订立了攻守同盟，这才是汪啸洲和王进华先后到案，不供述实情的真正原因。如今，汪啸洲感到大势已去，不仅交代了胡柳行贿的实际数额，而且还交代了另20万元的来历。

汪啸洲供述，2003年，胡柳为了承接确山县工会家属楼的工程，到他们家送了10万元，虽然当时王进华不在家，但后来她都如实告诉了丈夫，但是王进华并没有过多的表示。不久，胡柳再次来到他们家，这次又送来了五万元，汪啸洲把情况再次告诉王进华后，王进华仍然没有太大的反应，但是，随后胡柳很快就接下了工程，而这两笔钱也一直被汪啸洲放着。后来，王进华又给了她20万元，并交待她放好。于是，她用其中的一笔钱买了工会家属楼的房子，其他钱用不同的名字存进了银行。

再狡猾的狐狸也斗不过好猎手。汪啸洲原本以为自己做得天衣无缝，但没想到她的心机，还是被检察机关识破了。

尽管汪啸洲供述了受贿的事实，但是在最后一刻，她仍然极力维护自己的丈夫，希望能减轻丈夫的罪责。

在反复阐明利害关系后，王进华也交代了收受胡柳15万元，收受另一个建筑商15万元并向其索贿五万元的事实。

据了解，王进华的父母是教师出身，对自己子女的要求一向很严格，王进华大专毕业后，分配在机关工作。当时的王进华是个事业心很强的人，那时他工作在乡镇，离家不远，却很少回家，后来他进了县政府当办公室主任，进而又当上了工会主席。虽然仕途一帆风顺，但他始终感到怀才不遇，随着年龄的增长，他认为自己不可能再有大的作为和发展，因此放松了对自己的要求，最终晚节不保。

2006年12月，确山县人民法院经审理认为，王进华身为国家公职人员，非法收受他人贿赂30万元，为他人谋取利益，并索贿五万元，其行为构成受贿罪，判处其有期徒刑十年零六个月，并处没收个人财产三万元。

汪啸洲伙同王进华非法收受他人贿赂，其行为也构成受贿罪，但因王进华是主犯，汪啸洲是从犯，依法减轻处罚，判处其有期徒刑三年，缓刑五年，并处没收个人财产两万元，追缴的赃款上缴国库。

疯狂购买彩票
只为一个畸形的发财梦想
纸终究包不住火
千里出逃
小小财务部长难逃法网追踪

彩票豪赌悲情人生

2006 年 1 月 14 日，距离中国民间最隆重的传统节日——春节，还有 14 天的时间。在江西省南昌市昌北机场，机场工作人员正在紧张有序地给旅客办理着登机手续，而在机场的贵宾通道内，几名荷枪实弹的武警突然出现，他们迅速占据了有利地形，并拉起了警戒线，随后两名犯罪嫌疑人从刚刚降落的飞机内被押解了出来。

从机舱里押解出来的犯罪嫌疑人叫李苇，是江西变压器有限责任公司原财务部部长，另一个人是李苇的女朋友李爱霞（化名），他们是南昌市人民检察院的检察官历时二十多天，从数千里外的黑龙江省鸡西市密山县抓获的。

李苇怎么了？

330 万元不翼而飞

2005 年 12 月 16 日上午 11 点 20 分，江西变压器有限责任公司负责人急匆匆地来到南昌市人民检察院反贪局报案，称公司财务部部长李苇，有三天的时间联系不上，单位怀疑李苇携款潜逃了。

报案人说，离开单位之前，李苇跟单位请假，说自己的表哥在江西九江出了车祸，他要赶过去帮忙处理一下。之所以怀疑李苇携款潜逃，是因为李苇离开单位之前，本来应该将一笔 70 万元的投资款，打到浙江省某公司的账户上，但是这笔汇款对方一直没有收到，此后单位多次给李苇打电话，但就是联系不上。在这种情况下，企业领导有些不好的预感，安排出纳赶紧去银行查账，出纳首先发现单位账户上的330万元不见了。

江西变压器有限责任公司坐落于南昌市郊的乐化镇，是一家有着五十余年变压器制造历史的国有大型二级企业。330万元，对于企业来说，不是一个小数目。根据报案人的说法，企业账户上不见的这330万元，一直以来都是由李苇保管的，别人不可能接触到，这笔钱是企业留着给即将改制分流出去的职工缴纳养老保险的。

12月16日，李苇被南昌市人民检察院立案侦查。

12月17日，南昌市人民检察院反贪局从各区县检察院抽调了三十余名精干人员组成专案组，对李苇展开侦查。检察官来自不同的岗位，平时在案件侦破中积累了不同的侦查方式，反贪局局长王林才决定，将这些人员分成抓捕组和查账组。

抓捕组的工作是从外围调查李苇的社会关系和失踪的330万元的去向，力求能尽快抓到李苇，减少企业的损失；而查账组的工作重点，放在了查清李苇在担任财务部部长期间资金的往来使用情况。有着多年反贪工作经验的王林才觉得，李苇既然能神不知鬼不觉地从单位拿走330万元，那他就很有可能从单位拿走更多的钱。

经查，李苇从2002年担任公司财务部部长以来，先后采取偷拿单位其他财务人员的印件章、私刻银行专用公章、伪造银行对账单等手段，三年间动用了公款1080万元。至此，李苇的涉案金额由原来的330万元上升到了1080万元，而这1080万元几乎是江西变压器有限责任公司以及下属单位所有的银行存款。

就在查账组对单位账户展开调查的同时，另一组检察官对李苇的失踪展开了一阵紧似一阵的调查。据查，李苇所说的发生车祸的表哥根本就没有这个人，那么李苇会在哪里呢？他故意发布假消息误导侦查方向后，会不会又回到南昌了呢？检察官决定利用技术手段，看是否能在南昌市找到李苇。

李苇使用的手机一直在南昌市区移动，移动的频率很高，并且经常会呈现不规则的短时间停留，一条四公里长的街道上最多时停留五六次，然后继续移动。很明显，从手机看，李苇可能并没有离开南昌，可是李苇为什么不躲起来，反而四处乱走呢？检察官觉得这不符合常理。

通过跟踪，检察官发现，李苇的手机是被设置成静音状态扔到了垃圾桶里的，垃圾桶随着垃圾车，在南昌市内到处游走。显然李苇不想过早让人发现他已经不再使用这部手机了。

能想到用如此"高明"的手段来误导检察机关的侦查方向，可见李苇早就为自己东窗事发后的出逃做足了反侦查的功课。反贪局局长王林才一下子感觉到，这个李苇并不好对付。

李苇不在南昌，他会躲到哪里呢？

彩票店老板闪烁其词

自从单位说要给浙江某公司汇款的时候，李苇就知道自己挪用公款的事情瞒不住了，匆忙间，他从银行取了一些现金，订了当天飞往北京的机票。在仓皇逃离南昌前，他并没有忘记一件重要的事情，就是扔掉了平常使用的手机，因为在很多影视剧里，李苇看到警察就是通过手机找到犯罪嫌疑人的。

在北京稍作停留，李苇收拾好随身衣服，用座机打了几个电话，就退房离开了住处。对于李苇来说，北京并不是他最终的落脚点，他还有一个更加安全的地方可以藏身。

就在李苇转移藏身地点的时候，专案组的检察官正在紧张地寻找他的下落。

通过技术侦查手段没有找到李苇，检察官决定从李苇的社会关系入手，进而查清李苇有可能出逃的方向。

通过对李苇单位同事和其家庭成员的调查，检察官了解到，李苇是一个性格孤僻的人，生活中他并没有太多的朋友，他不打麻将，不乱花钱，甚至连现在住的房子都是按揭贷款买的。此外检察官通过走访李苇的同事了解到，李苇经常会在嘴边说一些关于彩票的事情，并且还中过几次奖。

前期调查得知李苇喜欢购买彩票，那么李苇的失踪会不会和彩票有关呢？检察官决定对李苇的这一爱好展开细致的调查。

南昌是江西的省会，下辖五区十县，体育彩票网点有数千个之多，要从这数千个网点中找出李苇常去买彩票的网点，非常不容易。检察官决定采取最原始的方式，拿着李苇的照片，一家家走访，一户户调查。一时间，南昌大街小巷留下了检察官的身影。

12月29日，经过十几天的走访，在阳明路彩票店，老板告诉检察官，李苇在这里买了大量的彩票，而买彩票的金额，累计起来可能有三四百万的样子。

线索终于出现了。

彩票店老板告诉检察官，四年前李苇开始在他的网点购买彩票，刚开始的时候是几十元、几百元地购买，但是最近两年不知什么原因，李苇逐渐加大了买彩票的额度，每次出手，从几千元到几万元不等，有时甚至一下子几十万。他曾经也想问问李苇哪儿来的这么多钱，但因事关个人隐私只好作罢，至于李苇的其他情况，彩票店老板也不清楚。

然而，检察官王深还是发现了问题。面对检察官的询问，彩票店老板看似配合调查，但他很少看检察官的眼睛，并且凡是检察官问到一些关键的细节，他总是闪烁其词，或者借故离开。

为什么彩票店老板面对询问会闪烁其词呢？这个疑问久久萦绕在王深的脑海中。李苇的单位在郊区，没有彩票销售点，他只能回市区来买彩票，要是李苇在时间上来不及买彩票，他肯定会通过电话购买，那么从李苇的手机电话中能不能查出他和彩票老板的关系呢？调取李苇的手机通话记录后，王深发现了一些线索。

在李苇的通话记录中，王深发现，彩票店老板跟李苇的通话非常频繁，有的通话时间甚至在半夜，并且通话时间都很长，显然这已经超出了普通关系。王深决定再次对这个彩票店老板进行询问。

彩票店老板说，他跟李苇之间就是吃过两顿饭，其中有一次，还有一个东北口音的女人在场，这个女人好像叫"马丽"，在南昌

遍布南昌大街小巷的彩票网点

从事桑拿服务业。此外他还说，"马丽"在李苇案发前四个月，已经离开南昌回东北老家了，李苇曾经为了方便和"马丽"联系，托他帮忙买了几张IC电话卡，并且还放了一枚戒指在他那儿，准备送给"马丽"。

奢华的诱惑

在北京没有停留太久，李苇就匆忙收拾好随身的衣物，他要离开北京，因为从南昌到北京是用真实身份证买的机票，这必然会留下踪迹。这次李苇没有订机票，也没有买火车票，而是以1000元租了一辆出租车，他觉得这样应该不会留下任何线索了！出了北京城，狡猾的李苇没有直奔目的地，途中他换了两次交通工具才来到了他要藏匿的地方。

这是一个人口不太密集的东北小城，在这里住着李苇一个不为人知的女朋友。来到陌生的小城，李苇没有马上通知他的女朋友，而是租了一套民房，整天并不出门。从一名有着大好前途的国家干部到今天东躲西藏，李苇的人生发生了巨变，昔日的生活在他眼前一幕幕划过。

1975年，李苇出生在南昌一个并不富裕的工人家庭，他的父母都是江西变压器有限责任公司的老职工。家境虽不富裕，但李苇的父母宁可自己省吃俭用，也要为李苇创造更好的生活条件。李苇很懂事，1994年他通过自己的努力，考上了南昌市某专科学校的财会专业，三年后，李苇毕业了，他进入父母所在的江西变压器有限责任公司担任会计。工作初期，李苇兢兢业业，任劳任怨，一心扑在工作中，也正因为如此，李苇很快就得到了单位领导的好评，并赢得一位善良女子的芳心。

李苇：别人开小车、住洋房，我很羡慕

2002年年初，由于工作出色，李苇荣升公司财务部部长，开始掌管公司数千万元资金的出入。随着社会地位的提升，李苇逐渐认识了一些事业有成的朋友，这些朋友经常会带李苇出入一些高级场所。

看到别人开小车、住洋房，李苇非常羡慕，他盼着有一天也能过上这种生活。

虽然在公司掌管着数千万元资金，但是李苇知道，如果动用了公司的钱就是犯法，李苇不想也不敢那么做，可是怎样才能让自己过上有钱人的生活呢？随着女儿的出生，家庭负担的加重，李苇将目光投向了做生意，然而生意上的不如意使他无法实现自己的"梦想"。

就这样，李苇在压抑中度过了好几个月的时光。

2002 年 7 月的一天，一个偶然的机会，让李苇突然找到了一种可以发家致富的门路。

那天，李苇应邀到南昌某星级酒店参加同学聚会，在吃饭喝酒过程中，其中一位同学买彩票中奖的事情引起了李苇的兴趣。没有时间没有启动资金做生意，可是能不能像他一样，将发财致富的"梦想"寄托在买彩票上呢？此后几天，李苇满脑子都是彩票和中奖后的奢华生活。思前想后，李苇觉得买彩票是一种不错的选择，如果自己运气好，说不定也能像那位同学一样中个大奖，自己的命运就会彻底改变了。

2002 年夏天，韩日世界杯激情开战，32 支球队捉对厮杀，让球迷大呼过瘾。李苇这时加入了足彩大军，很幸运，第一次出手就赚了整整 7000 块钱，这相当于李苇和妻子五六个月的收入，也正是这一次成功，让李苇认识到，买彩票发财致富的选择，没错。

从最初的几十元投入到几百元，李苇从体育彩票中逐渐得出了一个结论：购买彩票 70% 靠投入，30% 靠运气。通过自己得出的结论不断地研究体育彩票，李苇发现，彩票虽是一门博大精深的学问，但还是有规律可循的。

从这时候开始，购买体育彩票成了李苇生活中的头等大事，他每个月的工资基本上都投到了彩票购买当中。而此时，东北女子"马丽"走进了李苇的生活。

彩票人生

"马丽"出生在黑龙江鸡西市密山县的一户农家，家庭条件较差。结婚后，婆媳关系不好，因为这，她跟丈夫离了婚，跑到南昌从事桑拿服务业。

"马丽"也喜欢彩票，跟李苇有着一样的发财梦，她赚的钱都会寄回东北老家，她很懂事也很体贴人。在跟李苇购买彩票认识后，她从来不会向李苇提出过分的要求，一来二去，"马丽"成了李苇的情人。

为了让"马丽"生活得好一些，更为了能早点发财致富，李苇开始加大对彩票的投入。

然而命运之神似乎跟李苇开了个玩笑，自从第一次中了7000元大奖后，李苇就再也没有中过奖，这究竟是为什么呢？李苇开始分析原因，他得出的结论是投入太少。李苇开始不断加大投入，他认为只有这样才能提高中奖的概率。但现实总是残酷的，他始终与大奖无缘，此时李苇手上的积蓄已经基本用完了。到底是罢手还是继续呢？李苇举棋不定：如果就此停手，那前期投入的那么多钱就打水漂了；可如果继续投入的话，钱又从哪儿来呢？几天的冥思苦想之后，李苇想到了公司的巨款，他决定赌上一把，用单位的钱替自己挣钱，等挣到钱再还给单位。

根据江西变压器有限责任公司财务制度的规定，李苇只负责财务部日常工作的正常运转，以及不定期地组织财会人员对下属公司进行财务检查等，他不会接触到公司的现金业务。但是单位财务部只有两个人，且财务制度管理并不严格，这给李苇拿出公款提供了便利条件。

2002年8月11日，李苇利用财务管理上的漏洞，战战兢兢地从单位账户上拿出了三万元，这是他第一次向单位公款伸手。这笔钱到手后，李苇当天就投入了彩票中。

第一次动用公款买彩票，李苇很害怕，但更令他害怕的是，第一次用单位的钱买彩票，没有任何回报。李苇并没有马上再从单位继续拿钱，他观望了两个月，在确认没有任何人发现的情况下，李苇再次把手伸向了公款，但第二次没有回报，第三次还是没有任何回报。此时，李苇心态渐渐扭曲了，他完全变成了一个输红了眼的赌徒。

从单位拿出来投入彩票的钱越来越多，为了不让人发现，李苇从南昌街边买来"退字灵"，伪造每个月银行给单位的账单。在大量使用公款购买彩票的过程中，最多的时候他一个月的投入能达到一百多万，这期间，李苇也曾经中过几次还算可以的大奖，这些中奖的钱，本来可以填补单位财务留下来的窟窿，但李苇没有这么做。中奖的钱又被李苇全部取出来买了彩票，他梦想着有朝一日，一举中得大奖。但是幸运之神每每与他失之交臂。

现实就这样和李苇开起了玩笑，李苇越想中大奖，大奖就越与他擦肩而过，这很像一场博命的游戏，要么生要么死。到 2005 年 8 月，李苇花在买彩票上的公款，已经高达六七百万元，这个时候，他完全应该清醒过来，不再去做这种碰运气的傻事，但是李苇没有悬崖勒马。

仓皇出逃

2005 年 4 月，李苇跟妻子协议离婚了。为了能够与情人呆在一起，李苇特意为"马丽"租了一套房子，在"马丽"面前，李苇一直都在扮演着大款的角色，隔三差五地送礼物，从价值几万元的手表到几千元一件的衣服，只要"马丽"喜欢，他连眉头都不会皱一下。在一年多时间里，李苇先后给"马丽"送过钻戒、名牌手表、笔记本电脑、手机、数码相机以及高档 DVD 等。"马丽"几次问李苇做什么生意赚了这么多钱，李苇每次都很得意地说："我是一个超级彩民兼彩票专家，我的钱都是买彩票中奖得来的。"这话让"马丽"将信将疑，自己也买彩票，怎么就中不了大奖呢？虽然心下疑惑但她并没多想。

李苇整日在外充大款寻欢作乐，但他心里很清楚，这事总有一天要败露。因为单位财务的窟窿越来越大了，他已经没有了选择。

此时李苇已感到了背上的阵阵寒意，他害怕东窗事发，于是夜不能寐，梦中总感觉倒霉的日子就在眼前。前思后想，他觉得一定要给自己留一条后路，于是他让"马丽"回到了东北老家，至于到时候去不去她那儿，李苇决定看情况再说。与此同时，为了快一点填补这个巨大的窟窿，李苇不得不一次次地疯狂购买彩票。

此时的他依然执迷地认为，只有彩票才是拯救自己的唯一出路。

2005 年 11 月份的银行取款记录显示，11 月 2 日取款 49999 元，11 月 4 日取款 70000 元，11 月 18 日又取款 70000 元，事隔五天，他又取了 195000 元。当然这些钱都无一例外地投入到了彩票当中，此时的李苇已经接近于疯狂。

足球彩票一周只开奖一次，这种速度对于急于翻本的李苇来说太慢了。为了使自己尽快翻身，李苇后来不管什么彩票，都拼命购买，这其中他最喜欢的就是每天都开奖的排列 5 彩票。但是这每天一次的机会，并没有给李苇带来根本性转变，相反，因为公司里的一千多万元全部被他拿去买了彩票，他不得不想方设法应付公司随时到来的检查。

2005 年 12 月上旬，公司要求李苇给浙江某公司汇 70 万元的投资款，由于账上再也没有可以挪用的资金，李苇感到事情即将败露，仓皇之下他选择了出逃。

时间	金额	序号	时间	金额
05.7.11	45,000.00	17	05.8.31	49,999.00
05.7.18	35,000.00	18	05.9.29	100,000.00
05.8.8	100,000.00	19	05.11.2	49,999.00
05.8.12	40,000.00	20	05.11.4	70,000.00
05.8.12	190,000.00	21	05.11.18	70,000.00
05.8.16	170,000.00	22	05.11.23	195,000.00
05.8.22	40,000.00			
05.8.29	40,000.00			

（含提现手续费 1 笔计人民币 60 元）

李苇出逃前，从银行取款四笔，近 40 万元

抓捕李苇

就在李苇躲在东北小城一隅，战战兢兢地回忆往事的时候，彩票店老板提供的信息，为千头万绪的侦查提供了方向。检察官认为，既然"马丽"和李苇的关系不同寻常，那么李苇很有可能在情急中躲到"马丽"的老家。

在确定了侦查方向后，检察官调取彩票店老板提供的 IC 卡电话的通话单发现，李苇失踪前，曾用这张 IC 卡频繁地跟黑龙江省鸡西市密山县一个登记机主叫李爱霞的电话座机联系，通过调查李爱霞的电话记录，检察官发现，李苇失踪的当天，曾经有一个陌生的南昌手机号跟李爱霞的座机联系过，但是这个手机漫游到了密山县后就关机了。

这个叫李爱霞的女子会不会就是"马丽"呢?

检察官把李爱霞的户籍照片发给了彩票店老板进行辨认,他证实这个人就是"马丽"。

李爱霞就是"马丽",种种迹象表明,李苇潜逃到密山县的可能性非常大。2005年12日22日,检察官乘坐火车,迅速赶赴密山抓捕李苇。

12月的密山县天寒地冻,气温足足有零下二十多度,寒风刀割般地刮在检察官的脸上。

虽然早在南昌时,检察官就已经通过密山县公安局查到了李爱霞的家庭住址,但是检察官并不能确定李苇到底是不是就躲藏在她的家中,如果贸然对李爱霞的家进行搜查,要是李苇不在,就会打草惊蛇,再次找到李苇就更困难了。于是检察官决定先按兵不动,在外围展开调查。

究竟怎样才能查清李苇有没有隐藏在李爱霞家中呢?检察官最终决定,采取最原始的方法——蹲坑守候。

李爱霞的家位于密山县粮库家属院,坐落在一片开阔的土地上,孤零零的一栋房子,玻璃都是双层的,在玻璃上会有一层水汽,用望远镜也看不到房子里面的情况。检察官一度想到用化装侦查的办法,上门去看个究竟,但是这个办法还是被大多数检察官否定了。

十二月份的密山县,天寒地冻,气温有零下二十多度

在李爱霞家附近苦苦蹲坑了十几天,没有任何结果,李苇究竟会在哪里呢?如果他躲藏在李爱霞家的话,难道他能耐得住寂寞十几天都不出门吗?李苇的爱好是买彩票,买彩票已经融入李苇的生活,难道他会放弃自己唯一的爱好吗?

检察官认为,如果李苇躲在密山,肯定不会轻易放弃自己的唯一爱好,现在他没有出来买彩票,可能是觉得自己躲藏得还不够安全，等李苇自认为安全的时候，他一定会有所动作的。

李苇始终没有出现，阴云不仅笼罩在身在密山的检察官的心头，同时也笼罩着坐镇南昌指挥的王林才局长的眉头。难道前期的侦查方向出了问题，李苇真的没有躲藏在李爱霞的家中？从前期调查来看，李苇有较强的反侦查能力，李苇只要有一丝藏身于密山县的可能，检察官就不能轻言放弃。王林才局长决定继续蹲守。

2006 年 1 月 18 日上午 11 点 45 分，经过二十多天的蹲守，一个可疑人物出现在检察官的视线中。在确认了眼前看到的男子，就是苦苦寻觅了二十多天的李苇时，检察官悄无声息地从蹲守点出来，两人一组迅速将李苇夹在当中。

看到检察官从天而降，李苇一下子瘫坐在地上，他说："你们别这样，我是李苇。"

至此，一个挪用了上千万公款的犯罪嫌疑人，终于落入了法网。被抓获后的李苇十分沮丧："知道你们早晚会抓住我的，没想到你们来得这么快。"

原来，李苇与女友在鸡西另租了一套房子同居，昨晚吵了嘴，两人从鸡西回到密山粮库宿舍"修补感情"。刚才，因为买了两张彩票，李苇欲去彩票销售点核对中奖号码，刚一露面就被抓住了。

与此同时，清点李苇身边的财物，检察官发现，这个曾经挪用了 1080 万元公款的财务部长，被抓获时，身上只剩下区区 4000 元现金，千万公款已被他挥霍一空。

2006 年 12 月 9 日，南昌市中级人民法院对江西变压器有限责任公司原财务部部长李苇挪用、贪污公款一案一审宣判：被告人李苇犯挪用公款罪、贪污罪，判处无期徒刑，剥夺政治权利终身。

一审判决下达后，李苇没有提起上诉。

因为李爱霞并不知道李苇挪用公款的事实，不予起诉。

副厅长面对调查大声喊冤
却在 29 次调查后人间蒸发
小城检察官对阵国土高官
迷局之内
是一场智慧和心理的殊死较量

智破"西北狼"

2005 年 12 月末的一个上午，西北重镇银川市某区法院，一名五十岁左右的男子缓步来到立案庭，他从包里拿出一纸诉状，往法官面前重重一放。

法官抬眼瞅了瞅这名男子，看上去，中年男子气度不凡，一看就不是普通人。

打开诉状，法官不禁大吃一惊：来人是曾任宁夏回族自治区国土资源厅副厅长的王英福；更让人吃惊的是，王英福控告的对象是宁夏回族自治区审计厅，焦点是他严重不服审计厅对他本人数千万元经济问题的审计结果。

就在王英福起诉自治区审计厅的同时，距离银川百里的小城中卫，市检察院接到一个非同寻常的任务：对自治区国土资源厅副厅长王英福进行第 30 次调查。这次，上级的指示是，针对自治区审计厅的审计结果，王英福的问题一定要查个水落石出。

王英福是谁

王英福，宁夏厅级干部"四大干将"之一，是宁夏回族自治区政协办公厅巡视员（正厅级），曾任贺兰县县长、县委书记，银川市常务副市长，自治区环保局党组书记，自治区土地局局长，自治区国土资源厅副厅长，自治区残疾人联合会理事长。被地产界称为"老爷子"的王英福，在自治区审计厅对他进行审计之前，已经接受过有关部门 28 次调查。第 29 次，自治区审计厅亲自出马，大规模的审计之后，得出了王英福任职期间存在严重经济问题的审计结论。

在政界厮混多年，王英福在银川人头很熟，方方面面关系众多，为了排除干扰，自治区党委、自治区检察院决定将此案交给中卫市人民检察院承办。时任中卫市人民检察院副检察长的张思志说："这是中卫检察院历史上迄今为止承办的最大的案件。"

此前，中卫检察官对王英福早有耳闻。2004 年，自治区纪检委对王英福经济问题持续调查一年半后，挖出了王英福在自治区残联私设小金库数千万元的经济问题，不料证人跳楼自杀，调查搁浅。

在第 29 次调查中，自治区审计厅的工作人员将办公地点搬到了王英福在残联的办公室——王英福调离后，新的领导还没有到位，所以他的办公室一直空着。在查账调查的日子里，审计厅工作人员每天早晨上班时，都能在门缝里发现夜里塞进来举报王英福的条子。

大战在即，接受任务的检察官既兴奋又有压力。毕竟，自治区党委、自治区检察院交办这么大的案件，是对他们的莫大信任。况且，小城检察官查办自治区的厅级高官，对他们来说，还是第一次。

然而蹊跷的是，在起诉了自治区审计厅之后，王英福突然没了踪影。

一张借款协议

2006 年 1 月 4 日，专案组成立并立即召开了案情分析会，一场针对王英福的调查开始了。

对王英福的举报线索多涉及土地问题，专案组经过认真分析后，将调查重点放在了王英福从银川某房地产公司低价购买营业房的线索上，并希望以此为突破口，彻底查清王英福在职期间存在的经济问题。

在查阅大量卷宗的过程中，一张借款协议引起了检察官的注意。1998 年，王英福从银川某房地产公司购买了一套价值 43 万元的营业房，在支付了 20 万元购房款之后，余下的部分，他与房地产老总严毅（化名）签定了 23 万元的借款协议。购房前，该公司通过土地管理部门征过七亩多土地。这宗土地属于征用地范围，当时，王英福正担任握有土地审批大权的自治区土地局局长。王英福在借款购房之后，第二天就将这七亩多土地廉价划拨给了严毅的公司，这不可能仅仅是一种巧合。于是办案检察官决定先从这家房地产公司经理严毅那里入手调查。

检察官立即进驻该公司查看账目，接触公司经理严毅，但公司员工却说，公司的经营情况只有经理清楚，且称经理已有半年不在银川，对他的去向大家谁也不知道，因此，找到严毅就成了案件突破的关键。检察官与严毅联系，电话打过去，严毅犹豫了一下，说他不在银川，正和几个老板到香港谈一笔生意，过几天才能回去。严毅的犹豫使专案组判断，他似乎在有意回避调查。经进一步调查取证，在基本查清了严毅向王英福行贿的事实后，专案组立即决定以涉嫌行贿对严毅立案侦查，并部署抓捕。

2006年1月8日，检察官再次拨通了严毅的电话。电话里，他把归期大大延迟了，声称自己是随团赴港，所以春节前后才能回来。

专案组决定将计就计，在继续与严毅周旋的同时，对他展开了外围调查。

调取严毅的通话记录后发现，近几天的通话记录里，严毅有个电话是打到北京某民航售票处的，这引起了检察官高立柱的怀疑，严毅不是说自己在香港吗？他给北京这家民航售票处打电话做什么？高立柱把电话打到了民航售票处，询问严毅是否在他们那里订过机票。对方反复核实了身份证件、电话号码等相关信息后，明确告诉高立柱，此人在他们那里订了1月11日早上从北京飞往西安的机票，同时还订了12日早上飞往兰州的机票。从时间上推定，严毅当时已经到了西安。高立柱将情况向专案组作了汇报，专案组即刻派出两路人马：一路前往西安咸阳机场截获他；一路前往兰州中川机场，封堵其去路。

2006年1月12日，西安咸阳国际机场。此时，严毅刚刚办完登机手续准备飞往兰州，就被中卫检察官逮了个正着。

被带到中卫的严毅一口咬定，自己跟王英福之间，只有正常的工作往来，绝无经济违法行为。经连夜突审，惊魂未定的严毅承认了他与王英福签订虚假借款协议的事实。

惊弓之鸟

经过大量调查，所有涉嫌犯罪线索都指向了王英福。

2006年1月23日，中卫检察院以涉嫌受贿对王英福立案侦查。专案组认为，抓捕王英福的时机已经成熟，但检察官经过调查摸底，发现不仅王英福失踪了一个多月，连他的家人也陆续从银川消失了。专案组综合各方面信息判断，王英福很可能藏身于北京。

事实上，在起诉自治区审计厅后，王英福确实离开了银川，来到了北京的住所，但就在检察机关对他立案侦查的前几天，王英福却做出了一个"大胆"的举动。他知道，自治区审计厅对他进行的第29次调查和得出的结论，已经让他陷入了被动，而对自己的调查，绝对不会就此停止，有着丰富政法工作经验的王英福开始紧锣密鼓地行动，准备呼朋引类编织一个反侦查的"攻守联盟"。老谋深算的王英福思索再三，决定从北京秘密潜回银川。

回到阔别一个多月的豪华别墅，王英福心里七上八下。在这所豪宅里，他享受过多少富贵荣华，有多少人唯马首是瞻，听命于他，他不想放弃，也不能放弃。编织了攻守联盟后，王英福匆匆带上沉甸甸的现金，再次回到了北京的藏身之地。

而此时，检察官从严毅那里再次取得了突破，严毅交代了23万元借款协议的来龙去脉。原来严毅想开发一个房地产项目，需要用地，为了拿到王英福签发的批文，他投其所好，不时邀请王英福打麻将，每次打牌严毅的惯例是只输不赢。对此，王英福心知肚明，也很受用。

按照国家土地政策，只有公共设施建设用地，国家才能划拨，而商业开发用地，只能通过公开招标拍卖。王英福为了照顾这个"牌友"，先是将这宗土地篡改成闲置土地，又将房产公司申报的商业用地性质改成办公用房。改动之后，王英福又疏通了各职能部门，于是，这宗国有土地"变脸"了，严毅也自然成了最大的受益者。

至此，一桩权钱交易真相大白。

而专案组的判断没错，王英福此时就在北京。

正月初八，北京抓捕

正当王英福返回北京，暗自为银川之行庆幸的时候，专案组派出的检察官也赶到了北京。根据严毅的交代，他在打麻将时，曾经听王英福说起，在北京望京和潘家园置办了几套房产。调查发现，在北京望京小区，王英福确实以妻子名义买了两套房子，一套在八层，一套在十一层。十一层的房子一到晚上就有灯亮着，并有人影走动；八层的那一套似乎没人居住。检察官在附近蹲守了将近一个星期，结果证实，十一层晃动的人影只是租住者，跟王英福没有任何关系。

难道王英福另有藏身之处？是继续蹲守还是另寻他路？

检察官决定兵分两路，一路继续蹲守，另一路从王英福的通话记录中寻找线索。

通过技术手段，他们将侦查范围缩小到北京潘家园南里的一部可疑固定电话上。根据专案组的指令，检察官在潘家园南里的整个街区开始了拉网式排查，排查工作十分艰苦，他们逐个调取属于该街区住宅的所有住户资料，挨个查找该街区街道上和办公区内的IC电话。

奇迹出现了。检察官在潘家园南里的一条街上，发现了专案组锁定的一部IC电话的准确号码，于是，他们将排查范围缩小到了这部电话附近的九个重点住宅区。在北京市朝阳区人民检察院和当地派出所的协助下，在排查其中一个住宅区的物业信息过程中，检察官惊奇地发现了王英福在该住宅区的入住通知，以及他和妻子自2003年以来的房屋维修记录。正月初四，在潘家园附近的一处订票点，他们又查到了王英福十多天前订票的记录，据送票人回忆，付钱人近来曾经出现在小区，送票人描述的外貌特征正是王英福本人。看来王英福的藏身之地就在这里。

王英福在银川的别墅

检察官很快查出了王英福可能居住的三个房屋目标。为了不打草惊蛇，准确抓捕王英福，他们选定了一处物业地下室作为蹲守点，在寒冷的房子中轮流排班蹲守。

一天过去了，又一天过去了，王英福的踪影始终没有出现。

2006年2月3日，检察官最终锁定了王英福居住的房间，并决定主动出击，诱敌出洞。

这天，经过半夜失眠的折磨，王英福一大早就起了床，他的内心被一种不祥的预感包围着，匆匆吃过早餐，他让妻子收拾自己从银川带回来的一大包现金，准备出门，正在这个时候门铃响了。扮成水暖工的检察官说，楼下住户暖气管漏水了，必须打开这间房子，检修管道。

此时的王英福，就如同热锅上的蚂蚁。刚才，左邻右舍响起一阵阵暖气管道被管钳敲击的清脆声，他听了又听，觉得来人确实是水暖工。他吩咐妻子开门，而他自己则背上背包，打算不动声色地径直走出去，于是屋门开了。

此时，所有人的目光都集中在了他的身上。王英福愣住了，他像是意识到了什么。

检察官大喊了一声："王英福！"

王英福本能地应了一声。说时迟那时快，检察官一下子就把王英福控制住了。

这　天，是农历正月初八。搜查发现，王英福随身携带13万元现金准备潜逃，并且随身携带了一个笔记本，笔记本上，是一些天书一样的文字和数字。

看守所里的纸条

王英福的到案，令专案组信心倍增。

但一进看守所，王英福就开始大吵大闹，一会儿说自己是冤枉的，一会儿又说自己劳苦功高，遭人嫉妒。吃饭的时候，他拒绝进食；检察官一露面，他就哭叫着撞墙威胁，并高喊自己对宁夏作出的贡献。

王英福，宁夏贺兰县人，出身农家，1973年以工农兵学员身份进入宁夏大学中文系学习，毕业后被分配到贺兰县委工作。一次，自治区领导到贺兰县视察，唯有他当场把贺兰县经济发展的主要数据如数家珍地背了出来，这给自治区领导留下了深刻的印象。

很快，王英福在政界崭露头角。大西湖项目是王英福最显赫的政绩工程，上世纪90年代初，王英福担任贺兰县县委书记时，看到银川周边没有一个度假休闲的地方，主张就此开发，他力排众议，全力推动大西湖项目建成。从此，贺兰县摆脱了贫穷，王英福也一炮打响。

王英福白手起家，一步步爬上来，所以他特别知道借力的重要性。从他的日记里，虽然没有指名道姓，但是不难看出，王英福建立起了很多关系网络。很多人都感觉，王英福有能耐，能办事。

看守所里，王英福的对抗情绪一直持续着。专案组决定改变策略。

时间一天天过去，检察官一直没有提审王英福。果然如专案组预料的那样，王英福坐不住了，他不知道这次调查自己的人，葫芦里到底卖的什么药，他开始想方设法和外界取得联系，沟通信息。他专门找即将被释放的人员交朋友，打算通过他们向外界传递信息。最初，狡猾的王英福传出的纸条并没有什么实质的内容，只是一些他写给家人的嘱咐。这一切，都在检察机关的视线之内、掌握之中。

王英福被羁押后，检察官依法对王英福在银川的住宅进行了第一次搜查。

然而对王英福别墅的搜查，并没有找到重大线索，对此，随同的王英福一脸沉默。回到看守所后，中卫市人民检察院检察长高振宇决定继续按兵不动。他们的耐心终于有了回报，在陆续截获的四十多张纸条中，线索逐渐浮现了出来。

经过联合专家共同研究，王英福的暗号被破译了出来：比如要送苹果，就是表示"平安"；比如送白袜子，就是要找所谓的"白道"上的人来想办法给他减轻或免除罪责；比如送黑袜子，则是要找所谓的"黑道"人物来干预案件的办理。

王英福被羁押一个多月了，专案组决定提审王英福。审讯中，与案件有关的事实，王英福一概拒绝回答。第一次审讯无果而终，第二次、第三次，同样没有进展。

难道王英福真的会变魔术，把事先不断被举报的罪证一挥而散？高振宇决定，继续麻痹王英福，暂缓他销毁罪证的密谋，同时大张旗鼓地动员群众的力量，从另一端寻找突破口。

2006年4月14日，宁夏回族自治区人民检察院在银川召开新闻发布会，首次通报王英福案件的查办情况。这个发布会一是为了表明检察机关查处王英福受贿案的决心，二是号召社会各界积极举报线索。新闻发布会后，检察院陆续接到了王英福曾经工作过的有关部门的举报线索，有的是匿名反映，有的是署名反映，甚至已经离退休的老同志都亲自来检察机关，举报王英福的有关问题。

根据新的举报线索，专案组重新调整了侦查思路——重点调查自治区几家大房地产开发公司老总。可是这些银川房地产界的风云人物，面对检察机关的调查，交代的只是一些吃喝玩乐、送烟送酒的细节，避而不谈实质问题。

有多年职务犯罪办案经验的高振宇知道，此时是对峙的关键时刻，就像治病到了关头，不追加猛药的剂量，就不能根除病患。

转眼到了周末，检察长高振宇召开了全体会议，针对房地产公司老板的态度决定：下周上班第一天，就将涉嫌行贿的老板们刑事拘留，同时，他们有意泄露了这个消息。猛药果然见效。星期一一大早，听到风声的老板们纷纷打来电话，表示愿意配合。王英福一案，在历经近五个月的波折之后，终于有了重大突破。

有三家房地产公司老总交代了他们向王英福行贿的事实。其中有一家公司的负责人说，王英福以他女儿要办公司的名义，从这家公司要走了一套价值六十多万元的房了。

经查，从1998年到2003年，王英福收受四家房地产公司五笔贿赂，其中营业房四套、仓库用房两套，还有一家房产公司为王英福的别墅支付了40万元装修款。至此，王英福受贿数额由23万元上升到了270万元。

一张假身份证

随着房地产开发商的交代，王英福渐渐现出原形。可是，对王英福在银川、北京的住所已经进行过搜索，赃款在哪里呢？王英福的豪华别墅里，装修就花费了数十万，这里面是不是有什么秘密？专案组决定，再次到他家里搜查寻找。

在搜查过程中，检察官不知道触动了什么物品，二楼的警报器突然响了。

二楼的墙壁上，全部贴着精致的壁纸。检察官用手指一寸一寸触摸墙壁，一点一点仔细敲击，最后发现，贴满壁纸的墙上有一个锁孔，锁孔上贴的东西，和壁纸一个颜色，不用手摸，仅凭目测肯定发现不了。

这堵墙里面竟然是一个密室！这让检察官又惊又喜。密室打开以后，检察官发现，里面装着一个保险柜，但保险柜里只有不少捆扎现金的纸条。显然，这里曾经藏过大量现金，但早已转移了。这些现金究竟有多少？从哪里来的？王英福又是如何转移的？转移到了哪里？这些成为高振宇一遍遍思索的问题。

高振宇明白，一方面，王英福是高智商犯罪，反侦查能力较强；另一方面，如果不及时发掘新线索、新证据，就等于给了王英福充分时间销毁罪证。所以必须继续抓紧行动，但表面上一定要按兵不动，让王英福放松警觉。

正如高振宇的判断，放松警惕、自以为精明的王英福又送出了一张纸条，他万万没有想到，这张自作聪明的纸条，成了把他送上审判席的导火索。

5月8日这天，专案组再次截获了一张纸条：王英福让人将这张纸条带给一个姓陈的女人，并要她保管好一张"王永涛"的身份证。

"王永涛"是什么人？跟王英福又是什么关系？经过调查，这个姓陈的女人是王英福的情妇，检察官通过艰苦缜密的工作，最终让陈某交出了这张"王永涛"的身份证。陈某交代说，这是一张假身份证，"王永涛"这个名字，其实就是王英福在德国留学的二女儿的化名。

专案组立即组织人员，撒网式调查银川每家银行。

这一查，把检察官都高兴坏了，一下子查出了"王永涛"的名下有存款四百多万元。除了在银川，他们在北京又查出"王永涛"名下的存款，有人民币五百多万元、美元15万元、欧元3200元以及日元11万元，两地存款相加，总计有近千万元。

高振宇终于明白了，王英福"单枪匹马"回到银川，为的就是拿走这几百万，然后马不停蹄地用"王永涛"的名字存到银行。这是他贪婪的本性决定的，也是王英福的致命伤。

查处王英福受贿取得了重大进展，下一步就是落实王英福受贿的口供。

审讯室里，面对"王永涛"名下的一张张存款单，出乎意料的是，王英福出奇地镇静，他几乎不假思索就一口咬定这是个人的合法财产，并说，这一千万大多是借款，还有别人托他买房，但他没买，而将房款存在银行等等。

跟王英福较量了半年多，检察官摸透了他的脾气，他肯定不会承认受贿。王英福振振有辞地对检察官说，王永涛名下的钱，有一百多万是跟甘肃一个做瓜子生意的朋友借的；还有三百多万元是他姐姐临终前留给他的。

专案组立即派人到甘肃，找到王英福所说的朋友，刚一接触，王英福的朋友就说漏了嘴，一百多万元根本就不是他借的。另外通过对王英福姐姐一家的调查发现，王英福姐姐一家都是普通工人，没有特殊收入，三百多万元遗产纯属子虚乌有。

最后的挣扎

王英福的谎言一个个不攻自破，王英福涉嫌受贿案的侦查接近尾声，可就在准备起诉时，王英福突然破天荒地要求检察机关提审。他提出，自己借了四川一个叫彭中义（化名）的朋友350万元，而且有借条。

和王英福接触以后，高振宇感觉到，这是个非常强势的对手，从法律条文，到法律程序，甚至对职务犯罪主要罪名的界定，他都能说得一套一套的，看得出来，他对涉嫌犯罪的相关问题，有一定的研究，然而，这难不倒智勇双全的检察官。高振宇说："即使知道这次王英福说的350万元借款是假的，我们也要拿到证据。因为要防止将来到法庭上，王英福通过辩护和伪证，可能让这350万元被认定为合法财产。"

经过辗转打听，检察官获悉，王英福所说的彭中义曾经在宁夏当过兵，现在转业回了老家——四川省绵阳市。检察官立即奔赴绵阳，让他们有些意外的是，彭中义对此似乎早有准备，他拿着王英福的两张"借条"，正在那儿等着检察官的到来。

彭中义所说的借钱时间、地点、用途，都跟王英福说得一模一样，只是他提出，这350万元并不完全是他自己的，其中300万是他从四个朋友那里借来的。此外彭中义还说，给王英福的350万借款，是分两笔借的，时间相隔了一年多：一张是2004年5月8日，借款150万元；另一张是2005年10月7日，借款200万元。

对检察官来说，这个结果既在意料之中也在意料之外，可是如何证明这是谎言呢？

彭中义是个复转军人，非常讲义气，看守所里，他一口咬定350万元就是他借给王英福的，并狂妄叫嚣："我就坐三年牢，我就是要保王英福。"王英福当县委书记时，曾经帮过彭中义的生意。专案组分析，他可能想以此报恩，但也不排除王英福的家人给了他某种许诺。

专案组觉得如果没有充分的证据，要想从彭中义嘴里了解实情是很难的，可是证据又在哪儿呢？面对笔迹类似的两张借条，高振宇似乎发现了问题，他立即决定进行笔迹鉴定。鉴定结果很快出来了，这两张借条，是同一时间、同一支笔、同一类型的纸张，这充分说明，两张借条是同一时间打的，不可能是相隔一年多的两次借款。

这个结果让高振宇舒了一口气。检察官将涉嫌作伪证的彭中义带到宁夏，高振宇跟彭中义之间近四个小时的长谈开始了。

正如所料，一开始彭中义死不交代，但是当高振宇最后指出，那两张借条，经过鉴定是出于同一时间、同一纸张、同一笔墨时，彭中义无言以对。

几乎与此同时，在看守所里的王英福也在焦急地等待着彭中义的消息，尽管他觉得应该万无一失，但他也觉得这一次遇到了真正的对手，他在忐忑焦虑中度日如年。在得知彭中义被检察机关突破以后，王英福哑口无言。

至此，扣除王英福及其家属能说明来源并经查证属实的财产收入外，王英福不能说明合法来源或经查证并不属实的财产共计人民币818万元。这些来历不明的巨款，基本上是王英福在担任土地管理局局长以后非法聚敛的财产。

审判

2007年1月10日，王英福涉嫌受贿、巨额财产来源不明案在中卫市中级人民法院公开审理，在政治舞台上辉煌了大半辈子，王英福在快要退休的时候被推上了被告席。

可在审判庭上，再次出现了戏剧性的一幕。开庭第一天，王英福全部翻供，他的辩护理由是：检察机关在审讯中存在诱供、逼供的行为。

这是王英福使出的最后一道"杀手锏"，除此之外，他再也没有回天之力。

对此，公诉人向法庭提交了审讯王英福时的全程录像资料，并当庭播放了审讯的片断，证实检察机关根本没有刑讯逼供以及诱供的行为。

几近崩溃的王英福仍旧不肯善罢甘休，他在法庭上口若悬河，滔滔不绝地为自己辩解说，自己为宁夏经济发展、招商引资作出了贡献，理应得到相应的回报。然而在证据面前，王英福的滔滔辩解变得苍白无力，他终于低下了曾经不可一世的头颅。他的大半生都把权力当作解决问题的规则，直到这时他才明白，只有法律，才是最不能逾越的规则。

法庭之上，王英福低下了头

2007年1月19日，中卫市中级人民法院公开宣判王英福案。2月15日，宁夏回族自治区高级人民法院维持一审判决：以受贿罪判处王英福无期徒刑，剥夺政治权利终身，没收个人全部财产；以巨额财产来源不明罪判处王英福有期徒刑四年。决定合并执行无期徒刑，剥夺政治权利终身，没收个人全部财产。

她是农家女儿出身
忠孝两全，工作勤勉
她是医疗系统的"铁娘子"
敢想敢干，成就斐然
她并不缺钱
却为何伸出贪婪之手

"铁娘子"之悔

2006年4月17日下午，湖南省长沙市第四人民医院院长陈玉伟接到医院电话，要她尽快赶回自己的办公室。

走进熟悉的办公室，陈玉伟先是一愣。办公室里，几名不速之客正襟端坐，表情严肃，一名中年男子向她出示了工作证："请跟我们走！"陈玉伟默默地点了点头，随后陈玉伟跟随几名男子上了车，从此消失于公众的视野。

宁乡县人民检察院反贪局的检察官事后回忆说，陈玉伟被带上车后，自始至终不言不语，也没问是什么原因带她走，但从她慌乱的眼神里可以看出，她已料到有些事情瞒不住了。

CT机贵了100万

2006年年初，最高人民检察院提出在全国开展治理商业贿赂专项行动，严厉打击商业贿赂行为。湖南省长沙市人民检察院对长沙各系统进行初步调查后，发现医疗系统存在很多问题，于是决定开展打击医疗系统商业贿赂专项行动，代号为"4·14"。

接受任务后，宁乡县人民检察院按照统一部署，对长沙市第一人民医院、长沙市第四人民医院展开了调查，调查的重点一是药品，二是医疗设备。

明察暗访的结果让检察官很欣慰，这两家医院口碑很好，没有什么问题。可是，在第四人民医院的调查即将结束时，检察官发现了一件让人疑惑的事情：按市场价格，某型号的CT机也就五百多万元，但是第四人民医院同型号的CT机却花了六百多万元。很明显，他们的设备比别人买得贵了。

长沙市第四人民医院是二级甲等医院，年收入约七千余万元，算的上财大气粗，

长沙第四医院是二级甲等医院，算得上财大气粗

可是，同样的设备却比市场价多花了一百多万元，是被骗了还是另有隐情？这让带队的副检察长肖水平百思不得其解，他的心头隐隐涌起了一丝不安。

吕爱琴（化名）是医院设备科科长，是医院设备采购的主要负责人。为了搞清这台CT机购买的来龙去脉，2006年4月14日下午，检察官找到了吕爱琴。面对检察官的询问，她并没感到意外，她说，医院确实在没有进行价格比较的情况下，

购买了这台CT机。可是检察官在更深入的调查之后，发现这个看似合理的解释充满了疑点：最近一年多时间里，长沙市第四人民医院购买了16层螺旋CT扫描机、大C悬臂X光机、数字化胃肠机等大型医疗设备，总价值达到四千多万元，让人觉得奇怪的是，这些设备是从同一家公司、同一个人手中购买的。

有人向检察官反映，卖设备给医院的是一个叫许鹏（化名）的医疗代表，和吕爱琴的关系很不一般。这条线索让检察官一下子警觉起来。

通过进一步的比对和了解，长沙市第四人民医院购买的这些设备，都或多或少地高于市场价格，这让检察官对设备科长吕爱琴的说法产生了怀疑：按说吕爱琴主管设备采购，应该对设备价格和性能了如指掌，按医院计划采购设备时，她的职责包括询价以及价格比较，但她为什么选择报价高的销售商呢？

2006年4月14日晚，检察官再一次找到了吕爱琴，这一次，检察官将话题由设备采购转到了许鹏身上。吕爱琴再也坐不住了，她交代了自己在采购设备时，先后收受了许鹏几千块钱贿赂的事实。然而，吕爱琴的坦白并没有让检察官放松下来，

疑问反而更多：设备采购高达上百万的差价，她却说自己只收了几千块钱的"好处费"，这似乎难以让人信服。

检察官穷追不舍，在政策攻心下，吕爱琴道出了一个秘密。

销售代表跑了

吕爱琴交代，除了几千块钱"好处费"，她确实没有拿更多的钱，自己和许鹏关系也一般，但是，院长陈玉伟和许鹏的关系却极为密切，医院的设备采购，最终都需要陈玉伟拍板才行。为了查清事实真相，检察机关决定对陈玉伟展开调查。

陈玉伟1953年出生于湖南茶陵县山区的一户普通农家，因为家境贫寒，她自幼就十分上进，作为家中的长女，她比同龄孩子多了一份"要强"，凭借自己的聪明和勤奋，她考入大学。参加工作后，她严格要求自己，28岁就晋升为副主任医师，2000年年底，陈玉伟被提拔为长沙市第四人民医院院长。陈玉伟就职后，长沙第四人民医院的医疗收入直线上升，从几百万飙升到了几千万元。陈玉伟在工作上的突出表现，为她赢得了无数荣誉，2004年4月8日，陈玉伟被卫生部授予"全国卫生系统先进工作者"荣誉称号。由于作风硬朗、做事勤勉，陈玉伟被媒体誉为"铁娘子"。

陈玉伟是否有问题，找到许鹏才能揭晓答案。

2006年4月15日，检察官首先赶到许鹏所在的公司，然而，让检察官没有想到的是，许鹏几天前就不见了。很显然，检察机关对长沙市几所医院的调查引起了许多医疗代表的恐慌，他们都躲起来了。

如果没有问题，许鹏根本没有必要躲起来，这加深了检察官的怀疑。通过吕爱琴，检察官找到了许鹏的手机号码，但反复拨打，他的手机始终处于关机状态。许鹏会躲到哪里去呢？检察机关展开了搜索。

许鹏的老家在安徽，公司总部在北京，正当检察机关准备全力查找此人下落的时候，有人说，许鹏在湖南衡阳有一个女朋友，他很有可能躲到了衡阳。

追踪许鹏

有了这条线索，检察机关调整了部署，决定把重点放到衡阳市。带着一线希望，宁乡县人民检察院反贪局局长陈卓平带领两名检察官连夜赶往衡阳，一夜奔波，4月16日上午九点多，检察官赶到了衡阳市。在当地警方的配合下，他们很快找到了许鹏女友的住址，但是，许的女友并不在家，邻居说，房主已经好几天没回家了。这个女人跑到哪儿去了？检察官立即展开了搜索。下午两点多，当地警方发现了许鹏女友的行踪，她在一个叫华亭的宾馆开了房。

许的女友在本市有房，为什么还去宾馆开房呢？难道许鹏真的在衡阳？检察官觉得这里面一定有原因。通过宾馆前台查实，房间里的确住着一男一女，男性的体貌特征和许鹏基本吻合。

在确定了许鹏在华亭宾馆后，检察官立即行动。下午三时许，在宾馆和当地警方的配合下，从外面回宾馆的许鹏被当场带走，并被连夜带回了宁乡县。

许鹏的到案，让检察官轻松了一些，毕竟，关键人物找到了，案情也将取得新的进展。然而，仅仅找到许鹏并不能证明陈玉伟有问题，对检察机关而言，一切才刚刚开始，突破许鹏成为当务之急。

第二天，许鹏还没有从这一变故中苏醒过来，他的眼神里满是恐慌。他不明白，昨天还在衡阳，今天怎么就到了宁乡县？更让他不明白的是，检察机关为什么要找他，他只知道，做销售员这几年，跟医疗系统的不少人打过不止一次交道，这个社会，钱能通神，他的销售业绩做得好，少不了用钱铺路。

难道检察机关真的发现什么了？许鹏决定尽量少说话，探探虚实再说。

似乎知道了检察机关的意图，许鹏总在有意无意地回避陈玉伟，不仅如此，他甚至连吕爱琴已经供认的行贿事实也全都予以否认。几个小时过去了，许鹏这里没有进展。面对他的顽固不化，检察机关决定，在用政策攻心的同时，根据掌握的情况给他全面施加压力。

和期待的结果一样，没过多久，许鹏的态度有了一些变化，话也慢慢多了起来。2006年4月17日凌晨三点，许鹏开口了，他交代了和陈玉伟的关系，承认了自己多次向陈玉伟行贿的犯罪事实。

据许鹏交代，为了感谢陈玉伟在采购他们公司医疗设备上的帮助，他送给陈玉伟共计 123 万元人民币。有了许鹏的口供，检察机关决定，对陈玉伟立案侦查。

一封来自英国的 E-mail

检察官对陈玉伟的财产和存款进行了调查。他们首先发现，陈玉伟在长沙市贺龙体育场附近，有一套价值 87 万元的房产。继续调查时，检察官还发现，就在前不久，陈玉伟把自己账户上的钱进行了转移，而且已经办好了去英国的手续，陈玉伟的儿子在英国读书，丈夫在英国开了一家诊所，她以探亲的名义办好了出国手续。种种迹象表明，陈玉伟已经做好了充分的准备，随时可能离开长沙出国。

检察机关决定立即行动，在第一时间赶到了长沙市第四人民医院。

然而，陈玉伟并不在办公室，听医院的同事说，院长说有事出去一趟，已经走了一个多小时了。检察官顿时紧张起来，通过医院工作人员拨打陈玉伟的手机得知，她正在医院对面的超市购物。检察官松了口气，于是在陈玉伟的办公室耐心地等待。4 月 17 日下午，陈玉伟被宣布逮捕。为了尽快查明真相，检察机关决定当天晚上提审陈玉伟。

经过一下午的恐慌，陈玉伟慢慢镇静了下来，讯问室里，她的紧张情绪已经一扫而空。面对检察官，陈玉伟一上来就咄咄逼人："我是一个清白的人，一个正直的人，我没有任何经济问题。"

她开始不停地炫耀自己获得的荣誉。陈玉伟的态度，检察官并不感到意外，他们并没直奔主题，而是和她宣讲政策，并且慢慢地谈心。渐渐地，陈玉伟的态度有了好转，她说自己很不放心病重住院的父亲。

陈玉伟参加工作数十年，每年都有年假，趁着休年假的时候，她想去英国看望照顾一下正在读博士的儿子和开诊所的丈夫。然而，还没来得及走，父亲就查出了肝癌晚期，于是，陈玉伟将休假的日期向后拖延了一下，留下来先照顾年迈的父亲，下午检察官赶到医院时，她就是到超市给父亲买东西去了。

说起年迈长病的父亲，陈玉伟的眼圈红了："我真怕父母经不住这么大的打击，他们本来身体就不好。我的钱被解冻后,能不能给他们几万元,让父亲的治疗有保障。"陈玉伟哭着对检察官说。

副检察长肖水平与院里其他领导商量后,答应留点钱给陈玉伟的父亲治病,还专门派人去医院照顾她的父亲。检察机关的人性化办案打动了这位昔日的"铁娘子",她主动向检察机关要了笔和纸,准备把事情经过写出来,但是,她撕了写,写了撕,心里充满着矛盾。

正当陈玉伟犹豫不决时,检察官从门外拿来一封信交给了她,这封信是她的儿子从英国给检察机关发来的一封 E-mail,儿子给母亲的来信言辞恳切感人:"你一直是我最崇拜的人,我相信你肯定是有苦衷的。不管怎么样,错了没有关系,只要你勇敢地承认,政府是会给你机会的。不论将来如何,你都是我最爱的人,期待将来的一天,我们一家人能再次团聚……"

原本一直不肯配合调查的陈玉伟,读完此信抱头痛哭,整夜未能入眠,内心也变得翻江倒海。"我不能再错下去了,我想早点出去和儿子团圆。"陈玉伟说。考虑再三,她主动向检察官承认了自己多次收受许鹏贿赂的犯罪事实。除了许鹏的贿赂,陈玉伟还交代了其他人给她的一些小额贿赂,加起来共计人民币 128 万元。陈玉伟说,她所做的这一切,都瞒着自己的父母、丈夫和儿子。

陈玉伟:我是一个清白的人,一个正直的人

作为家中的长女,陈玉伟从小就挑起了家庭生活的重担,除了工作,她把精力都奉献给了亲人。陈玉伟有一个幸福的家庭,儿子很争气,考到英国一所大学读博士,这也成了她最大的骄傲;丈夫还在英国开了一家诊所。让人费解的是,陈玉伟身为一院之长,收入并不低,全家并不缺钱,那她是怎么陷入迷途、越走越远的呢?

陈玉伟说,有时她去朋友家,看她们价值几十万、装修奢华的房子时就羡慕不已,想想自己一个人在长沙,她想把父母从老家接到长沙来,再看看自己的房子,虽然是三室一厅,但还是太小了。

从那时候开始，她就有了换个大房子的念头了。

2004 年 7 月底，许鹏得知长沙市第四人民医院准备购买大型医疗设备，便找到了陈玉伟，并许诺给陈玉伟好处。当时陈玉伟认为，对经销商来说，卖出一套设备只是赚多赚少的问题，她不拿的话，那经销商就多赚点；如果是拿了的话，经销商就少赚点。

于是，她伸出了手，而她收受的贿赂主要用来购买了房产和商业铺面。

2007 年 4 月 27 日，长沙市中级人民法院审理认为，陈玉伟利用职务便利，非法收受他人财物，数额巨大，其行为已构成受贿罪，依法判处其有期徒刑十年，并处没收个人财产 38 万元，陈玉伟受贿所得赃款 128 万元及利息上缴国库。

陈玉伟没有提出上诉。

一副廉价的医疗器械
在他手里可以卖出天价
掌管病人生死的医生
把手术台变成了谋私的平台

黑心"天使"

2006年3月的一天，来自新疆昌吉州木垒县的高中生戎义星，躺在奇台县人民医院骨科手术台上，因为骨结核，医生要在他体内植入一副胸腰椎前路内固定器。被注射了麻醉剂之后，戎义星开始变得昏昏沉沉。

懵懵懂懂中，让他终生难忘的一幕发生了——

戎义星隐隐约约听到了一段医生的电话，这次手术的主刀大夫张步江，正在和医疗器械供货商讨论这副固定器的价格。一番讨价还价后，给戎义星用的这副固定器以8000元成交。8000元，对于年收入两三千元的农村家庭来说，是一个很大的数字。戎义星没想到，这只是"奇遇"的开始，更离奇的事情还在后头：在几次跟供货商讨价还价后，这副固定器的价格就像紧缺货，翻着跟头涨到了14000元和16000元，最后以17283元"成交"。

17283元，这可是戎义星一家近十年的收入啊！戎义星的父母咬着牙接受了这个天价，一家人含着眼泪等到了手术结束，虽然心里痛苦，可为了孩子，背十年的债也认了。手术结束后不久，戎义星的三舅问了一下医院的其他医生，那位医生说，这种情况孩子不放固定器也行。

听到这个消息，戎义星的父母一下子天旋地转，天下还有说理的地方吗？

愤怒的控告信

一个月后，悲愤难平的戎义星写了一封声泪俱下的控告信，寄到了新疆维吾尔自治区昌吉州人民检察院。信中写到："我是家住木垒县农村的一名高中生，2006年2月，我因患病住进了奇台县人民医院。经检查，主治医生建议在我体内植入一副胸腰椎前路内固定器，医院决定3月6日给我做手术。那天早晨，我亲身经历了来到这个充满阳光的世界上最离奇的一次交易。我听说过市场上买卖牲畜可以讨价还价，我这个需要治疗的患者仿佛成了任人宰割的羔羊……骨科独家中标的公司，在我手术前一个星期已将我手术所需要的器械送到了医院，并进行了消毒处理，随时等候手术。这家公司提供的那副胸腰椎前路内固定器为中美合资生产，中标价格仅为8600元。张步江因为从中无利可图，就勾结与他有私交的医药代表进行私下交易，这样，我们这个贫穷的农民家庭就白白地多付了近一万元材料费。我父母一年四季含辛茹苦劳作，仅能维持一家人生计，这一万元对于面朝黄土背朝天、年收入只有两三千元的家庭来说，意味着什么不言而喻。我知道，张步江在奇台的关系错综复杂，万般无奈的我只有将告状材料越级寄到昌吉州人民检察院。在依法治国的今天，法网恢恢是否真的能疏而不漏？作为一个农民的儿子，我拭目以待。"

信的内容让昌吉州人民检察院的有关人员十分震惊，并很快批转至奇台县人民检察院查办。

读了戎义星的控告信，奇台县人民检察院的检察官愤怒了。类似戎义星这样的经历，他们之前也有耳闻：在这样一个经济并不发达的小城，有时候到医院看感冒，动辄也要花去千元。最近几年，看病难、看病贵的问题引得百姓一片怨声载道，对检察机关来说，维护公平正义是他们的神圣职责。检察官知道，动手除掉黑心"天使"的时候到了，而张步江，就是这场"大手术"的落刀之处。

一个针对张步江的专案组成立了，成员由昌吉州人民检察院大要案指挥中心直接调配，其中包括奇台县人民检察院的袁向东检察长，反贪局副局长刘伟德，还有来自木垒县人民检察院经验丰富的检察官。

专案组成立后，马上对案情进行了分析，虽然控告信的内容让人震撼，却不能打到张步江的痛处。专案组决定对张步江展开调查。

小城里的私人轿车

张步江是奇台县人民医院骨科副主任，在奇台县医界小有名气，他为人傲慢，经常在外面夸海口，说奇台县医院除了院长外，就属自己水平最高。除了狂妄和自负外，真正让专案组感到不解的是，张步江2003年就拥有一辆私人丰田轿车——2003年的奇台县，有私车的人并不多。

奇台是农业大县，在县城繁华路段，人们老远就能看到奇台县人民医院壮观气派的塔楼式建筑。知情人士说，从上个世纪90年代中后期，各地医药代表蜂拥来到奇台县以来，医院的楼房越建越多，越建越高。奇台县人民医院是二级甲等医院，医生的月收入平均在两千元左右，而在2003年，一辆丰田小轿车的售价在10万元以上，这对于一个靠工资养家糊口的人来说，显然无法承受。那么张步江的这辆私人轿车是怎么来的呢？专案组决定首先围绕这辆轿车展开调查。

车管部门的登记资料显示，这辆丰田小轿车的车主是乌鲁木齐某医疗器械公司一个叫吕永利（化名）的人；另据了解，这辆车的购买方式是分期付款。这一系列信息引起了专案组的注意，张步江和乌鲁木齐的这家医疗器械公司是什么关系？为了揭开谜底，专案组锁定这家医疗器械公司展开了调查。

有人反映，从2003年开始，奇台县人民医院骨科一直在使用该公司提供的医疗器械。让人费解的是，2005年9月，这家医疗器械公司虽然在县人民医院的招标中落标，但张步江还强制性要求大家使用该公司的产品。专案组认为这其中必有蹊跷。至此，该公司老板吕永利被列入重点调查对象。

专案组传唤了吕永利。同时，另一路检察官在奇台县对张步江财产的调查却并不顺利，各大银行没有发现张步江有大额存款。此时，吕永利成为案件的唯一突破口。

面对检察官的讯问，吕永利辩称，他和张步江的关系很清白，没有给县医院的任何人行贿过，更没有经济往来。对于丰

张步江索贿来的丰田轿车

田轿车,按吕永利的解释,是张步江打电话给他,由他替张步江按揭购买的。吕永利不仅否认了给张步江送车的行为,同时还表示,自己和县人民医院骨科之间都是正常的生意往来,绝没有非法勾当。专案组考虑,吕永利是生意人,他和张步江有金钱上的往来,一定跟他的经营活动有关,在他的公司里或许可以查到一些线索。

专案组决定对吕永利的办公室依法进行搜查。

在吕永利的办公室里,检察官找到了一份账单,这份账单是近年来该公司向张步江所在医院供货的全部记录,账单上,显示着各类医疗器械的价格。让检察官吃惊的是,进价仅千元的器械到了医院,转眼间价格就翻了好几倍甚至十几倍。专案组分析后认为,在高额利润的背后,一定有某种心照不宣的交易。

他们调整了对吕永利的讯问方案:车不讲,可以,那说说你的账单。

专案组判断:医疗器械的差价,一部分进了商人的腰包;另一部分,必定进了某些医生的口袋。面对检察官提出的质疑,吕永利难以自圆其说,此时他开始觉得,没有必要为了保护张步江,让检察机关盯上自己,更何况,自己和张步江之间早有矛盾。

检察官有意引导吕永利,利用他和张步江之间的矛盾让他开口。此时,心理防线逐渐被瓦解的吕永利,开始讲了一些他和张步江之间的交易内幕,讲到情绪激动的时候,吕永利竟张口大骂:"张步江,这孙子太黑了!"

交易黑幕

讯问室里,吕永利继续痛斥张步江的所作所为。在进一步宣讲政策、晓以利害后,他终于开口交代了他和张步江之间的幕后交易。

2003年年初,吕永利的公司通过了奇台县人民医院的招标,但在奇台县人民医院骨科,医院通过公开招标来的药品、医疗器械根本派不上用场,住院病人需要做手术时,由张步江联系医疗器械供货商,价格由他说了算。同样一副器械,市场批发价为几百元,到了奇台县医院,少则七八千元,多则四五万元,由此带来的后果是,吕永利公司的产品,使用量很不理想,吕永利很着急。就在他苦思良策,准备找医院"沟通"一下的时候,张步江主动找到了他,表示可以大量购买使用他们公司的产品,但是,张步江提出了一个要求:给他买一辆车。

吕永利知道,虽然自己竞标成功,可如果这位骨科副主任从中作梗,自己的产品销路肯定不会好。按之前的默契,张步江每次使用吕永利公司的医疗器械就能得到8%—15%的回扣,现在张步江提出买车的要求,他哪敢不答应?吕永利是商人,他知道,花了这笔钱就等于为自己的生意铺平了道路,但要想握紧张步江这张牌,决不能把所有的好处一次给他,于是他想出了一个长期拴住张步江的办法:以自己的名义按揭一辆价值14.5万元的"丰田威驰"小轿车。不久,吕永利派人首付了4.5万元,缴纳车辆购置附加费1.2万元,一切手续办好后,他电话通知张步江将车开走。此后每月的按揭车款及利息共计三千多元由吕永利支付。

就这样,借助丰田轿车这块敲门砖,吕永利彻底敲开了奇台县人民医院骨科的大门。

此后吕永利公司的医疗器械在张步江的骨科销路极好,病人来了就上钢板,而且每块钢板都能卖出天价,写来控告信的农村学生戎义星,正是众多受害者之一。

2005年9月,吕永利的公司在奇台县人民医院医药购销招标中落标,张步江所在的骨科仍继续使用该公司少量的医疗器械。2006年2月,吕永利打电话希望张步江将剩余的两万余元按揭车款交清,然后给张步江办理车辆过户手续,可张步江一直拖着不办。

张步江不见了

2006年5月12日,在取得吕永利给张步江行贿的初步证据后,奇台县人民检察院对张步江涉嫌受贿立案侦查,专案组认为收网的时机到了。

5月13日上午,检察官来到奇台县人民医院骨科副主任办公室,可是张步江却不见了踪影。有人看到,当天早晨,张步江开着那辆丰田轿车沿着公路疾驰而去,离开了奇台县。检察官不安起来,专案组的保密工作做得很好,难道还是让张步江察觉到了什么?

有人反映,张步江临走时说自己去趟米泉。米泉离奇台县有二百多公里,为了争取时间,专案组成员马上和米泉县人民检察院取得了联系,请他们紧急行动,协助抓捕张步江，很快，张步江在米泉落网。原来，他到米泉只是为了接住宿学校的女儿回家。

面对从未谋面的检察官，张步江显得异常狂躁。张步江的到案，让专案组成员悬着的心放了下来，审讯工作随即展开。张步江此时表面猖狂，可内心却非常紧张，对于丰田轿车这个焦点问题，一再狡辩。张步江的解释是，车是吕永利的，之所以自己在用，是因为他和吕永利的关系不错，这辆车只是朋友之间的借用行为，根本算不上受贿。

这样的狡辩早在专案组的意料之中。《中华人民共和国刑法》第三百八十五条明确规定："国家工作人员在经济往来中，违反国家规定，收受各种名义的回扣、手续费，归个人所有的，以受贿论处。"而张步江主观上已非法占有了这辆车，客观上实际控制使用了这辆车，他的辩解是苍白的。

在铁证面前，张步江的内心一直在盘算和权衡，他想方设法抵赖，但又时常陷入沉默。几个小时后，张步江终于开口了，他痛快地承认这辆轿车是吕永利给自己的贿赂品，但是，检察官却感觉到，在张步江诚恳表白的背后，似乎还有更大的秘密。

可笑的"自虐"

专案组里，经验丰富的老检察官发现，张步江从抵触到交代问题，态度转变得很快，这不太符合常理。专案组决定扩大调查面，继续追查张步江的资产情况。

对张步江的办公室依法进行搜查时，检察官只从他的办公桌里找到了十几个牛皮纸袋，而后从他的家里搜出了七万多元现金，到银行查询时，当地银行营业网点没有以张步江名义开立的存款账户。那么，张步江收受的贿赂款到哪里去了呢？

随后，奇台县人民检察院检察长袁向东把奇台县所有银行和信用社的领导请到检察院，通报了张步江涉嫌受贿的情况，请他们大力配合检察院的工作。第二天，某信用社领导提供线索，张步江曾在该信用社存过一百多万元，但几天前已分别被他人转存到了别人的名下。

这百万巨款究竟从何而来？针对这个问题，检察官再次对张步江展开审讯。面对专案组提出的问题，张步江解释是平时做生意所得，可做的究竟是什么生意，这些生意又是否合法，张步江却始终无法正面回答。

时间一分一秒地过去，专案组成员和张步江的心理战也在紧张地进行着。就在这个时候，发生了一个意外：张步江突然倒地打起滚来，表情异常痛苦。

为避免节外生枝，专案组成员火速将张步江送到了距离最近的奇台县人民医院，张步江"痛苦"地告诉检察官，自己阑尾炎发作，需要马上手术。

这给专案组出了一个难题：从开刀到住院总是需要一些时间；另外，如果住院，张步江是不是会向外传递一些信息？此时对张步江的审讯已经进入关键时期，一旦进行手术，张步江就会得到喘息的机会；同时，案件的侦查审讯工作都会中断，甚至出现更多不可控制的局面。专案组陷入了两难。

在输液过程中，一个陌生电话打到了专案组成员的手机上。来电话的是医院的医生，他说刚才经过检查，张步江的病是装出来的。接到这个电话，专案组成员的心里有底了，他们当机立断，拒绝了张步江手术的要求。

一招不成，张步江又生花招，他提出自己要输液休养。检察官胸有成竹，将计就计，"答应"了他的请求，结果，持续了一晚上的输液，张步江自己忍不住了——本来就没病，输液也是一种折磨，最后，有些浮肿的张步江说："我还是到检察院继续交代问题吧。"

张步江企图逃避审讯的计划破灭了。对于自己的百万存款，张步江承认，大部分是药商给的回扣，或者是贿赂款，他和各个药商之间，一直都有默契。张步江说，对于那些给了好处的药商，他所在的骨科就会大量使用他们的产品；而对于那些正规经营但"不看眼色"的药商，他会百般刁难，这些药商只能妥协。

此时的张步江，看似十分配合审讯，可在心里，却又一次悄悄酝酿着一个计划，他趁专案组成员不注意，悄悄将脖子上的一只金佛吞到了肚子里。见此情景，专案组马上把张步江再次送往医院，但是，这次不能再回到张步江熟悉的奇台县人民医院了。

张步江被送到了奇台县第三医院，在这里，张步江依然要求马上手术。可除了手术，还有没有其他办法把张步江体内的小金佛取出呢？检察官请教了相关专家，经过专家会诊，最终在没有开刀的情况下，通过肠胃镜将小金佛取了出来。

面对睿智的检察官，张步江的意志被彻底打垮了。

几次意外让专案组感到，张步江对奇台县的环境太熟悉，他一直在寻找机会向外界传递某种信息，而案件马上就要起诉到法院了，侦查审讯工作要继续进行，必须把张步江转移。2006年5月23日，张步江被奇台人民检察院秘密转移到一百多公里外的阜康市看守所关押。

他竟是非法行医者

检察机关查明，张步江原是一家毛纺厂的工人，工厂破产倒闭后调到奇台县人民医院工作，后经新疆维吾尔自治区卫生厅审核认定，张步江为临床执业助理医师资格。

《中华人民共和国执业医师法》明确规定，医师经注册后，可以在医疗、预防、保健机构中按照注册的执业地点、执业类别、执业范围执业，从事相应的医疗、预防、保健业务；未经医师注册取得执业证书，不得从事医师执业活动。

张步江虽然取得了临床执业助理医师资格证，但他始终没有在奇台县卫生行政管理部门注册，他仅有助理医师执业证，没有完全独立行医的资格。然而，他却以主治医师的身份为患者看病，长期非法行医，在行医过程中，漠视抱病求医者的健康，给患者造成严重的损害。

2000年3月，能歌善舞的年轻姑娘小田，被奇台县人民医院诊断为腹腔包虫，同年5月3日住进了骨科病房，主治医生是张步江。5月5日，张步江为小田做手术。在手术过程中，张步江发现小田的病是卵巢囊肿，然而他既没有向骨科主任汇报，也未邀请妇科医生参与会诊，擅自将小田双侧卵巢切除。

小田出院后，几个月不来月经，她在家人的陪同

资料图：张步江

下到乌鲁木齐人民医院、新疆医科大学一附院和兰州军区乌鲁木齐总医院进行检查，得出结论一致：子宫正常，双侧卵巢未见显示。经有关部门鉴定，小田今后不能生育，身体损伤为四级伤残。刚刚领取结婚证的小田为此离了婚，小田和家人到处告状，直到2005年，才经昌吉州中级人民法院主持调解，由奇台县人民医院赔偿损失10万元。

小田已辞掉工作，离开奇台到外地打工谋生，经常要服用激素药品维持女性特征，然而张步江却没有受到任何处理，照样当骨科副主任，照样给患者看病。

徒劳的串供

离法院开庭的日子越来越近了，检察官长舒了一口气：经过这么多波折，这个穿着天使外衣的吸血鬼露出了原形，等待他的将是法律的严惩。

然而，就在检察机关审查起诉期间，张步江突然翻供了。让检察官感到诧异的是，不仅张步江翻供了，连张步江的家人也改变了证词，他们的证词和被秘密关押的张步江竟然完全吻合，这是怎么回事？就在专案组慢慢梳理头绪的时候，一个电话打到了检察官的手机上。电话是一名外地医药经销商打来的，经销商说，张步江前几天给他打电话，让他不要承认某某事实。

袁向东据此怀疑，在阜康看守所里，有人给张步江提供了打电话的条件。他立即组织检察官秘密侦查，在阜康市人民检察院的积极配合下，终于揭开了张步江翻供的内幕。

原来，张步江涉嫌受贿被逮捕后，被转移到阜康市看守所羁押。张步江的亲属以帮助开药店为名，收买了阜康市看守所的一名管教干部，私欲膨胀的管教干部利用自己在看守所值班的便利，多次把张步江从监号提出来，用自己的手机或看守所的电话，先后十余次为张步江提供与其亲属及医药经销商等人通话的便利，张步江要求医药经销商改变过去给自己行贿的证词。

虽然遇到了突发情况，但是经验丰富的检察官镇定如初。他们知道，虽然犯罪嫌疑人百般抵赖，企图蒙混过关，但只要证据充足扎实，一样可以将他绳之以法。因此，专案组又从头开始，重新整理了张步江的所有证据材料。

开庭的日子到了。果然，张步江在法庭上否认了自己所犯的种种罪行，声称自己是一名清白的骨科医生。这早在检察机关的意料之中。

法庭上，公诉人出示了张步江涉嫌犯罪的所有证据，还当庭播放了审讯张步江的同步录音录像，在这些音像材料里，张步江对自己的犯罪事实供认不讳。

但是，面对法官，张步江却把这些证据全盘推翻，矢口否认。

眼看张步江的表演已经十分充分，公诉人打出了手中的王牌，把张步江伙同看守所管教干部翻供串供的证据全部呈现到法庭上。在铁证面前，张步江终于放弃了抵抗。

当天，奇台县人民法院以受贿罪一审判处张步江有期徒刑十一年，以巨额财产来源不明罪判处其有期徒刑二年，两罪并罚，决定执行有期徒刑十二年。

一审宣判后，张步江提出上诉。2007 年 4 月 28 日，新疆昌吉州中级人民法院作出终审判决：驳回上诉，维持原判。

迟来的意外财富
为何令他们愤怒
早该发放的救命钱
究竟都去了哪里

小城除蠹

2006 年 5 月 28 日，许升贤因涉嫌贪污最低生活保障金，被检察机关立案侦查。消息一传出，立即传遍了云南省梁河县的大街小巷。

许升贤曾经是梁河县民政局最低生活保障办公室主任，低保办主任贪污了最低生活保障金，这个消息让善良的梁河百姓无论如何也想不通，人们议论纷纷。有人说，许升贤利用职务之便贪污弱势群体的"救命钱"，这种行为恶劣至极；然而，另一种声音却截然相反，一些熟悉许升贤的人提出了异议，许升贤平时忠厚老实，待人谦和，是个地地道道的好人，他不可能贪污老百姓的低保金。

对此，许升贤更是大声喊冤。在面对媒体采访时，他甩出了四个字：死不瞑目。

他难道真的是被冤枉的？

低保办主任的反常

2006 年 2 月初，云南省梁河县有关部门不断接到群众关于"低保金"申领的疑问，反映的问题集中在两个方面：一是有部分符合申领低保金条件的人，不知为什么迟迟申请不下来；二是有一些人曾经领取过低保金，可是领了几次之后，中途却突然停止了。

城市居民最低生活保障制度是国家为解决城市居民生活困难而建立的一种社会救济制度，保障的主要对象是无生活来源、无劳动能力、无法定赡养人或抚养人的居民，老百姓把这种低保金叫"救命钱"。由于交通不便、山多耕地少等原因，梁河县成了云南省德宏州唯一的国家级贫困县，对此，政府每年都会划拨上千万的扶贫专项资金来扶持当地，这其中就包括城市居民最低生活保障金，而这些款项都要经过梁河县民政局。

2006 年 2 月至 5 月，针对群众的反映，梁河县纪委、监察局、财政局联合对梁河县民政局进行了两次大调查。在三个多月的调查过程中，联合调查组查实，的确有一部分符合申领条件的贫困家庭，没有按时领到应得的"低保金"。

然而，就在调查紧张进行的时候，县民政局低保办主任许升贤每天却东奔西走，偷偷地给一些没有领取过低保金的贫困家庭送去了低保存折，并嘱咐他们，尽快将低保金取走。

许升贤的反常举动迅即引起了联合调查组的注意：早不送，晚不送，为何偏偏要在这个敏感时期送呢？

大声喊冤

2006 年 5 月 20 日下午，时任梁河县人民检察院副检察长的曹根富，正式接受了对县民政局"低保金"去向展开初查的任务。在详细了解了联合调查组三个月来的工作内容之后，曹根富很快确定了侦查重点和方向：从有着反常表现的许升贤查起。

梁河县地处云南省西部横断山脉西南端，位于德宏州东北部，县城并不大。对于许升贤，副检察长曹根富其实早有耳闻。许升贤是梁河县本地人，当过兵，曾经参加过对越自卫反击战，负过伤，退伍回家后，先是在一个锡矿厂担任财务工作，由于工作认真负责，2001 年，他被调到了梁河县民政局，担任最低生活保障办公室主任，全权负责低保金的发放工作。在民政局工作的五年多时间里，许升贤对工作也算是兢兢业业，尽职尽责。

检察机关决定从侧面再了解一下许升贤。

走访后，检察官了解到，许升贤对父母非常不孝顺，在民间，流传着许升贤为人霸道、自私的说法。低保户反映，他们早在几年前就提出了申请，每次去问，许升贤都让他们再等等，经过核实，19 户贫困家庭的低保申请其实早就得到了批准。

就在检察官秘密走访、全面了解许升贤的这几天时间里，许升贤仍然在东奔西跑，偷偷地给贫困家庭送低保存折。

2006年5月24日，检察机关决定，传唤许升贤了解情况。

作为县民政局城市居民最低生活保障办公室主任，许升贤平时的工作就是受理申请和发放低保金。当检察机关找他谈话时，许升贤高声喊冤，声称是有人故意陷害他。

谈话持续了近五个小时，许升贤始终摆出一副被冤枉的样子，谈话一直没有结果。

猪圈里的低保户

由于没有足够的证据证明许升贤一定有问题，2006年5月24日晚饭过后，副检察长曹根富决定，暂停与许升贤的谈话，从外围展开调查寻找线索。在曹根富的带领下，检察官开始四处走访寻找"低保家庭"。

梁河县刘自亮一家2003年就提出了申请，得到的始终是"再等等"的答复。刘自亮的儿媳赵金水为此不知跑了多少趟民政局，一句等通知，让刘自亮一家一等就是三年。2006年5月的一天，低保办主任许升贤"主动"找上门来，给他们送来了盼望已久的低保存折，并嘱咐他们，尽快把钱取走。可他们并不知道，早在2003年，他们第一次提出申请就得到了批准。

走访中，刘自亮一家的境遇令检察官心里发酸。

刘自亮下岗后，一家人失去了主要的经济来源，生活非常困难。刘自亮的儿子结婚时所用的新房，竟然是用猪圈改成的窝棚，至今，刘自亮的儿子、儿媳仍居住在这里。

《城市居民最低生活保障条例》第八条规定，县级人民政府民政部门经审查，对不符合享受城市居民最低生活保障待遇条件的，应当书面通知申请人，并说明理由；管理审批机关应当自接到申请人提出申请之日起的30日内办结审批手续。然而，刘自亮一家既没有在审批有效期限内获得办结审批手续的通知，更没有接到任何有关审批没有通过的书面通知。

直到许升贤案发前，刘自亮一家才拿到了低保存折，这时他们才知道，原来自己的申请早就得到了批准。

猪圈当新房，刘自亮一家的境遇深深刺痛了检察官的心。对于很多生活困难的家庭来说，最低生活保障金就是他们的"救命钱"，像刘自亮这样提出申请，却始终盼不来答复的家庭有很多。自 1999 年梁河县开始发放低保金至今，时间跨度已整整七年，老百姓的"救命钱"都去了哪里？

猪圈当新房

曹根富说，办不好这个案子，对不起自己的职业，对不起低保户，对不起国家。

深入调查

和许升贤的谈话仍在继续。在最近这段时间里，检察官走访了近百户生活困难的低保家庭，他们发现，民政局的低保花名册与实际签领并不完全一致，一部分应该领取低保金的家庭并没有领到钱。在证据面前，许升贤仍然表现得"镇定自若"。

一天，两天，三天，检察机关不断向许升贤宣讲国家政策，希望他如实交代自己的问题。

2006 年 5 月 28 日，许升贤终于承认，自己曾经从几个低保户的存折上套取一万多元低保金，但这是按县民政局领导的授意办理的，套取一些"低保金"是为了用于公用开支。除此以外，其他问题许升贤概不认账，就连他自己签名或摁过手印取款的凭证也不承认。

民政局城市居民最低生活保障办公室主任，管理着全县四千多户贫困家庭的低保申请与发放，本应是国家惠民政策的实施者，却成了不顾百姓疾苦、侵蚀国家财产的蛀虫，恶劣的犯罪性质让检察官异常激愤。2006 年 5 月 28 日当天，在许升贤交代问题三个小时后，检察机关对许升贤立案侦查。

在副检察长曹根富眼里，许升贤的问题很不简单。

此案关系到民生，关系到社会安定与和谐。立案当晚，检察机关对许升贤的办公室和家里依法进行了搜查，这一搜，果然有了新的发现。

在许升贤的办公室，检察官发现了六本低保存折。返回看守所后，检察官立即对许升贤进行了审讯，然而，让他们没有想到的是，许升贤声称，这是有人故意陷害他，这些存折与自己无关。无论如何讯问，许升贤都大声喊冤。

谁都知道，许升贤的问题不简单，但是，怎样才能突破他呢？考虑到许升贤曾经当过兵，心里素质较好，曹根富果断决定：以外围调查取证为主，以审讯突破为辅。

2006 年 5 月的最后一天，梁河县人民检察院的会议室里，案情分析会正在紧张进行着，讨论过后，一个缜密的调查方案形成了。以外调组、查账组为主，以审讯组为辅，兵分三路，同时对许升贤展开调查。然而，工作刚一开始，外调组和查账组就遇到了比审讯组更大的困难，低保办共为一千多户办过低保金，这些低保户居住分散、流动性大，且有的人已经过世，有的外出打工，再加上有些虚假名字，找人核对难度很大。

调查难，取证难，这些难题曹根富已经预料到了。在他看来，选择从外围突破是一个最笨但绝对有效的办法，在这个问题上，检察官达成了共识：必须在法定期限内，取到证据。

于是，检察官开始了不分昼夜的寻找。

令人心酸的"低保户"

云南省梁河县地处低纬高原，境内多高山和峡谷，地形非常复杂。全县四千多户低保家庭散布在县里的各个乡镇，大多地处偏远，车到不了，需要步行几个小时才能到达，人口的流动以及居住的分散给走访低保户的检察官出了不少难题，有的时候他们一天只能走访两三户人家。

尽管困难重重，但为了取得扎实的证据，每一位检察官都竭尽全力。在调查过程中,低保户艰难的生活现状深深刻在了每一位检察官的心里。他们有的是下岗职工,有的是残疾人,有的身体患有疾病,他们一户比一户穷,甚至是食不果腹的最弱势群体。

家住梁河县勐来村的赵新强,去世前在当地石油公司工作,全家七口人,除了老人就是孩子,家中只有他一个主要劳动力,全家人一年的收入加起来不到两千元,生活十分困难。得知国家有低保的好政策后,他们一家赶紧写了申请交了上去,但交了很多次,也问了很多次,低保办主任许升贤的答复一直是:没有批下来。

在当地,交通不便对于经济落后有着很大的影响。从勐来村到梁河县城,坐车需要近两个小时,为了省下几块钱车费,赵新强的妻子李德彩每次都要翻山越岭,用双脚一步一步走到县城,然而,每次她都失望而归。在等待低保金的日子里,一个意外降临到了这个家里,家里的顶梁柱赵新强不幸被查出患了喉癌,对这个一贫如洗的家庭来说,这个消息无疑是晴天霹雳。

从丈夫生病到去世,一年的时间,整整花了八千多块钱,这其中还包括50块钱的棺材费,这些钱都是赵家东拼西凑借来的。许升贤案发时,这笔钱还没有还清。

丈夫去世后,妻子李德彩艰难地挑起了家庭的重担。在这期间,李德彩数次到县民政局找到许升贤,然而,得到的答复始终是继续等待。她绝对不会想到,自己苦巴巴盼望的低保金其实早已经批了下来。

……

经过艰难奋战,检察官找到了五百多户人家,核实了一百多人"低保金"申领、发放的情况,并通过银行查账,基本查清了许升贤套取"低保金"的犯罪事实。

通过逐笔逐户核实,检察机关查实,2002年4月至2006年5月,许升贤假借单位领导

数千户低保家庭分布在县里的各个乡镇,有的需要步行几个小时才能到达县城

授意，利用职务之便，在四年多时间里，采用假名、虚列、重发、多发、不发等手段，将自己管理的 78 户共 392678.97 元的"低保金"套取出来，除有证据证实，按领导意思用于公务开支 127247 元外，其余的 265431.97 元被其侵吞，并将其中的 10 万元借给他人使用，直至案发后才归还。

在取得了相关书证与证据之后，检察官再次提审了许升贤。面对讯问，许升贤仍然和之前一样，除了之前交代的一万多元，其余的概不认账。

许升贤的态度让检察官更加愤怒，也坚定了他们迎难而上、一查到底的决心。

从 2006 年 5 月 28 日立案开始，检察官夜以继日，对许升贤展开了全面的调查。经过一次又一次反复比对，检察官逐渐从银行账目上发现了一些疑点，经过核查，初步确定许升贤贪污贫困家庭最低生活保障金的犯罪事实。然而，由于许升贤拒不交代，检察机关一直不知道这些钱的最终去向。

经过研究，检察官将侦查重点转移到了梁河县各大银行，希望能从这里找到蛛丝马迹。调查中，银行工作人员反映了一个重要情况，许升贤取钱时，有时会把钱转存到另外一个账户里，顺着这条线索，检察官有了重大发现。梁河县民政局多出来两个账户，这两个账户竟然是许升贤以低保办的名义私自设立的，经过计算，检察官很快确定，这两个账户最终转账的资金总额高达 24 万元。

当检察官带着这些发现再次审讯许升贤时，他的脸刹那间变白了。

赵金水：跑了多少趟民政局，我也数不过来

赵新强去世后，妻子李德彩挑起了家庭的重担

抗诉，为了法律的尊严

2007 年 5 月 12 日，德宏州人民检察院审查本案后，以被告人许升贤犯贪污罪，向德宏州中级人民法院提起公诉。经过公开审理，法院认为，被告人许升贤套取"低保金"的行为是按照单位领导授意行事，属于单位行为；其所套取的"低保金"应属于刑法意义上的"公款"；被告人许升贤不构成贪污罪，只是其未经领导同意将其保管的按领导安排套取的"低保金"10 万元借给他人使用，其行为构成挪用公款罪。据此，法院遂于 2007 年 7 月 9 日以许升贤犯挪用公款罪，判处其有期徒刑三年。

一审判决后，德宏州人民检察院认为，该判决否定被告人许升贤犯贪污罪的理由不充分，属确有错误的判决。理由有二：一是，被告人许升贤套取"低保金"虽然是单位领导授意，但所套取的"低保金"在被告人许升贤保管期间并未改变其公款的性质，且被告人许升贤并未获得该款项的自由支配权，因此，被告人许升贤在主观方面具有贪污的故意，构成贪污罪。二是，被告人许升贤在将套取的"低保金"10 万元未经领导同意就借给他人使用后，单位原主管领导离岗，新任领导接任，被告人许升贤未向新任领导报告自己掌握账外资金的情况，这就隐瞒了此笔公款的存在，该 10 万元实际上已经脱离了国家的控制而处于被告人许升贤的控制之下，应认定为是贪污行为。德宏州人民检察院还认为，"低保金"是老百姓的"救命钱"，贪污"救命钱"的行为必须严惩！

于是，德宏州人民检察院于 2007 年 8 月 10 日将该案向云南省高级人民法院提出抗诉。

云南省人民检察院经过审查案卷、深入实际调查案情认为，此案被告人许升贤无论犯罪动机、犯罪手段还是犯罪情节都很恶劣，仅从关注民生这一点，就应当严惩，因此，对一审判决改变案件性质而对其轻判支持抗诉，并指派检察员出庭履行职务。

案件提出抗诉后，云南省高级人民法院对此案高度重视。2007 年 11 月 26 日，

庭审时，许升贤仍说自己是冤枉的

梁河县人民法院公开开庭审理了本案。

再审法院认为，原审被告人许升贤身为国家工作人员，利用职务之便套取"低保金"392678.97元后，隐瞒事实真相，将其中265431.97元公款侵吞，其行为已触犯刑律，构成贪污罪，且其贪污款项为国家发给城镇居民的最低生活保障金，社会影响恶劣，依法应予惩处。据此，云南省高级人民法院于2007年12月29日作出如下判决：（一）维持一审法院判决第二项，即收缴的赃款10万元上缴国库；（二）撤销一审法院判决第一项，即被告人许升贤犯挪用公款罪，判处有期徒刑三年；（三）原审被告人许升贤犯贪污罪，判处有期徒刑十年；（四）继续追缴所余赃款上缴国库。

一次不经意的刷卡消费
透出蛛丝马迹
重要人物浮出水面
药监丑闻触目惊心

怒揭"药监"迷局

2005 年，"看病难、看病贵"被列为中央政府着重解决的民生问题，作为担负中国 13 亿人用药安全的国家食品药品监督管理局进入了一个多事之秋。

2005 年 6 月，国务院免去了国家食品药品监督管理局第一任局长郑筱萸的职务。2005 年 7 月 8 日，国家食品药品监督管理局医疗器械司司长郝和平因涉嫌受贿，被北京市西城区人民检察院正式立案侦查。2006 年 1 月，国家药监局药品注册司司长曹文庄、国家药典委员会秘书长王国荣等被立案侦查。谁也想不到，正是由于郝和平的案发，意外拉开了震惊全国的国家药监系统大案的序幕。

初查曹文庄

在郝和平涉嫌受贿案的侦查过程中，北京市西城区人民检察院反贪局的检察官了解到这样一个信息：医疗器械司、药品注册司是国家食品药品监督管理局权力最集中的两个部门。而在查办郝和平的案子时，北京市西城区人民检察院的办案检察官陆续听涉案人员检举，药监局的药品注册司跟医疗器械司是两大黑司，从实际情况来讲，可能药品注册司权力更加集中一些。

作为医疗器械司司长的郝和平出现了经济问题，比他权力更大的药品注册司司长曹文庄也随之被推上了风口浪尖。几乎与此同时，北京市西城区人民检察院陆续接到了关于药品注册司司长曹文庄的举报。举报称，曹文庄经常接触一些药商，有收取药商贿赂的嫌疑。

曹文庄拥有中国政法大学法学博士学位，1988 年 8 月调入国家医药管理局，曾任职秘书、办公室主任助理、办公室副主任、人事劳动司副司长、司长；1998 年 7 月至 2000 年 2 月任国家食品药品监督管理局办公室主任；2000 年 2 月任国家食品药品监督管理局药品注册司司长。曹文庄在仕途上一帆风顺，前途无量，这样一个年轻有为的干部会受贿吗？这一封封举报信究竟是嫉妒者泼来的脏水，还是知情者的愤怒控诉？

由于当时正在查办郝和平涉嫌受贿案，北京市西城区人民检察院反贪局局长张京文对收到的有关国家药监局的举报材料格外重视，他马上向上级领导汇报了情况。经过研究，北京市西城区人民检察院决定先对举报材料的线索进行初查。

2005 年 7 月中旬的一天，张京文向侦查一处副处长赵锦海布置了初查曹文庄的任务。

此时的北京，正是高温天气，张京文、赵锦海以及另外三名检察官开始了对曹文庄的初查。初查进行得非常隐秘，除了他们五个人，西城区人民检察院的其他人谁都不知道。

检察官小心翼翼地观察着曹文庄的一举一动。

多方反馈的信息表明，在郝和平案发后，曹文庄的活动突然变得非常简单，对外联络也变得很少，他和普通的国家干部没有什么不一样的地方。

检察官巧妙地接触了曹文庄的一些同事，在这些同事眼中，曹文庄是一个廉洁奉公、年轻有为的领导干部。按说药品注册司是一个实权部门，上门求情办事的人每天都排成长队，可曹文庄对自己、对下属总是严格要求，绝对不允许出现徇私的情况。这和举报信中所反映的情况截然相反。

同时，曹文庄在同事眼中总是有些"新闻"，他把送上门来的钱物原封未动地退了回去，并且留下了非常好的记录，有人证，有物证。同事们说，曹文庄曾经说过，如果能查出他有问题，中央机关就没有好干部了。

"老鼠"出洞

张京文决定改变初查方向，把重点放在调查曹文庄的家庭财产上，如果曹文庄真的涉嫌受贿，那么他在经济上肯定会有反常的表现。

这一查，让张京文心里吃了一惊，他没想到这个曹文庄居然是一个百万富翁。

银行账户显示，曹文庄和他爱人名下一共有三百多万元的银行存款，这明显与两人的正常收入不符，曹文庄的爱人在一家国有医药公司工作，年薪不会超过10万元。

曹文庄夫妻二人已经工作20年，就算按照两人现有工资水平，不吃不喝的情况下银行存款也达不到三百多万元。更让人感到蹊跷的是，在曹文庄妻子的名下，除了当时居住的单位分配住房外，另外还有三套住房，总价值达到了四百多万元。而且，这三套房子的首付款总计六十多万元，付首付款的时候，他们的银行存款并没有减少。

曹文庄每天都坐地铁上下班，穿着也非常朴素，谁都感觉不出曹文庄会有这么多钱，这钱到底是从哪里来的呢？

巨额财产来源不明，这让张京文顿生疑窦，但又不敢肯定，他隐隐感到和曹文庄的较量不可避免。曹文庄拥有法学博士学位，他博士毕业时的论文题目就是《论受贿罪的犯罪构成》，可见曹文庄对法律的精通。面对曹文庄这样的对手，找到证据谈何容易！

张京文把自己关在办公室里，细心研究着反馈回来的信息，他必须找到曹文庄的漏洞，找到这百万财产的来源。张京文首先把目标锁定了曹文庄的爱人。曹的爱人在担任一家国有医药公司副总经理的同时，还是一家私营医药企业的股东，因此，张京文把突破口选择到了她身上。然而，一番侦查后，在她身上没有找到任何破绽，这让张京文感到了对手的不简单。面对这样狡猾的对手，张京文知道一定要谨慎，决不能操之过急。

检察官对曹文庄的初查始终保持着外松内紧。时间一天天过去了，精明的曹文庄此时慢慢放松了警惕，开始有所行动了。

2005年的8月6日，是个周六，大约下午一点钟左右，曹文庄夫妇开车从家里出来，七拐八拐，他们的车到了位于北京东三环的嘉里中心，从车上下来的曹文庄一身运动服，背着一个球包。自从郝和平被立案后，曹文庄一直深居简出，连按时去健身房的习惯都改变了，可能是为了缓解近一段时间的紧张情绪，曹文庄忍不住来到了他以前经常光顾的健身房。健身完毕，曹文庄刷卡交费后，离开了。

检察官随后发现，曹文庄交的是 16000 元会费，而且刷的是信用卡。继续往下查，检察官发现，这张信用卡的主人不是曹文庄，而是一个叫刘玉辉的人。

曹文庄刷了刘玉辉的银行卡，这个看似平常的举动，却把一个重要人物推到了前台。刘玉辉是谁？他和曹文庄是什么关系呢？检察官将视线转移到了对刘玉辉的调查中。

13 亿人的震撼

检察官了解到，刘玉辉时任中国药学会咨询部主任，和曹文庄是东北老乡，刚参加工作的时候，两人进入同一单位，共住一间宿舍，就像亲兄弟一样。就在曹文庄仕途一帆风顺的时候，刘玉辉也风光无限。

通过调查，刘玉辉的名下也聚敛了数百万元的资产。对这些财产情况进行调查时，检察官发现，刘玉辉和药品生产厂家之间经济往来频繁，大量咨询费、顾问费打入了他个人公司的账号，但是刘玉辉并不具备咨询和顾问的能力，药厂不可能这样不明不白地给刘玉辉送钱，刘玉辉肯定帮助药厂做了什么。通过对这些药厂的调查，检察官发现，这些药厂都是在药品注册后给刘玉辉送的钱。

这一发现让检察官很振奋。检察官不由地想到刘玉辉帮曹文庄刷卡买单的线索，会不会就是由于曹文庄帮刘玉辉搞定了药品注册，刘玉辉才给曹文庄刷卡买单呢？经过研究，检察官认为刘玉辉就是本案的重要证人和行贿犯罪嫌疑人，只有找到他，才能找到曹文庄涉嫌犯罪的证据。

经过了三个月的调查，检察官终于掌握了刘玉辉的行踪。张京文决定对刘玉辉采取行动。

2005 年 11 月的一个凌晨，在某酒店的地下车库，刘玉辉被抓获。刘玉辉的落网让检察官兴奋不已，因为这预示着曹文庄的线索马上就要浮出水面。可在讯问室里，对和曹文庄的关系，刘玉辉避而不谈，一直保持沉默，他的沉默让审讯陷入了僵局。

此时正值隆冬，天气异常寒冷，检察官赵锦海和刘玉辉都出现了感冒症状。

一次讯问中，刘玉辉说："我要病了的话，我知道什么药能吃，什么药不能吃。"经常和药厂打交道的刘玉辉很清楚，因为药监局对药品监管缺失，市场上有不少的假冒伪劣药品。

刘玉辉的话引起了赵锦海的兴趣，他问刘玉辉："如果你的家人，比如就是你的孩子，或者父母要病了的话，怎么办？"

刘玉辉说："我也会告诉他们，吃哪种药，或者哪种药不能吃。"

赵锦海接着追问："那如果13亿中国老百姓呢？"

听到这话，刘玉辉再也坐不住了，他眼圈一红，跪了下来："我对不起13亿老百姓，我给他们下跪。"

怀着深深的愧疚和负罪感，刘玉辉不再沉默。他交代，他曾收受近二十家医药企业七百余万元人民币、二十多万美元，并向曹文庄行贿，为这些企业的药品注册、审批、换发文号、地标升国标等环节在国家药监局进行运作，使很多假冒伪劣药品顺利流入市场。

同时，刘玉辉还提供了一个重要行贿人魏明（化名）。刘玉辉说，魏明不仅向曹文庄行贿，还通过他向国家药典委员会秘书长王国荣、国家药监局药典委员会业务综合处副处长李智勇和国家药监局注册司受理办工作人员马腾行贿。

听完刘玉辉的交代，检察官不由大吃一惊，原本目标是曹文庄，却没想到居然牵涉到国家药监系统这么多人。

跟踪魏明

刘玉辉在案件中扮演的主要是"掮客"的角色，获得了他的证言并不能证实曹文庄等人涉嫌受贿，要想使证据完整就必须找到行贿人魏明。

魏明，39岁，2004年1月注册诺氏制药（吉林）有限公司。根据刘玉辉提供的地址，检察官来到了魏明居住的小区，可是魏明早已不知去向。只有找到他，才能掌握曹文庄等人涉嫌受贿的证据，因此，找到魏明成了关键环节。经过进一步调查，检察官发现，魏明行踪诡秘，在吉林、河南、北京等地有多处住所。

为了打开突破口，张京文一方面把精心挑选的预审组安置到看守所常驻，对刘玉辉加强审讯力度；另一方面，他亲自带领抓捕组对魏明可能出现的地点进行不间歇的监控。一个多月的监控后，2006 年 1 月 3 日，检察官发现了一个长相酷似魏明的人坐上一辆奔驰车，往机场方向驶去。检察官没有见过魏明本人，谁也不知道奔驰车里坐的到底是不是他，于是，检察官一直悄悄跟踪这辆车来到了机场。

　　检察官邹维发现，这个人在机场登记的名字叫魏名，跟魏明的名字差了一个字，然后又核实了一下他登记的身份证号，很不凑巧，那人的身份证不知道为什么，只有 17 位数字，比正常人的身份证少了一位数字。

　　这人要搭乘的是上午 9 点飞往郑州的班机，此时距离飞机起飞仅有半个多小时，等待刘玉辉来辨认这人是否是魏明，肯定来不及了。怎么办？时间一分一秒地过去，机场广播已经开始提醒乘客准备登机了。就在此时，这人起身进了洗手间，检察官邹维灵机一动，突然冒出个大胆想法，他紧跟着此人进了洗手间。

　　以前在调查魏明居住小区的物业登记资料时，邹维曾经记录过一个魏明的手机号码。洗手间里，邹维用自己的手机悄悄地拨通了那个电话号码，一阵清脆的铃声在那个人身上响了起来，他掏出手机看了一下，按下接听键。此时，邹维挂断了电话。

　　虽然此人拿着魏明的电话，但检察官还是不能确定此人就是魏明。很快，这个人已经登上了飞机，张京文指示邹维和另外一名检察官立刻跟上飞机。短暂的飞行结束后，这个人到了郑州，住进当地一家宾馆，两名检察官住进了他对面的房间。

　　与此同时，检察官将刘玉辉带到了机场，通过机场的监控录像，刘玉辉十分肯定地告诉检察官，此人正是魏明。

　　2006 年 1 月 4 日，在有关部门配合下，魏明在郑州被抓获，同日押解回京。

　　魏明的到案，使案情取得了重大突破。魏明的药厂生产的药品按照正规途径根本得不到药监局的审批，为了使药品能够得到审批，他通过刘玉辉向曹文庄行贿了一百一十多万人民币、四万美元。刘玉辉和魏明的到案，使得曹文庄完全暴露出来，也使得药监系统其他犯罪嫌疑人全部浮出水面。

　　魏明交代了曾向国家药典委员会秘书长王国荣行贿 50 万元港币、五万美元，向国家药监局药典委员会业务综合处副处长李智勇行贿约六万美元和 20 万元人民币，向国家药监局注册司受理办工作人员马腾行贿 30 万元人民币的犯罪事实。这些无疑都证实了刘玉辉提供的证据。

从这一时刻开始，张京文好像才真正看到了取胜的希望。

较量曹文庄

虽然取得了刘玉辉和魏明涉嫌行贿的证据，但张京文没有掉以轻心，他知道整个案件已经到了关键时刻，这个时候绝对不能出现一点纰漏。通过对其他涉案人员的调查，检察机关掌握了曹文庄等人涉嫌犯罪的证据，一张抓捕大网也随之张开。

2006 年 1 月 13 日，是 2006 年"全国食品药品监督管理工作会议"在北京宽沟召开的第二天，曹文庄、王国荣等人均在会议现场。在现场，曹文庄、王国荣等被成功抓获。

曹文庄等人的到案，预示着面对面的较量就要开始了。

这次抓捕行动从决策和操作上都作了严格的保密措施，不仅对几名犯罪嫌疑人来说异常突然，对整个医药行业也是晴天霹雳。

王国荣，44 岁，国家药典委员会秘书长。王国荣到案之后，态度一直比较强硬，身为国家药典委员会秘书长的他，对预审组的讯问根本不加理睬，没有任何回应。

时间一分一秒地过去了，讯问工作没有丝毫进展，讯问室里的气氛也愈加凝重起来。王国荣一脸轻视，认为讯问他的检察官不够级别。

王国荣的话让在监控室里坐镇指挥的北京市人民检察院反贪局局长于春生站了起来："我去跟他谈谈！"

于春生有着多年的讯问经验和指挥经验，讯问室里，于春生游刃有余，每一句话都有理有力。这令王国荣从心底信服起来，心理防线也逐渐瓦解。

讯问室里，曹文庄使起了迷魂软招

经过两个多小时的讯问，王国荣终于交代了2005年下半年至案发前，魏明因阿尔贝拉(中国)有限公司两种药品修改质量标准的事情找过他，自己先后三次收受魏明给予巨额好处费的犯罪事实。

与此同时，张京文和曹文庄也开始了第一次面对面的较量。

虽然检察机关掌握了大量的证据，但熟悉法律的曹文庄怎能轻易认输？他一面口头上承诺配合检察机关工作，一面故意抛出与事实不符的所谓口供混淆视听。

面对检察官的讯问，曹文庄使出来的是一套迷魂软招，而面对每天的囹圄生涯，曹文庄更是表现得镇定自若，心理素质超乎常人。

面对检察官出示的种种证据，狡猾的曹文庄总是避实就虚，千方百计地为自己洗脱罪名。

按照刑法规定，犯巨额财产来源不明罪的，处五年以下有期徒刑或拘役。而贪污(受贿)罪，如果情节特别严重，可以判处死刑。熟悉法律的曹文庄非常清楚这一点，他始终不承认收受他人贿赂。

然而，在铁一般的证据面前，曹文庄最终败下阵来。

2007年5月，曹文庄因涉嫌受贿罪和玩忽职守罪被北京市人民检察院第一分院提起公诉。2007年7月6日，北京市第一中级人民法院经审理认为，曹文庄利用职务便利接受请托，多次收受两家制药企业请托人给予的款项折合人民币共计二百四十余万元。同时，曹文庄在全国范围内，草率提出启动专项工作和降低药品换发文号的审批标准。经抽查发现，曹文庄玩忽职守造成严重后果，部分药品生产企业使用虚假申报资料获得批号，其中包括个别假药。

法院对国家食品药品监督管理局药品注册司原司长曹文庄案作出一审宣判，曹文庄犯受贿罪，判处死刑，缓期二年执行，剥夺政治权利终身，没收个人全部财产；曹文庄犯玩忽职守罪，判处有期徒刑七年。两罪并罚，决定执行死刑，缓期二年执行，剥夺政治权利终身，并处没收个人全部财产。

2007年8月29日，北京市高级人民法院终审维持原判。其他涉案人员也受到了法律的制裁。

矿山"黑金"档案

2006年秋天，湖南省安化县廖家坪锑钨矿的上百名职工又到省城上访去了。听到这个消息，安化县人民检察院副检察长朱继光总感觉有什么东西堵在了胸口。这并不是朱继光第一次听说矿上职工集体上访的事，早在半年前，廖家坪锑钨矿的十几名职工代表，就曾来安化县人民检察院反映过情况，当时接待他们的正是朱继光。职工们反映，他们的矿长高力初有经济问题。

对于高力初，朱继光不陌生。十多年前，因为一起受贿案件的调查和审理工作，朱继光曾经和高力初打过交道。那个时候，朱继光还在安化县人民法院工作，高力初因为主动交代自己的受贿问题，一时间成了街谈巷议的"名人"。

检察官的意外收获

1995年10月初，安化县人民检察院在侦查安化县某企业领导涉嫌职务犯罪的过程中，发现一笔两万元的货款汇到了廖家坪锑钨矿的账号上，由于这笔汇款的票据不规范，当时，负责调查这起案件的检察官来到了廖家坪锑钨矿。

不凑巧的是，当天，矿上的会计生病了，根本没去上班。

为了不至于白跑一趟，检察官临时决定，找矿长高力初进行核实。高力初是个老实人，他没把两万块钱的事情讲清楚，反而把自己收受别人钱财的事一股脑讲了，甚至连他父亲去世后亲朋好友来吊孝，送了多少礼金，都讲得一清二楚。让检察官没有想到的是，两万元货款的用途还没调查清楚，却意外发现了高力初受贿五万多元的犯罪事实。

事实上，安化县某企业汇给廖家坪锑钨矿的两万块钱，只是一笔预付款，与该企业领导涉嫌职务犯罪并没有关系。当检察机关公布高力初涉嫌受贿的调查结果后，廖家坪锑钨矿一下子炸开了锅。大伙都不相信，他们的矿长，老实巴交的高力初，竟然触犯了法律。

在安化县，高力初的名气很大。他是一位从事矿采业的老工程师，因为业务熟练、头脑灵活，33岁的时候，他就担任了安化县大型国有企业——廖家坪锑钨矿的矿长。上世纪90年代初，伴随着国际钨矿石价格的上涨，高力初带领全矿四百多名职工，曾经创造过辉煌的业绩，也正因为如此，高力初在矿里有着极高的声誉。高力初业务熟练精湛，为人忠厚老实，虽说有受贿嫌疑，但廖家坪锑钨矿的四百多名职工一商量，联名力保高力初。因此，对这起受贿案件，检察机关一直相当慎重。

在接受检察机关调查时，高力初曾多次表达了自己对组织的信任，同时，也一直恳请组织上能够给他一次改过自新的机会。高力初的坦诚和老实，给审理此案的法官朱继光出了一个难题。当时按照刑法规定，高力初收受贿赂达到了五万元以上，应当被判处五年以上有期徒刑，然而，高力初认罪态度较好，且属于初犯，最低五年的刑期，负责审理此案的朱继光都觉得有点重了。

1996年夏天，安化县人民法院经过认真讨论和研究后，作出了一个皆大欢喜的判决，认定高力初受贿罪成立，判处高力初有期徒刑三年，缓刑三年。随后，高力初被调离了工作岗位。

在这之后不久，朱继光从法院调到了安化县人民检察院，出任主管反贪工作的副检察长。他怎么都不会想到，十几年后，当高力初东山再起，再次担任廖家坪锑钨矿矿长的时候，他会再一次成为检察机关调查的对象。

重新出山

安化县地处湖南中部，是湖南省有名的矿产资源大县，在近五千平方公里的面积内，蕴藏着丰富的锑、钨、金、钒等优势矿产。上世纪 90 年代中后期，国际钨价不稳定，直接导致了廖家坪锑钨矿由红火走向了没落。

廖家坪锑钨矿是安化县最大的国有企业之一，为了使企业摆脱困境，安化县委、县政府想了很多办法。在高力初离开锑钨矿不到三年的时间里，矿长换了四个人，然而，无论大家如何努力，却一直没能改变矿厂入不敷出、年年亏损的现状。2000 年夏天，当新矿长引咎辞职后，矿长人选再次成了让人头疼的难题。就在这个时候，县委、县政府收到了一封联名推荐信，廖家坪锑钨矿十多名职工代表请求县里再次任命高力初为矿长。

高力初忠厚老实，业务精熟，本质并不坏，这是上到县领导，下到企业职工对他的普遍看法。由于廖家坪锑钨矿已经到了濒临破产的边缘，县委、县政府经过慎重考虑，决定顺应民意，动员高力初出山。然而，高力初却一口回绝了县里领导的邀请，理由是"怕别人说闲话"。那种被人戳着脊梁骨过日子的滋味，高力初感受过，并不好受。

1951 年，高力初出生在湖南省安化县一个普通的农民家庭，18 岁时，他成了廖家坪锑钨矿的一名矿工，虽然只是初中毕业，但虚心好学、吃苦耐劳让他很快成了矿上的业务骨干。24 岁时，经人介绍，高力初与小他三岁的罗腊梅结了婚。

在廖家坪锑钨矿，高力初是出了名的"妻管严"，妻子罗腊梅很能干，高力初把心思全部放在了工作上，一步一步成了廖家坪锑钨矿的矿长。"先进个人""优秀共产党员""优秀青年干部"这些荣誉，都是高力初在廖家坪锑钨矿任职期间获得的。

对廖家坪锑钨矿，高力初有着很深的感情，这里曾经是他梦想开始的地方。

由于高力初只是担心"闲话"，县委、县政府一直在努力做着高力初的工作。2000 年年底，在县领导的一再邀请以及妻子罗腊梅的劝说下，高力初再度出山，接手了濒临破产的廖家坪锑钨矿。

再度上任，高力初马上宣布了"新政"：一，精兵简政，淘汰一批年老体弱的职工；二，减量生产，由于国际钨矿石价格低，部分停产可以降低生产成本。同时，高力初承诺，被淘汰的职工可以由企业继续购买社会养老保险，按月领取最低生活保障金。

高力初的"新政"很快赢得了职工的欢迎和社会的尊重。

朱继光是从报纸上得知高力初再次当矿长的，得到消息时，朱继光感到由衷的高兴，他非常欣赏高力初有错必改、勇挑重担的态度和勇气。从第一次跟高力初打交道，至今朱继光再也没有见过他，然而，让朱继光没有想到的是，现在他必须再次面对高力初，而且这一次，反映情况者义愤填膺。

从第一次接待群众上访开始，朱继光一直努力整理着自己的思绪。高力初为人忠厚，又是东山再起，他应该不会重蹈覆辙，可上百名下岗职工为何要一次次上访呢？难道高力初真有经济问题？

矿长在市区有豪宅

安化县地处偏远山区，是国家级贫困县，全县年收入在千元以下的贫困人口高达三十多万人，这其中，有多人靠养老金或者救济金苦度时日。

2006年年初，廖家坪锑钨矿上百名下岗职工开始四处上访，从县里到市里，再到省里，他们说，矿长高力初损害矿里的利益，收了承包人的贿赂，还在益阳市区购买了一套豪宅。为了查明真相，朱继光组织安化县人民检察院反贪局的检察官召开了一次简短的会议，很快，他们制定了详细的初查方案。

在内心深处，朱继光不愿相信高力初会重蹈覆辙，但职工们的反映似乎有根有据。在初查过程中，检察官很快找到了举报人提及的豪宅，这座房产位于益阳市区，是一座复式小楼，有一百八十多平方米，装修很漂亮，房主是高力初的小女儿。在调取房屋购买合同后得知，这套房屋购买于2005年，购买时是一次性付款，总价28万元，加上装修，估计市值四十多万元。

矿里的职工生活多没有保障，而高力初却买得起豪宅，这不禁让人生疑。

在廖家坪锑钨矿矿区走访的过程中，检察官了解到，2001年12月，因为矿产资源价格下降，矿厂经营难以维持，廖家坪锑钨矿便将该矿八宝山工区和天生河工区的采矿权向内部职工发包。经投标，职工谭军（化名）以向该矿上交100万元风险抵押金中标，取得八宝山工区三年的承包权。2002年1月14日，谭军与廖家坪锑钨矿签订了承包合同，谭军与另一合伙人李昌安（化名）成了两大股东。

职工们反映强烈的一个问题是，承包人谭军、李昌安都发了大财，两人承包已经三四年了，虽然明文规定每年要上交收入的40%作为管理费，但几年下来，两个人每年只向矿里交三四万块钱。

在检察机关的调查中，谭军与李昌安逐渐进入了检察官的视线。

承包合同中明确规定，合同签订之日，承包人需向发包方交纳100万元风险抵押金，然而，廖家坪锑钨矿八宝山工区被承包出去以后，入账的钱仅仅只有十万多元。掌握了这一事实之后，检察机关迅速对这100万元风险抵押金展开了调查。

真相很快浮出了水面。原来，对于100万元风险抵押金，谭军、李昌安二人采用的是"偷梁换柱"的办法：他们以中标的合同寻求信用社的贷款，然后再把包括贷款57万元在内的百万抵押金，以廖家坪锑钨矿的名义存到信用社。信用社占了便宜，贷款的利息高，存款的利息低，不仅占了利差，而且风险极小。但是，对廖家坪锑钨矿来说，意义却有些不同，表面上这100万元属于矿上，可密码掌握在承包人手中，矿上难以支配。

检察机关查清100万抵押金的来龙去脉后，排除了高力初挪用公款的嫌疑。

随着调查的深入，朱继光的心里隐约感到了一丝担忧，有点忐忑，有点不安。2006年9月4日，在排除了高力初挪用公款的嫌疑后，朱继光再次主持召开了案情分析会。分析会上，检察官有了共同的疑问：高力初的工资并不高，妻子罗腊梅只是水泥厂的退休职工，他们哪里来的钱为小女儿购买豪宅呢？

就在检察机关准备再次展开调查的时候，经高力初同意，谭军退出承包并将八宝山工区以680万元的价格转包给了他人。

承包黑幕

对高力初的初查，除了发现一处可疑房产，检察机关并没有发现更有价值的线索。高力初有没有问题？朱继光一直不停地问自己。

下岗职工一次又一次上访刺激着朱继光敏感的神经。为了找到更多线索，2006年9月10日，朱继光带领检察官，驱车两百多公里，再次来到了廖家坪锑钨矿，他想亲自问问职工们的想法。正是这次走访，他有了一个重大发现。

邓成功（化名）是廖家坪锑钨矿副矿长。在走访过程中，检察官了解到这样一个信息：在廖家坪锑钨矿八宝山工区被承包之前，邓成功是呼声最高的承包人，他与谭军、李昌安组成的"金三角"组合，在承包之初，就打败了所有竞争对手。然而，让邓成功没有想到的是，当他参加完岳母的葬礼回到矿上后，实际承包人却意外地变成了谭军。邓成功说，承包之初，他曾经与谭军、李昌安商定，给矿长高力初安排一部分股份，以换取他的照顾。但是，由于自己不是最后的承包者，所以，是不是给高力初安排了股份，他也说不上来。

听到这个线索，朱继光的心里"咯噔"了一下。调查之初，朱继光最担心的就是高力初重蹈覆辙，内心深处，他一直不愿意接受这样的结果。回到检察院，朱继光又一次主持召开了案情分析会。高力初在矿上到底有没有股份？只要找到承包人，这一切将水落石出。由于承包人谭军已经退出承包，这一次，检察机关将调查重点放在了另一个承包人李昌安的身上。

李昌安是安化县本地富甲一方的商人，他曾被检察机关调查过，并因向他人行贿被判过刑，在廖家坪锑钨矿的承包过程中，他一直扮演着幕后策划这一关键角色。2006 年 9 月 14 日，检察机关依法传唤了李昌安。

李昌安交代，高力初的小女儿曾经向他借过 10 万块钱，高力初还以女儿的名义在矿上入了 10 万股。

高力初的确在矿山入了股，这个消息让检察官感到既兴奋又震惊。

随后，李昌安详细介绍了高力初入股的经过。他说，入股的资金是高力初的妻子罗腊梅以其女儿的名义向他个人借的，并且打有借条，他们不仅入了股，并且还参与了分红。也许是为了获得检察机关的信任，李昌安在介绍写借条的过程时，显得异常耐心和细致。罗腊梅为什么不以高力初或自己的名义借款，反而以女儿的名义打下借条呢？这引起了检察机关的怀疑。

检察机关的怀疑不是没有道理：首先，罗腊梅的小女儿还是个学生，以她的名义借钱不符合常理；第二，李昌安无法出具借条。

李昌安的交代让检察机关意识到，高力初一定有问题。检察官将调查的重点再次转移到了高力初身上。在对高力初跟踪调查的第九天，检察官有了重大发现：高力初在长沙以小女儿的名义买了两间写字楼，总价超过了50万元。

作为亏损企业的矿长，高力初每月工资不到2000元，他哪来这么多钱，一口气买下两间写字楼呢？

借条真相

2006年9月30日，高力初因涉嫌受贿被刑事拘留；10月2日，高力初之妻罗腊梅因涉嫌受贿被刑事拘留；10月14日，高力初、罗腊梅夫妇被批准逮捕。

看守所里，两组检察官分别对高力初夫妇展开了审讯。

面对审讯，高力初的回答一直有条不紊，他坚决否认自己收受了贿赂，声称购房款是入股参与承包后的合法所得。高力初反复强调，他借钱入股，打了借条，他的借贷行为，应当受到法律的保护。三个小时过去了，审讯没有结果。

对罗腊梅的审讯也在紧张进行着。和丈夫一样，罗腊梅的回答同样滴水不漏。

朱继光果断决定，调整审讯策略，再次从李昌安身上寻找突破口。自9月25日正式对李昌安宣布逮捕以来，他的情绪一直很不稳定，作为生意人，他不想在这个事情上受到法律的严惩。一番激烈的思想斗争后，他承认送了高力初"干股"，这个借条是他要求打的，打借条的目的是怕以后有人查。

两路审讯小组轮番上阵，在强大的攻势下，高力初承认收了"干股"，并且参与了矿上的分红，但表示是妻子罗腊梅操作的。

原来，八宝山工区正式开工后，罗腊梅找李昌安要求入股。李昌安与谭军商量后，认为罗腊梅是矿长的妻子，以后许多事还要矿长"关照"，所以同意罗腊梅投入10万元干股在李昌安的名下。罗腊梅指使小女儿向李昌安打一张10万元的借条，李昌安出具了一张收到股金10万元的收条，罗腊梅将这一情况告诉了高力初。在谭军出资40万元、李昌安出资60万元的情况下，双方签订了按110万元进行分红的合伙协议。就这样，罗腊梅在没出一分钱的情况下，成为八宝山工区的股东之一。

2003年1月，罗腊梅的10万元干股分红五万元。对法律有点了解的李昌安知道，五万元是司法机关处理职务犯罪的一个"坎",便"好心"地扣下利息 1200 元,只给罗腊梅现金 4.88 万元。但罗腊梅似乎并不领情,因为担心李昌安嘴巴不稳,将其入干股的事说出去,2003 年 4 月,她将 10 万元干股转到谭军名下,并告诉了高力初。

妻子罗腊梅在八宝山工区有干股,高力初十分清楚。

于是,看似与承包矿山无关的高力初,利用职务之便,大肆为谭军等人牟利了。

2002 年 1 月,高力初违反规定,擅自同意谭军、李昌安以应由矿里收取并保管的风险抵押金作质押,帮助二人在某信用社取得贷款 57 万元。

2002 年 1 月 14 日,谭军与廖家坪锑钨矿签订承包合同时,高力初力排众议,绕开矿职代会,私自决定将合同中本应按照经营收入比例上交管理费的条款,改为每年以 30 万元的基数上交,他给职工的解释是,一旦定了基数,就能确保承包款不受市场价格影响而减少。但是,从事多年矿采业的高力初非常清楚,此时国际上对锑、钨等矿产资源的需求量正日益增加,且价格已成倍增长,在承包期内,矿内的承包款不但不会减少,还会有所增加。明知谭军等人隐瞒经营收入,将本应按照合同规定的经营收入比例上交承包款,同意变更为核定基数上交承包款,给廖家坪锑钨矿造成严重的经济损失。

2004 年谭军的承包期满后,高力初积极活动,使谭军承包期延长一年。

2005 年 7 月,高力初又积极为谭军续签三年承包合同协调关系。

······

经检察机关查实,截至 2005 年 11 月,谭军夫妇以分红的名义,先后四次在某储蓄所以罗腊梅的名义存入人民币 55 万元,罗腊梅均予以收受。2006 年 4 月,谭军夫妇又以分红的名义付款 54 万元,在长沙购买了两间写字楼送给高力初夫妇。高力初予以收受,并以其小女儿的名义签订了买房合同。

2007 年 7 月 15 日,湖南省益阳市

高力初夫妇受审

中级人民法院经过审理作出一审判决：以受贿罪，判处高力初有期徒刑十三年，并处没收财产 20 万元；判处被告人罗腊梅有期徒刑十二年，并处没收财产 20 万元，追缴的赃款四十五万余元、赃物两间住房依法予以没收，上缴国库。

判决下达后，高力初、罗腊梅夫妇没有提出上诉。

李昌安、谭军被另案处理。

残砖破瓦也值钱

一个重点关注的领域

一种隐蔽的敛财方式

是谁制造了黑洞

又是谁伸出了黑手

"黑洞"里面斩黑手

五月的南京，已是生机盎然，一片葱茏了。

2007年5月17日上午，南京人民检察院10楼会议室内，气氛热烈，反贪局侦查三处的检察官正在研究案情。案情的内容是，南京市栖霞区拆迁安置办公室主任朱荣根在拆迁安置过程中涉嫌受贿。原来，南京市纪委在调查栖霞区某村支书陆金宝（化名）涉嫌违纪的时候，他交代，曾向朱荣根行贿了120万元。陆金宝在担任村支书期间，多次向他人行贿，朱荣根就是其中之一。

120万元的来龙去脉

120万元，是个不小的数目。陆金宝把三次交钱给朱荣根的时间、地点都说得清清楚楚，看来不会有假。不过，检察官依然将信将疑。拆迁安置是一件非常复杂的工作，每次拆迁，政府要做大量的说服工作并支付巨额的拆迁补偿费，才能让被安置对象接受安置条件离开拆迁地点。本来，是政府给被安置单位和个人予以补偿，可奇怪的是，被安置单位和个人为什么反过来要给安置办主任送钱呢？

原来，陆金宝所在的村，正好在拆迁的范围之内。2002年1月朱荣根担任栖霞区拆迁安置办公室主任时，正好赶上栖霞区重新规划以及建设的高峰期，在栖霞区，安置补偿款拨给谁、拨多少这样的权力掌握在朱荣根的手中。检察机关决定，首先对朱荣根涉嫌受贿展开初查。

很快，初查信息就反馈回来了。据反映，那些被拆迁的单位和个人，只要跟朱荣根搞好关系，就能从他那里拿到额外的补偿款。检察官了解到，陆金宝在 2004 年到 2005 年分三次给了朱荣根 120 万元，就是感谢朱荣根在拆迁安置上给予的"照顾"。

陆金宝说，第一次给朱荣根 30 万元是在 2004 年 7 月。当时，他们村拆迁时留下了大量的残砖破瓦，朱荣根叫来工程队，替他们运走了，为村里节省了很大一笔开支，事后，朱荣根要了他 30 万元。时隔不久，朱荣根因为情人买房子，又从他那里要走了 30 万元。送给朱荣根的第三笔钱是在 2005 年，当地政府在拆迁陆金宝所在村幼儿园等设施时，朱荣根在为该村下拨 1200 万元补偿金的基础上，又增加了 80 万元的补偿，陆金宝多要补偿的目的达到后，为感谢朱荣根的关照，又拿出 60 万元给了他。

朱荣根拿着国家的钱，为别有用心的人谋取利益，给国家造成上百万元的损失，而他自己则从幕后

拆迁的工作量很大

伸出黑手，得了 120 万元的好处。

随着调查的展开，检察官发现，朱荣根接受陆金宝的头两笔贿赂款 60 万元，被他全部用来买了一套房子，而这套房子的主人，是一个叫徐红一（化名）的女人。徐红一是村支书陆金宝妻子的干姊妹，也是朱荣根的情人。2004 年，朱荣根厌倦了与徐的情人关系，向她提出分手。徐红一答应分手，但要求朱荣根给她买一套房子作为补偿，朱荣根考虑后同意了。一开始，他想买一套 50 万元的房子给她，因为手上只有 20 万元现金，又不想将投资到别处的钱取出来，于是想到了陆金宝。大约是七月的一天，他打电话给陆金宝说："你家小姨子要买房子，我还缺 30 万元，你不赞助一下吗？"陆金宝很爽快地答应了。几天后，陆将 30 万元现金交给了他。

当朱荣根凑够 50 万元之后，徐红一却狮子大开口，说自己看上了某楼盘一套 80 万元的房子。朱荣根只好故伎重演，再次向陆金宝索要了 30 万元。

综合各方面的信息，朱荣根收受贿赂证据确凿。2007 年 6 月 26 日，南京市人民检察院对朱荣根涉嫌受贿立案侦查。随后，朱荣根被带到了南京市人民检察院接受讯问。

他上缴了受贿款

但是，朱荣根的表现却有点出人意料。

按常理，突破受贿人不是一件容易的事，检察官史志强和他的同事也做好了跟朱荣根交锋的准备。但是，当史志强直面朱荣根，问他跟陆金宝是否存在权钱交易时，没想到朱荣根一点没有抵赖，非常坦白地说，他收了陆金宝的钱，不过，是 90 万元。

朱荣根的"坦白"让检察官很意外，虽然承认的 90 万元比陆金宝的供述少了 30 万元，但毕竟承认自己收了钱。那么，这 90 万元在哪里呢？朱荣根说，90 万元贿赂款他上缴到栖霞区纪委所设的廉正账户里了。廉政账户是纪检监察机关设立的用于接受党员、干部违规所得的专门账户，缴款时不记名，不记单位。朱荣根所说的是真是假呢？

外调组根据朱荣根提供的存根去查廉正账户，果然，廉政账户里，确实曾经收到过他交来的 90 万元。检察官分析，可能是朱荣根已经知道了陆金宝被抓，内心有鬼，害怕脱不了干系，就上缴了 90 万元。

受贿款已上缴，朱荣根说自己是清白无辜的。那么，如何认定这 90 万元的性质，是朱荣根是否涉嫌受贿的关键。深入调查后，检察官在这笔钱的来往时间上锁定了证据。据调查，朱荣根受贿的时间是 2004 年、2005 年，而上缴这笔钱的时间，已经是 2007 年上半年了，也就是说，陆金宝行贿的这些钱在朱荣根手里已经两三年了，朱荣根上缴受贿款，是迫不得已的决定。

可是，还有一个问题，陆金宝行贿的金额是 120 万元，那么，剩下的 30 万元朱荣根为什么要留在手中呢？

根据以往办案经验，大多数犯罪嫌疑人都有侥幸心理，朱荣根也不例外。他既怕陆金宝把他供出来，但又不相信一定会把他供出来，所以看到风声日紧，他就先上缴了 90 万元，余下的留在了自己手里。事实面前，朱荣根承认，剩余的 30 万元他的确占为己有了。

2007 年 8 月 27 日，朱荣根被批准逮捕。

朱荣根涉嫌受贿犯罪案取得了突破性进展，但是，在对朱荣根的涉案金额进行梳理后，检察官发现了一个重要疑点：陆金宝供述的行贿款只有 120 万元，可是朱荣根当时就已经花掉 60 万元给情人买了房子，应该只剩下 60 万元，但是听到风声后，他却一下子拿出 90 万元上缴了廉政账户，这多出来的 30 万元又从何而来？他出手就是几十万，是否还有其他犯罪事实没有交代？检察官加大了对朱荣根的审讯力度。但是，在交代了 120 万元受贿款后，朱荣根就沉默不语了。

看来，这个朱荣根是个不一般的人物。

史志强和同事们再次来到栖霞区进行调查，试图从外围找到一些有价值的线索。

他再次"主动"交代

栖霞区位于市区东北部，是南京著名的风景区，辖区面积 355 平方公里，总人口约四十万人，因境内有"江南第一秀山"栖霞山而闻名，每到深秋，丹枫似火，灿若凝霞，故名"栖霞"。区内自然人文景观众多，名胜古迹遍布，丰厚的文化底蕴和秀丽的自然风光增添了栖霞区的无穷魅力。

2002 年 1 月到 2007 年 4 月，朱荣根担任栖霞区拆迁安置办公室主任时，正是栖霞区发展的快速期。第十届全运会在南京举办，钟山环境整治等纳入政府规划……而这些项目的建设以及环境的整治，都涉及到栖霞区，所以，栖霞区拆迁安置的工作量很大。

知己知彼，百战不殆。专案组对收集的情况进行了梳理，他们决定再次提审朱荣根。审讯时，检察官不时地把在栖霞区了解到的关于拆迁的情况说了出来，隐隐约约，虚虚实实。听到这些话后，朱荣根的表情很不自然。

朱荣根到底隐藏着什么？检察官并不急于要他交代，而是从侧面进行讯问，以寻求突破口。通过这种方式，一来感化朱荣根；再者，讲清一些道理，让他明白只有积极主动交代问题，才能减轻自己的罪行。让人意外的是，检察官还没有把主要证据摆出来，朱荣根竟又一次"主动"交代受贿事实了，而且，他的做法是一点点地交代，并且都是一两万的"小意思"。

经过分析，检察官认为，这是朱荣根在耍花招，假扮认罪态度好，故意讨好检察机关。不过，朱荣根的这些表现，让检察官更有信心了，那就是朱荣根的受贿金额，远不止他零星交代的这些小数目。

由于是"积极主动"交代，朱荣根的态度有了一些好转。一天，他交代，2005 年 6 月份，南京某土石方工程队负责人李端生（化名）在承揽旧房拆迁业务时，为感谢他的帮助，曾经给了他三万元。李端生本来是替朱荣根"干活"的，朱荣根按说要给他们劳务费，但李端生为什么还要送钱给朱荣根呢？

检察官找到了李端生。他说，2005 年春节前，他的确送给朱荣根三万元，以感谢朱荣根的关照。朱荣根和李端生之间是否还存在其他的交易呢？此时，不仅朱荣根不说话，李端生也不说话了。

经调查发现，朱荣根和李端生从 2003 年开始就有拆迁工程往来，并且拆迁的工程不止一个，这说明，两个人之间绝不止这三万元的问题。李端生是个农民，为什么和朱荣根走得那么近？肯定是钱的交情。经过核对，他这几年从拆迁办承接的工程有七个之多，不给朱荣根好处，朱荣根肯定不会给他做。

在事实面前，李端生最终交代，2003 年到 2005 年间，他送给朱荣根的钱一共是 20 万元，而这些钱他是分七次送给朱荣根的。检察官还了解到，李端生承接的拆迁工程，他自己并没有做，而是转包出去了。

受贿就像领工资

李端生的情况核实清楚后，检察官扩大范围继续进行调查。这个李端生拿到的工程并不多，就给朱荣根行贿了 20 万元，那么工程量更大的那些人呢？他们是不是会给朱荣根行贿更多的钱？检察官搜集了所有的资料，并再次召开碰头会，对最新情况进行了分析。工程量远比李端生大几倍甚至十几倍的两个拆迁工程承包商甄俊（化名）和杨鹏举（化名）进入了检察机关的视线。

由于拆迁工作在很多人眼中是个苦差事，看上去没有什么利益，因此相关部门对于拆迁没有进行招投标的硬性要求。再者，拆迁工作没什么技术含量，拉起一帮人就能干，因而拆迁队非常多。众多拆迁队之间竞争激烈，他们趋之若鹜，想办法讨好朱荣根，要想承接到拆迁工程，唯一的办法就是多给朱荣根好处。检察官还了解到，朱荣根平常和这些拆迁工程队来往非常密切。

检察官再次对朱荣根展开讯问，依据相关资料以及合同，一笔一笔地当着朱荣根的面进行核对。在事实面前，朱荣根再也抵挡不住了，他交代了曾经收受甄俊贿赂的事实：

2003 年 5 月份，在南京太阳宫停车场，收受人民币 10 万元；

2003 年 8 月份，在南京尧化门附近的花卉市场，收受人民币 10 万元；

2006 年 2 月份，在栖霞区妈群街道办事处环陵路路边，收受人民币 10 万元……

朱荣根回忆，在三年多的时间里，甄俊给他的好处共九笔，金额达到了 60 万元。

而他让杨鹏举承接的拆迁工程更多，当然得到的好处也就更多：

2002 年 2 月，在南京经济适用房兴卫村拆迁工地，收受人民币 12 万元；

2003 年 11 月份，在南京线路器材厂的马路边，收受人民币 12 万元；

2004 年 4 月份，在南京黄家圩桥口，收受人民币 12 万元；

2006年3月份，在南京红山酒家附近，收受人民币8万元⋯⋯

朱荣根交代的受贿金额超过了100万元！也就是说，在所有的拆迁队伍中，杨鹏举承接的工程最多，他给朱荣根的好处也最多。从2002年1月朱荣根上任，到2007年出事前，杨鹏举不间断地定期给他送钱，少则几万元，多则十几万元。

检察官史志强后来打比方说，朱荣根的受贿就像领工资一样有规律。

一个区拆迁办主任，到底有多大的权力？从检察官与朱荣根的对话中或许能看出端倪。

检察官：那些人为什么要给你钱？

朱荣根：因为房屋拆迁选用拆迁队伍是我说了算，我想给谁做就给谁做。我把拆迁项目给谁做，谁就有钱赚，为了感谢我，他们就会给我钱，基本上是一个项目拆完后就给我钱。

检察官：你们拆迁办选择拆迁队伍要不要进行招投标？

朱荣根：当时政府没有规定要招投标，我想给谁做就给谁做。

检察官：拆房队伍是否需要资质？

朱荣根：资质要求不严，如果是拆迁集体土地就不要资质，拆迁国有土地要有资质。如果拆迁国有土地，我们拆迁办在办拆迁许可证的时候，就办成江苏某建筑公司，但实际上还是这帮人拆。

从对话可以看出，拆迁项目不需要招投标，朱荣根想给谁做就给谁做；拆迁队伍资质不够，拆迁办就会替他们办个假冒的资质证。难怪甄俊、杨鹏举等人要一次次给他送钱，也难怪陆金宝那么爽快地给他"赞助"。

随着案件深入推进，朱荣根的犯罪事实逐渐显露出来，这大大激励了参战的检察官。检察机关立即行动，启动侦查一体化机制，从南京市各个区、县抽调精兵强将，全力寻找行贿人。

竹篮打水一场空

一些行贿人先后被带到了检察院，随即，检察官对这些行贿人展开了讯问。南京市雨花台区人民检察院负责讯问甄俊，可是他们一接触甄俊，他就又哭又闹。

检察官分析，这些涉嫌行贿人当初或许是为了承接到工程，被逼无奈才向朱荣根行贿的；或许怕供出朱荣根，别人会说他不够义气，以后就没办法在这一行里"混"了。他们决定先冷却一下，从甄俊的家庭、事业等角度因势利导，去感化他。

而行贿人杨鹏举一到检察机关，则积极主动地配合，彻底交代了自己的问题。经过杨鹏举的核实，他曾一度向朱荣根行贿的金额高达109万元。至此，前前后后，朱荣根涉案金额已经超过了200万元。

朱荣根受贿证据确凿，检察机关依法对朱家进行了搜查，并跑遍银行调查朱荣根的存款，但却少有收获。这么多非法所得究竟去了哪里？此时的朱荣根又陷入一种吞吞吐吐的状态，这给检察官留下了一个悬念。后来朱荣根承认，在拆迁一处饭店的时候，饭店老板马成全（化名）曾经给了他100万元。

朱荣根交代，他的钱都放在马成全那里，一共是200万元，这其中还包括马成全给他行贿的100万元。马成全是饭店老板，和朱荣根非情非故，这么一笔巨款朱荣根为什么要放在一个外人手中呢？

原来，当初朱荣根在栖霞区马群街道办事处当副主任的时候，跟马成全之间的关系就非常密切了。马成全是开饭店的老板，后来生意越做越大，就在当地投资兴建了一个休闲山庄。检察官了解到，因为拆迁工作已经纳入了政府的统一规划，马成全占地面积三百多亩的休闲山庄也在被拆迁的范围之内，由于山庄租赁的是当地街道的集体土地，主要涉及到的赔偿，一是协议中断后经营上的损失；二是在休闲中心建设投入上造成的损失。山庄的土地属于栖霞区，拆迁自然由朱荣根负责。这一次，朱荣根跟马成全"里应外合"，把工作上的秘密偷偷泄露给马成全，联起手来攫取国家的拆迁补偿金。

朱荣根把政府赔偿最多为1800万元的标准透露给马成全，后者在和政府谈判时就掌握了主动权，更关键的是，朱荣根拆迁大权在握，还可以为其谋取更大的利益。在这种情况下，马成全最终拿到了1800万元赔偿。这比当初朱荣根对休闲山庄评估的1200万元高出了600万元。经过朱荣根的精心谋划，国家的600万元流进了马成全的腰包。拿到了满意的赔偿后，马成全自然不会忘记这位"财神爷"，于是给了朱荣根 100 万元"好处费"。

但是，对于这 100 万好处费的去向，朱荣根的交代却令人费解。他说，马成全给他的钱，他后来又放回了那里，而且，除了马成全给他的 100 万元外，那里还有另外的 100 万元受贿款。这就奇怪了，朱荣根为什么要把 200 万元放在马成全那里呢?

原来，朱荣根收了这么多钱，担心放在家里不安全，存在银行里，害怕万一东窗事发，追查赃款时容易被发现，所以，他想到了把钱放在马成全那里，让他用于投资。这样的话，不仅一大笔钱有了保险的去处，还可以得到回报。

直到此时，检察官才明白，朱荣根为什么一直不愿意供出他和马成全之间的权钱交易:一是，马成全也是行贿人，供出了他，自己受贿的事实就会暴露;二是，200 万元放在马成全那里，这是给自己留下的一条后路。随后，检察官找到了马成全，证据面前，马成全放弃了抵赖。

朱荣根也放弃了抵抗，并交代了几年间收受其他人贿赂的事实。

朱荣根到拆迁安置办公室上任后，就在幕后进行操控，把拆迁、安置两个领域的权力发挥到了极致:一是在拆迁领域，收受拆迁工程队相关人员给的好处;另外，在安置领域，多给被拆迁单位和个人额外赔偿，花着政府的钱，损公肥私，从中拿好处。

黑洞被一一揭开，幕后黑手也逐渐显露出来。

这个时候，朱荣根才从以前那种纸醉金迷、权力膨胀、忘乎所以的非正常状态中彻底地冷静下来，想想已经残缺不全的家，想想自己的女儿还未成年，朱荣根的脑袋耷拉了下来。

2007 年 10 月 23 日，南京市中级人民法院作出一审判决:被告人朱荣根犯受贿罪，判处有期徒刑十五年，并处没收财产 100 万元，被告人上缴廉政账户犯罪所得人民币 90 万元以及其余赃款人民币 355 万元、美金一万元予以追缴。

一审宣判后，朱荣根没有提出上诉。

朱荣根:我把拆迁项目给谁，谁就有钱赚

权倾一时的交通厅长落马
他从不直接受贿
却与情人和儿子一起
上演了一出受贿丑剧

交通厅长的双簧计

2006 年 8 月 19 日，浙江省人民检察院反贪局以涉嫌受贿拘留赵詹奇。

赵詹奇是浙江省交通厅原厅长，自上个世纪 80 年代末以来，先后出任过杭州市拱墅区区委副书记、拱墅区区长、杭州市交通局局长、浙江省发展计划委员会副主任、杭州萧山机场工程建设指挥部副总指挥等职务。曾几何时，赵詹奇履历辉煌，权倾一时。

然而面对检察官的讯问，赵詹奇却拒不承认自己收过一分钱的贿赂。

赵詹奇被检察机关拘留的消息不胫而走，一时间，浙江省内从上到下一片质疑之声。在人们的印象里，这个交通厅长强悍能干、雷厉风行、业绩显著，在任期间，他提出实施交通六大工程，其中之一就是廉政保障工程。他一向处处标榜廉洁，自律其身，细心的人们没有忘记这样一个细节，在一次全省大会上，意气风发的赵詹奇曾在台上高谈阔论："河南省连续三任厅长'前腐后继'，以前，革命先烈是为革命前仆后继，现在这三个厅长因为贪污腐败走上犯罪道路，教训非常之深刻。"

此话为他赢得一片掌声。这样一个时刻将廉政建设挂在嘴边的官员到底有没有受贿？如果赵詹奇有罪，那将是对他本人的一个极大讽刺；如果无罪，检察机关为何以涉嫌受贿拘留他？这些质疑声，对浙江省人民检察院反贪局的检察官而言，有一种难以名状的压力。

见不得阳光的交易

外界的压力以及赵詹奇的拒不承认，使得案件的侦破工作从一开始就不顺利。

赵詹奇是政坛老将，精明强悍，脾气急躁，性格上沉着冷静，遇事不慌，有较好的心理素质。几次与赵詹奇打交道，浙江省人民检察院反贪局的张友宝便感到赵詹奇并不好对付。他意识到，与赵詹奇打交道，除了要有过硬的心理素质，还要掌握足够的证据，用事实攻克他的心理防线。

赵詹奇的案发颇有渊源。2005年年底，震惊全国的浙江龙元集团案，牵扯出包括湖州原市委书记徐福宁等浙江政坛多名高官，引发浙江"政坛地震"。据行贿人交代，他曾经给徐福宁与赵詹奇同时行贿。

赵詹奇到底有没有受贿？行贿人说，赵詹奇从不自己收受贿赂，而是通过身边的关系人巧立名目收受钱财。检察官意识到，他们遇到了一种新型而隐蔽的犯罪类型，经过反复讨论，检察官决定改变侦查方式，对赵詹奇的讯问进行冷处理，将侦查重点放在外围调查上。

很快，检察官注意到一个新加坡商人李一鸣（化名）。

1997年，杭州市萧山国际机场包括机场高速公路建设工程开工建设，总预算接近三十亿元。李一鸣看中了萧山机场行李处理系统工程项目，时任浙江省发展计划委员会副主任的赵詹奇主管杭州萧山机场工程建设。1999年，李一鸣通过朋友，跟正在北京开会的赵詹奇搭上了关系。

萧山机场项目曾经被赵詹奇视为政绩之一，但是赵詹奇没想到萧山机场也将是自己的"滑铁卢"。

据李一鸣交代，当时的赵詹奇之所以同意与他见面，是因为赵詹奇唯一的儿子赵广宇正在新加坡留学。赵广宇高中还未毕业就到了新加坡读书，在外人看来，赵广宇的生活犹如神仙一般，每天下馆子，到处玩乐，即使没有修完学业，也照样挥金如土。这让赵詹奇很恼火，不成器的儿子将来的出路在哪里？这一直是赵詹奇的一块心病。

在和李一鸣第一次见面的时候，赵詹奇总是装作不经意地提起"我儿子在新加坡读书"。面对暗示，新加坡商人心领神会，两人达成了秘密的意向：如果能够中标萧山机场行李处理系统工程项目，李一鸣将聘请赵詹奇的儿子赵广宇作为他们公司的"业务咨询顾问"。

此时，远在新加坡的儿子赵广宇并没有感受到学业的乐趣，却时常感觉到生活的拮据，就在郁闷异常的时候，他收到了父亲赵詹奇送来的一份"厚礼"。赵詹奇跟儿子电话中说，新加坡有一家公司，是做行李输送的，做得不错，到时公司有人会与你联系，帮你赚一些学费。

这个消息对赵广宇来说，无疑就像天上掉下一个大馅饼。

从此以后，赵广宇在李一鸣与赵詹奇的交易中担任了"业务咨询顾问"的角色。在工程第一次开标后，赵广宇不断向李一鸣传递信息，告诉他一些招标的内幕。

最终，新加坡这家公司以最低报价中标萧山机场行李处理系统工程项目。李一鸣也遵照事先的约定，分两次给赵广宇业务咨询费新加坡币一万元、美元 5.6 万元。

畸形的"亲戚"

检察官从新加坡商人那里得到确凿证据后，迅速将赵广宇传唤到案。赵詹奇的儿子赵广宇几年前已经回国了，并且有了自己的公司。赵广宇被传唤，是赵詹奇被拘留一星期之后。赵广宇到案后，对李一鸣的供述并不回避，他承认自己在整个招标过程中充当了父亲受贿的工具。

在对赵广宇的调查中，一个与赵詹奇一家过从甚密的人进入了检察官的视线，他就是浙江某建筑工程有限公司第三分公司经理韩正（化名）。

韩正是赵詹奇的江苏老乡，是个深谙公关学的人，深知"舍不着孩子套不着狼"的道理。作为建筑工程公司的经理，他也想承揽一些工程。1997 年，他与赵詹奇认识后，两家人几乎每个礼拜都要在一起，要么打牌，要么郊游，逐渐成为密友。

面对老乡的殷勤，赵詹奇心如明镜，但是当时韩正所在的建筑公司只有二级资质，承接大项目肯定不行，赵詹奇就想到了机场物业楼。通过操作，韩正的建筑公司在招投标的资质审查中顺利入围，然而评标结果出来后，绍兴的一家建筑企业得分排名第一，他们公司只排在第二名。

在赵詹奇的积极斡旋下，韩正最终顺利拿到了萧山机场物业楼的承建权。韩正绞尽脑汁要报答老乡，但赵詹奇不直接收钱，使他一直深感不安，他一直在寻找机会。

赵詹奇喜欢打麻将，韩正投其所好，想到了一个感谢老乡的方式——邀请赵詹奇一起打麻将，玩"梭哈"赌博。他深谙自己的靠山不方便出来打牌，就在家中设了牌局邀请赵詹奇来家吃饭。一来二去，两家的关系突飞猛进，很多事在牌桌上便处理好了。据赵广宇回忆，赵、韩两家不是一般的朋友，可以说比亲戚还要亲。

　　韩正与赵詹奇打麻将的意图，是想让这棵帮他发财的"大树"多赢点钱，以弥补自己对这位老大哥的亏欠心理。可是赵詹奇赌技不佳，他便给了赵詹奇八万元赌资。

　　2001年，赵广宇因在新加坡非法打工被遣送回国，这事让赵詹奇恼怒不已。为了这个不成器的儿子，他费尽心血，如今却学无所成，儿子将来的出路成了他的一块心病。

　　赵詹奇愁眉不展，韩正看在眼里，他想到了一个帮助老朋友的主意，其方案与赵詹奇一拍即合。在韩正的鼓励下，赵广宇回国后开办了一家贸易公司。韩正觉得要牢牢靠住赵詹奇这棵大树，必须舍得投资，他和妻子商定，每年在赵詹奇身上"投入"20万元。从2003年到2006年，韩正以支付赵广宇"年薪"的名义，先后三次送给赵广宇60万元。赵广宇在拿到"年薪"后都告诉了父亲，赵詹奇说："这钱你就收下！"

　　在韩正看来，能攀上这么一个高官老大，等于抬高了自己的身价。

　　韩正被传唤到案后，也交代了事实。这时，负责外围调查的检察官在韩正的公司里搜查到一份聘用合同，合同上显示，赵广宇的确是公司聘用人员，但赵广宇在公司里只是一个名字，并不在岗。在这份合同上，聘用年限与赵广宇、韩正的交代基本一致。但是检察官在调查中发现，这份合同被人做过手脚：合同上的印章像是刚刚盖过，因为拿手一抹，手上还有鲜红的印泥。

　　此时的赵詹奇已经知道儿子赵广宇以及所谓的朋友韩正、李一鸣已经交代了大量事实，一时间他的神经变得非常脆弱。他没想到人一走，茶会凉得这么快，这些曾经的"铁杆"朋友，如今都开始翻脸不

赵詹奇：原来那些所谓的朋友几乎不见了吧

认人了，一瞬间他对"朋友"的认识又多了一层。

检察官决定抓住时机，趁热打铁，突审赵詹奇。

面对明显做过手脚的聘用合同，赵詹奇开始还在辩解，但越描越黑。随着漏洞百出的辩解，赵詹奇越来越意识到自己的申辩是徒劳的。

赵詹奇的心理防线被渐渐击垮，他没想到自己精心设计的迷局最终还是被检察机关识破了，虽然他一直没有亲手收过一分钱贿赂，但是儿子以年薪、咨询费等名义收的钱，一直像根鱼刺一样卡在他心里。这些钱虽然师出有名，但终究是名不正言不顺。

赵詹奇的旧情人

此时，检察官又发现了另一条重要线索：在对萧山机场工程建设的调查过程中，龙元集团项目经理杨锦奎（化名），得知萧山机场航站楼工程招标后，也想拿到这个项目，苦于没有机会接近赵詹奇，于是他将目光瞄准了赵詹奇的情人汪沛英。

汪沛英与赵詹奇认识将近四十年了。两个人的情缘始于上世纪90年代初，赵詹奇出任杭州市交通局局长的时候，他与汪沛英第二次偶遇，使得两个人迅速发展成为情人关系。

1998年春节前夕，杨锦奎找到汪沛英，让她找赵詹奇"公关"，承诺事成后给汪沛英1%的提成。

汪沛英找到了赵詹奇，赵詹奇先是拒绝了，汪沛英很生气，只好回掉了杨锦奎。汪沛英走后，赵詹奇左思右想，自觉有愧于她，于是决定在这件事情上做个顺水人情。几天后，赵詹奇主动向她问起此事，并让她揽下这个事。汪沛英高兴地把赵詹奇约出来与杨锦奎一起吃了饭。

过了几天，龙元集团负责人来到杭州，汪沛英又把赵詹奇约出来吃饭。席间，负责人对赵詹奇说，他们很看重萧山机场项目，如果中标，他们一定会给汪沛英业务费的。

赵詹奇对汪沛英说，这是好事，弄不好可以赚点钱。

杭州萧山机场航站楼工程竞争激烈，有七八十家单位投标，在赵詹奇的帮助下，龙元集团如愿以偿，以评标第一名的身份拿下了航站楼的承建权。事后，杨锦奎没有食言，分两次给了汪沛英 55 万元。

在拿到第一笔 20 万元时，汪沛英马上把消息告诉了赵詹奇，并拿出其中的 10 万元给他，但是被赵詹奇拒绝了。他自认为，如果自己拿了钱就是受贿。

新加坡商人李一鸣给赵广宇咨询费的事情，给了杨锦奎很大启发，在多次给赵詹奇送钱未果后，他便想送给赵广宇 20 万元来表示对赵詹奇的感谢之情。赵詹奇考虑之后，让他们走转账方式，称"这样安全"。于是杨锦奎让赵广宇找一个单位，他开出一张 20 万元的转账支票，赵广宇将这张转账支票打入这家单位，然后交点税金，取走现金 18.9 万元。

至此，检察机关查明，在萧山机场建设过程中，赵詹奇通过儿子和情人以咨询费、业务费等名目，向承建商收取了巨额贿赂。

面对证据，赵詹奇嚎啕大哭，他不相信自己的处心积虑会被检察机关识破。

欲盖弥彰

最终，赵詹奇不仅承认了检察机关的调查结果，也坦白了案发前他搞的补救措施。

2005 年年底，龙元集团出事后，引发浙江政坛的多米诺骨牌效应，让赵詹奇感到很害怕，他开始一笔一笔地默算收进来的钱，想想有没有漏洞需要弥补。2005 年 11 月 10 日，湖州原市委书记徐福宁在停职后被捕，这让赵詹奇更加恐慌，他觉得应该找儿子好好合计合计，有些补救措施必须做起来了。

老乡韩正曾给儿子 36 万元的买车钱，以及以"年薪"名义给儿子的 60 万元，这两笔钱不够踏实。于是，他打电话给韩正，让他务必和儿子补签一份聘用协议，签订日期必须提前到 2001 年，这样一算刚好是五年年薪总计 100 万元，可以应付调查。

赵詹奇当了十多年的交通厅长，结交了一大批做工程的企业老板，时间长了就称兄道弟，老板们称他为"阿大"。2003 年，杭州市绕城高速公路实施收费权益转让，对此觊觎已久的杭州某路桥经营管理有限公司的郑伟（化名），通过赵广宇与赵詹奇搭上了关系。

2005 年春节后的一天，郑伟找到赵詹奇，提出希望尽快向交通部办报批手续。赵詹奇借机说，儿子快要结婚了，买房子还差 300 万，表示要借 300 万元。郑伟一听马上拍着胸脯说："如果绕城公路的事搞成了，这 300 万元是小数目。"

几天后，郑伟将 300 万元打到了赵广宇公司的账上，之后，赵詹奇再也没有提起还钱之事。赵广宇在钱塘江岸边买下了房产，用于开公司。郑伟也如愿以偿，用八十多亿元买下了绕城公路收费权益。

龙元集团案发后，赵詹奇立刻打电话给郑伟，说要将以前的"借款"在账上转一下。这是笔大钱，儿子一下子拿不出那么多钱去划账，他让郑伟

杭州绕城高速

出面筹好钱在自己账户里转一转，营造已还款的假象。

赵詹奇运用他的"安全规则"，编织了一张"收钱网"。尽管赵詹奇为他的"收钱网"作了补救措施，然而，所有的补救措施最后证明都是徒劳的。

在赵詹奇的悔过书上，他深刻地剖析了自己的罪行：为了让回国的儿子趁年轻积攒好第一桶金，也为了满足自己的贪婪私欲，他费尽心机导演了一出出双簧戏。

法庭上的较量

2007 年 2 月 2 日，赵詹奇受贿案移交湖州市人民检察院公诉处审查起诉。湖州市人民检察院公诉处立即成立了公诉小组，由副检察长张雪樵主持工作。其实，公诉小组在案件的侦查过程中已经介入，他们认识到赵詹奇案不同于以前办理的受贿案。

张雪樵说："以往的受贿案一般有私密性，受贿人都是自己收钱，不让第三者插手，而赵詹奇收受六百多万元的贿赂，自己几乎不经手，是通过他的儿子和情人来

完成的。"

公诉小组接手案件后，两次奔赴看守所提讯赵詹奇，根据赵詹奇的反应，他们意识到眼前的对手不仅谨慎狡猾，而且对自己的案情一直有所准备。

赵詹奇1949年1月生于江苏宜兴，1968年中专毕业来杭州工作，从此在政坛上平步青云。张雪樵分析，像赵詹奇这样一个有丰富从政经验的人，自己不亲自收一分钱，是因为谨慎，但是通过关系人用隐蔽的手段受贿，也暴露了这个人的贪婪。张雪樵意识到，如何判定赵詹奇到底有没有罪，是案件的焦点。这是一起新型犯罪，市场经济这个隐蔽的外衣掩盖了赵詹奇犯罪的事实，如何揭开这个外衣，是判定赵詹奇是否有罪的关键。

2007年4月3日，连续两天，湖州市中级人民法院开庭审理了赵詹奇受贿案。

法庭上，赵詹奇还是一贯的策略：只承认自己帮助关系人收受好处，在客观上有罪，但他不承认自己主观上犯罪，因为自己没有亲手拿过钱。

法庭上的赵詹奇

庭审过程中，看不见的刀光剑影充斥在公诉小组、赵詹奇以及辩护人中间。整个案件从头到尾，每个证据，每个细节，每件事情，双方都进行了激烈的辩论，最终，大量的证据和公诉人一系列精彩的反问，让赵詹奇低下了头。

2007年7月10日，湖州市中级人民法院作出一审判决：经检察机关查明，1994年至2006年，赵詹奇在工程招投标、工程建设等工作中，多次单独或者通过其情人、儿子以"咨询费""业务费"及"借款"等名义，收受他人财物折合人民币560.77万元、新加坡币一万元和美元7.6万元，以受贿罪判处赵詹奇无期徒刑。赵詹奇没有提出上诉。

赵广宇在本案中作为赵詹奇受贿案的从犯，由于认罪态度好，出于情与法的考虑，从教育的角度出发，免于刑罚。

在赵詹奇案中，汪沛英作为全国首例"特定关系人"受贿案另案处理。

2007年9月29日，湖州市中级人民法院公开审理汪沛英受贿案。在法庭上，汪沛英矢口否认自己拿了这笔钱，并将希望寄托在赵詹奇身上，希望赵詹奇能为自己作掩护。

法院采信了赵詹奇的旁证，汪沛英没想到赵詹奇会将自己供出来，这让她痛苦不已。其实汪沛英在收受龙元集团的55万元之后，一度沉迷于炒股，将轻易得到的55万元钱投入到股市中，最终损失惨重。但是庭审过程中，汪沛英认为，即使自己拿了这55万元，也不构成犯罪，因为自己不是国家公职人员。

2007年7月8日，"两高"联合发布《关于办理受贿刑事案件适用法律若干问题的意见》，首次将过去法律规定的"利害关系人"扩展为"特定关系人"，并将"特定关系人"解释为"与国家工作人员有近亲属、情妇（夫）以及其他共同利益关系的人"，也使中国的法律法规当中首次出现了"情妇（夫）"的字样。

2007年10月22日，湖州市中级人民法院作出一审判决，汪沛英被判处有期徒刑七年。汪沛英不服，提出上诉，同年12月24日，二审判决维持原判。

法庭上，汪沛英认为自己的行为不构成犯罪，因为自己不是国家公职人员

首富之女

不忘财源广进

昔日女强人

今日阶下囚

局长不缺钱

怎会在钱上栽跟头

女局长的噩梦

李小平的外表颇有几分风韵，其实，看似柔弱的她已经五十多岁了。在云南省瑞丽市政界，李小平是远近闻名的女强人。她的名气，不仅来自当地畹町经济开发区首富的父亲，更是因为，作为瑞丽经济局的实权人物，她手握重权，从她手中流过的资金上百亿。

这些背景使她的身上笼罩着一层神秘的光环。

如今，她在瑞丽"名气"更大了：从风光女局长沦为阶下囚，这种落差，让人感叹不已。

身兼数职的"实权派"

2006年6月，瑞丽市人民检察院接到一封匿名举报信。信中说，时任瑞丽市经济局副局长的李小平在搞国企改革的时候，有中饱私囊和受贿的嫌疑。但怎么中饱私囊和受贿，信中说得并不具体。

越是权力集中的地方，越有可能产生腐败。基于这样的想法，2006年6月15日，瑞丽市人民检察院指派反贪局副局长杨蓉和侦查科长刘灏侦办此案。

瑞丽市属于云南省德宏傣族景颇族自治州，是中缅两国贸易的"中转站"和"集散地"。由于其得天独厚的地理位置，瑞丽这个只有12万人口的西南边陲小城，已经成为东南亚各国客商青睐的投资热土。李小平除了担任瑞丽市经济局党总支书记、副局长，还兼任市招商局副局长、市国有企业改革领导小组办公室主任等职务，当时的经济局没有局长，作为副局长，李小平大权在握，主持工作。由于身处特殊位置，在当地是响当当的"实权派"。

杨蓉和刘灏认真分析了形势，李小平身份特殊，如果想找到蛛丝马迹，只能在不惊动她的情况下进行初查，初查结果是能否立案的关键。初查期间，社会上陆续有了李小平的各种传闻，人们议论说，李小平这个人生活奢侈，自己建了一栋房子，还购买了私家车。

检察机关对这些模糊的线索秘密地进行了初步的调查，但一直没有找到突破口。关于李小平的举报和群众的议论到底是确有其事，还是捕风捉影？

14.8 万元的疑惑

就在这个时候，另一条线索如同黑夜里的一道闪电，让检察官眼前一亮。

瑞丽市原百货公司的职工说，他们公司的副经理傅传文（化名），是公司原房改办的负责人，他把公司二十多万元房改款取出来以后，下落不明。

傅传文是瑞丽市民族贸易公司原副经理、工会主席，在国企改制过程中，作为国企改制的留守人员，他具体负责处理公司改制事宜。检察官在住房公积金管理中心了解到，2004 年 9 月，傅传文从公积金管理中心取出 21.4 万元房改款，随后又将其中的 14.8 万元转到市经济局的账上，其余的据称是用于职工安置了。

国企改制的具体办公机构设在市经济局，而所有改制企业都由市经济局来监管，所以很多国有企业改制之后的款项，都要打到市经济局，由市经济局暂时管理，也就是说钱放在市经济局并不违反相关规定。但就在检察官到市经济局核实这笔款项的时候，另一个奇怪的现象让他们认识到问题并不简单。

原来，14.8 万元房改款只在市经济局来了一个华丽的走秀。2005 年 5 月 28 日，在市经济局管理这笔房改款之后才几个月，也是这个傅传文，又从市经济局的账上分两次把 14.8 万元取走了，取钱的理由是，用于修建百货公司家属区的排水沟和道路。

在对群众的走访中，检察官了解到，百货公司家属区的排水沟和道路在此之前早已修完，而在实地勘察中，不管如何丈量和测算，修排水沟和道路根本用不了十几万块钱，更何况职工们反映说，他们自己也分担了修建排水沟和道路的一部分钱。

这加重了检察机关的怀疑。

另一个疑点是，傅传文当初从公积金管理中心取出 21.4 万元之后，已经有七万多元用于职工的安置，即便除去安置职工的七万多块钱，修排水沟和道路最多就用两万多块钱，也就是说，至少还有十几万元去向不明，这么大的资金缺口明显存在问题。

这些钱当初是怎么被签批出来的？最后又究竟到了谁的手中了呢？

按财务规定，这么大一笔款项，应该有正规的票据和领用手续，但是，进一步调查发现，傅传文使用的只是一张普通收据，而且收据上有李小平的签字批准。

这么大数额的一笔款项，用一张普通的单据就批了下来，并且一人审批，一人领取，审批和领取程序明显不符合规定，傅传文和市经济局之间好像存在着某种特殊的关系。

虽然调查的结果已经将怀疑的重点集中在李小平身上，然而现在，没有任何有力的证据证明她有涉嫌犯罪的嫌疑。考虑到李小平在当地拥有一定的社会地位，检察机关没有贸然对她采取行动，而是继续从外围展开调查，争取拿到扎实的证据。由于被举报流失的十几万元房改款是李小平签批后由傅传文领走的，检察官决定从傅传文以及这笔钱的流向着手，打开突破口。

经过调查，检察官了解到，李小平与傅传文原本就认识。李小平在房改办当主任的时候，傅传文所在的百货公司，其职工住房要进行房改，傅传文负责公司的房改，跟李小平的接触多了起来，一来二去，两人成了很好的朋友。后来，在国企改制中，傅传文留守在原单位处理公司改制事宜，而李小平则负责全市的国企改制工作。

李小平的担忧

就在检察机关对李小平和傅传文马不停蹄地展开调查时，李小平在办公室里经常走神，好像心事重重。自己这是怎么了？李小平常常这样问自己。

作为职业女性，从 20 岁参加工作以来，李小平一步一步走到今天，她是父亲的骄傲。就这么想着，李小平忽然有点心神不定起来，她本来是一个胆大泼辣、敢做敢当、从来不怕事的人，这种忐忑不安的感觉是她从小到大从来没有过的。半年前，她隐隐约约听说检察机关在调查自己，但是半年过去了，检察机关从没有找过她核实情况，不会发生什么事情的，她总是不停地自我安慰。可是，心底里，她还是有些胆战心惊，只要见到警察，哪怕单位院子里停着一辆警车，她都心里发紧。

又是几个月过去了，检察机关还是没有找李小平，这时候，李小平感到有点轻松，或许检察机关没有查出什么来。想到这里，她的嘴角甚至有了一丝微笑。

就在李小平寝食难安的时候，2007 年 2 月初，瑞丽市人民检察院再次接到一封举报信，这封信跟李小平有关。信中提到某企业改制结束后，李小平以所谓的"改制费"为名，向该企业收取了三万元"改制费"，但是，这笔钱她并没有交到市经济局账上，而是和相关人员私分了，李小平分得了其中的一万元。

接到这封举报信后，检察官和其中涉及到的经济局内部人员进行了秘密的接触，对举报的内容进行了查证。在掌握了李小平参与私分三万元的有力证据后，2007 年 2 月 8 日，李小平被检察机关立案侦查。当天晚上，杨蓉和刘灏对李小平的案情一直研究到深夜，并对第二天的行动以及随之而来的审讯作了周密部署。

夜晚清凉安静，淡淡的月光照在轻柔美丽的凤尾竹上。2 月 8 日晚上，李小平的心却在这美好的夜色里支离破碎，她突然想要逃离这个城市，但倘若自己逃走，就等于告诉他人，自己做贼心虚。这一晚，李小平辗转反侧，她好像预感到了什么，一种不祥的阴云笼罩在她的心头。

2007 年 2 月 9 日一上班，杨蓉和刘灏带领检察人员来到了市经济局，李小平并不在办公室，同事说，她正陪着客人在外吃早点。几分钟后，李小平回来了。见到检察官的一瞬间，她的表情很平静，对检察官的到来，她似乎早有预感。

被带上警车后，李小平沉默不语，只是偶尔有几句闲谈，她说头天晚上，自己做了一个奇怪的梦，梦到的那个人正是反贪局副局长杨蓉。其实，此刻李小平的心中并不平静，懊悔、紧张和焦虑在她心中如潮水般挣扎汹涌，天生好强的性格和长期在领导岗位上的经历，让她觉得不能就这样轻易认输。

讯问室里，她很快把这些情绪掩藏了起来，大表自己的功绩。

我很糊涂

杨蓉打量着眼前这个女人：穿着考究，五十多岁看起来也就四十出头，显得有气质也很高傲。在与李小平对话的同时，杨蓉也知道，再过几个月，李小平就要退休了，从内心里，杨蓉很为她感到惋惜。

李小平仍在继续夸耀自己的功绩。杨蓉耐心地听着，不急不躁，她对李小平说："名利这东西都是过眼云烟，你不应该这么看重。"

李小平一愣，或许她还没有从刚才的夸夸其谈中走出来；或许是杨蓉的这番话，触动了她的敏感神经，李小平突然停止了演讲，呆若木鸡，一言不发。

时近中午，李小平就这样枯坐着，无论检察官说什么，她都是一脸的愁容。从自己熟悉的办公室到讯问室，已经整整四个小时了，李小平觉得时间过得很慢，每一秒钟都吞噬着她的心，她的耳边嗡嗡作响，一切像在做梦。

下午三点，瑞丽市人民检察院会议室里，一场针对李小平审讯的讨论会正在进行。根据检察机关掌握的情况，李小平在参与某国企改制过程中，伙同该厂厂长私分三万元改制款，并从中获利一万元，事实清楚，证据确凿，李小平贪污罪已成立。同时，检察机关也已基本弄清了傅传文和李小平之间的问题，并把傅传文秘密带到了检察院。

检察官晓以利害后，傅传文交代了问题。原来，2005年2月，在李小平的授意下，他假借维修公司职工宿舍排水沟和道路的名义，从市经济局的账上提出6.5万元，其中给了李小平三万元。然而，这些钱并没能满足两人贪婪的胃口，想到自己即将退休，李小平觉得手中的权力现在不用，以后就再也没有机会了。几天后她再次拨通了傅传文的电话，电话中，她跟傅传文商量剩下的钱怎么处置。就这样，在李小平的再次授意下，2005 年 4 月 11 日，两人以同样的方式将余下的八万多元全部私分，这一次，李小平又分得两万元。

如果说，第一次取钱，还有一个维修家属区的排水沟和道路的理由，那么第二次就更直接了，李小平让傅传文写一个收据，自己在上面签字后，傅传文直接去了经济局的财务室，拿走了剩余的八万多元。至此，检察机关已经掌握李小平贪污职工房改款五万元的确凿证据。

检察官胸有成竹，重新回到了讯问室。

这个时候，李小平正疑惑着检察官刚才为什么离开。她的内心惶恐不安，原本高傲的她突然变得非常可怜，好像有什么事要一吐为快。

此刻，检察官非常清楚李小平的心理。尽管一直身处领导岗位，但李小平有过两次不幸的婚姻，她的内心非常脆弱。看到自己无法逃避制裁，经过激烈的思想斗争之后，李小平的心理防线崩溃了，她几乎用倾诉的口吻向检察官开始了讲述。她交代了自己两次违规审批傅传文冒领 14.8 万元房改款并从中分得五万元的事实；同时承认在某企业改制之后，收取三万元改制费，并且私分一万元的事实。让检察机关没想到的是，李小平还主动交代了另外四十余万元的受贿事实。

原来，2005 年国有企业改制期间，很多改制企业的不动产，都要由拍卖公司予以拍卖。当时，刚好一批供销社的资产需要拍卖，身兼市国有企业改革领导小组办公室主任的李小平自然成了这些拍卖公司竞相讨好的对象，他们希望从李小平手中获得这些改制企业不动产的拍卖权，从中获取高额佣金。

那年 9 月，李小平以 17.6 万元的价格向某拍卖公司经理杨林（化名）购得一块土地，并立下了欠条，后来杨林因拍卖业务有求于李小平，于是，他给李小平出具了一张假收据，一笔勾销了 10 万元的欠款。作为回报，这家拍卖公司

李小平的内心惶恐不安，好像有什么事要一吐为快

如愿获得了供销社资产的部分拍卖权，并获得了高额佣金。为感谢李小平的帮助，杨林找到李小平，又送了她 10 万元的感谢费。

除了杨林这位"财神"，她的私家车也来自于另一家拍卖公司老板的"馈赠"。

被带到检察院八小时后，李小平一股脑地交代了自己的受贿事实，这时的她如释重负，感到前所未有的轻松。

李小平的父亲是当地畹町开发区的首富，李小平说，以她这样富有的家庭背景，其实对钱非常不屑，自己工作三十多年，经手的资金有上百亿，从没有动过私心，临近退休了，可不知为什么鬼使神差地栽在了金钱上："我们家从来不缺钱用，我还去拿这个钱，没有意思，为什么要去伸手拿这个钱？糊涂了，真的是糊涂，对法律有些空白点。"

李小平说，回忆这一切像是在做梦，如果活到 80 岁，自己肯定要后悔到 80 岁。

昔日风光一时的女强人，面对即将到来的铁窗生涯，留下的只有余生的悔恨。

2007 年 11 月 1 日，德宏州中级人民法院以贪污罪、受贿罪分别判处李小平有期徒刑五年和八年，决定合并执行有期徒刑十年。

变脸丽人现形记

2007 年 4 月 17 日上午 11 点，云南省威信县人民检察院反贪局局长李跃贵办公室里，突然响起急促的电话铃声，李跃贵拿起听筒，电话里，传来威信县发改局办公室主任慌慌张张的声音。他说，单位女出纳罗正英失踪好几天了，他们怀疑罗正英已经携款潜逃。

放下电话，李跃贵立即带人赶到了威信县发改局。

原来，因为单位要用钱，威信县发改局局长一直在找出纳罗正英，但已经两天了，不仅找不到人，也联系不上她，无奈之下，只好找人打开罗正英保管的保险柜，但让他吃惊的是，里面除了账本什么都没有。"前几天才取的二十多万元怎么没有了？"他意识到事情不妙，立刻让会计查账，这才发现，从 3 月中旬到 4 月 11 日，不到一个月的时间里，罗正英在无人知晓的情况下，私自从银行取走了数十万元巨款！而现在这笔巨款随着罗正英一起消失了，惊慌之余，他们赶紧报了案。

威信县发改局是威信县最具实权的单位之一，掌握着威信县绝大多数扶贫专项建设资金。核实完情况，检察机关初步认定，发改局出纳罗正英有重大贪污嫌疑。

下午三点，距离案发仅四个小时，威信县人民检察院成立专案组，兵分四路对罗正英全面展开了调查。很快，检察官从银行的监控录像中发现，案发前一个月左右时间里，罗正英在银行提取了大量现金，总计 80.7 万元人民币。

对一个国家级贫困县来说，这个数字让所有人感到震惊。

威信县在云南省东北部，地处四川盆地和云贵高原的过渡地带，由于地处偏僻，交通闭塞，这里的经济并不发达。近年来，为了改善威信县的基础设施建设，国家财政每年都会向威信县划拨一定的专项扶贫建设资金，而具体管理这些专项资金的人正是罗正英。

消失的不止 80 万

王晓芹是云南省昭通地区唯一的女检察长，在检察系统这些年里，王晓芹从来没有碰到过案值这么大的案件。由于事发突然，情况紧急，听到李跃贵的汇报后，还在上海出差的王晓芹第一时间赶回了威信县城。

案发后五个小时，王晓芹主持召开了第一次案情分析会，会上，之前的四个调查组分别介绍了初查结果。罗正英，1968 年出生，威信县本地人，社会关系比较简单，案发前不久，罗正英刚刚离异，女儿由前夫抚养，她目前单身。调查中，检察官了解到，罗正英性格孤僻，不善言谈，几乎没什么朋友。起初，检察机关认为，罗正英可能是由于感情失败，精神受到刺激，选择了贪污公款、携款潜逃，但是，随着调查的深入，检察机关发现，发改局账面上的资金不是少了 80 万，而是 265 万。

265 万元，对于每年都靠国家财政扶持的贫困县来说，无疑是一个天大的数字。这个数字让当地党委政府也震惊了，县委书记当即拍板，要求全县政府机关、金融、公安、交通等部门全力配合检察院查办案件，在办案期间，无论要人、要车，一切听从检察长王晓芹的调度，并当即拨出 20 万元作为办案经费。得到了党委政府的全力支持，检察院深感责任重大，他们迅速到银行、社区等地排查罗正英的社会关系、可能潜逃的地点等相关情况。然而，罗正英就像人间蒸发了一样，消失得无影无踪。

案情重大却没有一点线索，罗正英究竟去了哪里？

晚上 7 点 18 分，专案组再一次召开紧急会议，会上，威信县委、县政府明确指示：无论如何必须找到罗正英，追回巨款。

通过初查，王晓芹似乎理出了一点头绪，这点头绪，指的是罗正英最大的爱好——赌博。

在前面几个小时的调查中，检察机关掌握了这样一个事实，罗正英喜欢赌博，"麻将""牌九"样样精通;另外,罗正英一直在购买一种名叫"赌码"的"地下六合彩",而且赌注极大。经过研究,检察机关决定,围绕罗正英的"赌友"展开全面调查。

进一步排查中,检察官发现一条重要线索,罗正英经常和一个叫李洪(化名)的人在一起。李洪,1971年出生,威信县扎西镇的无业游民,平时喜欢舞枪弄棒、惹是生非,曾因打架滋事多次被公安机关拘留。检察官在调查中了解到,罗正英与李洪关系极其亲密。

突审李洪

威信县城并不大,不知从何时开始,关于罗正英的流言蜚语,开始像病毒一样四处蔓延,人们议论纷纷,猜测着罗正英的所作所为及去向。

由于罗正英有赌博的习惯,并且携带着大量的现金,检察机关非常清楚,只有尽快找到罗正英,一切才能水落石出。有人看见,案发前,罗正英曾跟李洪在一起,他很有可能知道罗正英的下落。检察机关当即决定传唤李洪。

4月18日上午11点30分,专案组在威信县城截获了准备驾车外出的李洪。

讯问室里,对于自己跟罗正英的关系,李洪矢口否认,他说自己跟罗正英认识,但不熟悉。事实上,案发前罗正英与李洪联系频繁,这一点,早在检察机关找到他之前就已经调查清楚。由于李洪有过多次前科,并且蹲过几年监狱,因此,被带到检察机关的那一刻起,他就一直不冷不热,甚至装疯卖傻。

正当双方僵持不下的时候,李洪突然提出要上卫生间。

检察官敏锐地感觉到,李洪有可能耍花样,于是同意了他的请求。果然,李洪借口上卫生间的机会,放水冲走了一张手机卡。

回到讯问室,检察官要求李洪对刚才冲走的手机卡作出解释。李洪一听如雷轰顶,他拼命解释,但漏洞百出,无意间,他说了一句:"我想她应该在四川吧!"

据李洪交代,早在几个月前,他和罗正英曾经一同到成都租房,现在房子还没有到期,罗正英有可能在成都。4月19日零点,就在获悉罗正英可能藏匿的地点后不到一小时,一个抓捕小组在李跃贵的率领下从威信县出发了,他们要连夜奔赴七百多公里外的成都。

由于对成都地形不熟悉，为了增加成功几率，检察长王晓芹作出了一个冒险的决定：带着李洪一起到成都。由于李洪身高体壮，平时爱舞枪弄棒，带着他确实增加了风险，但是如果不带他去，抓获罗正英的几率可能更小，于是王晓芹决定冒这个险。

抓捕小组出发后，王晓芹提着的心一直没有放下来，几乎每隔20分钟，她就要给李跃贵打一个电话，确认路上是否安全。当天夜里，王晓芹和县检察院的其他党组成员彻夜未眠，他们全都守候在王晓芹办公室的电话前，苦苦等待着前方的消息。

早晨七点多，王晓芹的电话终于响了起来，她抓起电话，电话那头传来的是李跃贵焦急的声音："王检，糟了，人不在！"原来，抓捕小组遇到了最坏的情况：成都双楠小区501室人去屋空，房门上催缴水电费的单子依然贴着，房间里除了一个空皮箱，什么都没有留下。询问邻居和小区保安后得知，大约三天前确实有一个女人进去过，但第二天这个女人就搬家了。

王晓芹的心里一沉，从案发到现在，检察官连续奋战了四十多个小时，这样的努力却并没有换来理想的结果。一时间，大伙茫然失措。罗正英究竟去了哪里？是调查的方向错了，还是李洪冲走了手机卡后无法联络，引起罗正英的警觉了呢？

王晓芹既像安慰大家，又像安慰自己："不要慌，不要慌，我们再想想，再想想。"在她的劝慰下，大家镇静下来，开始研究第二套方案。

罗正英，站住

4月19日上午8点33分，李跃贵在双楠小区召集大家开了一个现场会。

此前的调查中，专案组曾经分析过罗正英，即罗正英出逃后，她一直没有与家人联系，结合案发前她前往成都租房的举动，专案组断定，罗正英具有一定的反侦查能力。因此，李跃贵分析，双楠小区501室留下一个空皮箱，颇有"此地无银三百两"的味道，它极有可能是罗正英故意扰乱检察机关侦查视线的举动。鉴于此，罗正英可能还在成都！

同样，在威信县人民检察院，王晓芹在研究第二套方案时，也作出了判断，双楠小区 501 室人去屋空的景象，恰巧可以证明罗正英到过成都，既然到过成都，在没有与情夫李洪会和的情况下，罗正英提前离开的可能性并不大。李跃贵的分析与王晓芹的判断不谋而合。

事事谨慎、处处小心，罗正英让检察官领教了她的"厉害"。虽然检察机关判断罗正英还在成都，但是，要想在成都近千万人口中找到罗正英，太难了！

根据外围调查掌握的线索，李跃贵判断，罗正英生活奢侈，并且随身携带了大量现金，她应该不会去住一般的民房，当然，她也不会去住人员流动性极大的酒店或者宾馆。采用排除法分析，如果她还在成都，罗正英最佳的藏身之所应该是买房居住或者租住高档小区。

4 月 19 日上午 10 点整，在确定了新的侦查方向后，抓捕小组顾不上休息，兵分两路，拿着罗正英的照片，开始在成都所有的房屋中介公司摸排走访。

功夫不负有心人。在一次次的失望之后，下午一点多，一家房屋中介公司的工作人员认出了罗正英。据工作人员回忆，照片上的人名叫"陈莉"，前几天刚刚通过他们登记租住了一套房子。原来，罗正英脸上有两颗较大的黑痣，特征非常明显，见过她的人一般都会印象深刻。

检察官一下子兴奋了起来。按照工作人员提供的地址，他们迅速赶到了"陈莉"租住的小区进行布控。

从"陈莉"租住的小区向外看，成都著名的春熙路清晰可见。李跃贵和同事凌育伟蹲守在小区里，两眼一直紧紧地盯着熙来攘往的人群。数小时后，他们发现了一名身材、相貌、走路姿势与罗正英极其相似的女子，她低着头从春熙路走了过来，好像满腹心事。这名女子头上缠着绷带，带着一副墨镜。眼看着她一步一步走向自己的住所，李跃贵突然大喊了一声："罗正英，站住！"

这名女子本能地回过头来，满脸恐慌，检察官没有丝毫犹豫，冲了上去。

然而，当他们仔细看时，却发现这名女子与照片中的罗正英不大一样。在这名女子的脸上，两颗明显的黑痣不见了，整个脸变瘦变小了。这名女子根本不像罗正英，难道抓错人了？从被抓住的那一刻起，这个女人就不停地发抖，如果不是罗正英，她为什么一直浑身发抖呢？ 在随后进行的搜查中，检察官在这名女子的租住地搜出了罗正英的身份证和八万元现金及银行卡。在证据面前，这名女子承认，自己就是罗正英，刚刚从美容院做完整容出来。

一刹那，疑虑消除了。

原来，罗正英为了逃避检察机关的追查，在离开威信县城前就制定了周密的出逃计划。为了获得逃跑经验，她甚至还上网聊天，请网友为她支招，一些不明真相的网友纷纷告诉她各种办法。在网友的指点下，罗正英买了几部手机和几张手机卡，办了三个假身份证。到成都的第二天，她害怕李洪被抓使她行踪暴露，于是立即换了房，并马上到一家整容医院花了两万多元进行整容，把下颌骨变窄了，同时对脸

 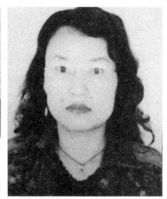

整容后的罗正英　　　　　整容前的罗正英

上进行了拉皮术。换房、整容，这仅是她的第一步计划。罗正英没有想到，由于租房时还没有整容，她还是露出了狐狸尾巴。如果不是检察机关行动迅速，再过上几天，这个已经改头换面、躲在茫茫人海中的巨贪或许就变成了"陈莉"。

成功抓捕罗正英后，已经两天没有合过眼的检察官顾不上疲劳，连夜将罗正英和李洪带回了威信县城。

赃款去了哪里

抓捕罗正英时，仅从她身上搜出八万元现金和一张内有九万余元的银行卡，赃款的去向自然成了检察官讨论的重点。

当天晚上，面对检察机关的讯问，罗正英毫不忌讳，她承认，是自己贪污了公

款 265 万元。而这，也是检察机关两天两夜查账，一笔一笔计算出来的结果。当检察官问到赃款的去向时，罗正英给出了这样的答复："用了，赌博赌输了。"

罗正英交代，她贪污的 265 万元公款已基本花光。对于罗正英十分肯定的答复，检察长王晓芹却并不认同。审讯前，王晓芹详细了解过罗正英每一次取钱的时间及数额，在罗正英被捕前半个月，她一共取款五次，数额高达九十多万元，比之前的 80.7 万元要多出许多。在王晓芹看来，罗正英最后几次实施犯罪行为时，已经意识到了要东窗事发，一直在准备外逃，她没有时间也决不会将最后提取的现金全部花光。

审讯室里的罗正英大多数时间选择了沉默，实在被问得急了，她就说："哎呀你们也别问了，反正我拿了这么多钱怎么样都是一个死，不说什么了，你们判我，枪毙我吧，我接受，我不上诉。"

罗正英的拒不交代让审讯陷入了僵局，对检察机关来说，即便抓住了罗正英，但只要没有追回赃款，案件就不能称之为成功。连续七天，无论检察官聊起什么话题，罗正英一直在哭，拒绝谈赃款的去向。到第十天的时候，她干脆绝食了，整天水米不进。

听到这个消息后，王晓芹亲自赶到看守所提审罗正英，她清楚，要想让罗正英开口，只能先让她恢复生存的意志，让她知道还有活下去的可能。

经过这段时间的接触，王晓芹发现，罗正英虽然性格孤僻，朋友极少，但却特别重视亲情，尤其是对自己的母亲与孩子。经过研究，检察机关决定安排罗正英的亲人与她见上一面，希望她的家人能够劝说已经感到绝望的罗正英迷途知返，主动交代问题。

4 月 26 日晚上 10 点，在检察机关的安排下，罗正英第一次见到了自己的亲人。家人的问候，亲人的温暖，使罗正英痛哭流涕，她告诉检察官，自己把钱埋在一个叫"莲花洞"的地方。

王晓芹带人赶到莲花洞，这里的情形和罗正英说得一模一样。他们把那里的土翻了一遍，然而，现场除了一个空空的大坑，并没有发现罗正英所藏的钱。

莲花洞空间极大，地形复杂，一片漆黑。检察官仔细勘察地形后认为，如果不是事先得到确切的消息，别人很难找到这个地方。在排除了被人意外拿走的可能性后，检察机关得出了结论：罗正英在撒谎！

从莲花洞回到看守所，检察机关又一次开始了审讯。

面对检察官的讯问，罗正英交代了实情。原来，罗正英出逃前确实想过将钱藏在莲花洞，并且已经挖好了埋钱的坑，但转念一想，如果出去几年，钱用完了再回来拿时，说不定会出什么意外，因此才打消了在这里藏钱的念头。

审讯中，罗正英数次提到不能牵连别人，这个"别人"指的是谁呢？从莲花洞回来后，王晓芹开始了思考。罗正英是威信本地人，社会关系并不复杂，除了父母、兄弟、前夫、孩子外，罗正英没有其他亲人。想到这些，王晓芹制定了一个新的计划。

第二天，王晓芹天不亮就赶到看守所，这时才清晨六点。王晓芹的到来实在出乎罗正英的意料。

王晓芹单刀直入地说："你还有钱。"

罗正英却反问："你说我还有多少钱？"

看到罗正英这样的态度，王晓芹知道，这是罗正英在套检察机关的底，于是她也进行试探："你至少还有一百多万。"

"没有这么多。"罗正英话一出口，就发觉失言，任凭王晓芹怎么说，她都不再说话。

而新的计划很快收到了效果。不久，外围调查组就陆续传来了消息：罗正英的弟弟一年前购买了一辆新车，购车款是罗正英支付的；另外，罗正英的哥哥曾经去银行存过一大笔钱。

王晓芹走后，看守所里的罗正英坐立不安，她知道，自己"变脸"都能被检察机关识破，那么，贪污挪用这么多公款的去向，检察机关很快也会查明，与其顽抗，不如争取一个好态度。4月30日，罗正英主动要求与王晓芹见面，并且希望能见到自己的母亲。罗母被带到看守所后，罗正英对母亲说："妈妈我交给你的钱，你把它交给检察机关吧。"

原来，罗正英放了几十万元在母亲那里，但是她母亲没有存银行，而是放

罗正英落网后，大多数时间里选择了沉默

在家中煮饭的灶里，外面用瓷砖和水泥封死了。虽然检察机关之前曾经在罗正英的母亲家里进行过搜查，但是，由于藏钱地点特别隐蔽，检察机关的搜查并没有任何发现。在交代完第一笔赃款的去向后，罗正英随后陆续又交代出了几处藏钱地点，分别在其弟弟、表妹、外祖母家，这些赃款共计 57 万元人民币。

从母亲开始，罗正英每隔两三天才交代出一个藏钱地点，而每交代出一名亲人，罗正英都要经过一系列的思想斗争。母亲、弟弟、表妹、外祖母……每交代出一名亲人，罗正英都会旁敲侧击地询问何时结案。虽然罗正英出逃前套取的赃款已经部分被追回，但是，检察长王晓芹却并不急于结案，在她看来，罗正英仍然有所隐瞒。

王晓芹跟罗正英聊起了家常，从母亲到孩子，从前夫到家庭……很快，王晓芹的猜测得到了印证。作为母亲，罗正英最放心不下的就是自己的女儿，为此，她给女儿准备了一大笔钱，这是罗正英内心深处最不愿意触及的底线，是她心里永远的痛。

她这样自毁前程

罗正英曾经拥有一个幸福美满的家庭，丈夫是一名口碑不错的中学教师，女儿聪明伶俐。罗正英说，自从 2003 年迷上赌博后，丈夫一直对她好言相劝，希望她能金盆洗手，但她置若罔闻。

2005 年，当丈夫发现罗正英竟然贪污公款用于赌博时，主动提出要卖掉房子，帮她填补窟窿。但是，丈夫的好意被罗正英拒绝了，她知道，自己贪污的上百万公款，即使卖掉房子也填补不上了。直到这时，罗正英才第一次感到了恐惧与绝望。

这些年来，丈夫对自己一直不错，为了不连累丈夫与孩子，罗正英主动提出了离婚——她想离婚保住家，然后自己铤而走险。罗正英说，在内心深处，她一直非常痛恨自己，她也曾想过戒赌，想与家人一起好好生活，然而，赌博像魔鬼一样啃噬着她的灵魂。为了翻本，罗正英一次又一次将目光盯在了自己管理的专项扶贫建设资金上：第一次四万，第二次八万，离婚后的罗正英胆子越来越大，也越输越多，她已经身不由己了。

事实上，罗正英第一次提出离婚时，丈夫为了孩子并没有同意。

为了和丈夫离婚，罗正英开始故意放纵自己。认识李洪后，罗正英经常故意不回家，甚至带着李洪故意出现在丈夫面前，其目的主要是让丈夫恨她，尽早与她离婚。

出于安全的需要，罗正英满足李洪的一切要求，出钱让他消费。有了李洪的保护，她的心里似乎有了一丝安全感。她与李洪之间，就是这样一种需要与利用的畸形关系。与丈夫离婚后，罗正英更加肆无忌惮地开始了豪赌，她渴望着一夜暴富，渴望有朝一日能够填平自己的窟窿。2007年3月，威信县发改局决定对单位财务账目进行审计，作为出纳员的罗正英知道自己即将败露，她想到了远走高飞。一不做二不休，临走前，她分五次取走了单位账上最后的九十多万元。

2007年4月15日夜，罗正英安排好一切之后准备出逃。为了躲避检察机关的抓捕，罗正英早早地换掉了手机号，并且让情夫李洪也换了号，保持单线联系。换手机号、办假身份，她把与罗正英有关的东西全部扔掉，临走前，罗正英自知难逃法网，她把大部分钱留给了自己的父母兄妹，留给了每一个曾经爱过她的人。她怎么都没有想到，出逃仅仅53个小时，就被检察机关成功抓获。直到这个时候，罗正英才完全明白，赌博能使一个善良的人变得疯狂，赌场不会有永远的赢家，她输掉的不仅是金钱，还有家庭和自由。

在看守所里，记者见到了罗正英。

记者：你到成都以后心里害怕吗？

罗正英：害怕。

罗正英（左一）在法庭上受审

记者：抓住你的时候你想到了什么？

罗正英：当时我脑子里一片空白。

……

2007年4月，威信县人民检察院以罗正英涉嫌贪污罪向威信县人民法院提起公诉。2007年12月25日，威信县人民法院作出一审判决：罗正英利用职务之便，擅自取用公款265万元用于赌博、挥霍，并给其家人，其行为构成贪污罪，但案发后其配合追回了 145 万元赃款，挽回部分经济损失，因此获从轻处理。罗正英犯贪污罪成立，依法判处有期徒刑十四年。

由于李洪并没有任何协助罗正英贪污公款的行为，因此不属于共同犯罪，李洪犯隐藏、掩饰犯罪所得罪，判处有期徒刑一年六个月。

判决下达后，罗正英没有提出上诉。

做官有方，为文有道
小学教材上都有他的散文
从"红枣书记"到"卖官书记"
一个"文官"最终落马
悲剧人生谁人怜

亦官亦文一贪官

在山西省临汾政界，王月喜是个挺特别的官员，他能诗善文，几乎每年都要出一本书。在临汾和霍州多处旅游景点的显著位置，都可以看到王月喜所作的《临汾赋》《霍州赋》，有人说，如果王月喜不从政，一定在文学上有很高的造诣。2003年6月，王月喜担任临汾市委常委、宣传部长后，他的散文《朱家院》被选入山西省小学课本。一时间，王月喜更是名声大噪。

然而，王月喜出事了。

一桩命案扯出了"文官"

2006年1月4日，霍州市可可西里迪厅发生一起命案，灵石县某私营企业销售副科长被群殴致死，凶手之一是霍州市公安局民警，共同致人死亡的还有警方通缉的在逃犯。

在逃犯与警察共同致人死亡，此事在社会上引起了极大的轰动，山西省公安厅立即成立了专案组，对这一具有黑势力组织性质团伙引发的命案进行侦查。经查，这名民警进入公安局工作，有时任霍州市委书记王月喜的签字认可，同时，霍州市某政法部门超编一事也被调查。据了解，该单位编制为36人，实际人数却达116人，其中王月喜批准进去的有数十人。

王月喜由此进入检察机关的视线。

命案牵出王月喜，他的仕途也第一次受挫，王月喜被免去了临汾市委常委、宣传部长职务，调往山西某大学任党委副书记。

2007年6月，正在临汾一家医院治病的王月喜被山西省纪委"双规"。7月26日，王月喜被依法罢免临汾市人大代表资格。7月30日，山西省委常委会作出决定，开除王月喜的党籍和公职，对其涉嫌犯罪问题移送司法机关依法处理。8月6日，山西省人民检察院决定对王月喜涉嫌贪污立案侦查。

随着检察机关调查的深入，一个真实的王月喜渐渐浮出了水面。

记账的"红枣书记"

"他的落马，实在出乎意料。"许多人都这么说。

1956年9月20日，山西省临汾市尧都区一平垣乡某个偏远山村里，一个男娃呱呱坠地，因为是农历八月十五第二天生的，又是喜得贵子，父母为他起名叫王月喜。

王月喜兄弟姐妹七人。在那个靠工分吃饭的年代里，家里人口多，劳力少，王月喜从小就没穿过袜子，脚趾头经常露在鞋子外面，上学之余，除了放牛、放羊，就是割草、喂猪、干地里的各种杂活儿。穷人的孩子早当家，家庭的贫困，生活的艰辛，在王月喜的心灵深处打下了深深的烙印，同时也成为他发奋读书的动力。

1974年，18岁的王月喜高中毕业回到了村里，那个时候，高中生是村里少见的"秀才"。回村后，王月喜当上了村里的生产队长，他劲头十足，办事务实，很快脱颖而出，1975年，他被组织上安排到公社当了团委书记，在那里，王月喜入了党，一年后，只有20岁的王月喜担任了公社的党委副书记。大家都说，这娃有前途。

王月喜：年轻时，杂念少，生活苦，吃饭香，睡觉安，活得很充实

1978 年，国家恢复高考，为了实现自己的梦想，王月喜放弃了一切，最终考上了山西师范学院政史系，已经 22 岁的王月喜噙着眼泪，带着父母说尽好话借来的 50 块钱和亲戚们七拼八凑的五斤全国粮票，踏进了大学的校门。四年后，王月喜大学毕业时，恰逢山西省委组织部在全省选拔 200 名优秀大学生到基层任职，王月喜光荣入选，被分配到临汾龙祠公社担任党委副书记。从那里开始，王月喜踏上了"升迁"的快车道，1983 年底担任临汾土门镇镇长，1984 年被破格提拔为共青团临汾地委书记。那个时候的王月喜，只有 28 岁，是临汾地区最年轻的正处级干部。之后，王月喜平步青云，历任洪洞县委副书记、地委农工部副部长、永和县县长、永和县委书记、霍州市委书记，2003 年 6 月任临汾市委常委、宣传部长。从一个农家娃到副厅级领导干部，王月喜的仕途顺风顺水，一路坦途。

虽然一直为官，但王月喜一直保持着农家娃的朴素本色。功成名就之后，他经常跟下属忆苦思甜说，上小学时，他不慎将父母用六毛钱买的钢笔弄丢了，惶恐不安的他，整夜徘徊在村外，迟迟不敢回家，生怕遭受皮肉之苦。

因此，即使后来调任永和县长、县委书记，王月喜仍然精打细算，绝不铺张浪费。一位在永和县与王月喜共事的干部回忆，那个时候，王月喜有个非常有名的习惯，家里大到添置家用电器，小到割回一块肉，每个月的收支情况都被他记到一个笔记本上，清清楚楚。王月喜的细致和朴实，为他赢得了良好的口碑。1994 年春，王月喜担任永和县县长，在这个贫困小城，一干就是六年多。期间，王月喜精心打造永和的"红枣文化"，将当地农民赖以生存的红枣推出临汾，推向全国，一时名噪三晋，王月喜也被人称为"红枣书记"。

为官之余，王月喜尤其喜欢舞文弄墨。一次，他与一个童年玩伴饮酒叙旧，这位童年伙伴已是山西的著名画家，酒酣耳热之际，王月喜当场吟诗："一对山里娃，两颗文曲星"。

"现在回想起来，我的青年时代虽然充满艰辛，但工作积极向上，私心杂念很少，衣食朴素但吃饭香睡觉安，活得充实而富有意义。"王月喜后来说。

那个时候的王月喜是快乐充实的，但随着时间的推移，他的心里开始不平衡了。

永和县是国家级贫困县，只有五万多人口，是革命老区，当时每年财政收入只有三四百万元，王月喜埋头苦干，干得很苦。一晃六年多过去了，当他终于抬头环顾才发现，那些和他差不多经历的人，有的被提拔了，有的调到了条件比较好的县市，尤其是自己原来的下属，有的竟成了自己的上级。这让王月喜的心里不是滋味，也很不服气。

"没听说当官靠活动，健康靠运动吗？你资历长，这几年干得不错，快活动下山吧。"有人给他出主意。王月喜听了这话，觉得有理。2000年3月，临汾地委开始酝酿调整班子，王月喜便托人找关系，于当年5月调任霍州市，任市委书记。

"红枣书记"开始卖官了

到霍州上任时，王月喜再次显露出农家娃的实在：永和县委统一配备的沙发、脸盆甚至扫帚和簸箕他都尽数打入行李，全部转移到了霍州新家。

能到霍州任职，王月喜很高兴。霍州是临汾地区的经济强县，历史悠久，人杰地灵，旅游资源得天独厚。王月喜上任伊始，就打出了一颗最有力的棋子——旅游。他提出的"大旅游、大产业、大市场"理念，使陶唐峪、七里峪和霍州署衙等名震华夏，华夏第一署、华夏第一鼓、独秀天下的霍山森林公园等确立了霍州旅游品牌的高品位。霍州财政收入也从最初的两亿元猛增至八亿元。

随着声望日隆，王月喜开始飘飘然。经有关部门查证，王月喜霍州任职的三年间，每次大规模调整干部之前，前去"看望"他的人如过江之鲫，由于人太多，现场每每混乱不堪，以致不得不动用专人维持秩序。

王月喜在霍州三年，提拔调整干部一千多人次，科级干部由原来的五百多人增加到一千多人。"霍州一度成为大面积、长时间的腐败重灾区，"一位检察官说，"虽然旅游发展了，经济暂时上去了，但大批干部垮掉了，王月喜有不可推卸的责任。"

至于官位的价码，在霍州流传着多个版本。一位自称熟悉当地官场内幕的前官员说：有实权、有油水的部门一把手15~20万元；各乡镇和二类局一把手5~10万元；其他单位一把手两到三万元；一般副科级干部一万元。

一名不愿透露姓名的正科级干部坦白，他曾为了能够"动一动"，一次塞给王月喜三万元，但王月喜只口头答应不见行动，直到王月喜调走，他才强行索要回两万元。而另一正科级干部，在撤乡并镇时被免职，眼看着别人都安排了工作，唯有自己长时间在家待岗，只好借了两万元高利贷向王月喜进贡，几天后被安排到一个清水衙门。

除了官员，想要进入机关、事业单位的人，也要给王月喜"上贡"。王月喜在位三年，霍州"吃财政"的人比以前增加了一千八百多人，某政法部门有三百多人，其中王月喜批准进入的就有八十多人。

128 名老干部上访

王月喜自诩为文人。的确，十几年时间里，王月喜分别在中央和地方的十多家报刊发表了上百篇散文、诗歌，并有十几本书籍出版。

但是，霍州的干部群众逐渐发现，这位情趣高雅的书记之所以对出书情有独钟，不仅为了出名，也为了逐利。每有新书问世，王月喜总是 "上门直销"，一手交款一手拿书。为了提高"服务质量"，他向下属单位索要"空白零售发票"以向购书单位提供报销凭证，他甚至从北京、太原、临汾等地购买大量假发票，及时提供给购书单位，作为他们的报销凭据。除了王月喜本人，其女也效仿父亲，搭上了公款出书的快车，其作品交由某印务公司印刷后，在父亲的关照下，以印刷会议材料的名义，将一万余元印刷费堂而皇之予以报销。

王月喜仕途之顺畅，令无数人眼热，但敛财手段之多，令干部群众厌恶。他常常与同期出道的同学、朋友暗中比较，他们有的已经当了厅长，就算经营企业的，也腰缠万贯，这样比下来，王月喜觉得自己"一直很勤奋，很节俭，才华横溢"，却没有飞黄腾达。

怨愤之下，王月喜做出了令人匪夷所思的荒唐举动。

2002 年，王月喜在中央党校学习了四个月，举行毕业典礼时，党和国家领导人前往党校为学员代表颁发毕业证书，王月喜不是学员代表，没有机会与国家领导人近距离接触，竟想出了一个歪招。通过电脑合成，他伪造了一张自己与国家领导人的合影，并将这张照片附印于《在县委书记岗位上》一书的扉页上。

时隔不久，又一位国家领导人到临汾视察工作，王月喜故伎重演，将自己的头像移花接木，剪辑合成到中央领导与临汾市委市政府领导的合影里，还别出心裁地作为霍州署大堂的背景。不料，正是这一番"别出心裁"露出了马脚，霍州老干部在一封封发往中央、省市的告状信中，将其列为罪状之首："中央领导此次视察临汾，根本没有到过霍州，怎么会以霍州署作背景？"

2003年6月，王月喜赴任临汾市委常委、宣传部长，真正干上了"擅长且喜欢"的工作，但春风得意的背后，是寝食难安的惶恐。"不怕做错事，就怕不做事；天天都做事，终究成大事。"这是王月喜初来霍州时，向翘首期待的霍州人立下的誓言。但是，当王月喜告别霍州时，霍州城嘘声一片。就在他走马上任的第二天，就有多名霍州老干部联名举报上告，"誓把王月喜拉下马"。

老干部们说："他当书记的时候，我们不敢惹他，现在终于走了，多年的愤怒终于可以爆发了。"这些老干部有曾经的副县长、计委主任、党校校长、公安局长、交通局长、民政局长等在当地有影响的人物。他们在材料上署上真实姓名，开始到山西和中央各级部门上访，投送举报材料。

在四年多的上访和举报中，先后有十名老干部去世，但其他人仍一如既往。

对于老干部们的"捣乱"，已调任临汾市委宣传部部长的王月喜显然很不高兴。在一次会议上，王月喜说："在职干部害怕我，离退休干部我不怕他，要打架到河滩去。"事实证明，此举完全是他的虚张声势。实际上，王月喜曾经多次试图与老干部们妥协，甚至通过洪洞县的一个上访户给老干部传递信息："你们不要告了，只要你们不告了，我给你们100万。"

最贵的"官帽"

王月喜出事的消息在霍州早已传得沸沸扬扬。2007年8月，王月喜被立案侦查后，检察官开始了艰难的取证。王月喜涉嫌犯罪主要集中在霍州，检察官深知这里面的难度。

根据王月喜的交代，在他所卖的官帽中，最贵的一顶是被张殿湖（化名）买走的。王月喜说，张殿湖给了他 18 万元，在自己的关照下，才从某局副局长升至局长的。随后，检察官找到了张殿湖。张殿湖慢慢讲述了他是怎么在王月喜身上"投资"并最终当上局长的。2001 年年底，王月喜推行的全市人事制度改革马上就要开始了，当时，张殿湖担任某局副局长，局长马上就要退休，他觉得不能失去这个升迁的好机会，左思右想，最后他决定去找王月喜。

在王月喜的办公室，张殿湖把装着一万元现金的信封和个人简历，一同放到了茶几上。可是，离任期最终宣布还有几个月的时间，王月喜始终没给他一个明确的说法，张殿湖一直感到惴惴不安，思前想后，他决定再赌上一把。刚好，那几天王月喜在太原开会，得知消息的张殿湖赶到了太原，把一个装有 15 万元现金的纸袋，利用午休时间，送到了王月喜住的宾馆房间里。

王月喜心领神会，他告诉张殿湖："这事，你谁都不用找了。"

吃了定心丸，张殿湖高兴地回到了霍州。果真，几个月后，他等来了盼望已久的结果，如愿以偿地当上了"一把手"。此后，逢年过节，张殿湖都要带上现金，向提携栽培自己的王月喜"进贡"，前前后后，张殿湖在王月喜身上花的钱超过了 23 万元。

但王月喜前期交代，张殿湖送给他的是 18 万元，张殿湖却说，实际送给他的是 23 万元。为什么差了 5 万元呢？原来，因为行贿人较多，王月喜把另外几次零星送钱的事忘记了。

王月喜的 "提款机"

张殿湖涉嫌行贿的事实调查清楚后，检察官找到了另一名行贿人曲阳（化名）。迫于压力，曲阳承认了自己替他人向王月喜行贿的事实和经过。

曲阳的一位朋友从事焦煤生产，可是，刚刚花大价钱改造重建起来的焦炉子却遇到了麻烦，因为土焦炉子越来越多，环境污染越来越严重，环保部门要关停这批焦炉。受朋友之托，曲阳找到了王月喜，说朋友愿意出 20 万，请他帮忙。为了表示诚意，曲阳放下了 10 万元。在王月喜的关照下，焦炉子保留了下来。事情办妥，曲阳也有了自己的想法，他把剩下的 10 万元掖进了自己的腰包。

可是，王月喜并没有忘记曲阳的"承诺"，没过多久，催款电话来了。无奈，曲阳乖乖地把"欠"的10万元如数奉上，王月喜是父母官，他得罪不起。

王月喜并没有就此罢手。2000年5月的一天，曲阳突然接到王月喜从北京打来的电话，说让他准备八万元送到北京，有急用。接到电话，曲阳不敢怠慢，火速赶到了北京，在王月喜居住的宾馆，将八万元交到了王月喜手里。从北京回来后，王月喜给了他一堆餐费、交通费等发票，钱一直也没有还给他。

曲阳这次的"懂事"让王月喜对他产生了信任，而曲阳也成了王月喜随叫随到的"提款机"。2004年的一天，他又接到了已经担任临汾市委常委、宣传部长王月喜的电话，让他自己开车，赶到临汾他的办公室。办公室里，王月喜告诉曲阳，由于不断有人告发他，他要不断花钱摆平这事，为这个他花了十几万块钱。王月喜让曲阳帮他处理一下这十几万块钱。曲阳不敢不从，从亲戚那里借钱交给了王月喜。

除了上面直接或间接送给王月喜的三十多万元现金，曲阳最终还交代了为他人安排子女进事业单位，也给王月喜送过五万元。

经过检察机关的不懈努力，一个多月时间里，专案组成员加班加点，把王月喜交代的受贿行为核查到了每一位涉案人员。

2007年9月1日，王月喜被批准逮捕，随后被押送至阳泉市看守所。

"50岁是人生的分水岭,我看透了人生冷暖,懂得了按规律办事，"在一篇名为《50如金》的散文中，王月喜写道："作为一个已经步入50岁年轮的人，我的心境秋高气爽，海阔天空，把酒临风，再上征程。"但在看守所里，王月喜已经没有了"把酒临风"的神采，也就是这个时候，他从权力极度膨胀的高台上彻底地冷静下来，心境反而有了一种放松。

经过复杂的取证，检察机关彻底查实了王月喜涉嫌受贿的问题。

2007年12月28日，山西省阳泉市中级人民法院公开审理了王月喜涉嫌贪污受贿一案。庭审中，王月喜对公诉人指控的69项受

从权力的巅峰跌落下来，王月喜的心境反而有了一种放松

贿和 8 项贪污事实供认不讳。法院审理查明：王月喜利用职务之便，非法收受他人贿赂共计人民币 226 万元，贪污 39 万元，两项总计 265 万元。

2008 年 1 月 8 日，阳泉市中级人民法院作出一审判决：以受贿罪判处王月喜有期徒刑九年，以贪污罪判处其有期徒刑六年，决定执行有期徒刑十二年。

一审判决后，王月喜没有提出上诉。

嚣张"路霸"的末日

2007年5月的一天,广西贵港市覃塘镇交通稽查站。

高绍广是覃塘交通稽查站"治超"机动二组的协查员,这天傍晚,他和组长欧炳耀等几名协查人员正在附近执勤,远远地,一辆大货车慢慢地向稽查站开过来。这辆大货车的车厢被帆布罩得严严实实,跑起来就像一个上了岁数的老人。凭借车厢货物堆放的形状和轮胎受压变形的程度,高绍广马上断定,这辆货车已经超载。

正在附近执勤的几名协查人员立即围了上来。

"我们怀疑你超载,请到收费站过磅!"没等欧炳耀发话,高绍广抢先一步对司机说。

"我不是交过保护费了吗?为什么还拦我的车?等一下,我给你们高科长打个电话!"司机一下子慌了神,赶忙掏出手机拨打电话。

按规定,超载车辆过磅确认后要处以罚款,经常跑运输的人都知道,这个罚款的数额可不小,罚款还不算完,超载部分还要被强制卸载。司机结结巴巴打完电话后不到一分钟,高绍广的手机响了,他一边"嗯嗯啊啊"地应答着,一边向欧炳耀使了个眼色,欧炳耀会意地点了点头,做出了放行的手势。几分钟后,这辆歪歪斜斜的超载车"安全"地驶出了稽查站。

这是发生在覃塘镇交通稽查站很平常的一幕。交通稽查站又叫"治超站",经常往来于这一带的司机都知道,这个"治超站"几乎完全被高氏四兄弟掌控着,只要有钱铺路,这里的门户随时为他们洞开。

然而,高氏四兄弟无论如何也想不到,一双警惕的眼睛已经悄悄地锁定了他们。

无意中"听"到的案源

2007年6月23日，是个周末，贵港市人民检察院主管反渎工作的朱东风副检察长与朋友聊天时，朋友说，《检察日报》前几天刊登了河南省许昌市22名超限超载检测站工作人员，因滥用职权谋私被判刑。"滥用职权罪的犯罪主体不是国家机关工作人员吗？难道检测站也属于国家机关？"朋友有些迷惑不解。

说者无意，听者有心。职业敏感让朱东风警觉起来，治超站可能是滥用职权的高发地！

星期一一上班，朱东风找来这份报纸，召集反渎局的检察官一起集中讨论治超站滥用职权的问题。检察官七嘴八舌，各抒己见：贵港是内河港口城市，有一个通向港澳的黄金水道，此外324国道横穿贵港境内，贵港有全国最大的制糖企业，还有大大小小数十座矿山，平时来来往往的车辆很多，每天都有数以万计的货物通过贵港。大家一致认为，贵港的快速发展，肯定离不开货物运输，车主超载的情况肯定也会大量存在，既然如此，难免会有个别人为了一已私利而滥用职权。朱东风当即布置反渎局的检察官兵分两路：一路赶往市里的信访部门，另一路前往覃塘收费站化装侦查。

在贵港市政府信访局，检察官首先发现了线索：信访局刚刚收到一封举报信，举报信说，覃塘交通稽查站公安科长兼治超办主任高绍仁，利用治理公路超限运输的权力，任意欺凌、宰割超载的私营货运车主，有的收了钱后直接放行，有的收了钱后上缴一小部分，其余私分……

《检察日报》的报道

很快，在治超站旁化装侦查的检察官也有了收获：从过往司机的口中证实，覃塘治超站的工作人员的确普遍存在收"保护费"的行为，而且贪得无厌。某车老板有三辆车，每次拉货路过覃塘，都因超载被重罚，每次罚款5000元到10000元不等，后来认识了高绍仁，高绍仁明确提出每辆车每月交3000元给他，以后就可以任意行驶了。车主分三次给了高绍仁 8000 元，以后每次拉货被治超人员拦截时，就打电话给高绍仁通知放行。后来，高绍仁将"保护费"提高到每月每辆车 8000~10000 元，该车主一算横竖都是赔钱，最后只好将车全部卖掉了。

两条线索汇总到了一起，朱东风陷入了沉思：根据法律规定，渎职犯罪的主体首先必须是国家机关工作人员，治超站是什么性质的单位？其工作人员属不属于国家机关工作人员？这是首先要确定的要素之一。

根据外围侦查，覃塘交通稽查站成立于 2004 年 5 月，由贵港市公路局公安科直接领导和管理，是贵港市辖区内唯一治理超限超载运输的检查站。治超站人员构成比较复杂，38 名工作人员中有正式职工 12 人，主要从各县区公路派出所民警中抽调组成，另外 26 名协查员系社会招聘人员。治超站在覃塘收费站设有一个固定组，负责检查过往车辆的超限运输情况并进行处罚，此外还设有三个机动组，轮流到贵港市辖区的各处公路，拦查超限超载运输车辆，组长都由民警担任。公安科长高绍仁的亲属高绍宽、高绍广、高绍礼兄弟通过招聘的方式进入治超站，分别在三个机动组任协查员。

2002 年 12 月 28 日，全国人大常委会关于渎职罪主体适用问题的解释中，将渎职罪的主体作了扩充，即"凡在依照法律、法规规定行使国家行政管理职权的组织中从事公务的人员，或者在受国家机关委托代表国家行使职权的组织中从事公务的人员，或者虽未列入国家机关人员编制但在国家机关中从事公务的人员，在代表国家机关行使职权时构成犯罪的，依照刑法关于渎职罪的规定，追究刑事责任"。

这就意味着，治超站的工作人员不管是民警还是协查员，都属于国家机关工作人员的身份，可以成为滥用职权罪的犯罪主体。

朱东风立即向检察长肖昌村作了汇报。肖昌村当即指示反渎部门按照"系统抓，抓系统"的原则，彻底清除这伙害群之马！

利剑出鞘

很快，由贵港市人民检察院反渎职侵权局余树森副局长负责的外围摸底排查迅速铺开。由于外围调查涉及到省内外十几个地方，所要查找的车主长期在外，无法锁定地点和时间，再加上人手不足，贵港市人民检察院启动了侦查一体化的办案机制。

负责外围调查的检察官兵分三路：

第一路直奔中国移动和联通公司。通过查询，检察官发现，高家兄弟及组长欧炳耀、梁照林等人都有两三个手机号码，这些手机号码不论白天晚上都处于开机状态，有时晚上至凌晨五六点都会有电话或短信来来往往，而且每天或隔几天一次，很有规律。

第二路检察官开始排查辖区内的各银行。通过查询，发现高绍仁等人的银行账户自2007年元月份以来存款、取款极为频繁，且每月汇款、取款时间很有规律，常是定时从外地存入，本地取款，且多为整数，少则三五百元，多则一两万元不等。

第三路检察官再次走访举报人、知情人和车主。余树森带领检察官秘密找到举报人，举报人称：他们当地几乎每天有约一百辆车要拉水泥运往广东，基本上都从贵港走水路装船，中途经过贵港覃塘交通稽查站的时候，高家兄弟要求每台车每月缴纳保护费一千至两千元。而车主则普遍反映，治超站人员对超限超载运输车处罚过后，会向司机索要电话号码，然后联系司机，叫司机给一定数额的钱作"保护费"，交了"保护费"的车辆就可畅通无阻，对此，司机们敢怒不敢言。检察官发现，有很多知情人、车主虽然对"高家站"抱怨重重，但是面对调查，却并不愿配合，经过耐心劝说，他们才不情愿地吐露真实情况。

高家四兄弟及各小组组长立即被初步确定为重点侦查对象。

嚣张敛财术

随着调查的深入，覃塘治超站几名工作人员滥用职权、受贿窝案浮出水面。

治超站成立之初，欧炳耀和高家兄弟等人还能规规矩矩地履行职责，可久而久之，见大批罚单从他们手中开出却不能落入自己的口袋，心里渐渐开始不安分起来，于是，各自开始利用手中的权力向过往车主索要点小钱或烟酒，暂时满足自己的欲望。

可这毕竟只是小打小闹，时间长了，这点"毛毛雨"根本满足不了他们心中日益疯长的贪欲。高绍广离婚后贪图玩乐，1500 块钱的工资根本不够他的日常花销，心情郁闷的他迷恋上了网上赌博，没想到，这一赌使原本捉襟见肘的生活雪上加霜。

2007 年 5 月底的一天，钦州市车主韦利安（化名）因屡次超载运输被罚，在约见机动二组组长欧炳耀时，韦利安直言，只要能够免罚，他愿意每个月拿出 15000 元钱分给三个机动小组。

这对欧炳耀来说无疑是打瞌睡碰到了枕头的好事！可他虽是正式民警，而且还是机动组组长，可高家三兄弟仗着高绍仁撑腰，权力比组长还大，平时根本不把他放在眼里，对超载车辆的处罚，除高绍仁外就由他们说了算，覃塘治超站俨然已成了高家兄弟发号施令的"高家站"，欧炳耀有事自然得找高家兄弟商量。高家兄弟和一组组长梁照林听说此事后，连声叫好。

从此，高绍广以"陈金辉"的名字开立的银行账户里，每个月都会有 15000 元钱到账，这些钱当然落入了组长欧炳耀、梁照林和高家兄弟的腰包，作为交换，韦利安的六辆超载运输车辆在贵港畅通无阻。除了韦老板外，高家兄弟及各组组长都有自己单独联系的车老板，高绍宽就以"吕珉钢"的名字开立了一个专门接纳"保护费"的账户，收受车老板的钱后为他们充当"保护伞"。由于利益相通，收了"保护费"的治超人员会互相通气关照，对于关照不到的地方，则会事前打电话告诉司机现在哪个机动小组在什么路段检查，走什么路线保险。

身为公安科长兼治超办主任的高绍仁自然不屑与手下这些人合伙"分食"，他自有自己的"致富"门道。他通常会直接单独联系车老板，暗示他们缴纳保护费，并美其名曰"月票"。

有些车老板不愿被高绍仁控制，拒绝缴纳保护费，当他们再次路过覃塘收费站时，就会被狠狠地罚上一笔，无奈之下，只好按月上供。"治超站"从此沦为了高家兄弟等人合伙敛财的"收费站"。

高绍仁、欧炳耀等人身为民警，本该知道收取"保护费"私放超限超载车辆的严重后果，可利欲熏心的他们侥幸地认为，车主虽然出了"小血"但避免了"大灾"，同样属于"受益者"，肯定不会告发他们，何况这些车主都是经常过往这一路段的常客，谁敢得罪他们这些手握大权的"地头蛇"？只要车主不说，这种"双赢"的局面就

覃塘收费站每天过往车辆很多

车辆过磅

车主一路小跑赶紧离开

能一直安全地运行下去!

检察机关虽然掌握了初步的证据,但是要以滥用职权罪追究高家四兄弟和各组小组长的责任,还缺乏一项要件:滥用职权给国家造成损失达到20万元以上,才达到立案标准,高绍仁等人的滥用职权行为是否达到了立案标准?如何认定他们的行为确实给国家造成了损失?

检察官仔细研究了交通部门的相关法律法规后发现,对于货车超载,相关部门有规定,最高可罚没一万元。基于这一点,朱东风想到,这些本应该上缴国家的罚款最终都因为高家兄弟的作为而流失,这中间造成的国家损失应该可以计算出来。立刻,对治超人员违规放行超载车辆应当受到罚款数额的查证,成了全案的关键。根据车主们提供的情况,检察官带着交过保护费的车辆号码到贵港市各码头、港口、工厂、过磅站进行查询,提取过磅记录。

可是,这些地方保存的过磅记录次数不多,很多已没有记录了,且每次罚款数额也不过两三千元,检察官反复奔波于各地的码头、港口、工厂进行查证,打印各项磅单一千多页,再逐条比对、核算、汇总、统计，通过"分散取证，集中组装"的办法，终于确认所有重点侦查对象给国家造成的损失数都达到了立案标准。

短信里的"铁证"

2007 年 8 月 13 日，肖昌村和朱东风召集反渎局和反贪局的侦查骨干研究案情，决定成立由两局侦查骨干组成的专案组，准备先从主要犯罪嫌疑人高绍仁及高家兄弟着手，打开突破口后端掉全窝。

2007 年 8 月 14 日，高绍仁到案。高绍仁是警校毕业生，从事公安工作多年，具有较强的反侦查能力。与预想的一样，高绍仁果然老奸巨猾，他自认为问题比较严重，惊恐万分，当时就装病，又哭又闹又吐。

在传唤高绍仁时，检察官从他的手提包中发现 8000 元现金，高绍仁称是刚从银行取出来的，而从其手机上截获的短信得知，这是钦州车老板陈敖根（化名）刚刚交给高绍仁的"保护费"。而且，就在讯问他的时候，陈敖根的短信又来了，当晚陈敖根有两辆货车要经过贵港，询问路线该怎么走？检察官机智地利用高绍仁的手机与陈敖根周旋，并以高绍仁的名义发短信，约他见面。

检察机关随后联系交警支队，在两名交警的配合下在路上拦下了钦州车老板陈敖根。在见面地点，陈敖根发现约见他的竟是威严的检察官时，不由得双膝发软，脸上渗出了密密的汗珠，称身体不舒服要回家休息。经朱东风亲自做工作，他如实交代了行贿高绍仁的事实。

突破陈敖根后，带领外围小组负责线索查证的余树森副局长带领检察官五赴来宾，二上广州、深圳，八下钦州、防城港寻找车主取证，总行程一万多公里。

而此时，在检察官张弛有度的攻势下，高绍仁开始拿出要赖的本事，他声称自己有病，无法交代问题，要去医院看病。检察官同意了。

从医院回来后，高绍仁不得不交代其受贿几十万元后担当超载超限车主的保护人，指令手下放任超载超限车辆上路行驶免受处罚等事实，并写下了交代材料。可想不到的是，高绍仁写好交代材料后，又突然改变主意，趁看守人员为其倒水之机将交代材料撕碎，扔到马桶里放水冲走了，从此死活不再开口。

为了彻底打消高绍仁的侥幸心理，检察官王伦锋撬开化粪池，将撕碎的交代材料收集起来，并将撕成碎片的交代材料粘好晒干。

当被粘贴好的交代材料摆到高绍仁面前时，高绍仁吃惊了。原本他写交代材料时就知道，一旦材料交上去就意味承认了自己的犯罪事实，而将交代材料扔进马桶，被水冲走，检察机关就没那么容易掌握证据，现在，检察官居然能在又脏又臭的化粪池把材料捞出来，到这个地步，他只能乖乖地交代问题了。

高绍仁作为公安科长兼治超办主任，具有很大的人事安排和行政处罚权力，他可以单独决定是否处罚超载超限运输车辆，决定罚款多少，还可以决定治超人员从哪里抽调和怎样安排职位。

这种独揽大权的局面，导致治超站里高绍仁的亲属占了相当一部分，他的三个堂兄弟实际权力比作为组长的正式民警还要大。公路局内部的人，戏称覃塘治超站为"高家站"。

紧接着，高绍广、高绍礼、高绍宽陆续到案，到案后三兄弟软硬不吃，百般狡辩。高绍广、高绍礼面对审讯只反复说着同样一句话："我是清白的，你们冤枉我！"高绍宽甚至口出狂言，称完事后要报复。

高绍礼声称自己只是协查员，组长叫他干什么就干什么，还称自己有性病，叫检察官不要靠近他。高家兄弟的表演早在检察官的预料之中。再狡猾的狐狸，也终究会露出尾巴，在他们被暂扣的手机上，仍不断有车主的短信发来，"我的车快到你那儿了，请关照""这个月的保护费迟一点再给你，先关照一下。"

高家兄弟的谎言不攻自破，此时外围调查组及时地跟车主联系，从银行账户入手，找到了车主存款、高家兄弟取款的录像证据。在证据面前，嚣张的高家兄弟不得不低下了头。

虽然取得了过硬的证据，但要高家兄如实交代自己的犯罪事实，还需彻底摧毁他们的侥幸心理。于是，检察官带着铺盖与声称有性病的高家兄弟吃住在了一起，和他们拉家常、讲政策、解法律，在环环相扣的证据和政策攻势下，经过一个多星期的顽抗，高家兄弟终于缴械投降了。经查，高绍广共计收受贿金 22.35 万元；高绍宽共计收受贿金 2.85 万元；高绍礼共计收受贿金 11.775 万元。

突破高家兄弟后，专案组一鼓作气，从 2008 年 8 月 18 日开始陆续将涉案的覃塘治超站各小组长传唤到案，面对成竹在胸的检察官，欧炳耀、梁照林等人自知大势已去，只好低头认罪。据查，欧炳耀、梁照林分别受贿 1.15 万元和 3.39 万元，因滥用职权行为造成国家利益损失 123.15 万元和 100.4 万元。

2007 年 12 月 5 日，经检察机关提起公诉，贵港市港北区人民法院以滥用职权罪判处高绍宽有期徒刑一年，缓刑二年。2007 年 12 月 18 日，贵港市覃塘区人民法院以滥用职权罪判处欧炳耀有期徒刑二年、缓刑三年，判处梁照林有期徒刑一年、缓刑二年；以受贿罪分别判处高绍广、高绍礼有期徒刑十年和三年。

高绍仁由于案情复杂重大，检察机关进一步侦查后，向人民法院提起公诉，高绍仁以受贿罪被判处有期徒刑五年。

高绍广：能网开一面就网开一面呗

他是山西煤焦系统的"宋黑马"
他不嗜烟酒，生活俭朴
却是深藏不露的亿万富翁
穷庙富方丈
亏损国企老总身价数亿

"山西第一贪"落马始末

2006年年初，震惊全国的"焦炭配额第一案"案发，1月20日，中纪委成立"1·20专案组"进行调查。4月10日，太原市人民检察院接受任务，负责调查山西大典商贸有限公司总经理宋建平非法买卖焦炭出口配额问题。接受任务后，太原市人民检察院高度重视，指定副检察长谢宏江担任专案组组长，带领侦查一处进驻此案。

专案组立即决定围绕宋建平及山西大典商贸有限公司展开调查。然而，专案组手里的线索，只有一个三万吨配额的问题。

一套人马，两块牌子

焦炭出口配额是国家在一定时期内对焦炭的出口数量或金额实施的直接限制，也就是对焦炭的许可证进行管理。在我国，是禁止焦炭出口商在市场上转售许可证的。

宋建平，1962年出生，山西夏县人，大专文化程度。调查中，专案组成员张秀明发现，宋建平既是山西大典商贸有限公司（下称"大典公司"）总经理，又是山西技术进出口公司（下称"技术公司"）经理，而工商资料显示，大典公司是由三个人组成的自然人有限公司。专案组决定对大典公司的形成背景及结构进行调查。

经过调查，检察官发现，成立于1984年的技术公司，是一家国有外贸公司，主营业务是焦炭出口。2001年以来，因技术公司债务较多，无法正常经营，公司领导层决定成立新公司，以延续技术公司的焦炭出口业务，这就是后来名震山西的大典公司。时任技术公司副经理的宋建平，被任命为大典公司总经理，由他带领技术公司焦炭部人员到大典公司开展工作，继续延续技术公司的焦炭出口业务。

虽然两个公司性质不同，但大典公司与技术公司实质上是"一套人马，两块牌子"，业务和资产是一家，管理也是一家，而且双方签订协议，从 2002 年起，技术公司的焦炭出口配额全部转给大典公司，大典公司所做的焦炭出口业务，按每吨五块钱提成，其余返还技术公司。按此协议，几年间，大典公司应上缴而未上缴技术公司的利润达 2.5 亿元之巨。

2005 年，根据山西省政府国有企业改制的有关政策，技术公司自己委托山西省某会计师事务所进行改制前的清产核资，已升任技术公司经理兼大典公司总经理的宋建平，明知大典公司尚欠技术公司 2.5 亿元，却对审计单位只字不提，故意隐瞒了这笔巨款，致使审计单位作出了"技术公司亏损 3000 万元"的审计结论。

技术公司作为严重亏损企业，2006 年 6 月被有关部门列入了改制行列，作为资不抵债企业，申请其进入破产程序。而这个程序一旦完成，这部分原属于技术公司的国有资产，就将神不知鬼不觉地落到股份制公司——大典公司的名下。

检察机关立即向省商务厅发出检察建议，紧急叫停技术公司进入破产程序，并请其对技术公司重新进行清产核资，以确保国有资产不被侵吞和流失。

奇怪的借条

"别人没有货源，我有；别人没有配额，我用不完。"在山西焦炭业，宋建平的业绩和能量让很多煤焦老板很不服气，刚入此行，宋建平凭什么在这个领域呼风唤雨？

专案组决定一查究竟。调查中发现，宋建平不仅仅是技术公司经理和大典公司总经理，他自己还成立了注册资金6340

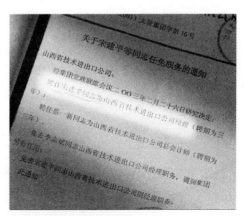

宋建平的任免通知

万元的天鸿公司和注册资金1.2亿元的天河公司，并承包了国有的河津进出口公司。以上几个公司所经营的业务，与大典、技术公司完全相同，它们之间，资金往来频繁，人员复杂。

检察官敏锐地意识到，大典公司可能隐匿着巨额的经济犯罪问题，而如果有问题，就是焦炭业务中的问题。

明确了调查方向后，专案组立即组织人马，迅速调取了2002年以来，技术公司、大典公司以及天鸿公司、天河公司、河津公司的账簿、账册、凭据和有关资料。这些资料，有二十多个铁皮柜子，每个柜子里，塞满了账册、业务往来凭证。检察官采取最原始的办法，对涉案单位的每一笔业务、每一个账户进行了梳理。

铁皮柜子里，塞满了账簿

在查账过程中，检察官发现，这几个公司的账目既不全面又不正规，业务混乱，相互交错。在浩如烟海的账目中，检察官首先发现了一张奇怪的借条。单据中第一页是进账单，显示有500万元从大典公司打到了李某的个人账户上，后面有李某的借条：今借大典公司人民币500万元。

这张借条由宋建平2005年3月22日签字批准，在用途一栏中赫然写着：注册资金，手续办完后归还。将公款供本人、亲友或其他自然人使用进行营利活动，是挪用公款的一种形式。

这一发现鼓舞了检察官的士气。

2006年7月26日，太原市人民检察院以涉嫌挪用公款对宋建平立案侦查。

特殊的生日

身为亏损国企的老总，宋建平竟然身价过亿！消息传来，他的很多部下、朋友均难以置信。在他们的印象中，宋建平生活简朴，为人低调，不嗜烟酒，即使成为山西焦炭行业赫赫有名的"宋黑马"之后，仍然不事张扬，沉默寡言。

1987 年宋建平与妻子结婚后，夫妻俩感情很好，过着互敬互爱的生活。随着时间的推移，宋建平在工作中的出色表现得到了上级领导的赏识，并被提拔成了领导干部。地位的提升让宋建平觉得和妻子产生了距离，2001 年，宋建平与妻子协议离婚。2002 年，在朋友的撮和下，宋建平认识了现在的妻子，可是第二次婚姻并没有让他找到幸福，生活中，第二任妻子对他不管不顾，工作中也帮不到他的忙，于是宋建平将全部精力投入到了工作中。

大典公司成立之初，宋建平一心扑在公司的发展上，多次独自开车去各地联系客户。累了，就趴在方向盘上休息片刻；饿了，就吃一碗西红柿鸡蛋面。日积月累，大典公司的业务蒸蒸日上。

面对检察官的调查，宋建平说得最多的就是："我是有功之臣，我没有罪！"

而他的节俭，也给专案组成员杨建军留下了深刻印象："当时宋建平穿着一条白色的秋裤，两个膝盖处露了两个洞，边缘都是锯齿状。"

据调查，宋建平掌管大典公司以来，利用相关资源在短短四年间使大典公司成为焦炭行业的一匹"黑马"，宋建平成为山西焦炭行业的"风云人物"。这个年纪四十出头，有着大好前途的"风云人物"，难道真的会自毁前途吗？专案组决定加大对宋建平的审讯力度。

宋建平到技术公司工作之前，曾经在政法系统工作了十多年，这十多年的工作经历，让他有着丰富的反侦查能力和比较丰富的法律知识。讯问中，每当检察官提及技术公司和大典公司的情况时，宋建平都会一反常态，异常警觉，即使把相关的账册、业务往来凭证摆在他面前，他也多用"说不清楚""不知道"等来搪塞或者拒绝回答。审讯中一问三不知，这是宋建平应付审讯的套路。宋建平不知道专案组掌握了什么，但是他却知道"言多必失"的道理。

专案组成员无数次研究过这个深藏不露的"亿万富翁"。在调查过程中，检察官发现 8 月 13 日是宋建平的生日,这会不会成为突破宋建平的转折点呢?

8 月 13 日这天,在征得有关方面同意后,检察官为宋建平办了一个特殊的生日,他们买来宋建平最爱吃的荔枝、巧克力,并告诉宋建平:"今天是你的生日,我们中午过来陪你吃碗长寿面。"

宋建平大感意外。他一反平日的沉默,主动和检察官谈起自己 "不平凡" 的人生和最放心不下的儿子,他说:"如果不出事,我也许就是山西的李嘉诚。"

这个生日,可能是宋建平一生中最特殊的生日,但是他没有因为这次特殊的生日而交代自己的问题。面对怎么也不开口的宋建平,专案组决定加大外围调查力度。

埋头打造 "宋氏王国"

据调查,2004 年前后,全国焦炭市场迎来 "史上最牛期",焦炭出口行情日渐高涨,焦炭及配额身价倍增,成为绝对的卖方市场。面对日进斗金的骄人形势,曾经 "一心一意谋发展" 的宋建平坐不住了,想想自己和现任妻子的感情并不好,家庭不能给自己带来安全感,此时的宋建平觉得,今后只有钱能给自己带来安全——钱虽然不能给他带来亲情,但起码不会背叛他。

有了这个念头,宋建平开始转移精力,他要依靠大典公司这棵参天大树,埋头打造自己的"宋氏王国"。可是如何才能将国有资产转移到自己的"宋氏王国"名下呢?宋建平有自己的打算。

2003 年 2 月初,宋建平开始了计划的第一步。他以自己二哥的名义成立了山西天鸿能源有限公司,此后,为掩人耳目,他又将公司法定代表人变更为其同学张某。随后,天河能源有限公司诞生,法定代表人仍为宋建平的二哥。同时,为了弥补天鸿、天河公司没有进出口经营资质和外汇结算账户的不足,宋建平又出面承包了国有的河津公司。三家公司取长补短,遥相呼应。

随着调查的不断深入,线索渐渐浮出水面。检察官相继发现,技术公司、大典公司、天鸿公司、河津公司除了主要业务都是出口焦炭外,这几个公司都有着相同的财务负责人。

专案组觉得有必要顺着这条线索继续追查下去，至此，一个叫李天智（化名）的关键人物，进入了专案组的视线。李天智1993年大学毕业后就跟随宋建平工作，与财务部的负责人一起，共同成为宋建平的"左膀右臂"。

李天智成为专案组调查的目标，被关押在看守所的宋建平一点也不意外。李天智作为他的"心腹"，是不会出卖他的，这一点，宋建平很自信。

果然，李天智摆出一副"事不关己"的态度，要么拒绝回答，要么就以"宋总安排的，我不知道内情"或"时间长了，我忘了"等来搪塞检察机关的讯问。

几天过去了，检察官一直没有从李天智的嘴里得到丝毫有价值的线索，于是不得不重新调整了侦查方向。他们调取了2004年度国际焦炭市场的行情，希望结合大典公司的财务账目找到线索。在反复比较后，检察官发现了一个反常现象：2004年4月到6月间，大典公司和河津公司同时在做焦炭出口业务，但河津公司的焦炭配额每吨可达300美元，大典公司每吨只有40美元，相差之大令检察官感到诧异。

问题究竟出在哪里？是宋建平有钱不赚还是另有隐情呢？由于宋建平控制的几家公司账目极度混乱而虚假，常规审计很难作出准确判断，专案组决定，先搞清楚这几家公司的业务量。于是检察官再次查阅了堆积如山的账册。

经过一笔笔细致核对，他们终于发现了天机：2004年3月至6月，大典公司与一家国外公司所做的焦炭出口业务中，约有1800万美元（当时约合1.4亿元人民币）的许可证代理费账目没有记载，而且已做了平账处理，询问财务人员，他们均称对此毫不知情。

这么大的一笔应该结回来的代理费哪儿去了？

电脑中的发现

这笔业务是李天智经办的，要想取得突破就必须拿下他！

然而，面对李天智极不配合的态度，只有找到相关的真凭实据，拿事实说话，才能让他张口。于是专案组派人到银行、港务局、外管局和相关企业调取有关资料。

经过不懈努力，负责去港务局调查的检察官有了意外的收获：2002年以来，港务局为了提高业务量,对焦炭出口企业按照出口量进行优惠返利,大典公司 2002 年以来在港务局的优惠返利款,均由李天智领取。领取记录显示,大典公司有三百余万元的港杂费优惠款,是李天智领取的,但是在大典公司的账目上,却仅仅体现出其中的 30 万元,经手人也是他。

面对高达三百余万元港杂费的去向,李天智无法自圆其说。况且,通过深入调查,检察官发现,其中部分港杂费已被李天智转移到了自己的信用卡上。

银行转账是有记录的。狡猾的李天智自认为一切天衣无缝,可以瞒天过海,但是当检察官把其转款的现金收据摆在他面前后,李天智终于交代,公司真实的业务活动记录全在他的个人电脑中;他同时交代,宋建平还有约 1800 万美元的许可证代理费没有收回。

李天智的成功突破,让专案组信心大增,他们连夜赶到了大典公司,在李天智的办公室里,检察官发现了被转移隐匿在电脑中的上百份资料。获取的资料清楚地显示:2004 年 4 月至 6 月间,大典公司与国外公司所做业务中,确实有六船的焦炭许可证代理费,约 1800 万美元尚未结回。

在排除了 1800 万美元通过其他单位结回的可能性后,专案组成员王铮开始把目标转移到与宋建平有业务往来的外商中。王铮发现,大典、河津、天鸿公司的主要外贸业务都是与瑞士一家名为 IMR 的公司做的,该公司的中方代表是一个叫陈艳(化名)的女人。天鸿公司是 2003 年 2 月宋建平与陈艳在国内成立的公司,陈艳把大典公司与天鸿公司的业务一起来做、一起结算,因此,陈艳应该清楚尚未结回 1800 万美元的具体原因。

跨境追赃

从太原到北京,再到天津、上海、浙江,为了彻底查清宋建平的问题,为国家挽回损失,专案组成员放弃了节假日,22 个月的时间里行程六万余公里,询问了二百多名当事人。

2006 年 10 月,刚刚回国的 IMR 公司中方代表陈艳被"请"进了太原市人民检察院。

自恃为外国公司代表，陈艳拒不合作，刚取得的进展再次停滞了。检察官焦急万分，他们夜以继日，每天在学习和琢磨，从上百船的焦炭业务中找问题，从陈艳所做的业务中发现漏洞，从国外公司所提供的资料中寻找矛盾点。

由于种种原因，检察官只能通过 IMR 公司北京代表处与国外联系，向其说明情况，以取得他们的配合。IMR 公司对其情况避而不谈，只是一味地询问陈艳会怎么样。

面对这种局面，专案组成员张秀明先后三次前往北京与 IMR 公司北京代表处交涉。

与此同时，为了突破陈艳的心理防线，专案组成员王铮细心地安排陈艳在北京的丈夫给她写信以及与儿子通电话，以此来感化她；另一方面王铮又拿出有力证据，显示出天鸿公司的账面上还有一部分资金是属于陈艳的，表明天鸿公司的确有她的股份。

被感化的陈艳终于同意配合专案组的工作。

陈艳交代，2004 年 3 月至 6 月，大典公司与其所在的国外公司共做了八笔业务，宋建平向她提出，货款不要结清，暂时留在国外。她向公司总部请求获准后，便将货款留在了公司的国外账户上。

然而，怎么证明陈艳所说是真的呢？

检察官立即向 IMR 公司北京代表处调取该公司与大典、津河、天鸿公司的业务资料，与外商的艰难谈判随即展开。

由于案件涉及到的都是外贸、商检、外汇管理等专业性极强的知识，专案组成员每个人都随身携带着英汉词典，这成了一道特有的风景。同时，专案组从外面请来老师，专门讲解焦炭业务究竟是怎么做的，它的程序、流程、结算方式等等。渐渐地，他们由最初的一头雾水变成了行家里手。

而曾一度拒绝提供任何资料的外商，终于被检察官严谨务实的工作作风所感动，答应配合专案组工作，并向专案组提供了 2004 年 4 月到 6 月与大典公司所做的所有业务记录。在给专案组的函中，证实大典公司在他们那里有 1530 余万美元没有结回，这 1530 余万美元的组成是，本金大约 1400 万，另外还有 130 多万元的利息。IMR 公司承认，其欠大典公司 1400 万美元，之所以将其"截留"在国外，是遵照宋建平的嘱咐，另外还有 397 万美元，陈艳按宋建平指示为天鸿公司偿还了欠款。

宋建平不仅把巨额国有资产隐匿在国外，并且已经进行了平账处理。本着对国有资产高度负责的精神，检察官与外商据理力争，终于将这笔一度流落国外的巨额资金成功追回。

从 2002 年到案发，宋建平利用与大典公司有着相同经营业务的天鸿公司、河津公司做焦炭出口业务，赚了算"宋氏王国"的；赔了，就记到大典公司的账上。利用假合同、假报关单，虚开运费和成本发票等手段，埋头打造所谓的"宋氏王国"，至检察机关对其立案侦查时，他的"宋氏王国"资产已达 2.5 亿元。

2008 年 2 月 1 日，太原市中级人民法院对本案作出了一审判决：

宋建平身为国家工作人员，利用职务之便，挪用公款 500 万元给个人注册公司使用，进行营利活动；采取侵吞、隐瞒的手段将公款 40711060 元据为己有；利用国有企业改制之机贪污公款 285327668.21 元和将大典公司的业务款 115696000 元隐匿在国外，合计贪污公款 401023668.21 元，由于其意志以外的原因未能得逞。其行为已触犯《中华人民共和国刑法》第三百八十四条、第三百八十二条之规定，构成挪用公款罪、贪污罪，判处宋建平无期徒刑。2008 年 4 月 23 日，山西省高院维持了原判。

受审时，宋建平还在狡辩

财务科长神秘失踪
3200 万医保款不翼而飞
历时九个月
检察官大海捞针
幕后操纵者逐一现形

谁动了我的救命钱

2006 年 9 月 14 日上午，一辆轿车从银川向石嘴山方向疾驶。在两市交界的星海湖高速公路收费站，车子停下来准备缴费，正当车主伸手将钱递到窗口时，一群武警战士将车子团团围住，片刻，车主被带到了不远处的警车上。

车主叫徐福宁，是"宁夏回族自治区石嘴山市医保大案"的重大嫌疑人之一。

五天前，震惊全国的宁夏回族自治区石嘴山市医保案案发，仅仅三天，案件金额就由一开始的六百多万元上升到了三千二百多万元。这是继上海医保案之后，全国范围内发生的又一起触目惊心的医保款挪用案。

财务科长神秘失踪

2006 年 9 月 9 日，是个星期六。

上午九点多，几名不速之客来到宁夏回族自治区石嘴山市医保中心，他们是国家审计署和宁夏回族自治区审计厅的几名审计人员。几天前，国家审计署的工作人员完成了当地的工作，准备离开石嘴山时，有人提醒"市医保中心还没有查"，于是审计组来到医保中心大楼，按照程序准备查验相关账目。这种像是突袭的方式，令医保中心的人措手不及。

此时，医保中心主任徐福新在西安开会，医保中心财务科长李斌负责接待。

李斌将他们领到二楼的一间办公室内，一边寒暄，一边为客人端茶递水，之后，李斌说去拿账本,让审计人员稍等片刻就离开了。一晃,李斌离开有近一个小时了,但他并没有再露面。审计人员感觉很蹊跷,打李斌手机,关机了,于是他们去财务科长办公室,让大家吃惊的是,财务室的窗台、桌子上,到处都是散乱的账本,李斌却不见了。

李斌失踪后一个半小时,石嘴山市人民检察院检察长李际清就接到市委书记的电话,要他火速从银川赶回石嘴山。虽然没说发生了什么事,但李际清隐约觉得,石嘴山一定发生了大案。

直到下午一点钟,李斌还是杳无音信,他的离开似乎留下了一个巨大的黑洞,人们无法探知这个黑洞到底有多深。面对这种情况,审计署的工作人员意识到,要立即对医保中心的账目进行审计,然而当他们打开财务室柜子的时候,惊人的一幕出现了:会计凭证像水一样哗啦啦流到了外面,这些凭证似乎很久没有动过了,全是单张的会计凭证,根本没有装订起来。见此情景,审计署一位处长惊愕地说:"我干了三十多年的审计工作,全国都走遍了,从来没有见过这么乱的账。"

3200 万医保款不见了

账目混乱,李斌失踪,这一连串匪夷所思现象的出现,让回到石嘴山的李际清意识到了事态的严重,他立刻部署时任石嘴山市人民检察院反贪局局长的单宁波带人进驻现场。与此同时,审计署的工作人员在医保中心刚刚开始审查账目时就发现,有一张 500 万元的承兑汇票没有入账且去向不明,这张承兑汇票是宁煤集团为职工缴纳的医保款。

李斌的失踪让人生疑,所有矛头指向了李斌。然而直到下午六点,李斌依然难觅踪影。

晚上七点多的时候,审计工作人员又查出了一笔钱:一张 100 万元的承兑汇票又对不上了。当天,就有 605 万元的账目对不上账。

很快,石嘴山市委、市政府部署公检部门调查此事:公安局在全国范围内通缉李斌,检察机关的首要任务是控制住医保中心主任徐福新。当天下午,徐福新涉嫌玩忽职守被立案调查，而此时的徐福新还在外地出差。案发第二天，徐福新接到了上级电话，要他立刻赶回，当晚，徐福新坐上飞机，从西安赶回了银川。

在机场，徐福新被控制住了。

徐福新称自己并不知道李斌的去向。面对审计出来的账目问题，徐福新百般狡辩，自称，是自己工作不负责任，大不了这个中心主任不干了。

徐福新的抵触和李斌的失踪，令案件的侦破一时难以理出头绪。

是谁通过什么手段能将这笔老百姓的救命钱堂而皇之地拿走？这中间又有什么玄机？9月11日凌晨，石嘴山市人民检察院会议室内，已经熬了一个通宵的检察官感到压力很大：案件无从下手，他们手中只有一条线索，即605万元的承兑汇票，但是承兑汇票对于他们而言，也是一个陌生的名词。

银行承兑汇票是由银行担任承兑人的一种可流通票据，承兑是指承兑人在汇票到期日无条件地向收款人支付汇票金额的票据行为，在承兑期限内，可以无限背书转让，也可以提前贴现使用。在了解了承兑汇票的相关知识后，检察官意识到，这是一起新型的经济犯罪，605万元的承兑汇票很可能已经被贴现了。

就在检察官奔波于宁夏各大银行调查贴现情况的时候，9月13日，国家审计署的工作人员又送来七笔未入账的承兑汇票，金额为2165万元；9月27日，自治区审计厅再次移送了11笔未入账的承兑汇票，去除与案件无关的两张承兑汇票，共有19张、三千二百多万元的医保款不翼而飞。这三千二百多万元的承兑汇票是宁煤集团用来为职工缴纳医疗保险的钱。石嘴山市在宁夏回族自治区的经济规模仅次于银川，也是宁夏社保资金归集规模最大的城市，因为当地丰富的煤炭资源和其他矿产，工矿企业较多，在岗工人数量也非常大，而宁煤集团又是当地一个大型企业。

承兑汇票

国家一再强调，社保资金是关系民生的高压线，任何单位和个人不得挪用。因此，这三千二百多万元的救命钱必须尽快追回，李际清感到重担在肩。

李际清知道，这一笔资金的流动性非常强，不像其他的贪污或者挪用，流程很短，这些承兑汇票，流程很长并且经过的环节很多。他在心里暗下决心，一定要把钱追回来。

一个叫艾斌的人

李际清立即部署，分组战斗。当时负责外围取证的是吴立新和吴荣，两人对 19 张承兑汇票一一展开追查。

在调查过程中，吴荣和吴立新发现，19 张汇票中有 8 张被一个叫艾斌的人通过不同单位贴现拿走了，吴荣立刻联系艾斌。艾斌，36 岁，是中国农业银行银川支行某储蓄所的职员。

见到艾斌的第一面，吴立新就觉得，艾斌是一个不太老实的人，一双眼睛滴溜溜乱转。但艾斌的态度倒是很坦然，他一开始就交代，这些承兑汇票是一个姓任的"胖子"拿过来叫他贴现的，贴现之后再交给石嘴山市一个姓徐的老板，石嘴山老板他也不认识，只见过一面，记不起来模样了。

继续调查中，检察官还发现有一张 500 万元的承兑汇票刚刚被一个姓唐的人拿去贴现了，而这个人是医保中心主任徐福新的弟弟——徐福宁的手下。同时，反贪局长单宁波在跟审计署工作人员了解情况的过程中，逐渐将徐福宁锁定。众多线索归结到一起，都指向了徐氏兄弟，让案件似乎有了突破口。

徐福新和徐福宁是一对亲兄弟，二人出生在石嘴山市一个普通的煤矿工人家庭，哥哥徐福新一直在卫生系统工作，1997 年担任石嘴山市医保中心主任，此人处事稳重低调。相对于徐福新的低调，其弟弟徐福宁则是石嘴山的"名人"，三十岁出头的徐福宁，年少时曾因打架被劳教，解教后在离医保中心几步之遥的一家大饭店做了厨师，后来开过餐馆，再后来突然暴富，成为石嘴山市首屈一指的富豪。

几乎所有认识徐福宁的人，对他的印象都是一致的：这个人讲义气，出手大方，在当地呼风唤雨，天不怕地不怕。大家反映，徐福宁一般手里低于五万块钱是不出门的。

追逃

2006 年 9 月 13 日，石嘴山市人民检察院对哥哥徐福新刑事拘留，但是面对讯问，徐福新态度依旧。为了证实艾斌口中所说的石嘴山徐老板是不是徐福宁，单宁波四处调取徐福宁的资料。正当他们要将调查进展情况跟市委领导汇报的时候，一个好消息传来，市委领导告诉他们："徐福宁已经往银川飞机场跑了，你们赶紧追。"

原来，徐福宁并不知道哥哥徐福新的下落，从 9 月 9 日晚上开始，哥哥的手机就联系不上了，这让徐福宁慌了手脚。他从北京赶回银川，但是回来之后还是联系不上哥哥。俗语说："不做亏心事，不怕鬼叫门。"联系不上哥哥徐福新，让徐福宁心里很不安，他隐约觉得挪用医保款的事情要败露，于是他想赶紧乘飞机离开宁夏，跑得越远越好，但是，不知道哥哥徐福新的下落，让他怎么也放不下心来。徐福宁从小跑到了河南，是哥哥把他找了回来，这么多年，是哥哥一直照顾着他，兄弟俩的感情很深。

他决定暂不乘飞机离开，而是调转车头，回石嘴山找哥哥。

2006 年 9 月 14 日上午九点多，在银川到石嘴山的高速公路星海湖收费站，出现了本文开头的一幕：正当徐福宁停车准备缴费的时候，被守候多时的武警战士抓获了。

徐福宁被抓后，立刻被带到石嘴山市人民检察院，由单宁波和吴荣对他进行第一次讯问。

讯问室里，徐福宁一副老板的派头。面对检察官追问的资金来源问题，徐福宁说自己跟人做药材生意，赚了不少钱，但问他贩了多少药材、货源地在哪里时，徐福宁的回答含混不清。

徐福宁的态度早在检察官的预料之中。第二天一早，单宁波决定让艾斌指认徐福宁，只要艾斌能认出徐福宁，那就说明徐福宁确实有问题。

第二天，检察官找了几个医保中心的工作人员，让徐福宁混在其中。艾斌隔着窗户，一眼就认出了"混"在其中的徐福宁，艾斌说，他就是那个胖子的朋友，承兑汇票贴现后就是给他的。

背书后的玄机

徐福宁被刑事拘留后，一开始被关押在贺兰看守所。面对检察机关的提讯，徐福宁的态度一如既往。

徐福宁的嚣张，使得对他的突破只能暂时搁下；与此同时，检察官在调查艾斌口中所说的"胖子"时，发现了一个奇怪现象：这个人已经死亡，并且此人的整个社会关系都跟承兑汇票以及徐福宁没有关系。

承兑汇票的线索在这里断掉了。

而此时，艾斌还在继续"配合"调查，不断提供有关"胖子"的信息。他的过分热心引起了检察官的怀疑：他明知"胖子"已死，为什么还把所有事情都推到一个死人身上呢？

李斌潜逃在外，徐福新、徐福宁兄弟俩就像商量好了一样，对于承兑汇票的事情一概拒绝回答，而艾斌干脆耍起了伎俩，与检察官兜起了圈子。千头万绪的案件，一时间陷入了难以突破的困境中。

与此同时，国家审计署的工作人员将此事上报中央，中央领导高度重视，指示宁夏回族自治区严查此案，自治区党委专门成立了专案组，协调各部门对案件进行清查。2006 年 9 月 19 日，案发后的第十天，自治区人民检察院派一名副检察长与反贪局副局长陈杰进驻此案。

然而，所有的线索推进到艾斌和徐福宁的时候，就再也进展不下去了，负责外围调查的检察官在仔细研究了案情之后，想到通过承兑汇票的背书情况发现更多的线索。于是，他们再次来到银行，查找追踪贴现单位和人员，他们从背书后面盖的那个章找起，从后面往前推，一家一家地找。

检察官的努力有了回报。

在银川某银行，一张由刘飞签名的贴现单出现在检察官的面前。据了解，刘飞与艾斌一样，都是银行职工，他是中国人民银行银川中心支行的职员，同时也是艾斌从小到大的朋友。很快，刘飞的信息被公安机关掌握——刘飞此时还在北京，当他回到银川时，就一直被公安干警控制在视线里，在仔细核对了刘飞的身份证以及具体信息后，刘飞被抓捕归案。

面对检察官的讯问，刘飞这个34岁的男人始终以泪洗面，连呼冤枉。

刘飞极具表演天赋，只是哭并不回答问题，他声称自己不认识艾斌和徐福宁。这种情况下，检察官决定为刘飞和徐福宁创造见面的机会，看他们之间会是什么表现。

看守所里，刘飞见到了徐福宁，当着徐福宁的面，他说自己不认识他。

见此情景，徐福宁气得破口大骂。可刘飞依旧故我，并不理会徐福宁对自己的指认，在被送往看守所的途中，他声泪俱下的表演，让当时押送他的吴荣一时产生了错觉：难道抓错人了？

当吴荣将这些情况向上级领导汇报的时候，专案组专门派人到刘飞和艾斌贴现的银行网点进行深入调查，他们将每一张贴现的提单和刘飞的笔迹核对，同时拿出刘飞和艾斌的照片让网点营业员进行辨认。

刘飞和艾斌的长相很有特点，让人过目难忘：刘飞头发特别少，艾斌的耳朵是典型的招风耳，所以营业员对这两个人印象深刻。

李斌归案道实情

随着对刘飞、艾斌等人的调查，案件侦破得到了推进。与此同时，公安机关传来了一个喜讯，2006年9月23日，失踪了半个月的医保中心财务科长李斌在河南被抓获。

看守所里，李斌像一只泄了气的皮球，只求检察官都够给他留一条活路，不判死刑，他就心满意足了。有此心态，李斌道出了实情。

李斌，1973年出生，作为石嘴山市医保中心财务科长，李斌总想与自己的顶头上司徐福新拉近关系，而医保中心主任徐福新总是有意无意地在他面前提起自己的弟弟，每次聊天，徐福新都会暗示，如果有可能就多帮帮自己的弟弟徐福宁。对此，李斌心领神会。

此前与徐福宁的接触中，徐福宁无意中曾经问起李斌有关承兑汇票的事情，李斌告诉他，医保中心确实有其他单位以承兑汇票的形式上缴的医保资金。徐福宁试探着想将这些承兑汇票拿出来质押或者贴现，用于自己投资生意，李斌一开始没有答应。

而顶头上司意味深长的叮咛让李斌内心斗争了很久，后来他认为，反正承兑汇票的承兑日期还有一段时间，只要徐福宁能在期限内将钱拿回，就不会有什么差错，况且，这样还讨好了顶头上司徐福新，一石二鸟的计划，自己一个小喽啰何乐而不为呢？于是，2004 年 8 月，李斌将宁煤集团交来的两张金额分别为 100 万元的承兑汇票一起交给了徐福宁。

李斌没想到，徐福宁的这 200 万元在承兑日期内并没有拿回来。

这让李斌有些害怕，并开始后悔了。但徐福宁告诉他，两张承兑汇票已经贴现了，他尽快把生意做大，尽快把这个钱还上。

李斌觉得徐福宁的话也很在理，于是事情变得一发不可收拾，李斌慢慢地变成了徐福宁的"取款机"。2004 年 8 月至 2005 年 8 月，李斌分六次将总计 3233.556 万元的 19 张承兑汇票交给徐福宁，让徐福宁用来投资还钱。

而事实上，越往后，李斌越麻木，只要徐福宁伸手要，他就给。

2005 年 4 月 30 日，由于给徐福宁的数额巨大，到了无法控制的地步，李斌将此事告诉了顶头上司徐福新，但徐福新的态度，让李斌吃了一颗定心丸。徐福新说："我们现在已经在这个藤上了，只能寄希望于徐福宁尽快把生意做大，尽快把钱还回来。"这话，跟徐福宁如出一辙。

李斌供述说，医保中心主任徐福新不仅知晓此事，而且，为了掩盖弟弟徐福宁拿走医保资金，致使挂账太大的事实，他还曾经亲自多次到宁煤集团催缴医保资金，后来，宁煤集团不仅付清了 2005 年所欠的医保款 4883 万元，同时，还预付了 2006 年 3600 万元的医保款。李斌在徐福新的授意下，立即用该笔资金将 2005 年度的财务报表做平。

亲情突破

李斌的供述使得狡猾的徐氏兄弟再也无法掩盖其犯罪事实，但是，这兄弟俩依旧是一个继续耍赖，一个沉默不语。为避免徐福宁与艾斌、刘飞等人串供，徐福宁被押送到内蒙古自治区乌海市看守所关押。

徐福宁与徐福新兄弟情深，他一直都在申辩此事与哥哥徐福新没有任何关系，企图为徐福新洗清罪名。检察官意识到，这兄弟二人的感情有可能是案件的突破口。2006年10月6日是中秋节，陈杰和单宁波提着月饼来到看守所，看守所里，他们跟徐福新宣讲政策，谈家庭，谈个人成长，晓之以理、动之以情地开导他。一番开导后，徐福新意识到了挪用医保金的严重性。

徐福新承认自己动用了老百姓的救命钱是犯罪之后，也为自己找理由推卸责任，他认为全国的医保资金都没有一种规范的管理模式，他也在这个岗位上作了一些贡献等等。虽然如此，徐福新并没有彻底将兄弟二人如何谋划挪用医保资金的事情交代清楚，但是徐福新态度的转变让检察官看到了案件突破的曙光。

由于徐福新愿意配合，检察官让徐福新给弟弟写了一封信。

带着徐福新的亲笔书信，陈杰和单宁波再次来到乌海看守所提审徐福宁。徐福宁在看到哥哥的信后，表示愿意配合调查，但同时向检察官提出了两个请求：一是与哥哥徐福新见面，二是要求被转到石嘴山市看守所羁押。检察机关在多方面考虑后，同意了。

在石嘴山看守所里，徐福宁一见哥哥就哭了起来。在检察官安排的亲情攻势下，徐福新与徐福宁兄弟俩分别将如何谋划挪用医保款的事情供述了出来。

盘根错节的利益链条

原来，徐福新曾经告诉过弟弟，医保中心有大量的承兑汇票，并且帮助弟弟找到金融专家咨询承兑汇票的使用事宜。之后，弟弟徐福宁找到李斌了解到，这些拿回来的承兑汇票要做账，做完账以后再把承兑汇票放到银行，等待到期往回收钱。徐福宁想："反正有个时间差，早放到银行和晚放到银行是一样的，我何不利用这个时间差用承兑汇票为自己做点事呢？"

没过几天，徐福宁找到李斌说："我有一个很好的项目，只是缺点钱，可不可以从你们单位拿点钱出来，最多不过半年就可以还上。"李斌没有答应。后来，徐福宁又多次找到李斌，并许诺事后一定归还。李斌想到徐福宁与徐福新是兄弟关系，而且哥哥徐福新也曾多次暗示自己关照他的弟弟，就最终同意了徐福宁的提议。

徐福宁拿着最初的200万元承兑汇票，通过朋友找到了当时在银行工作的刘飞，请他帮忙贴现。刘飞对这块业务不熟，又找到了哥们儿艾斌，三个人在宾馆里共商发财大计。

艾斌找到一个朋友的公司帮忙贴现，并向徐福宁提出，质押100万元，收取30万元的好处费，徐福新答应了。最终，200万元的承兑汇票徐福宁只拿到了140万元现金，他感觉质押的钱太少，就要求刘飞、艾斌二人尽量找门路贴现。

深谙此道的艾斌知道，如果走正常途径，这些来路不明的承兑汇票会将自己和刘飞、徐福宁一起查出，但是艾斌在石嘴山市很有人脉，他掌握了一些民间专门做贴现的公司，只要付些中介费给他们，一样能够顺利贴现。

徐福宁将贴现得到的钱一部分用来投资，他的投资涉及到房地产、煤矿、娱乐等行业；另一部分用来挥霍。刚满三十岁、仅有小学文化的徐福宁不仅自己在市区黄金地段拥有多处房产，还为其手下十几个所谓的心腹每人购买了一辆高级小轿车。

一来二去，徐福宁渐渐感觉刘飞、艾斌二人比较可靠。而刘飞、艾斌等人也时常会惊讶徐福宁为何每次都能拿出巨额承兑汇票，当得知徐福宁的哥哥是石嘴山市医保中心主任后，他俩很快就明白了其中的"奥秘"。

徐福新：我不该动老百姓的"救命钱"

前前后后，除了一笔500万元承兑汇票是由徐福宁的手下唐某贴现外，徐福宁从李斌处挪用的2700万元都是由艾斌、刘飞二人帮助贴现的。这其中，刘飞、艾斌只承认从中获利60万元。

案件侦破到此，检察官才发现，涉案的五名犯罪嫌疑人一开始就订好了"攻守同盟"。原来，2006年9月4日，案发前五天左右，医保中心主任徐福新就已经得知审计署要来宁夏的消息，他意识到，审计署可能要来医保中心查账，就交待李斌将账目做平。同时，徐福新让弟弟徐福宁做好准备，万一出事该如何应对。徐福宁提前找到李斌，送给他一个手机号码，告诉他万一出事了，就用这个号码给他打电话，他会安排好一切。当审计署的工作人员到医保中心提出要查账的时候，李斌慌了手脚，立刻换了手机卡，给徐福宁打了一个电话。

接到李斌的电话，徐福宁知道出事了，他派了一辆车，把李斌连夜拉到了北京。

当审计署的工作人员还在焦急等待着李斌，石嘴山市人民检察院的李际清检察长正从银川往回赶的时候，李斌已经到达了内蒙古。这个时候，他将手机关机，连同手机卡一起扔到了黄河里。

到了北京后，徐福宁给了李斌五万块钱，连夜又让人把他送到了河南。

而此前，徐福宁也与艾斌、刘飞二人订立了攻守同盟，但是最终这个同盟在检察机关的侦破过程中不攻自破。在整个案件中，李斌作为案件的主犯之一，前前后后为徐福宁拿出三千二百多万元的承兑汇票，他却没有得到任何好处，这让检察官感到十分费解。

拿这个问题问李斌时，李斌一脸的茫然，他说到现在自己都没有想通为什么这么做，也许仅仅就是官迷心窍，这可能是最"合理"的解释了。

2008 年 2 月 1 日，吴忠市中级人民法院对吴忠市人民检察院起诉的石嘴山市医保资金挪用案进行了公开宣判。以挪用公款罪判处李斌无期徒刑，剥夺政治权利终身；以挪用公款罪判处徐福新无期徒刑，剥夺政治权利终身，以受贿罪判处其有期徒刑一年，决定执行无期徒刑，剥夺政治权利终身；以挪用公款罪判处徐福宁无期徒刑，剥夺政治权利终身；以挪用公款罪判处刘飞有期徒刑十四年；以挪用公款罪判处艾斌有期徒刑十年；法院同时判决，各被告人违法所得予以收缴。

戈壁滩上严重缺水的城市
出了一位贪得无厌的"水官"
利欲熏心，肆无忌惮
小干部如何变巨贪

戈壁滩上的水硕鼠

2007 年 8 月 14 日上午，甘肃省敦煌市人民法院审判庭。

一场引人注目的庭审正在举行，被告席上是敦煌市水务局水政水资源办公室原副主任龚开成。起诉书称，龚开成在担任敦煌市水务局水政水资源办公室副主任期间，利用管理全市水资源规划、征收水资源费等职务之便，贪污公款 502.78 万元，受贿两万元。

前段时间，关于龚开成贪污巨额公款的消息在敦煌小城传得沸沸扬扬。人们没有想到，在戈壁滩上严重缺水的敦煌，竟然出了一个以水发财的巨贪，特别在龚开成所在的敦煌水务局，他的同事都惊呼："没想到他胆子这么大！"

350 万水资源管理费

2005 年年底，敦煌市水务局负责人在甘肃省水利厅参加会议时，省水利厅公布了各地上缴水费的情况，并对欠缴水费的各地水务局和单位用户点名进行了批评。这次会议上，负责征收青海石油管理局敦煌市七里镇基地生活和工业用水水费的敦煌市水务局和该基地同时被点名。敦煌市水务局负责人深感纳闷：水务局负责收取水费的水政水资源办公室一直在向该基地征收水费，怎么可能被点名批评呢？

2006 年年初，敦煌市水务局请敦煌市审计局对水务局水政水资源办公室和青海石油管理局敦煌七里镇基地的相关账目进行审计。这一审计不要紧，水政水资源办公室的账目漏洞百出，这让审计部门和水务局负责人感到事态严重，于是立即向敦煌市政府进行了汇报。

随即，检察机关介入此事并展开调查。

敦煌市水务局水政水资源办公室简称"水政办"，是水务局下属的副科级单位，没有正主任，仅设副主任一名，由龚开成担任。"水政办"的职责是对全市水资源进行管理，按照国务院相关规定以及《甘肃省水资源征收与使用暂行条例》，依法对本市用水单位按标准征收水资源管理费。

检察官了解到，按照规定，一个单位用水量每年在500万吨以下，水资源管理费由当地水务局征收；如果超过500万吨，则要缴纳到省里。敦煌市年用水量唯一超过500万吨的单位，就是青海省石油管理局后勤基地。

从敦煌市区出发，西行不远就是七里镇，青海省石油管理局后勤基地就坐落在这个镇上，这里，生活着青海省石油管理局的机关管理人员、石油工人以及家属共五万人左右。因为油田在环境艰苦恶劣的戈壁滩里，所以，他们选择了七里镇这个自然环境稍好的地方，作为油田机关以及家属生活的基地。

检察官了解到，青海省石油管理局后勤基地的水资源管理费，虽然要上缴到省里，但是，省水利厅委托敦煌市水务局水政办代收，龚开成具体负责这件事。

从敦煌市区出发，西行不远就是七里镇，青海省石油管理局后勤基地就在这里

在敦煌市人民检察院副检察长王海龙的带领下，检察官赶到敦煌市七里镇。青海省石油管理局供水公司的工作人员说，这几年，龚开成的确每年都到他们公司收取水资源管理费，并且每次都是单独拿着开好的发票来，他们在经过层层审批后，将款项打到了龚开成指定的账户中。

经过调查，一个让人吃惊的结果展现在检察官的面前。

2002年到2005年，青海省石油管理局供水公司的财务账目显示，每年他们给敦煌水务局缴纳的水费，都在八十七万元上下，四年支出了三百五十多万元。

龚开成到青海石油管理局供水公司收了钱，可甘肃省水利厅并没有收到敦煌水务局水政办缴纳的一分钱，这究竟是怎么回事呢？

按照青海石油管理局供水公司提供的资料，检察官找到了以甘肃省水资源委员会办公室开户的农业银行储蓄所，当他们对这个账户进行查询的时候，一件让人更加诧异的事情出现了：350万元水资源款，被人多次采取提现的方式，全部取走了；而且其中有103万元，已通过电汇的方式，刚刚汇往甘肃省水利厅，办理这一切的，正是龚开成。

为什么在检察机关刚刚注意到龚开成的时候，他慌忙向甘肃省水利厅电汇103万元的水资源管理费呢？龚开成涉嫌重大犯罪！

私刻的公章

2006年4月6日，酒泉、敦煌两级检察院对龚开成立案侦查。4月7日，龚开成被刑事拘留。

讯问室里，让人感到意外的是，没等检察官发问，龚开成就交代了自己的问题，并且主动掏出了随身携带的两张个人储蓄卡。龚开成十分"配合"地告诉检察官，这两张卡上，总共有21万元。龚开成承认，这钱是水资源管理费，他的确想把这笔钱占为己有。

当检察官讯问龚开成，剩余的水资源管理费到哪里去了时，龚开成一下子三缄其口，什么都不说了，跟前面主动交代21万元贪污事实的表现几乎有天壤之别。检察官分析，龚开成的"主动"和"配合"是有原因的，他心里有自己的"小九九"。

敦煌是中国历史文化名城之一，它地处河西走廊最西端，其悠久的历史孕育了灿烂的文化，遍地的文物遗迹、浩繁的典籍文献使这座古城至今仍流光溢彩，莫高窟、月牙泉、玉门关等名胜古迹无不向世人展示着敦煌的广漠风情和神秘气息。但是，敦煌深处内陆，远离潮湿的海洋气流，全年干旱少雨，水资源异常匮乏，这里的人们基本上靠开采地下水满足日常生活的需求。在如此缺水的古城，龚开成这样一个"水官"却演绎出让人惊诧的现代"大文章"，检察官认为，虽然主动交代了 21 万元，但这仅仅是个开始，龚开成的问题远不止这些。

在敦煌小城，贪污 21 万元的确算得上一个大案。但是，除去已经上缴省水利厅的 103 万元，水资源费的缺口至少还有二百多万。此时，摆在检察官面前的问题是，追缴赃款，减少国家的损失。

随后，检察机关依法对龚开成的家进行了搜查，结果一无所获。但在龚开成办公室，检察官找到了一份甘肃省水利厅 2002 年 3 月份下发的文件，经进一步了解，他们搞清了这背后的秘密。

2001 年年末，龚开成向省水利厅有关部门请示，说青海石油管理局敦煌基地的取水量比较高。2002 年的 1 月，省水利厅派了两位同志来敦煌勘测青海石油管理局敦煌基地的取水量，通过勘测，该基地的年取水量超过了 500 万吨，按照相关规定，超过 500 万吨的取水量，水资源管理费应该由甘肃省直接征收。

征收权虽然在甘肃省水利厅，由于有属地管理的原则，省里又委托敦煌水务局水政办来征收。2002 年 12 月份，青海石油管理局提出，他们有一部分职工买断工龄下岗，已经离开了敦煌，实际年取水量只有四百多万吨。于是，龚开成让青海石油管理局起草了一份报告，上交到省水利厅，自此，省水利厅就再也没有过问此事。龚开成钻了这样一个空子——水资源管理费既没有交到省里，也没有交到敦煌市水务局。

青海石油管理局缴纳的水资源管理费数额巨大，必须通过对公账户，以转账方式来实现，而每一次收费，龚开成又是如何办理的呢？

原来，龚开成私刻了一枚甘肃省水资源委员会办公室的财务专用章，用这个专用章在敦煌某农业银行储蓄所开设了一个账户。检察官迅速赶到甘肃省水利厅，找到了原始的印章，真假一对比，肉眼都可以分辨出不同：私刻的印章边框线比较粗，而水利厅调取的印章，边框线比较细。

通过权威部门的鉴定，龚开成的确私刻了印章。

兰州追赃

讯问室里，龚开成依旧保持沉默。对于龚开成的拒不开口，王海龙觉得，要调整思路，寻找新的突破口。

龚开成有一儿一女，他的爱人尤静（化名）在水务局下属某单位工作。敦煌市人民检察院反贪局决定，首先在敦煌市内的所有银行进行摸排，看有没有以龚开成及家人在银行开设的账户。经过细致核查，他们发现了蛛丝马迹：在龚开成的妻子尤静的个人账户里，有 30 万元被取出，而且取款时间是在检察机关去银行查账的前三天。

这笔 30 万元的款项究竟被尤静转移到哪里了呢？检察官罗秀萍随即打电话给龚开成的妻子。尤静说，她不在敦煌，正在兰州看望上大学的女儿。龚开成被检察院刑事拘留的节骨眼上，尤静怎么跑到兰州去了？联系到尤静在敦煌提出过最少 30 万元巨款，检察官对她看望女儿的行为疑窦丛生，尤静会不会把钱转移到了兰州？他们立即准备前往千里之外的兰州调查。

第二天一早，检察官乘火车赶到了兰州，在甘肃省人民检察院的全力支持下，他们的查询工作顺利展开。兰州有九大金融机构，检察官两人一组，每组在三大银行进行深入细致的调查，主要查龚开成的亲属有没有存款。

很快，在中国银行兰州分行某储蓄所，检察官有了重大发现：龚开成的妻子尤静，有三张美元存单，金额一共是 8.7 万元。经过和银行的沟通，他们了解到了一个非常重要的信息，就在当天，有个女人曾经拿着这三张美元存单，要取款。银行工作人员说，大额现金提现要提前预约，让她到第三天再来。

检察机关依法对这笔钱进行了冻结。很显然，尤静的目的就是把这 8.7 万美元取出来，再进行转移。8.7 万美元当时约合人民币七十多万元，加上前面从敦煌查出已被尤静转走的 30 万元现金，以及龚开成主动交代的 21 万元，这几笔相加，已经有一百二十多万了。这么一大笔款项，与龚开成全家的收入明显不符。

自从上次和龚开成的妻子尤静通过一次电话后，她的手机就关机了，仿佛消失了一样。此时，检察官来得正是时候，他们和银行约定，等到第三天尤静前来取款时，正好可以找到她。

一切都在静静地等待中。

转移赃款齐上阵

2006 年 4 月 26 日，是银行和尤静约定取款的日子，检察官也在耐心等待着。

下午，一个小伙子拿着尤静的身份证和三张美元存单要取款，检察官当机立断，控制了这个准备取钱的年轻人。但是，年轻人说，自己并不认识尤静，他受雇于尤静的亲戚，而雇用他的人，就在银行门前马路的对面。检察官迅速跟着年轻人来到马路对面，可是，尤静的亲戚已经飞快地溜掉了。

线索到这里又断了，尤静的手机依旧关闭，没有任何消息。

检察官没有停顿，在兰州的几天，他们又在另外几家银行发现了以尤静和龚开成女儿名字开立的银行账户，不过，账户上的钱无一例外地在最近一段时间被取出。从银行监控录像上，可以看到龚开成的女儿——她有转移赃款的重大嫌疑。

龚开成的女儿当时在兰州某大学读书，为了不影响她的学习和生活，检察官着便装来到了学校，以家里来人看望为由，找到了她。当检察官询问巨款的下落时，她矢口否认。

检察官找到龚开成的女儿时，从敦煌传来了一个激动人心的消息：尤静的弟弟尤伟民（化名），悄悄地去过一次兰州。在公安机关配合下，在敦煌的检察官迅速找到了尤伟民。

原来，龚开成出事后，尤静非常害怕，她赶忙让自己的弟弟尤伟民过来帮忙，说有几张 92 万元的存款单让他带到兰州去。尤伟民交代，自己到了兰州以后，和外甥女会合，前往各个银行，取出以尤静和外甥女开户的多笔现金。经过商量，检察官决定让尤伟民和龚开成的女儿通电话，对她进行劝说。尤伟民劝说自己的外甥女，马上就要毕业了，希望她为自己的前途着想。龚开成的女儿听了以后，当时就挂断电话，大哭了一场。

龚开成的女儿交代了事情的经过。舅舅尤伟民带着存款单到兰州和她见面以后，就抓紧时间取款，接下来，她又忙着把这92万元的巨款进行了转存，以谁的名义转存呢？她想得比较周全。她借了同学的身份证，把92万元分成七笔，以同学的名字存到了各大银行。

这些存折放到哪里呢？龚开成的女儿又动了一番脑筋，她在省农业银行租赁了一个保管箱，把这七张存折全部保存在那里。按照她的交代，检察官迅速赶到了农业银行，按程序打开保管箱，依法追缴了赃款。

龚开成的女儿还交代，她在兰州居住的小姨尤琳（化名）也参与了取款存款行为。随后，检察官找到了尤琳，通过耐心细致的思想工作，尤琳交代出了由她转移的一大笔赃款。原来，龚开成被检察机关立案侦查后，尤静惴惴不安，除了叫弟弟尤伟民到兰州帮忙转存赃款外，还让自己的妹妹尤琳帮助自己转移现金，他们凌晨三点从敦煌出发，装了一袋子的现金拉到兰州，清点后一共是87万元。尤琳按照姐姐的要求，存到了龚开成的一位张姓朋友的账户上。

在兰州十几天，检察官追回了赃款二百余万元。

法网难逃

追缴工作取得了重大突破，但是，还有一部分赃款有待追缴，而知情人就是龚开成的妻子尤静，但尤静似乎人间蒸发了，仍然没有一点消息。

敦煌市人民检察院上下动员，对龚开成涉嫌贪污的问题进行彻底调查。除了前面查出的2002年到2006年龚开成贪污的三百五十多万元公款外，检察官还对1996年至2001年期间，青海石油管理局缴纳到敦煌水务局的水资源管理费进行了调查，他们又有了惊人的发现：1996年到2001年，龚开成还收取了该单位以及其他单位的水资源费二百八十多万元。

因为这笔钱不需要缴纳到省里，龚开成采取一贯的做法，自己私自开设一个账户，让对方往这个账户上缴纳水资源管理费，然后，他再把款项转移到自己的个人账户上。很明显，在征收其他单位的水资源管理费时，龚开成也存在着贪污行为。至此，龚开成贪污公款的金额基本查清。

在铁的证据面前，龚开成再也抵挡不住，他交代了自己的全部犯罪事实。

与此同时，检察官一直在追踪尤静的下落。2007 年 10 月初，敦煌市人民检察院得到消息，尤静在兰州出现了，检察官火速赶往兰州。通过几天的蹲守，在公安机关的大力配合下，2007 年的 10 月 6 日，尤静在一家私人出租房内被抓获。

伴随着尤静的落网，检察官又通过她以及龚开成的亲戚，追缴了四十多万元的赃款。

2007 年 8 月 14 日，经过四个多小时的公开审理，酒泉市中级人民法院认定，龚开成贪污公款 4916347 元，受贿 20000 元。随后，当庭进行了宣判：被告人龚开成犯贪污罪，判处无期徒刑，剥夺政治权利终身，并处没收个人全部财产；犯受贿罪，判处有期徒刑一年，两罪并罚，决定执行无期徒刑，剥夺政治权利终身，并处没收个人全部财产。龚开成没有提出上诉。

2008 年 5 月 28 日，尤静、尤伟民、尤琳、龚开成的女儿以转移赃物罪被检察机关提起公诉，甘肃省敦煌市人民法院进行了公开审理，当庭宣判：尤静被判处有期徒刑两年零六个月；尤伟民被判处有期徒刑一年；尤琳被判处有期徒刑一年零六个月；龚开成的女儿被判处有期徒刑一年。

人们没想到，严重缺水的城市，出了个以水发财的巨贪

血站站长疯狂采血

媒体揭开腐败一角

侦查与反侦查

审讯与反审讯

一场正与邪的殊死较量

一群智勇双全的检察官

血站黑幕

    2006 年 7 月 17 日这天，曾在贵州省镇远县担任"父母官"的黄保勤的爱人王质莹，在省城贵阳某高校家中，被几名检察官突然带走了。此时，王质莹的丈夫黄保勤已经离开镇远县，在贵阳某高校担任党委书记，这些天，学校进入了假期，黄保勤正在家里伏案写个人回忆录，妻子王质莹被带走的时候，他一下子十分紧张。

    带走王质莹的是石阡县人民检察院的检察官，石阡县隶属于贵州省铜仁市，是一个很小的县城，那里的检察官为什么到省城带走黄保勤的爱人王质莹呢？

退休女干部的百万投资

    2006 年初夏，一名记者写了一篇《贵州血浆忧思录》的报道，披露了贵州省镇远县血站疯狂违规采血、大肆敛财的真相。报道说，当地很多农民排队卖血，按国家规定，每个人卖血的营养费一次是八十元，但血站实际上只给农民三五十元就打发了。报道进一步披露说，镇远县血站不仅克扣卖血者的营养费，还违规采血。按照规定，年龄超过 55 岁的人不能供血浆，可是，为了多卖血，五六十岁的老人把年龄改成四十几岁，年轻一点的，甚至持有几个身份证、几个采血证，一个星期卖几次血，而血站明明知道却视而不见。群众反映，血站人最多的时候，一天来了七百多人。

这篇报道在社会上引起了巨大反响。

就在镇远县血站违规采血被媒体曝光后不久,贵州省人民检察院接到一份举报材料。举报称,血站站长陈登富在贵阳个人投资二千一百余万元开了一家房地产公司。镇远县是国家级贫困县,而陈登富不过是当地医院下属的一个科级干部,他怎么会有千万巨款呢?

贵州省人民检察院决定对镇远县血站站长陈登富立案侦查,并把这项任务交给了有着丰富侦查经验的反贪局副局长刘勇实。刘勇实下过乡,当过工人,是我国恢复高考后的第一批考生,毕业于西南政法大学刑侦专业,参加反贪工作之前曾经是贵州省公安干部学院的教师。

通过调查,检察官意外发现,最近一段时间,有一个叫王质莹的女人,从建设银行分三次打给陈登富的房地产公司两百多万元巨款。这个王质莹是谁?

通过调查,王质莹的真实身份浮出了水面。

王质莹是贵州某学院的一名退休女干部。王质莹是工薪阶层,她怎么能一下子拿出两百多万元巨款去投资陈登富个人的房地产公司呢?王质莹的丈夫叫黄保勤,对于黄保勤,检察官早有耳闻,他曾担任贵州省镇远县县委书记,刚刚调任贵阳某高校担任党委书记不久。一个退休女干部怎么能有这么多钱,这不禁让检察官联想到她的丈夫黄保勤来,被曝光的血站在镇远县,正是黄保勤工作过的地方。

贵州省人民检察院的办案检察官决定分兵两路:一路在省城继续调查王质莹和黄保勤;一路去镇远县调查血站站长陈登富。而查处陈登富的任务,交给了石阡县人民检察院进行异地侦查。

抓捕陈登富

陈继忠时任石阡县人民检察院检察长,作风硬朗,敢想敢干,有着丰富的侦查办案经验。从贵州省院领受任务后,在返回石阡县的路上,他就有了一个奇思妙想:立案之后,立即对陈登富进行抓捕,路上,陈继忠设计了多种抓捕方案。

在石阡县人民检察院介入之前,其他部门已经查过陈登富。这是一个与司法机关打过多次交道的对手，战机稍纵即逝，如果不及时抓捕陈登富，那么，与案件相关的证据和资料有可能被他销毁。

陈登富所在的镇远县，距离石阡县有九十多公里，异地抓捕陈登富，如何才能保证万无一失呢？经过研究和分析，陈继忠最终确定了一个方案：通过贵州省卫生厅协调，这样起码不会引起陈登富的警觉。陈继忠立即向贵州省人民检察院汇报了抓捕方案，贵州省院当即同意与省卫生厅协调陈登富的抓捕工作。

经过周密部署，2006 年 7 月 15 日，抓捕小组从石阡县秘密出发，奔赴九十多公里外的镇远县，中午，抓捕小组来到镇远县城。根据抓捕方案，先由当地卫生局负责同志，以了解镇远县血站改制情况为由把陈登富约出来。联系电话打出去不久，陈登富驾着宝马车来了。

此时的陈登富并不知道接下来要发生的一切，下车后，他只看到卫生局的领导跟几个身穿便装的人在一起谈笑风生，这并没引起他的警觉，所以，他大大咧咧走过来，说时迟，那时快，就在卫生局领导"相互介绍"的时候，陈继忠趁握手之机，一把将陈登富拉了过来，两名公安干警冲上去，将陈登富当场抓获。

"陈登富是开大车出身的，臂力非常大。"陈继忠说。

陈登富被押上了警车，随即，石阡县的检察官对镇远县血站的账目进行了封存。但是，在对血站依法搜查的时候，检察官发现，记载财务资料的电脑主机不见了，财务室一些重要的财务凭据已经被人抽走了。

检察机关担心的事情还是发生了。

当天下午两点多，检察官对惊魂未定的陈登富进行了审讯。

检察官：你把事实讲一下？

陈登富：就是送给王老师五万元。

检察官：王老师是谁？

陈登富：就是黄保勤的爱人王质莹。

检察官：黄保勤是什么人？

陈登富：是原来镇远县的县委书记。

陈登富所说的"王老师"，正是镇

陈登富被抓获

远县原县委书记黄保勤的妻子王质莹。陈登富惊魂未定，第一天的审讯收获很大，陈登富初步交代了个人投资房地产公司两千多万元资金的情况，另外把向王质莹行贿 13 万元的事情也交代了出来。

黄保勤其人

2006 年 7 月 17 日，是陈登富被抓获的第三天。这天黄保勤正在贵阳某高校的家中写回忆录，黄保勤 1950 年出生，所以在写回忆录的时候，书名就叫《我与共和国共命运》，全书分了三个部分——农场、官场、战场。

黄保勤 36 岁的时候，从部队转业来到贵州某高校工作，期间，他两次主动要求去边远的贫困山区挂职锻炼。1999 年，担任州长助理不到八个月，便走马上任当上了镇远县县委副书记、副县长、代县长；2001 年 12 月，正式担任镇远县县委书记。

对于这本书，黄保勤很得意，他的记忆在时空中穿梭，一幕幕往事萦绕在他的心头，有奋斗的快乐，也有人生的思索。但是，他的记忆每到镇远县这一段的时候，一种莫名的情绪常常涌上他的心头。

在镇远几年，黄保勤进行了大刀阔斧的改革，然而从 2003 年夏季开始，当地有群众开始告发他。面对着铺天盖地的控告和揭发，黄保勤不以为然，用他的话来讲，改革就是新一轮优化组合，修路、优化环境、招商引资就要把那些有煞风景的破屋烂路大拆大建，这势必要损害一部分人的利益。

尽管不断有当地群众举报他，然而几年下来，他依然是说一不二的县委书记。转眼间到了 2006 年年初，黄保勤已经 56 岁了，按常规，像他这样的年龄，不可能再担任实职了，然而令举报黄保勤的群众大跌眼镜的是，黄保勤不仅没有倒台，反而官升了一级，到省城贵阳某高校担任党委书记去了，而且还是副厅级的实职。这让黄保勤很得意……

是一阵阵的敲门声把他从回忆中拉了回来。

打开门，来人是贵州省石阡县人民检察院的几名检察官，黄保勤的心中一惊，看到检察官带走的是妻子王质莹，他的神情瞬间恢复了过来。

看守所里的"内鬼"

到案后的王质莹，很快交代了其利用丈夫黄保勤担任镇远县县委书记之便，先后收受陈登富人民币共计13万元的事实。侦破工作进行得异常顺利，然而，仅仅过了两天，陈登富和王质莹在石阡县看守所里突然出现了异常情况：王质莹哭哭啼啼，以泪洗面；陈登富大吵大闹，声称有人故意整他，他是被冤枉的。而且，两个人像是形成了默契——同时翻供了。

警备森严的看守所，连一只鸟都飞不进去，难道是审讯时出了什么纰漏？

为了尽快找到证据，办案检察官扩大了侦查范围。

而就在这时，黄保勤从贵阳来到了镇远县。镇远的干部群众都听说了黄保勤"出事"的消息，黄保勤偏偏这个时候在镇远出现，找原来的老部下，一起聚会喝酒，黄保勤是出于什么目的呢？

面对黄保勤的咄咄逼人，办案检察官承受着巨大的压力，他们的脑海里，不断回忆着最近发生的这些反常：王质莹欲言又止；陈登富说了行贿13万元的事情之后，就再也没开口，甚至两个人同时翻供；黄保勤在敏感时刻突然返回镇远……难道这一切是事先策划好的？

就在大家倍感迷惑、理不出头绪的时候，在检察官锲而不舍办案精神的感召下，一位曾经在镇远县投资的重庆老总主动反映了一个重大情况，他说自己曾向黄保勤行贿二十多万元。

至此，黄保勤涉嫌受贿犯罪的证据被检察机关所掌握。2006年9月，黄保勤被依法采取了强制措施。

王质莹、陈登富为什么突然一起翻供呢？这个问题让刘勇实百思不得其解，在依法搜查黄保勤家时，细心的刘勇实从黄保勤的手机通话记录里发现了"答案"。黄保勤的手机里，有一个"石阡看守所"的名录，刘勇实马上醒悟过来，王质莹和陈登富同时翻供，态度抵触，肯定是黄保勤和看守所里的人沟通信息了。

把黄保勤"石阡看守所"名录下的手机号码记下来，刘勇实立即拨通了远在石阡县的陈继忠的电话。陈继忠按照这个号码一路查下去，查到了一个叫白忠（化名）的民警，并调取了他的通话记录。这一查，把检察官惊出了一身冷汗，白忠的电话清单上清楚地记录着黄保勤与他通话多达 180 次。刘勇实确定，白忠一定是个"内鬼"。情急之下，检察机关立即对白忠采取了措施。

陈登富和王质莹同时翻供的谜底揭开了。被抓捕归案的白忠，很快交代了自己在值班期间，把手机交给王质莹、陈登富向外通话的事实。

抓捕白忠后，王质莹向检察官交代了用手机跟黄保勤通话的内容："对不起老公，我把收陈登富钱的事儿招了。"黄保勤通过手机叫妻子王质莹和陈登富顶住压力，立即翻供；另一方面他频繁来镇远公开露面，目的是威慑知情人。同时，黄保勤给很多省领导发短信，到处告状，说检察机关对他的老婆王质莹非法立案，乱抓人。

白忠被抓，黄保勤精心组织的反攻防线被瓦解了。而作为"内鬼"的白忠收受的黄保勤等人的好处费，在检察官到他家中进行搜查时，还没来得及转移，这成了白忠徇私枉法的铁证。

2006 年 12 月 18 日，石阡县人民法院一审判决白忠犯受贿罪、帮助犯罪分子逃避处罚罪、私藏弹药罪，数罪并罚，决定执行有期徒刑五年零六个月。一审判决之后，白忠没有提出上诉。

血站改制内幕

"内鬼"被揪出来了，对于办案检察官来说，这一场不见硝烟的战斗才刚刚开始。在第一回合的较量上，由于检察机关出手很快，使得黄保勤一伙还不牢固的攻守同盟得以瓦解。而第二个回合，检察官面对的是负隅顽抗的黄保勤、陈登富一伙，要他们交代出血站幕后的权钱交易，侦破的难度更大。

这是一场智慧与狡诈，侦查与反侦查的殊死较量。

早在被抓捕之前，陈登富已经把镇远县血站的账目全部销毁，连血站的会计也下落不明，这一切恰恰证明了血站存在问题。但是要把销毁的血站账目重建起来，却是浩如烟海的工作，这让检察机关对血站的调查一时陷入了僵局。

负责此案的刘勇实决定另辟蹊径，对血站的血浆去向进行调查。

血站查账工作持续了三个多月，检察官奔走在全国各大生物制药公司之间，在内查外调的对账中，渐渐发现了陈登富挪用血站公款的证据。

在此期间，石阡县的检察官也做通了潜逃会计亲属的工作，不久，血站会计主动到检察机关投案。会计的投案自首，加快了检察官建账的速度。

检察机关查实，1995 年到 2006 年 7 月，镇远县血站所有的血浆，总共销售额达 2.7 亿元人民币，于是，检察官带着生物制药公司的财务资料和银行记录回来找陈登富对账。此时的陈登富虽然承认血站存在账外经营的问题，但是他拒不承认自己贪污公款，并一再向检察官说明，血站通过改制已经属于他个人，并声称血站当初是由自己一人投资兴办的。

如果镇远县血站真的是陈登富个人投资兴办的，那还真的是冤枉了他。检察官走访了当年主管血站筹建工作、现在已退休在家的镇远县卫生局前局长，他道出了血站成立的经过。原来，镇远县血站始建于 1995 年，由镇远县财政拨款六万元初建，是县卫生局直属的副科级事业单位，属于公益性单位。1995 年 9 月，陈登富被任命为血站站长后，为购买采集血浆的设备，他专门跑到上海联系了一家生物制药公司。

当年，上海这家生物制药公司给了镇远县血站价值 25 万元的设备，对方提出用血浆来抵扣设备款。陈登富认为这笔生意是自己做的，因而认定血站是个人投资办起来的。

检察官查实，陈登富是钻了国家政策的空子大肆贪污血站公款的。按照国务院 1996 第 208 号令规定，血浆采集工作由各省卫生厅直接下达采集数量，各个血站按照计划完成血浆采集任务。由于制成的人血白蛋白等药品在全国各大医院供不应求，应运而生的各大生物制药公司希望血站计划外追加血浆数量，这让陈登富动起了歪脑筋，他绕开了省卫生厅，直接私下与各生物制药公司打交道。

面对强有力的证据，在强大的心理攻势下，陈登富为了自保，开始交代他与黄保勤之间的权钱交易。

王质莹的变化

而此时，远在贵阳的黄保勤，面对检察官的讯问，不仅否认自己收受重庆老总和陈登富的贿赂，连他的妻子王质莹在看守所交代的收受陈登富13万元的事实，黄保勤也予以狡辩。

突破陈登富后，办案检察官从石阡县回师省城贵阳，与黄保勤开始了新一轮的较量。

如何才能击垮黄保勤呢？检察官决定从调查他的银行存款和家庭财产入手。调查中检察官了解到，在黄保勤担任县委书记之前，家里只有一套住房和五万元左右的存款，短短四年时间，他家里的银行存款有二百多万元。

面对巨额财产来源不明的讯问，黄保勤说出了他所谓的实情。他说自己的父亲临死之前给了他五百块大洋。

主审检察官刘勇实对出身贫寒的黄保勤了如指掌，当场揭穿了他的谎言："你父亲已经过世了，你别玷污你父亲的一世英名了，老老实实的一个农民，都已经入土了，你还说是他。"

也就在这个时候，关押在石阡县看守所的王质莹交代出了新情况。在看守所，王质莹的态度几经反复，她为何有这种变化呢？

王质莹的身体不好，这年冬天，石阡县的检察官带着王质莹去贵阳，调取黄保勤的赃款——在这之前，存单已经被烧毁了，调取赃款需要王质莹配合。去的时候，天很冷，王质莹穿着一双胶底鞋，腿也是痛的，看到这种情况，检察官立即到商店给她买了一双布鞋、一双羊毛袜子，还给她带去一些御寒的生活物品。当时王质莹就哭了，非常感动，在配合检察官调取赃款后，回到石阡县看守所，她把自己和黄保勤受贿的问题以及她知道的所有事情，都如实地交代了出来。

妻子王质莹的"大义灭亲"，加上办案检察官始终没有影响到远在北京某高校读研究生的女儿，黄保勤开始动摇了。

黄保勤把自己如何收受陈登富46万元贿赂，以及利用权力把国有血站改制成陈登富个人企业的详细过程全部交代了出来；同时，黄保勤还主动交代出自己另外一起受贿20万元的犯罪事实。

他这样堕落

黄保勤这个昔日被各大媒体争相报道的主动到贫困山区锻炼的"学者型官员"，是怎么一步步走上犯罪道路的呢？

1986 年 9 月，黄保勤从部队转业到省城某高校工作时，确实想干一番事业，几年后主动提出到边远贫困山区挂职锻炼。一个大学副教授，放弃舒适的城里生活，主动提出到艰苦的地方，实在难得，组织上考虑了他的请求。1994 年，黄保勤到威宁自治县挂职，任县委副书记；1998 年 5 月，组织上再次同意他的申请，让他到黔东南州桂平县挂职，任县委副书记。仅半年就调回州里，当了州长助理，在担任州长助理半年多后，黄保勤被组织上派往镇远县担任县委副书记，之后从代县长到县委书记，黄保勤由于政绩突出，实现了官场的三级跳。然而，此时人们发现，当上县委书记的黄保勤有了变化。

2002 年夏天，当地群众杨建国（化名）开了一家很有名气的饭店。由于杨建国的饭店处在风景区内，是招待宾客的理想场所，当时黄保勤也没少去过。后来县城主要街道要改造，不仅通往杨建国饭店的唯一道路被堵死了，也影响到附近十万群众的出行。杨建国三次找到黄保勤，希望县里能搞个便桥，方便群众，但黄保勤大手一挥："艰苦一下嘛！"从此再无下文。

主要街道一堵就是一年，严重影响了当地群众的生活，当黄保勤得知群众包括杨建国在内开始告发他时，黄保勤立即进行了打击报复。

他放出风来，说杨建国这个人，不是什么好鸟，他那里，反正今后我不去了，你们要去，就看着办。就是这么一句话，逼得杨建国的饭店门前冷落，车马稀疏，只好把饭店卖掉了。

而改建县城主要道路所用的石材，竟然是黄保勤舍近求远，从他的老家拉过来的。群众反映，这条石板街造价两千多万元，每个平方大概需要五百多块钱，镇远老百姓说，我们镇远有石头有采石厂，为什么不用镇远的石头？这样一条街道，耗费了镇远大量的财力。

正当镇远群众对独霸专横的县委书记越来越不满时，有一个人却暗自高兴起来，这个人就是血站站长陈登富，他认为书记敢做敢为，这里面有文章可做。原来，自

1995 年镇远血站建立以来，陈登富就采取资金不入账的手段，贪污了两千多万元，可他还不满足，产生了把血站据为己有的想法。于是，趁着黄保勤搬家，他悄悄揣着三万元钱，敲响了黄保勤的家门。

在收到陈登富的三万块钱后，黄保勤多次召开县委常委会，要求对镇远血站的改制工作加快进度。

国家明确规定，任何个人不得从事单采血浆活动，如果血站归个人所有，显然与国家规定背道而驰。这时，黄保勤充分发挥了县委书记的作用，强行对镇远县血站进行改制。在黄保勤的强制下，血站改制开始了。在陈登富的暗箱操作下，价值几千万的血站评估了不到两百万，接着，陈登富将几辆破旧的汽车抵给了国家，从此血站就归到了陈登富的名下。

当然，黄保勤成为陈登富的靠山不是免费的，2006 年年初，黄保勤开始以借款的方式，向陈登富索要回报了。陈登富分六次送了黄保勤 46 万元，其中包括黄保勤以索贿形式，向陈登富要的 30 万元。

陈登富将他从血站贪污的巨款投资于贵阳房地产业，他还动员黄保勤一起来投资。

不缺钱的陈登富不忘黄保勤的"知遇之恩"，不断给黄保勤提供赚钱的机会，因为在他眼里，黄保勤是个用钱就能"搞定"的人。当听说检察机关要来调查此事时，黄保勤和陈登富慌了神，赶紧订好了攻守同盟。

当了六年的镇远县县委书记，黄保勤已经五十出头了，像他这样的年龄，升迁的机会已经不多了，为了钱，他把原则和法律都抛到了脑后，他大刀阔斧的改革后面，其实是滥用职权，目的是追求个人利益的最大化。

法庭上，黄保勤泪流满面

2007 年 1 月 5 日，黄保勤被批准逮捕。

2008 年 5 月 27 日，贵州省铜仁地区中级人民法院作出一审判决：黄保勤犯受贿罪，判处有期徒刑十二年，并处没收个人财产 20 万元；犯巨额财产来源不明罪，判处有期徒刑二年，合并执行有期徒刑十三年，并处没收个人财产 20 万元。二审判决维持原判。

黄保勤的妻子王质莹因受贿 67 万元，一审被判处有期徒刑二年，缓刑三年。一审判决后，王质莹没有提出上诉。

2008 年 8 月 5 日，贵州省黔东南苗族自治州中级人民法院作出一审判决，陈登富犯贪污罪、挪用公款罪、偷税罪，数罪并罚，决定执行无期徒刑，剥夺政治权利终身。同年 12 月 15 日，二审判决维持原判。

一个清洁队长的灰色曲线

2006 年 5 月的一天，北京市房山区人民检察院的警车，直奔燕山清洁队而去。车上坐着的，是房山区人民检察院的两位检察官，还有一位面色晦暗的中年男子。

警车拐了一个弯儿，开进了燕山清洁队的大门。

燕山清洁队的后院，有棵丁香树，掀开树下的石板，一个塑料袋呈现在检察官的眼前，塑料袋里有一个记载着日期和数字的笔记本，还有一张叫肖树芳的人打的五十多万元借条。这些东西的主人就是警车上的中年男子——燕山清洁队原队长王远利。

清洁队的五十多万巨款

一个多月前，北京市房山区人民检察院的刘立新刚刚上班，就接到反贪局局长王建明的电话。从局长手里，刘立新接过一封匿名举报信，信中说，燕山清洁队队长王远利生活腐化，垃圾清运费不入账，存在贪污行为。

这封举报信既没有具名，也没有提到知情人。

一个职工月工资不过几百元的清洁队能查出案件吗？承办此案的刘立新，对这封信的真实性半信半疑。

燕山清洁队是房山区某局下属的事业单位，主要担负化粪池清淘、垃圾清运、道路清扫等工作。经过外围调查，刘立新了解到，燕山清洁队与 37 家单位有主要业务往来，如何选准初查的切入点，既是此案开端，又是成案关键。和同事反复研究后，刘立新决定从清洁队的主要业务单位——燕山石化动力事业部查起。

在燕山石化动力事业部调查时，检察官发现，王远利曾以北京树芳物业管理公司的名义，跟燕山石化动力事业部签订了垃圾清运协议。顺着这个协议往下查，他们发现，2004、2005两年的时间，燕山石化动力事业部本应打到清洁队的五十多万元垃圾清运费，却通过银行转账方式，分别打到了汇鑫粤港美食城、丰蕙机电有限公司、树芳物业公司、华辉商店等四个单位。

五十多万元的垃圾清运款没有入账，对于清洁队而言，不是个小数目。

很快，清洁队队长王远利接受了检察官的调查。面对没有入账的五十多万元垃圾清运费，王远利辩称，这些钱在汇鑫粤港吃客饭报销了。但是，从单位的账上，检察官找到了清洁队在汇鑫粤港吃饭报销的各种单据，证据表明，这些所谓的饭钱已经通过单位报销了。

王远利明显在说谎！

检察官紧追不舍，步步追问之下，王远利交代，这些钱被树芳物业的经理肖树芳借走了，并且有肖树芳打的借条，藏在清洁队后院的丁香树下。检察官立即出发，在王远利交代的丁香树下，找到了这张五十多万元的"借条"。

北京树芳物业公司的出现，让检察官看到了侦破案件的曙光。面对五十多万垃圾清运款的讯问，王远利一开始就吞吞吐吐，含糊其辞，他承认是以北京树芳物业公司的名义与垃圾清运单位签订的协议，但他坚持说钱都用在单位的花销上了。

而肖树芳的若隐若现，让办案检察官有了新的方向。

5月10日傍晚，天刚黑下来，房山区人民检察院的九名检察官，兵分四路，分别到汇鑫粤港美食城、丰蕙机电有限公司、树芳物业公司、华辉商店四个单位找人，连续进行突破。

行动很秘密。晚上八点多，四个单位的证人被请到检察院接受询问、查证、做笔录，5月11日凌晨一点多，几名证人同时提到了一个叫肖树芳的人，他们同时证明，汇鑫粤港美食城、丰蕙机电有限公司、树芳物业公司三家单位的老板，都是同一个人——肖树芳。王远利跟肖树芳之间隐藏着什么鲜为人知的秘密？

雁过拔毛

1956 年出生的王远利，家境一般，但他非常聪明。上世纪 80 年代初期，王远利就是燕山物资回收公司的业务员了，二十多年的基层业务工作，练就了他吃苦耐劳、头脑灵活、能说会道的特性。

那个时候，清洁队每年的业务收入有一百多万元，王远利任队长后，每年都超额完成任务，效益连年增长。他长期住在单位，只有在过年的时候才回家住两天，遇到大雪封路，他和工人们一同上现场扫雪、拉车，一干就是半夜。

在王远利任队长的三年时间里，他把单位的院子进行了绿化，重新翻盖了单位的食堂和浴室，重新垒了单位的院墙，在他的带领下，燕山清洁队被评为北京市花园式单位。不仅如此，在他任职期间，清洁队的业务收入年年递增。

这么一个在职工眼里十分能干的队长，怎么能贪污单位的公款呢？说起来，单位的职工都不太相信。

但是检察官刘立新知道，这个外表能干的清洁队长绝不像职工们想象的那样。根据以往的办案经验，刘立新知道，钱款不走直线，而是通过一系列让人眼花缭乱的操作，是公款被"漂白"成私款的重要手段。

经查实，丁香树下欠条上的肖树芳，跟三家单位的老板都是同一个人，至此，肖树芳的真实面目浮出水面。比王远利小十几岁的肖树芳是他的"死党"，两人相识非常

王远利当上队长后，也亲自干活

偶然。上世纪 80 年代，肖树芳在房山一家餐厅当厨师时，王远利经常去吃饭，一来二去就熟识了，有空时两人一起喝酒聊天，慢慢地越走越近，关系也随之发生了变化。

为了共同致富，王远利将肖树芳开的北京汇鑫粤港美食城，作为燕山清洁队的定点招待饭店，所有的业务招待都在这里，每年的饭费大约七八万元，大部分由清洁队用转账支票结算。

吃饭付钱理所当然，但肖树芳说王远利非常吝啬，每次年终结账的时候，肖树芳要么请王远利大吃一顿，要么就买两条好烟孝敬一下，否则王远利就不会在付款通知书上签字。而没有王远利的签字，肖树芳的饭钱就会遥遥无期地等下去。

肖树芳的饭店就是王远利家的"食堂"，王远利的家人、兄弟姐妹都可以在这里签单吃饭，而餐费一律由清洁队支付。每年的招待费中，有三成是王远利家人的。

王远利不但"雁过拔毛"，就连自家的狗也要享受"特殊待遇"。初查的时候检察官发现，在燕山清洁队的食堂里，有整整一冰柜的窝头。检察官不解，询问队上的人，他们告诉检察官，这是王远利专门给他喂养的狗准备的。

肖树芳明白，王远利是自己的衣食父母，不敢得罪。2003年后，为了"拿钱容易"，王远利让肖树芳注册成立一家物业公司，肖树芳照办了。2003年9月，肖树芳以自己妹夫的名义成立了北京树芳物业管理公司，从此以后，燕山清洁队对外签的协议，都是以"树芳物业"的名义签订的。有的单位提出疑问，王远利就解释说，树芳物业是清洁队的"三产"。借着"树芳物业"的招牌，各单位的垃圾清运款源源不断地打到了"树芳物业"。在肖树芳的帮助下，短短几年，王远利倒腾出了四十多笔，大约一百多万元现金。

小本子上的数字

讯问中，王远利始终坚持，钱都用于单位花销了，从此很少开口。

就在讯问进入关键环节的时候，王远利突然双手捂胸，不时地扭动身体，神态极为不安，甚至口吐鲜血。王远利被紧急送往医院，经查，呼吸、心跳、血压、心电图、血液等各项生命体征基本正常。检察官从王远利的同事处了解到，王远利有一次喝酒也曾吐过血，他自己也承认是老毛病，但是，几名检察官生怕有丝毫闪失，一直不离左右，守护着他。

晚上十一点多，王远利再次回到检察院，经过这番折腾，他似乎想说话了。

镇定下来后，王远利依旧用不知道、忘记等方式闪烁其词，避重就轻。他坚持说，提现的钱借给了肖树芳，借条就是证明；但另一边，肖树芳坚持说钱已经还给了王远利，只是借条没有撤。双方各执一词。

王远利、肖树芳说法不一，在没有旁证的情况下，查清资金流向十分困难。于是，办案检察官将注意力集中到了在丁香树下发现的一个记录本和银行对账单上，笔记本上记录的，都是一些日期和数字，毫无规律。反复翻看记录本时，两组数字引起了检察官的注意，小本上的一串数字与对账单上的一笔入账一致，难道是巧合吗？再仔细看，数字前面标注的日期也是一致的，旁边还标注了"付车款"的字样。

柳暗花明，记录本上的痕迹还是露出了马脚。这本王远利藏匿的记录本里，记载了王远利2002年至2004年将单位收入据为己有的情况。

面对记录本和银行对账单，王远利脸色大变。

大嗓门、不承认、沉默是王远利的三大惯用伎俩。为戳穿这种伎俩，检察官刘君亮和他唠起了家常，王远利喜欢打麻将，这是众所周知的事情。说起打麻将，王远利的话匣子一下就打开了。

听着王远利叙述打麻将的技巧，刘君亮不动声色，突然就问王远利："你打麻将玩钱吗？"

正在兴头上的王远利想都没想，脱口而出："玩呀！"

刘君亮接着问："那你玩的钱从哪里来的，是不是单位的公款？"

原本滔滔不绝正在炫耀自己赌术的王远利一愣，不再言语了。

随着讯问的进行，王远利的身体似乎又出现了不良反应，他连称自己心脏跳得很快，头特疼。刘君亮知道，王远利故伎重演，于是对他提出了严正的警告："你要真病了，我马上送你去医院。"

片刻的沉默之后，他动情地向刘君亮提出了请求，他说很想见见自己的女儿。

王远利的女儿正在上大学，从小视女儿为掌上明珠的王远利，对女儿一直寄予厚望，王远利曾说他对钱产生如此浓厚的兴趣和依赖，是希望能让女儿今后的生活，不必为钱发愁。请示了院领导以后，检察官破例请来了王远利的女儿。父女相见，泪眼相望，王远利的心一下子软了下来。

王远利主动说话了，他承认了垃圾清运款的去向。他说这些钱都没有入到清洁队的账上，但这些事他早与单位其他领导和上级相关领导说过，并得到了领导的首肯。根据王远利的说法，检察官迅速找到清洁队的其他领导和上级主管部门，结果证实，燕山清洁队业务收入不入账的情况几位领导均不知情，也没有人要求王远利套取现金。

得知几位领导的答复，王远利叹了口气，承认钱被自己转走了，并且其中不少钱交给了自己的妻子，用于购买汽车了。这些埋藏在心里很久的秘密，仿佛一个巨大的包袱，压得王远利喘不过气来，而这一切似乎都在这一声叹息中结束了。

从业务员到清洁队长，王远利的人生本可以画一条斑斓多彩的直线，然而，他的贪婪，注定了他的人生是一条灰色的曲线。检察机关查实，王远利任燕山清洁队业务员和队长期间，利用职务便利，在 1997 年至 2005 年八年多的时间里，贪污垃圾清运费、道路清扫费等共计 220.03 万元。

2008 年 7 月 30 日，北京市第一中级人民法院以贪污罪一审判处王远利无期徒刑，剥夺政治权利终身，并处没收个人全部财产。判决后，王远利没有提出上诉。

2009 年 7 月 3 日，肖树芳因合同诈骗罪，被依法判处有期徒刑七年，剥夺政治权利一年，处罚金 7000 元；犯贪污罪，判处有期徒刑五年。数罪并罚，合并执行有期徒刑十年，剥夺政治权利一年，处罚金 7000 元。

埋在心里的秘密，有时压得王远利喘不过气来，叹息中，这一切都结束了

受贿是他的座右铭

行贿是他们的通行证

他曾经春风得意

沉迷于"潜规则"

殊不知，行贿人是他的掘墓人

梦断"潜规则"

2006 年夏天的一个夜晚，一个行色匆匆的女人来到杭州市某条幽静的道路上，她的怀里揣着五万元人民币。五百米外，一个男子正得意洋洋地等着她。等待收钱的男子是浙江省体育局规划财务处副处长兼基建办副主任何炜，送钱的女人是承包省体育局基建项目的老板周燕（化名）。

2005 年，周燕的公司中标浙江省体育局萧山体育训练中心二期公寓楼的建设项目，何炜是该项目的主要负责人，并且是招投标小组的成员之一。在中标过程中，虽然何炜并未起到特殊作用，但是从中标之日起，周燕的噩梦就开始了。那天，何炜向她提出要工程款 2% 的好处费，可以"分期付款"。2005 年 10 月的一天，周燕收到何炜的电话，告诉她第一次付款的期限到了，这一次总额为 30 万元。

何炜指定了交款地点——杭州市凤起路国际假日酒店附近，这是何炜治疗脱发的固定场所，他要求周燕支付现金。在丈夫的陪同下，周燕来到杭州市国际假日酒店附近，趁着夜色，将装有 30 万元现金的手提袋递到何炜的手中。何炜掂量了一下，转身走了。

这只是何炜生活中极为平常的一个场景，像周燕这样的工程老板遍布杭州各处，他们像是随时可以提款的机器，不仅随处可取，还可以随叫随到。

初查何炜

半年后，当杭州市人民检察院反贪局的检察官出现在何炜面前的时候，何炜被这突如其来的变故惊呆了，脑海里一片空白，犹如糨糊一样。

他没想到，自己会跟检察院打上交道。

2007年12月，杭州市上城区人民检察院在查办浙江省体育局某领导涉嫌受贿案时，一个做建筑物膜结构的女包工头在被司法机关采取强制措施后，主动检举揭发，说自己不仅向浙江省体育局某领导行贿，而且还向浙江省体育局规划财务处副处长何炜行贿十余万钱款。至此，何炜涉嫌受贿的犯罪线索被发现，杭州上城区人民检察院将线索移送浙江省杭州市人民检察院反贪局。

2007年12月21日，检察机关第一次传唤了何炜。

面对讯问，何炜立刻从恍惚中走出来，变得完全"清醒"了，何炜将自己描述成两袖清风、浑身正气的清廉干部。一开始，他矢口否认在工程建设上收过这些包工头的任何贿赂，甚至连一根香烟、一口茶都没动人家的。他标榜自己是清正廉洁的一个人，在工作中尽职尽力，他认为检察院肯定查错了，自己没有任何问题。

此时的何炜一副被冤枉的样子，他的这种态度是对灾难降临的自我保护，还是一种缓兵之计？除了对证据的断然否认之外，检察官注意到，哪怕一句讯问，都可能招致何炜暴跳如雷，言辞激烈，伴随着很多肢体动作。何炜口口声声说，是别人在诬陷他。

然而，何炜并不知道，早在被传唤之前，负责外围调查的检察官已经对他展开了秘密的初查。

何炜1965年出生在浙江一个经济条件优越的家庭，父亲是一名铁路工程师，母亲是一名医生，小的时候，父母因为工作的关系，经常不在家，无法照顾他，就把他放在了爷爷奶奶的身边，出于隔代的溺爱，爷爷奶奶对他非常放任。所以，何炜小的时候养成了骄横跋扈、自信又自负的性格。

1984年，何炜考入南京建筑工程学院土木工民建专业，大学毕业后留了母校任教，然而五年的教师生活，让他觉得经济上捉襟见肘。1993年6月，他不顾家人的劝阻，毅然离开学校，来到杭州一家房地产公司做起了工程项目经理，次年何炜又跳槽到了杭州一家建筑工程公司，一年后他换到了一家省属房产公司，还是做项目经理。三年里跳了三次槽。不过，三年下来，何炜并没有挣到多少钱，但是，从一个大学教师到土木建筑工程师的转型，让他学到了不少工程建筑行业的"潜规则"，这也许是他三年里最大的"收获"。也许是因为有了"土木建筑工程师"的招牌，1996 年 12 月，何炜顺利地进入浙江省体育局规划财务处。

2001 年年底，浙江省体育局为了给本省运动员创造一个良好的训练环境，动工建设位于萧山的省体育局训练基地，于是，懂建筑工程的何炜自然被委以重任，具体负责工程项目的实施。此时的何炜已经升任浙江省体育局规划财务处副处长兼基建办副主任，虽然职务不高，但实际权力不亚于体育局的领导。在很多包工头的眼中，何炜简直就是他们的"衣食父母"，对于建筑工程，他的每一个建议都非常重要。

根据检察官的调查，几乎所有与何炜接触过的包工头们，谈及何炜必谈到他的贪婪：他经手监管的每一个工程项目，都向人家要钱，而且要钱的数目很大。

五万元的贪婪

杭州市人民检察院反贪局根据外围调查的线索，当机立断，以涉嫌受贿犯罪对何炜立案侦查，当日对何炜执行刑事拘留。

此时，何炜觉得自己跟做梦一般，昨天还在麻将桌上翻云覆雨，今天怎么到检察院来了？他有点不太相信眼前的一切。在看守所，冷静下来的何炜不知道检察机关掌握了什么，总是想有意无意地探听消息。

那段时间，除了跟检察机关对抗，安静下来的何炜，有时显得心事重重。

调查仍在继续。检察官首先发现了一个疑点，位于杭州市中心的世贸丽金城，何炜的名下有一处商品房，房屋面积只有五十多平米，售价却有一百七十多万元。何炜虽然收入不低，但凭着他的合法收入，一次性现金付款购买这样一处商品房，显然有很大困难。

在强大的政策攻势下，何炜交代了这套房子的资金来源。

时间回到半年前那个夜晚，怀揣五万元的周燕，希望这是与何炜的最后一次交易。

因为此前的两年间,周燕总共分三次支付给何炜169万元现金,这些巨额的"好处费"已经将她逼到了无法承受的境地。

作为建筑工程老板,她的资金链十分紧张,土建项目动辄上千万,垫资压力非常大。

按照他们之间的约定,最后一次周燕应该向何炜支付40万元,由于资金周转出现了问题,差了五万元,周燕便提出来推迟些日子支付这剩下的五万元。

这招致了何炜的不满,一连几天,何炜三番五次给她打电话催要这五万元钱。

此后的几天,周燕四处筹钱,好不容易将五万元凑足,喘息未定,何炜的短信便接踵而来:"我就在你们家旁边,你把钱拿出来。"

至此,何炜从周燕处总计得到174万元,他开始盘算该如何为这些钱安排一个去处,既要巧妙,又要能达到"以钱生钱"的目的。此时,杭州的房地产市场如火如荼,何炜看中了位于杭州市中心的世贸丽金城,于是将这笔钱全部投入,一次性付清,购买了一个小户型。

何炜购买的这个小户型,是炒房子用的。

买了房子坐等升值,本该是件高兴的事情,但对何炜来说,却成了一桩心事,他的心里七上八下,毕竟这钱来得不清白。他也在担心,这栋房子的房款会成为一颗炸弹,一旦爆炸,后果不堪设想。

"借"来的165万

何炜很忙,没过多久,关于世贸丽金城那套房子的担忧慢慢淡了,他有了新的目标。

此时,杭州市某建筑设计院正在积极争取拿到萧山体育训练基地有关场馆的设计业务,找到何炜帮忙。何炜先是以借为名,将该院院长新买的"桑塔纳"2000型轿车占为己有,后又索要了一处车位。这个"借"字启发了何炜。

在何炜看来,借来的东西实际上就是自己的,没有利息,没有危险,进可攻退可守,披上"借"的外衣,很多事情都会变得合理合法,当然钱这东西也包括在内。当他冥思苦想悟出这个"门道"之后,似乎瞬间开窍了,他想到了一个令他自己都兴奋的计策。

　　他跟设计院的院长、副院长商量好，将二人送上门来的165万元，分别写了两张借条，借条的日期是2006年11月。

　　有了这两张借条，何炜的心里顿时踏实了很多，他再一次从心里感叹 "权力" 是个好东西。激动之余，一个念头突然让他激灵了一下：自己不在这个位置或者退休以后，对方凭着这个借条索要这笔钱，怎么办？

　　这个念头瞬间让他的兴奋降至冰点，身体从内至外陷入一种恐惧之中。

　　2006年11月底的一天，何炜向这两位名义上的借款人提出要打两张还款协议，设计院院长、副院长一下子明白了何炜的 "良苦用心"，心领神会，照章办事，于是两份还款日期远至几年后的 "还款协议" 产生了。有了这两张 "还款协议"，何炜的心里彻底地踏实了。

随时可用的 "提款机"

　　彻底放松之后，何炜的生活更加如鱼得水，呼风唤雨，夜夜笙歌。他控制着手中的各种牌局，就像他手中的麻将牌一样，似乎输赢都在掌控之中，他有把握做到下注再大，赢家总会是自己。

　　何炜喜欢打麻将，而且动辄输赢就是几万，这在包工头的圈子里不是新闻。

省体育局工程之一的运动员公寓　　　　　　　　位于萧山的浙江省体育局训练基地

打麻将对于何炜而言，是一种怡情，也是一种享受。他将其分为两种类型，一种是跟自己的朋友打，打的是所谓的友情和亲情，有一定的感情成分；还有一种就是工作麻将，打的是交际和应酬，无法推辞，几方都有利可图。

何炜说："一些老板约你打麻将，先给你一个五千块钱打底，你输掉了，自己什么损失都没有，如果你不输，这五千块就属于你的了。这就是工作麻将。"

某个周末，打完通宵麻将的何炜有点恼火，一晚上输了 20 万，这点钱本来对他来说也不算什么，但是拿出来给别人，却有点痛心。按照惯例，他又要找一个提款机了，这次，他想到了一个人——包工头于大海（化名）。他打电话告诉大海，自己打麻将输钱了，赶紧送 20 万过来。

2003 年年初，只有小学文化的包工头于大海，听说不少人承包萧山体育运动训练基地有关工程都发了财，于是也动起包工程的念头。2003 年上半年，何炜的父亲住院，于大海赶了过去，被索去了一万元。这让于大海明白何炜不是一个"省事的主"，也让他坚信"用钞票就能搞定对方，拿到工程，赚到大钱"。

一来二去，两人熟络起来。于大海是个农民，平时很节约，外出连飞机都舍不得乘坐，在何炜眼里，这样的人很可靠，于是两人走得越来越近。

由于于大海自己没有建筑公司，所以他就挂靠在别的公司门下承接工程，然后给挂靠单位交点管理费。对这一明显违反规定的做法，心知肚明的何炜不但不阻止，反而积极为于大海提供方便。2003 年下半年，在何炜的帮助下，于大海不经招投标程序就承接了萧山体育运动训练基地的乒乓球馆、网球场等工程。另外，何炜把一些体育配套工程施工单位的老板赶走，变更为于大海。

2004 年年初，何炜对工程造价达二百八十多万元，且原本应招投标的萧山体训中心投掷馆工程分解，改为内部议标，并把配套工程原承包人变更为于大海。在议标中，于大海授意他人将其他单位的标书金额抬高，并使用他人私刻的印章伪造标书进行议标，以挂靠、承包等手段通过何炜获得了萧山体训中心投掷馆工程。在工程建设过程中，何炜在工程款结算中又为大海提供方便，该工程最后决算价为三百七十多万元。

何炜对于大海的"提携"，后者感激不尽。

在何炜的一系列帮助下，于大海已经不知不觉地走入了何炜的核心关系圈中，这不，牌桌上刚刚输了 20 万的何炜，第一个想到的提款机就是于大海。而接到电话的于大海不敢延误，立马赶到，把 20 万元交给何炜。

给何炜送去赌资，这已经不是第一次了，于大海先后分几次给了何炜 70 万元赌资。

其实，两个人的"默契"远不止于此。2006 年 3 月，何炜在工地上见到于大海，两人开车来到位于杭州市萧山区的一处排屋别墅，何炜看似无意地告诉于大海，他想买这里的房子，等将来升值了再卖掉，可以赚一笔，但是苦于没有钱买，并让于大海参谋一下。精明的于大海立刻明白了了何炜的言下之意，拍着胸脯答应将 230 万元打给何炜。

一条收房短信

在查获"世贸丽金城"何炜名下的房产后，何炜嚣张的气焰顿时矮了三分。他突然意识到自己在与检察机关的对峙中已经陷入了被动的局面，内心的众多秘密压得他惴惴不安。

何炜的反常态度引起了检察官的注意，他一定还有更大的问题，在仔细分析了何炜的心理活动之后，检察官根据掌握的证据，向何炜抛出一些细节问题，每次何炜都以故意隐瞒和误导信息的方式作出应对。这更加验证了检察官的判断。

与此同时，检察官调阅了何炜的通话记录和短信息，在数以千计的短信中，一条房产公司的收房短信引起了检察官的注意，这条短信，是萧山区某别墅售楼处的工作人员发来的收房信息。检察官立即奔赴萧山进行调查，然而在对买房业主的查寻中并未发现何炜的名字。

检察官按图索骥，发现了以何炜母亲名义购买的一处别墅，但调查发现，支付

排屋别墅群

房款的不是何炜,而是于大海的女儿。原来,精明的于大海看到何炜如此狮子大开口,预感到此人将来必定出事,如何保全自己,他进行缜密的考虑。

于大海想了一招,他把家里总共229万元现金,以女儿的名义存到银行里,然后从女儿的账户上以转账的方式,打到某别墅开发商的账户上,用于支付何炜的购房款。于大海的想法很深远,这个能够证明,送钱不是他心甘情愿的。

不经意间,于大海成了行贿何炜的"第一大户",也成了近年来浙江省因行贿罪获刑最重的行贿人,这一结果是于大海从没想到过的。

至此,何炜受贿案水落石出,短短几年,何炜受贿金额达689万元。在证据面前,何炜放弃了辩解和抵抗。

性格决定命运。何炜嗜赌成性,爱钱如命,使他一步步坠入诱惑的陷阱,他扭曲的发财梦想,在充满诱惑的"潜规则"里,终于迷失了方向。

在接受审判前,何炜痛哭流涕:"其实我每年八九万工资,我爱人工资一年也有六七万,够了,现在想想划不来,要坐那么多年牢,得不偿失啊。"

2008年7月29日,是何炜43岁生日的第二天,杭州市中级人民法院开庭审理了此案。经审理,杭州市中级人民法院以受贿罪判处何炜死刑,缓期二年执行,并处没收其个人全部财产;以行贿罪判处于大海有期徒刑七年。一审判决后,何炜和于大海均不服,提出上诉。浙江省高级人民法院于2008年10月28日作出终审判决:驳回上诉,维持原判。

何炜:其实我工资也不低,现在想想划不来啊

曾经的中国十大杰出青年
把濒临倒闭的小企业
做得风生水起
盛名背后
是一个企业家堕落的足迹

青年才俊的罪恶

2005 年 7 月，钦州市人民检察院连续收到反映广西半宙集团董事长、总经理梁卫存在重大经济问题的匿名举报信，由于事关重大，有关部门迅速成立了调查组。

梁卫是钦州名人，先后荣获广西壮族自治区劳动模范、首届"广西十大杰出青年"、第四届"中国十大杰出青年"、第二届"全国中药行业优秀企业家"、国务院授予的"有突出贡献优秀专家"等称号。光环笼罩下的梁卫，难道真的有重大经济问题吗？

光环下的名人

毕业于广西中医学院的梁卫，戴着近视眼镜，看上去斯斯文文，一副知识分子的模样。大学毕业后，他被分配到防城县中医院药剂科，如果甘于平凡，那么今天的防城县中医院将会有一位很不错的药剂师。

可梁卫并不甘心平凡，一个偶然的机会，梁卫调入了收入较高的区珍珠公司工作。由于有医学专长，不久梁卫被安排到公司下属的珍珠制药厂任厂长。在这里，他有了更大的作为，也开始了解到我国落后的制药事业。视野的不断扩大，在梁卫心中催生了一种志向，他渐渐不满足于内部企业厂长这份工作了，他觉得他可以在制药行业里有一番作为。

1988 年是梁卫人生的重要转折点，这一年他毅然辞去了珍珠制药厂的工作，联合他的两位广西中医学院的同窗，承包了钦州罐头食品厂。当时的罐头食品厂，亏损五百多万元，是个濒临倒闭的企业，主管部门对它无可奈何，只好将其作为国营企业改革的试点，推行租赁承包制。许多经营行家对它不感兴趣，因为仅仅还债就会把人拖死，而且罐头食品已不畅销了。但梁卫对它情有独钟，他看中的是罐头厂的许多设备与制药厂的设备能够通用，承包它与创办一家新制药厂相比，可以省下不少设备投入。

然而巨大的资金缺口仍压得梁卫喘不过气来，为了能多抠点钱出来投入企业，梁卫出差的时候，住的常常是十几块钱的小旅社。幸运的是，他的改革创新之举和将罐头食品厂改造成制药厂的设想，得到了钦州市政府和金融部门的支持，他们伸出了援助之手。

第二年，由罐头食品厂改造成的钦州市制药厂开机投产，当年产值二百多万元，利税三十多万元，一举摘掉了该厂多年亏损的帽子。

初战告捷，更让梁卫坚定了创业的信念。作为"新生代"企业家，梁卫有着许多传统企业家所没有的经营理念，他觉得企业站稳了脚跟，只是迈出了第一步，让企业成为行业巨舰，才是一个企业家的目标。

刚开始，为了生存的需要，制药厂只能生产穿心连、大黄苏打片等畅销的中成药，然而他觉得这些"大路货"，家家制药企业都能生产，仅生产这些药品，企业无法壮大，必须有自己独创的产品。不久，他了解到自己的母校有几位教授，历经八年多时间，潜心研究出一种纯天然装剂药——大力神口服液，六次转让都没成功。初步了解后，梁卫果断下了决心，他以高出底价30%的价格，买下了大力神口服液的全套技术。

梁卫的这一步走对了，制药厂产生了"大力神效应"。1992年钦州制药厂首次跨入"广西百强工业企业"行列，这一年，梁卫成立了拥有多家制药企业和第三产业的广西半宙制药集团公司，一艘制药行业的巨舰开始启航。这一年年底，雄心勃勃的梁卫与钦州市政府签订了到2002年12月31日的跨世纪租赁合同，他在合同书上郑重写道：租赁十年内每年利润增长率不低于8%，不准亏损。

到1994年，半宙集团发展成拥有总资产2.3亿元，年产值一亿多元的国有大型企业，在全国500家最佳经济效益工业企业排名中，名列医药类工业企业第21位。但梁卫仍不满足，他的目标是，到21世纪初，半宙集团要成为一家综合经营、全面发展的跨国企业集团。

梁卫成了钦州市的骄傲，在钦州市民的印象里，梁卫是锐意进取的企业家，这样一位声名显赫的钦州名人，会有问题吗？

审计结果让人吃惊

审计部门首先对半宙集团的账目进行了审查，发现了多处疑点：违规交易土地、支付购地款的差额650万元去向不明；预付款2888万元及个人借款1522万元长期不结算也不追回；虚增利润3.8亿元，致使企业有关人员获取奖金165万元；转让资产未收转让金430万元；多计工程垫支款及欠款利息153万元；重报工程结算款31万元；无依据计提工程垫支款及欠利息829万元；基建及装修工程结算8594万元没有开具发票，造成施工单位漏税412万元……

通过审计结果，检察官发现，盛名之下的半宙集团，财务管理十分混乱，而且时常有一些借款的白条夹杂其中，而大部分借条，都赫然有梁卫的签字批准。

检察机关决定立即对梁卫立案侦查。

梁卫不太爱说话，面对突如其来的审讯，他很善于应付——身为国企老总，大风大浪他见得多了。在长达七个多小时的审讯中，检察官清醒地认识到，他们所面对的并不是一个简单的对手，而是有着极高智商、狡诈多变、心机极深的犯罪嫌疑人。此时的梁卫不是沉默不语就是借故回避问题。

梁卫是一个有着丰富社会阅历的企业家，在几十年的商海打拼中，他培养起了较强的心理素质，怎样才能让梁卫开口说话呢？检察官决定避实就虚，不谈企业问题，而是随着梁卫的思路，说他企业的改革，说企业上市，希望能在这样的环境中了解对手，寻找破绽。

半宙制药的辉煌成了历史

根据审计结果，负责外围调查的检察官发现，半宙集团在基建工程上存在的问题最多，他们决定从几个包工头那里找到突破。很快，包工头罗大力（化名）和齐楚（化名）进入了检察机关的视线。

两个包工头

罗大力是钦州市的建筑承包商，在当地，他是富甲一方的包工头，曾经大量承揽过半宙制药厂的扩建项目。被传唤后，罗大力倚仗自己在钦州的名气，态度格外跋扈和强硬。

正在检察官苦思良策的时候，负责外围调查的检察官带来了一个让人振奋的消息：在对罗大力公司的账目调查中，发现他在半宙集团的工程建设中，存在着大量虚报、虚增工程材料的嫌疑。

在大量证据面前，罗大力无言以对，他再也无法找到合理的说法来搪塞和回避问题了。坐牢对于像他这样个人资产过千万，每天过着灯红酒绿、纸醉金迷日子的老板而言，是不可想象的，他的思想产生了巨大的波动。在检察官强大的心理攻势面前，他终于低下了头，交代了自己向梁卫行贿的经过。

罗大力在改革开放之初就办起了一家塑钢门窗厂，成为钦州最早富起来的一批人，儿女长大后，他将门窗厂放手给儿女做，自己出来当包工头，经人介绍认识了梁卫。在生意场上厮混多年的罗大力，处事老练，他知道"舍不着孩子套不住狼"的道理，于是，在一次酒宴上，他悄悄对梁卫说："梁总，你有工程就给我做，我有回扣给的，建筑可给3%，装修给5%。"梁卫会心一笑，此后果然给了他许多工程，这些工程大部分都不经过招投标。

罗大力是个细心人，无时无刻不在找机会送给梁卫好处。1995年，罗大力得知梁卫在城中南小区买了两块地准备建房，便对梁卫说，他存有很多材料和人手，可以帮他建，不用他出一分钱。梁卫有所顾忌，不愿意让他"帮忙"。尽管变相行贿行不通，但罗大力不肯放过这个送钱的好机会，他想了想，干脆就包了10万元，直接拿到梁卫办公室："你不要我帮你建房，这10万元你拿着买材料吧。"这回梁卫没拒绝。

1996 年年初，梁卫打算在南宁市仙葫开发区买块宅基地，罗大力听说后，又动起了脑筋，他对梁卫说自己也想在那里买地。此后，梁卫去看地，他也跟着一起去。决定买地后，梁卫抽不出时间去跑手续，"同样"买地的罗大力就顺水推舟地提出由他代劳了，但梁卫又说："我一下子拿不出那么多钱，先帮我办吧。"罗大力嘴里答应着，办手续时，替梁卫补齐了剩下的八万元。事后，梁卫只心安理得地说了声"谢谢"。

同样，作为梁卫的"铁哥们"，包工头齐楚跟罗大力一样，面对检察官的讯问，拒不交代跟梁卫之间的问题。几天对抗下来，在检察机关强大的政策攻势下，齐楚也如实交代了跟梁卫之间多年的"合作"。

1992 年是梁卫的事业跃上新台阶的一年，这一年，出于企业扩张的需要，梁卫开始大兴木土，兴办新的企业，改善企业基础设施。当时的钦州，经济并不是很发达，建筑工程不多，半宙集团大兴土木，顿时吸引了众多包工头，有不认识的，也有相识多年的朋友。

包工头齐楚就是梁卫多年的老朋友，两人从 1986 年就相识，并成为铁哥们。当年，梁卫承包罐头厂缺少资金想贷款，找到齐楚帮忙，齐楚很仗义地将他的一辆大货车抵押给银行作担保，对此梁卫心里有说不出的感激。

看到半宙集团大兴土木，齐楚找到梁卫："老弟，能不能给我个工程做做？"正好这时半宙集团要建一幢干部宿舍楼，梁卫想了一下，只说考虑考虑。几天后齐楚未得到答复，又去找梁卫，梁卫说："这个项目可以给你做，但是经厂领导集体决定，你必须支付工程款的 5% 回扣给我们，你愿不愿意？"建筑行业的"潜规则"，齐楚很明白，当即表示没问题。

其实齐楚是第一次搞工程，他并没有建筑资质，梁卫也知道这一点，但为了回报齐楚，便在厂领导会上极力举荐。这样，这个工程没经过投标，齐楚就拿到了手。后来齐楚挂靠某公司，以该公司名义搞这个工程。

1992 年下半年的一天，梁卫正在办公室，突然接到齐楚打来的电话："你一个人在办公室吗？"梁卫说是，齐楚说："你等我一下，我找你有点事。"不一会儿，齐楚提着一个黑色皮包走了进来，他拿出一沓用报纸包着的钱，放在梁卫的办公桌上说：

"这是给你的工程回扣款。"梁卫不动声色地说了声"谢谢",将钱锁进了文件柜里。

齐楚是个聪明人,虽然梁卫对他说5%的回扣是给厂里的,但他想,既然是梁卫跟他说的,又没有别人在场,他不妨私下把这笔钱给梁卫,梁卫怎么处理是他的事,也许梁卫是顾忌到他俩的交情,不好直接说回扣给他呢?齐楚猜对了。对梁卫来说,收下这笔10万元钱,他觉得理所当然,所谓的厂里要回扣,只是他的一个托词。这段时间,他正在建一栋私宅,资金有点紧张,齐楚的这笔钱对他来说是"及时雨",他很快将这笔钱投入到建房上了。

齐楚的聪明还在于,他并不是死板地按照5%的"约定"给回扣,而是能尽量多给就多给,礼多人不怪嘛!虽说两人是好朋友,但路归路桥归桥,当送还是要送的。果然,这些举动让梁卫觉得齐楚会做人,第二年又把一栋职工宿舍包给齐楚做。

1993年五六月间的一天,齐楚又去了梁卫的办公室,再送给梁卫10万元。

钱来钱往,两人形成了"兄弟加搭档"的特殊关系:齐楚不用担心没有工程做,梁卫也不用担心收回扣会出现麻烦。1993年,半宙集团兴建大力神酒店,梁卫一言九鼎,又把它交给了齐楚。这个工程是造价高达两千多万元的"大单",之后齐楚投桃报李,两次共送给梁卫40万元。

至此,梁卫受贿案有了重大的突破。

贫穷的"豪宅"

顶着巨大压力,检察官对案件继续取证的同时,依法对梁卫的住宅进行了搜查,他们期望能有新的发现。

梁卫的家地处钦州市的繁华地段,有几层高,单从外表来看,他的住宅与邻居并没有区别,但是仔细观察就会发现,在他家房外的四个角落里都安装了摄像头,这不禁让检察官产生了疑问。

梁卫虽然是国企老总,但他毕竟是国家工作人员,收入自然也比别人高不到哪里去,然而,进入他家后,谁也没有想到,一位国家工作人员的住宅竟十分奢华。面对如此华丽的住宅,检察官开始了搜查行动,然而,最终的结果却让在场的每个人很失望，梁卫的家里并没有发现大额现金。案件证据无法固定，梁卫收受的赃款去了哪里？

面对这一切，检察长梁钢看在眼里，急在心上，假如梁卫确实是清白的，那么审计部门查出的问题说明了什么？两个包工头的交代又如何解释？

现在，梁卫受贿案的侦破已经到了关键时刻，时间所剩无几，只有一个月的补充侦查时间了，如果还不能迅速落实证据，那么，之前的所有办案成果将付诸东流。检察官不敢松懈。就在此时，梁卫的审讯工作有了重大突破，面对齐楚和罗大力的证言，梁卫交代了在半宙集团发包工程中，曾经分多次收受包工头齐楚、罗大力贿赂的犯罪事实；同时，梁卫还供述了自己收受另外两名包工头各 20 万元的事实和经过……

随着梁卫的供述，一个"优秀企业家"的真实面目被还原了出来。

优秀企业家作假账

1999 年，是半宙集团走下坡路的一年，这一年，梁卫 42 岁。半宙集团经过几年的发展，已达到了一定的规模，要想进一步扩张，困难却越来越大。随着市场竞争的加剧，新的制药企业如雨后春笋般涌现，半宙集团遇到了前所未有的挑战，公司利润不断下滑。忧心忡忡的梁卫，经过一番思考后，打算将半宙集团上市，通过融资获得更大的发展。

在与有关中介公司洽谈时，梁卫得知，公司要上市，必须债务少，而且连续三年利润不断提高。而这，恰恰是半宙集团的"软肋"。

如何才能达到三年利润不断增长呢？这是摆在梁卫面前的一个棘手问题。梁卫非常着急，但他并没有稳扎稳打求发展，而是想出了自己的高招——把半宙集团的不良资产剥离出去。在梁卫的授意下，半宙集团将银行的贷款、正常的业务开支全部转移到了大力神酒店，并且使其成为有独立法人代表的企业，为此，梁卫可谓煞费苦心。没过多久，半宙集团真正做到了账面上的"盈利"。

1999 年年底，为了激励半宙集团领导层，钦州市经贸委首次与半宙公司签订了

年度经营目标责任状，提出了半宙集团下一年的产值、税收、利润指标，并要集团
领导层每人都交风险抵押金，完不成指标就扣风险抵押金，完成指标则给予奖励。
这让梁卫深感压力。

在梁卫的授意下，从1999年到2001年的三年中，半宙集团共转移了2670万元
的不良资产，账面上的盈利额可谓是芝麻开花节节高，通过这种方式，集团连续三
年实现了市经贸委下达的经营目标。领导层因此获得了市经贸委发给的奖励，共165
万元，梁卫分得了32万元。

个人买地挪用公款百万

就在梁卫满怀期望地筹办集团上市时，2001年下半年，发生了半宙集团第三制
药厂生产、销售假"梅花K"药，致使六十多人服用后中毒，其中四十多人残疾的事件。
这件事震惊了全国，彻底打乱了梁卫的阵脚。

半宙集团第三制药厂是钦州灵山县的一家国有企业，它和半宙集团有各自的法
定代表人，完全没有隶属关系。由于半宙集团的"半宙"牌子太响亮了，这家企业
便向半宙集团提出挂在集团名下，有偿借用半宙集团的"半宙"商标。梁卫及半宙
集团出于"壮声势"的需要同意了，并每年收取第三制药厂五万元"借名费"。

"梅花K"事件虽与半宙集团无关，但也严重伤害了赫赫有名的半宙集团的名声，
给半宙集团造成了难以挽回的损失，上市的事也就不了了之。在这起事件中，被法
院判决负连带赔偿责任的半宙集团不得不付出了六百多万元。

此波未平，梁卫又遇到了来自"老朋友"的困扰。早些年，梁卫发包了造价
一千八百多万元的工程给自己的"朋友"做，但大量资金是由"朋友"垫付的，累计下来，
半宙集团共欠了人家五六百万元的工程款。"朋友"承受不了，多次索要未果后，只
好与梁卫撕破了脸皮，2003年将半宙集团告上了法庭。半宙集团没钱还，法院便将
半宙集团的一百多个药品生产批文查封。

看到半宙集团陷入困境重重的境地，梁卫意识到自己可能在集团呆不久了，便
开始谋划自己的后路。2003年年底，半宙集团与一位香港商人合资开办一家制药厂，

梁卫便去灵山找地建厂。灵山有关方面考虑到"梅花 K"事件给半宙集团带来了极大影响，想弥补一下，给了许多优惠政策，如买地以时价 2.5 万元一亩购买，之后县里每亩返还一万元。于是半宙集团与灵山有关方面签下了购地 48 亩的协议。见价格这么优惠，梁卫打起了自己的算盘。几天后，他对灵山有关方面提出，半宙集团欠有很多外债，若以公司名义买，恐怕才买下就被人拿走了，提出把地卖给他个人，再给新药厂使用。灵山县有关领导同意了。

回到公司后，梁卫找到公司销售科结算部经理提出借钱，他分两次从出纳手里借走公司货款 126 万元，但他叫出纳不要入账，事后也没对公司财务总监等相关领导提及此事。后灵山返还 48 万元买地款给半宙集团，但只是名义上的，梁卫直接从灵山县把钱取走了，也没还给公司，而是用于自己平整土地……

半宙集团步履艰难，见到大势已去，梁卫万念俱灰。由于半宙集团一直在运作上市的工作，集团早就开始了内部原始股的认购，大量的员工由于不了解内情，纷纷拿出自己的血汗钱来认购股份。梁卫不知道应该如何向半宙员工们交待，因为此时的半宙集团已经元气大伤，门庭冷落，昔日的辉煌已成明日黄花。

美梦总有醒来的一天。梁卫在众多光环的笼罩下失去了自我，他长期专制，导致财务管理制度松散，民主监管无法实行，如今的半宙集团门庭冷落，只剩下一个躯壳，这个曾经叱咤风云、踌躇满志的人物也黯然离开了他经营了十六年的制药王国，这个全国闻名的优秀企业家一夜之间成了阶下囚。

2008 年 7 月 21 日，广西壮族自治区高级人民法院以受贿罪，判处梁卫有期徒刑十四年，并处没收个人财产 20 万元；以贪污罪，判处有期徒刑十年，并处没收个人财产 20 万元；以挪用公款罪，判处有期徒刑十年。决定执行有期徒刑十九年，并处没收个人财产 40 万元；对梁卫的犯罪所得予以追缴、没收。

昔日钦州名人，今日风光不再

难言的舐犊之情
使她滑向堕落的深渊
人生简单的大学女书记
是谁把她拉下水
法庭之上
她为何泣不成声

象牙塔里的一声叹息

2008 年 9 月 23 日，浙江省杭州市中级人民法院审判庭，旁听席上座无虚席。

一个头发灰白的女人站在被告席上，她叫白同平，浙江理工大学原党委书记，旁听席上坐着的，很多是浙江理工大学的师生。法庭陈述阶段，白同平泣不成声："在理工大学 16 年，我想所有理工大学的师生都可以见证，我这个人对钱对权是什么样子的态度，我在这里也向法官大人求情，看在我的年龄、身体和犯罪情节上，能够从宽处理，能够判缓刑，能够给我留一点面子，我感谢不尽，我心服口服。"

这一年，白同平已经 63 岁了。这段庭审录像曝光后，在社会上以及校园中引起了巨大反响，人们难以将这一刻与白同平曾经的光辉履历画上等号。

白同平，1945 年 6 月出生于一个高级知识分子家庭，案发时，她已经从浙江理工大学党委书记的位置上退居二线，担任该校发展委员会主任。单单只看她的履历，很多人都会发出啧啧赞叹。

白同平毕业于浙江大学，大学本科学历。1968 年 7 月至 1976 年 4 月在新疆阿克苏农机厂工作，1976 年 4 月调至浙江海盐机械厂，1983 年 10 月至 1992 年 9 月任浙江大学党委委员、组织部长，1996 年 1 月至 2006 年 1 月任浙江丝绸工学院、浙江工程学院（前者更名）、浙江理工大学（前者更名）党委书记。白同平先后担任杭州市第八届人大代表、浙江省第九届人大代表，浙江省第七、十、十一次党代会代表，是第九届浙江省政协委员。

履历辉煌，人生简单，一个大学女书记的人生背后发生了什么？

人生坦途

2008 年初夏的杭州，阳光有几分和煦。这段时间，不知道为什么，白同平总能回忆起大学刚毕业时的感觉。

两年前，她从浙江理工大学党委书记的岗位上退居二线，担任浙江理工大学思想政治教育研究所所长、发展委员会主任，从忙忙碌碌的岗位上退下来，她终于有了一些闲暇。这个夏天，白同平心如止水，也许是人老爱忆旧，到了这个年纪，忆旧是难免的。白同平想起一句话：忆旧是因为今不如昔。真的如此吗？

1968 年 7 月，她满怀对未来美好生活的憧憬，奔赴新疆阿克苏农机厂工作，将近十年的异地生活，是她一生难以忘怀的时光。在阿克苏农机厂做技术员的时候，白同平入了党，父亲非常高兴，以此为荣，父亲来信鼓励自己的女儿，一定要在新疆好好工作，为祖国的大西北贡献自己的力量。在父亲殷切的盼望中，白同平工作勤勤恳恳。在新疆工作的十年里，新疆人民的朴实善良、勤劳勇敢，使她的人生观、价值观有了很大的提升。

那个时候，白同平已经结婚了，为了事业，她和丈夫只能分居两地。

1976 年，她调到了浙江海盐机械厂，不久，因为业务精熟，踏实肯干，白同平当了厂长。那个时候，孩子出生了，丈夫不在身边，白同平家里厂里两头忙，但她不觉得累，反而处处感觉到了生活的美好和充实。1983 年 12 月，她调往浙江大学，一直做到了学校的党委委员、组织部长，她的工作得到了大家的认可，民主投票时，她的得票经常排在第一。

事业上的一帆风顺，让白同平更加珍惜已经取得的成绩。1992 年 9 月，白同平调任浙江理工大学的前身——浙江丝绸工学院，任党委副书记，这个百年老校给了她施展才华的舞台。也就是在这十年间，浙江丝绸工学院变成了浙江工程学院，最

1996 年开始，白同平一直担任学校的党委书记

终更名为浙江理工大学。

在浙江理工大学，白同平一路顺风顺水，1996 年开始，她一直担任学校的党委书记。

但是，白同平的记忆每到浙江理工大学这个阶段，都会被一种莫名的焦虑扰乱，学校的迁建，14 个亿的工程，这些堪称辉煌的大手笔，却有一些不和谐音符跳跃其中——沈丁的名字和形象，总在她的脑海里不期而至。

一个叫沈丁的人

如果不是沈丁，或许白同平现在正过着颐养天年、含饴弄孙的生活。

1969 年出生的沈丁，毕业于浙江理工大学的前身——浙江丝绸工学院。大学毕业后，沈丁留在了母校，2000 年 4 月，沈丁被任命为学校设计研究所所长、法人代表。沈丁虽然在学校工作，但并不是真正意义上的教师，他在学校经营着企业，自谓是个"儒商"。

2000 年，沈丁主持的设计研究所在"浙江理工大学下沙校区整体设计规划项目"招标中胜出，然而因为白同平存在异议，沈丁最终丢掉了这块到嘴的"肥肉"。白同平认为，沈丁承接新校区全部的设计任务不妥，在白同平眼里，沈丁只是一名青年教师，设计研究所就那么几个人，也没有做过什么大的设计，几乎没有什么设计经验，新校区建设这么重要的事情交给一名本校青年教师，她的心里隐隐担忧，所以，她极力主张把大多数的设计任务交给资质更高的浙江大学设计。由于白同平的干涉，沈丁丢掉了这个一千多万元的项目。

白同平没有想到的是，从此以后，她的生活因为沈丁起了翻天覆地的变化。

心照不宣的证明

白同平如何走上堕落的，事情的源头要从沈丁说起。

2006 年下半年，浙江省委巡视组在对浙江理工大学进行巡视时发现，该校基建工程建设涉嫌重大违规，在巡视组的建议下，浙江省审计厅对该校进行了审计。审计中，沈丁所在的设计研究所，其混乱的账目引起了审计人员的注意：设计研究所成立七年多，总营业额达到两千多万元，但是未向学校缴纳一分钱的利润。审计人员还发现，该所所长沈丁涉嫌挪用公款 65 万元，用于其个人以及母亲、妻子名义购买杭州武林巷易盛大厦写字楼一层。

2008 年 1 月 7 日，杭州市江干区人民检察院对沈丁涉嫌挪用公款立案侦查。检察机关立刻传唤沈丁，让他对设计研究所的问题进行详细交代。

然而在看守所，沈丁一直在辩解说，这个设计研究所是他个人承包的。

由于研究所经营时间较长，所有账目又发生在白同平在位期间，与新任领导班子无关，因此，关于该研究所经营性质的询证函，被递到了白同平和分管该校后勤基建的副校长夏金荣的案头。不久，两人都写了证明，称该研究所虽然属于校产企业，但自负盈亏，属于"一脚踢"承包。

但是，这个研究所真的是沈丁个人承包的吗？如果承包属实，那沈丁完全可以开脱挪用公款的罪责。"但我们隐约觉得有些蹊跷，感觉背后存在重大职务犯罪。"江干区人民检察院的检察官说。检察官迅速找到了研究所的工商资料，工商资料清楚地显示，设计研究所是浙江理工大学投资 20 万元注册成立的。另外，检察官发现，沈丁是 2000 年 4 月被学校的"红头文件"任命为设计研究所所长，并确定为法定代表人的，但 2000 年以来，该校党委会及校长办公会的所有会议记录中，均没有关于设计研究所承包的定论。

校内教职工反映，沈丁只是一个科级干部，却跟出具证明的两位校领导关系不一般，甚至私交很深。浙江理工大学是正厅级单位，中层处级干部少说也有七八十人，科级干部更是不计其数，两位校领导愿意给一个科级干部出具明显不实的证明，这背后肯定隐藏着某种交易。

所有调查结果，都把为沈丁出具证明的白同平、夏金荣推到了前台。

假证明牵出幕后交易

随着调查的深入，检察官发现，几年来，沈丁承接了新校区大量的装修工程，并由其联系学校校舍迁建事宜。

"我们判断，沈丁和白、夏二人之间的利益关联点应该是基建工程。"检察官说。

于是，学校基建处长成了此案成功突破的"跳板"。2008年1月，基建处长被立案侦查，他承认了收受建筑商贿赂十余万元的犯罪事实，而向他行贿的十余名工程承包人则道出了夏金荣受贿案的原始线索。根据这些线索，该校副校长夏金荣涉嫌收受贿赂的事实浮出水面。2008年4月，夏金荣被立案侦查。夏金荣到案后，对受贿事实供认不讳，同时他还透露了一个重要信息，说沈丁在学校一个房地产合作项目中，曾收受了开发商650万元好处费。

原来，浙江理工大学在完成下沙校区的迁建工作后，同时也面临了教职工来往的不便，学校决定在下沙与房地产公司合作，为教职工解决住房问题。当时，下沙校区地处郊区，很多房地产开发商认为在那里搞开发，无利可图，分管基建的副校长夏金荣找了几家开发商，对方对此项目好像并不感冒，无奈之下，夏金荣让"神通广大"的沈丁帮忙。

夏金荣的"难处"，沈丁自然乐得帮忙。他找到做房地产的宁波老乡，在开出一系列优惠条件后，双方一拍即合。

项目基本促成以后，夏金荣向沈丁提出，要开发商分些好处给他们，于是好处费从一开始40%的干股，降到1200万元，最终以650万元成交。2005年，开发商将650万元以借款的方式汇入沈丁与夏金荣亲戚合办的装饰公司，用来支付夏金荣的好处费。沈丁再通过化整为零的方式，逐步将这650万元取出来，随后这家公司就被注销了。

为了拿出钱来，沈丁借了几十张身份证，以发工资的名义，每次每人发一万两万，最终把650万元全部取出来，再存到自己的个人账户上，650万就这样被沈丁成功洗白了。拿到钱后，夏金荣指示，把钱先放在沈丁那里，等他退休之后再说。于是沈丁放心地将这笔钱进行投资，等待回报。

2008年5月，夏金荣被成功突破后，余下的就是要将650万元赃款追缴。江干区人民检察院的检察官通过银行查账发现，650万元被沈丁成功"洗白"后，很快用于房地产投资。在沈丁投资的某房地产开发公司账户上，检察官发现了这笔650万元资金注入的情况，除此之外，在调查账目过程中，检察机关发现，沈丁另有54万元转到了白同平的儿子苏源（化名）的建行卡上。

检察官在夏金荣受贿案的侦破过程中，已经熟悉了浙江理工大学工程建设过程中的一些漏洞，但是白同平的出现与夏金荣不同，夏金荣是分管基建的副校长，有向基建工程伸出"黑手"的基础条件，白同平虽是学校的党委书记，但并不直接对基建进行管理。那么，白同平出具的这张假证明背后，到底又有一段什么样的故事？

夏金荣的落马，使沈丁知道大势已去，于是这个扮成艺术家模样，举着学校招牌四处钻营的年轻人，终于为检察官讲述了白同平这张假证明背后的故事。

沈丁这样把她拉下水

沈丁大学毕业留校当教师的时候，一直不安心于教师工作，他总想着有一家自己的公司。2000年4月，他被学校任命为设计研究所所长，虽然与自己的人生目标有差距，但这也算有了一个自己的舞台，他终于可以"大显身手"了。此后，沈丁首先开始积极地"经营"与学校领导的关系，当得知浙江理工大学即将迁建后，他顺利地完成了对夏金荣的公关。有了夏金荣的保障，他一直以为自己在后面的项目运作中都会如鱼得水，没想到，事情到了白同平这关，居然卡壳了。

沈丁主持的"浙江理工大学下沙校区整体设计规划项目"遇挫后，沈丁意识到，白同平将是自己事业的"绊脚石"。审时度势后，善于钻营的沈丁明白，要想实现自己的发财梦，只有将"绊脚石"变成"垫脚石"，才能将自己的事业引向成功之道。于是，他的公关目标直指白同平。

他仔细研究过白同平的履历，透过这张履历，他看到了一个女强人背后的痛处，这个痛处，就是白同平心中的遗憾——儿子苏源。

白同平夫妇平时将主要精力放在工作上，对自己唯一的儿子却疏于管理。儿子大专毕业后，一直没有正规职业，整天游手好闲，混迹于娱乐场所，儿子经常闯祸，让白同平又气又恨，但没有办法改变。沈丁了解到情况后，很快就与白同平的儿子苏源打得火热。

每次见到沈丁，苏源都向他大倒苦水，讲述自己胸有大志而苦于无法施展的心思，他想证明给父母看，自己其实是可以出人头地的。

正当苏源苦恼无助的时候，好运双双降临。沈丁在最恰当的时间来到了他的身边，并将他安排进了自己的公司，苏源不仅不用上班，而且有很高的薪水。另一个让苏源高兴的就是母亲，母亲再也不像以前那么严格要求自己了，并且在涉及学校的一些项目上有了松动的态度。朋友想推销体育场的电子屏设备，找到了苏源，希望通过他母亲的关系进入学校的采购项目，白同平就给基建处长打了电话，希望能照顾一下。不用说，事情办成了，苏源也拿到了五万元"好处费"。

其实，苏源不知道，母亲白同平的这种变化，也是沈丁起的作用。

为了接近白同平，沈丁双管齐下，他不仅要安抚好苏源，还要让白同平直接看到自己的能力。恰逢白同平要装修房屋，沈丁听说后，为了接近这位顶头上司，他托人游说白同平。白同平此时完全忘记了之前自己曾经极力反对沈丁参与学校设计项目的事情，这个时候，她心底的考虑，就是沈丁是自己学校的教师，设计也不错，到时候也不可能收费太贵，于是，白同平完全放心地把房子交给了沈丁。

装修结束后，白同平很满意，放心地将自己父母的房子也交给沈丁装修。两套房子装修结束后，白同平叫沈丁过来结账。按照她的估计，两套房子的装修费最少也要十万元，但是让她没想到的是，沈丁只收取了两万元。沈丁的"懂事"，让白同平很感动，一瞬间，她对沈丁的印象好了起来。

白同平没有意识到，就是这一瞬间的默许，自己几十年来坚守的原则已经开始动摇。

从此以后，沈丁出入白同平家很受欢迎。沈丁知道，这种关系的维护需要持续不断的刺激，于是，他每次都会带一些小礼品去看望白同平，对于这些小礼物，白同平没有拒绝。渐渐地，沈丁俨然已经成为这个家庭的一分子了，他和苏源之间称兄道弟，整天混在一起，而这种亲密，沈丁都会有意无意地传导给白同平。当然，白同平也希望儿子能够在沈丁的帮助下迅速成长起来。

2004 年下半年，杭州房价飞涨，苏源也要结婚了。沈丁怂恿白同平买房，并说不仅可以自住，还可以作为投资，等待回报。与沈丁来往的日子里，沈丁的观念影响着白同平，但这一次，白同平犹豫了。年底的一天，沈丁带着白同平一家到杭州某楼盘去看房，这次看房活动，沈丁蓄谋已久。从白同平看房的表情，沈丁看到了她的心思，于是他怂恿白同平买两套住房，一套用来自住，一套用来投资，至于钱的事情，他自有安排。

沈丁将 54 万购房首付款打到了苏源的账户上，并告诉他，公司职工享有购房借款的待遇。当时，苏源的妻子已被安排在沈丁的公司工作，所以苏源心安理得地接受了这笔"借款"。

2006 年年底，当审计人员对浙江理工大学设计研究院的账目进行调查时，沈丁预感到了事情不妙，经高人指点，他找到了与自己私交深厚的老领导。狡猾的沈丁明白，自己挪用单位公款的事情一旦暴露，他将难逃法律的制裁。他希望在相关部门调查公司经营性质的时候，两位领导能够出手相助，证明研究所是他个人承包的，这样就不存在职务犯罪的问题了。

因为与沈丁的交往，白同平写下了这份假证明。

但白同平明白，自己儿子的两套房是个隐患，一旦沈丁案发，势必牵连自己，她马上要求儿子给沈丁补写借条，并把 54 万元购房首付款退还给沈丁。随后苏源以妻子作为沈丁公司职工的名义补写了借条，并将新买的两套房子退给开发商，将钱分两次还给了沈丁。

一声叹息

2008 年 6 月，白同平被杭州市江干区人民检察院立案侦查。

就在这天早晨，白同平和往常一样，早起后到公园里散步。迎面走来的很多熟人都向她微笑着打招呼，有些年轻人还主动向她问好，虽然退居二线了，但理工大学的师生很尊重她，她很享受这样的礼遇。她知道，这些招呼和问候一部分出于对她的尊敬，另一部分是对她的肯定。

然而几个小时后，白同平就坐到了杭州市江干区人民检察院的讯问室里。此时的白同平心态很平和，面对讯问，她一五一十地讲述了她和沈丁之间的往来。对所作所为供认不讳，与检察机关掌握的情况基本一致，但对于54万元房款，她一直认为已经退掉了，并不构成受贿。在她的心中，还隐隐保留着一丝希望。

在被押往看守所的路上，车子路过了白同平居住的小区门口，这个在讯问期间一直克制自己情绪的女人，突然掩面而泣。她突然十分痛苦地说："我到家了，但是我回不了家。"随后是一声长长的叹息。

白同平案从立案到侦查结束，仅耗时17天，之后，移送杭州市人民检察院公诉处提起公诉。

2008年9月23日，杭州市中级人民法院开庭审理本案。检察机关指控，白同平利用职务之便，为沈丁谋取利益，先后四次由本人或者通过其子收受沈丁送的人民币六十六万余元、欧元1000元以及价值1.6万元人民币的钻戒一枚，此外，白同平还利用职务便利为相关业务单位提供帮助，通过其丈夫或者儿子收受业务经办人的贿赂七万余元。2008年11月23日，杭州市中级人民法院作出一审判决，以受贿罪判处白同平有期徒刑十一年，没收财产10万元，追缴赃款65.2万元。一审判决之后，白同平没有提出上诉。

2009年1月15日，杭州市中级人民法院以受贿罪，一审判处夏金荣死刑，缓期二年执行。沈丁同案受审，同日宣判，以受贿罪、挪用公款罪、行贿罪被判处无期徒刑。

白同平：我向法官大人求情，能够给我留一点面子，我感激不尽，我心服口服

一段偷拍的视频
拍下贪得无厌的执法队长
一条利益链的断裂
牵出比队长更贪的局长

工商局里的利益链

2008 年 2 月 28 日，农历正月十五刚过，江苏省姜堰市人民检察院反贪局局长刘贵早早上了班。他的办公桌上，放着一份由江苏省泰州市人民检察院转来的举报材料，不过，跟平常的举报不同，这份举报材料中，不仅有举报信，还有一张光盘。举报者是姜堰市某企业的负责人，而被举报的是泰州市姜堰工商局经济监督检查大队大队长张冬喜。

举报信反映，张冬喜在查处该企业假冒商标的过程中，先后三次向他们索取三万元，另有烟酒、土特产、手机等。举报信的最后有这样一段话：张冬喜身为国家工作人员，贪赃枉法，索取他人钱财，手段恶劣，胆大妄为，请求领导调查惩处。本人对以上举报真实性负责，如有不实愿承担一切法律责任！

看完举报信，刘贵打开了光盘，真的出现了拍摄的画面。画面是隐蔽拍摄的，比较长，有交谈的镜头，有抽烟的镜头，画面中的人除了该企业负责人，就是张冬喜。视频显示，张冬喜在该企业负责人的办公室逗留了很长时间。

刘贵把举报信和视频仔细看了几遍，他觉得举报材料提供的线索很有价值。

皮草里的秘密

根据举报人提供的线索，刘贵立即部署，进行秘密调查。

原来，姜堰这家食品企业与上海某家企业有商标纠纷，张冬喜以他们的产品侵权为由，协调上海工商部门查封了这家企业在沪的销售市场。这下，厂家坐不住了，张冬喜就说，这事还得他去，上海市场的冻结才能解除。进一步调查后，张冬喜所谓替企业办事要花钱的理由不攻自破，他把敲诈勒索来的钱财，全都装到了自己的腰包里。

检察官了解到，除了几万元的烟酒以及土特产，张冬喜先后收受企业三万元现金，既没有开正规票据，也没有打任何收据。

2008 年 3 月 9 日，张冬喜涉嫌索贿被姜堰市人民检察院立案侦查。当检察官得知张冬喜正在参加工商局的会议时，他们随后赶了过去，表明身份后，张冬喜一下子显得非常紧张。张冬喜被带到了检察院，随即，检察机关对其展开了讯问。

可是，张冬喜什么都不说，并且态度恶劣。张冬喜是当地的"土霸王"，在姜堰市的地面上，他自认为有蛮横的资本。检察官窦睿明确告诉张冬喜，检察机关对他采取了强制措施，是因为已经掌握了其部分犯罪事实，唯一的出路就是主动交代自己的问题。

一天过去了，两天过去了，张冬喜始终保持沉默。

检察官改变策略，跟他聊天，聊他的家庭和孩子，聊他的工作，从这些地方入手，张冬喜渐渐地打开了话匣子。张冬喜被带到检察院的时候，正穿着一件高档的皮草，这也成了检察官和张冬喜交流的话题，检察官聊他的收入，聊他的皮草，聊他很上档次的手机，聊着聊着，张冬喜愣住了。

自知说走了嘴的张冬喜低下了头，他交代，皮草和手机都是别人送的。

以后几天里，为了表明自己积极交代问题的态度，张冬喜陆续说出了他在担任姜堰工商局经济监督检查大队副大队长、大队长期间，利用职务之便，索取他人财物，非法收受他人贿赂的犯罪事实：除了举报者提到的三万元现金和几万元烟酒、土特产外，他还先后多次收受江苏省南通市某钢厂三万元；七次收受姜堰市某肥料公司负责人 1.4 万元的贿赂；2008 年春节前夕，张冬喜以江苏省某建筑公司在承建姜堰市某工程涉嫌借用建筑资质为由，索要建筑方中华香烟一箱，现金一万元……

张冬喜自己交代的涉嫌受贿金额达到了十二万余元。经过逐一核实，那些曾经对张冬喜敢怒不敢言的企业主、商家，纷纷揭发检举了张冬喜向他们索要钱财的事实。

1953 年 11 月出生的张冬喜，曾是一位油漆工，后来，经过努力，他从油漆工人变成了公务员。张冬喜异常珍惜这来之不易的机会，也曾努力工作过，但到后来，他逐渐放松了自己，甚至于不择手段地收钱。此时，这位曾在姜堰风光无限的大队长，再也不那么霸道神气了。

改革是敛财的借口

就在检察官继续讯问张冬喜的时候，他说了一句让检察官非常吃惊的话："上梁不正下梁歪。"张冬喜说，自己之所以走上犯罪道路，完全是因为另一个人夏国余，夏国余曾经多次跟自己要钱，并且自己是通过向他行贿的方式，当上了姜堰工商局经济监督检查大队大队长的。

夏国余是姜堰市工商局局长，难道张冬喜走到今天这步田地，跟他的上司——工商局局长夏国余有着千丝万缕的联系？

进一步讯问之下，张冬喜慢慢讲起了他跟夏国余之间的故事。

2002年7月，时任泰州市泰兴工商局副局长的夏国余调任姜堰工商局局长，上任一个月，夏国余就开始了自己的一番改革，即在中层干部中实行竞争上岗。时任工商局经济监督检查大队大队长的张冬喜，在夏国余实施"新政"的过程中，竟然意外落聘，变成了一名普通工作人员。

经济监督检查大队的主要职责，是查处市场交易中的垄断、不正当竞争行为；查处经销假冒伪劣商品及其他经济违法案件；承担市场监管的专项整治工作。在张冬喜眼里，经济监督检查大队是工商局里最有实权的地方，是个"肥差"。可是，现在自己无职无权了，财路也就断了，他不甘心，他要东山再起。于是张冬喜和自己的"铁杆兄弟"、副大队长闵国强商量，怎么去跟夏国余掏掏心窝子，表表"忠心"。

在夏国余调来之前，闵国强是姜堰工商局经济监督检查大队副大队长，不过，和张冬喜一样，在中层干部竞聘中，他也落聘了，跟张冬喜成了"难兄难弟"。于是，两人唉声叹气之余，整天琢磨着怎样才能"官复原职"，他俩很清楚，自己的命运掌握在新来的局长夏国余手中。刚好，闵国强有位战友曾在泰兴和夏国余共过事。

通过打探，战友告诉闵国强，夏国余为人办事，必须送礼给他才行。张冬喜、闵国强一商量，一个计划诞生了。

闵国强买了两条中华香烟和两瓶五粮液送到了泰兴夏国余的老家，夏国余并没推辞，几句客套后，夏国余把这份"薄礼"笑纳了。张冬喜、闵国强大喜，"投石问路"的结果让他们嗅到了某种信息，他们觉得，自己"官复原职"有门。随即张冬喜向夏国余展开了"攻势"。不久，张冬喜利用到上海出差的机会，给夏国余准备了一份厚礼：一尊价值一万多元的金佛。从上海回来，趁着双休日，他带着金佛登门拜访，这回夏国余也没客套，收下了。

张冬喜说，在从泰兴回来的路上，他一路狂喜。为了早一点实现他的愿望，他再下"血本"，不过这次他改变了"送礼"的方式：买了一篮水果，把水果薄膜撕下，底下放了一万块钱，送到夏国余家里时，告诉夏国余有一万块钱，不成敬意，并且表达了想官复原职的愿望。

有钱能使鬼推磨。不久，张冬喜当上了副大队长，为了感谢夏国余，他又给夏送去了一万元——在张冬喜眼里，副大队长的官职小了点，他要重回大队长的位置。没多久，张冬喜如愿以偿，官复原职，继续担任姜堰工商局经济监督检查大队大队长。苍蝇不叮无缝的蛋，闻出味道的张冬喜明白，要想保住大队长的位置，夏国余就是"保护伞"，于是，每年的春节、中秋，张冬喜都要向夏国余表示"孝敬"。张冬喜说，四年间，他共向夏国余行贿七万多元以及价值一万多元的金佛一座。

张冬喜竹筒倒豆子般的表白，是为了减轻自己的罪责。同时他还交代，闵国强在他的"成功经验"感染下，也"照猫画虎"，给夏国余送钱送物，重新当上了副大队长，至此，他们计划中的目标全部实现。那些工作能力强，通过竞聘已经当上大队长、副大队长的人，因为没有掌握夏国余改革的"意图"，只能靠边站了。

为谁忙财

看到张冬喜被检察机关立案侦查，一些原本敢怒不敢言的企业主和商户纷纷再次举报：当初他们送钱给张冬喜的时候，闵国强也有份。面对检察官的讯问，张冬喜承认了两人共同受贿的事实。2003年上半年，闵国强与张冬喜在江苏某制管公司索要手机，后企业主给了他们四万元，闵分得两万元；2004年下半年至2008年年初，闵国强与张冬喜先后多次收受江苏省南通市某钢厂的贿赂，闵国强从中分得近三万元；2008年春节前夕，闵国强与张冬喜在查处某建筑公司时，索要业主两箱中华香烟和两万元现金，闵从中分得一箱香烟和一万元现金……

张冬喜交代，两人"官复原职"后，共同索贿，只要自己有份的，闵国强也照样有。经初步调查，闵国强涉嫌受贿的金额已高达六万多元。

2008年3月24日，姜堰市人民检察院对闵国强采取强制措施。面对检察官的讯问，闵国强如实交代了自己的犯罪事实，不过，闵国强也有着跟张冬喜一样的心理，他也心存怨恨，怨恨的对象也是夏国余。闵国强说，帮他搞了那么多钱，自己一个也没得到不说，忙了以后自己还要顶了个恶名。

当天，闵国强向检察官反映，他和张冬喜曾为夏国余虚报了二十余万元的费用！

究竟是不是这样呢？检察官再次讯问张冬喜，张冬喜承认这是事实，自己正准备把这些情况跟检察官交代的。至此，一个关于夏国余贪污公款的秘密被揭开。

张冬喜、闵国强交代，夏国余惯用的做法是，他需要钱的时候，就会让张冬喜去找餐费、加油费等票据，以经济监督检查大队的名义报销。夏国余掌握着审批权，批了之后，这笔钱还是以张冬喜的名义领出，但是，钱却到了夏国余的手里。

张冬喜说，第一次夏国余就要他虚报五万多块钱，他当时很害怕，因为这笔钱是以他的名义报销的，而钱最终却被夏国余全部拿走了，万一夏国余日后不认账，他就是跳到黄河也洗不清。为绝后患，他决定让闵国强来做个证明。他把五万多块钱当着闵国强的面，放到了一个档案袋里面，随后他打电话叫来夏国余，此后闵国强有意回避出去，当夏国余把钱取走以后，闵国强再回到他俩的办公室。张冬喜的目的就是通过闵国强证明，钱的确是夏国余拿走了。

2006年到2007年一年多的时间里，夏国余频繁地来找张冬喜要钱，张冬喜、闵国强也只能到处为他找票据，把钱领出来，再交给夏国余。虽然两人心里一百个不愿意，但只能忍气吞声。

夏国余洋洋得意，俨然把张冬喜、闵国强看成了自己的心腹，因为他说一不二，要什么有什么，并且张冬喜、闵国强对他毕恭毕敬，这一切让夏国余感受到了自己的"魄力"。

经张冬喜和闵国强回忆，夏国余贪污的公款有二十一万余元，加上夏国余接受张冬喜的贿赂是七万多元，以及另外一名工商局工作人员送给夏国余的三万余元等等，夏国余涉嫌贪污、受贿的金额高达三十多万元。

美梦破灭

姜堰是苏中地区一个以农业为主的县级市，属于泰州市管辖，经济并不算发达。夏国余仅仅是姜堰工商局局长，一个小小的科级干部，却抓住一切机会，在短短几年时间里敛财数十万元，其手段之卑劣，让人吃惊。

夏国余，1953年出生，曾经有16年的军旅经历。在山西，作为工程兵的他，有一次在凿山洞的时候，不小心伤及头部，落下了头痛的毛病。那时，他冲锋在前，无所畏惧，把最美好的青春奉献给了火热的军营。转业到地方后，他从基层干起，最终走上了领导岗位。

检察官分析，夏国余在失去张、闵两位"左膀右臂"后，肯定会惴惴不安。为此，他们一开始就按兵不动，既不到工商局了解情况，也不找夏国余谈话，目的是为了立足证据，避免打草惊蛇。此时夏国余还做着美梦，他甚至确认自己的两位心腹不会供出自己。

夏国余涉嫌贪污受贿的事实基本清楚了。2008年3月25日，姜堰市人民检察院对夏国余涉嫌贪污受贿立案侦查。当天上午，检察官悄悄地来到了姜堰工商局，他们在楼下附近守候，夏国余回到办公室还没坐稳的时候，把他悄悄带走了。

与此同时，另一组检察官奔赴泰兴夏国余的家里，依法进行搜查。搜查结果让他们很失望——没有搜到任何有价值的东西。特别是夏

看守所里，夏国余不相信下属会"出卖"他

国余的妻子，对前来搜查的检察官并没有表现出抵触的情绪，反而非常平静。检察官分析，什么都没有，恰恰说明夏国余心虚，并早已想好了对策。

为进一步感化夏国余，打消他的顾虑，检察官把如何尊重他的人格以及善待他家人的情况说了出来，包括当初带他走时，使用的都是民用车辆；在他家搜查时，也是分批到他家里，没有引起外人的注意。听到这些，夏国余的态度有了一些好转。

但如何让夏国余开口呢？

反贪局局长刘贵看似无意地向夏国余透露这样的消息：你自认为张冬喜是你的心腹，你没有想到张冬喜会留一手，你想想你每次到张冬喜那里是怎么拿钱的？当时有哪些人在场？你看到了哪些人？夏国余听后很惊讶。此时，在工商局调查的检察官把账本以及报销凭证都拿了过来，让夏国余辨认。

检察官对夏国余人格上的尊重以及触及心灵的谈话，使夏国余开口说话了。他一笔一笔回忆曾经拿到手的公款，交代了自己受贿 24.68 万元，贪污 21.1 万元的事实。

2008 年 4 月 1 日，夏国余被刑事拘留。

检察机关查明，在姜堰工商局，共有 24 名干部曾给夏国余送过钱。普通工作人员要当中层干部，得向夏国余送钱；要从农村工商分局调到市区的工商分局，得向夏国余送钱；如果想保住官职，每年过年过节还得向夏国余送钱。

夏国余就是这样，他不是任人唯贤，而是任人唯钱，谁给钱，谁就能当官，谁给的钱多，就把谁放到好的岗位上。在夏国余任局长期间，整个工商局人心涣散，风气日下。

夏国余一没有钱用，就找张冬喜要钱，除了报销餐费、油费等，夏国余还想尽一切办法"套钱"。工商系统有一个举报奖励制度，在市场管理中，如果有人提供了有价值的线索，就会得到奖励，为了套出一笔钱，夏国余指使张冬喜、闵国强虚构了几十名举报人，以举报者的名义领出了奖励款，而这些所谓的举报人根本不存在，五万元现金最终进了夏国余的口袋。

由于夏国余连续要钱，张冬强、闵国强只能辛苦地找票、报销、领钱，但钱都给了夏国余，张冬强、闵国强心里很不舒服，他们也想留一点。2006 年年底，在报销一笔六万元的单据时，两个人只给了夏国余四万元，夏国余满脸不高兴，张冬强、闵国强很害怕，最终，他们还是"吐"出了留下的两万元。

侦查中发现，夏国余从张冬喜那里拿了二十多部手机。据夏国余交代，这些手机一是自己和家庭用，另外一部分送给了情人。

夏国余在贪婪中腐蚀堕落，走上了一条不归路。

2008 年 11 月 7 日，姜堰市人民法院以贪污罪，判处夏国余有期徒刑十年六个月，并处没收财产 211000 元；以受贿罪判处其有期徒刑十年六个月，并处没收财产人民币 210800 元。决定执行有期徒刑十三年，并处没收财产人民币 421800 元。

看守所里，夏国余追悔莫及

张冬喜以贪污、受贿罪，被判处有期徒刑五年六个月，并处没收财产人民币 128600 元。

闵国强以贪污、受贿罪，被判处有期徒刑三年六个月，并处没收财产人民币 76400 元。

"铁腕校长"的罪与罚

不能让一个学生离开课堂，这是电影《一个都不能少》中，年轻农村教师魏敏芝的承诺和心愿。黄土、高山、倔强的老师，与电影中十分相像，当年，还是兰州三十一中校长的胡万贤，在山路间步行三十多里，敲开了当地一名贫困生家的柴门，他从衣兜里掏出自己和学校师生的捐款，将已经辍学的学生又领回了学校。

但现在的胡万贤今非昔比，经过多年的奋斗，他已是众人瞩目的省级重点名校——兰州西北中学的校长兼总支书记，他还是兰州市连续五届人大代表、全国教育科研杰出校长、甘肃省"园丁奖"的获得者。

2009年8月26日。兰州市中级人民法院的审判庭上，被告席上的胡万贤十分沮丧，他一定非常懊悔，如果他的校长生涯在几年前就结束，人们对他的评价也许会变成另一番模样。

整个庭审现场座无虚席，兰州市67所中小学校长旁听了整个庭审过程。庭审现场，兰州市人民检察院公诉二处副处长尹丽娟的声音一遍遍响起："如果你的学生问你，老师，你教育我们不能拿别人的一针一线，你为什么拿不属于自己的东西？学生又问，老师，你教育我们要诚实，做错了的事情要勇于承担，如果学生这样问你，你如何为自己辩护？"

公诉人依旧犀利。面对公诉人，胡万贤瞠目结舌，引起旁听席上一阵阵哄堂大笑。

"铁腕校长"学生害怕

胡万贤是兰州教育界赫赫有名的"铁腕校长"。1974年，胡万贤刚到兰州三十一中任教时，只有22岁。三十一中位于阿干镇西侧深山里，对面是大片庄稼地，在周边数公里，甚至找不到一家像样的小卖部。在兰州三十一中，胡万贤度过了整整26个年头，他从物理教师、班主任、教务主任、副校长一直干到校长，将默默无闻的三十一中打造成了兰州市的先进学校。

2000年9月，这位从农村走出来的校长入主兰州西北中学。兰州西北中学创建于1928年，其前身是"北平清真学校"，也是甘肃省省级重点中学。

刚刚上任时，人们这样评价他："说着一口土话，穿着一件质量不好的西装，洗过几次后里衬和表面会分开，衣服上起满了泡。"

当时，整个兰州西北中学管理散漫，教学质量难如人意。胡万贤从整顿校风入手，开始了大刀阔斧的改革。一位曾在西北中学就读的学生说："他近乎苛刻地整顿校风，不许老师早退，不让学生穿那种有骷髅、狼头等图案的衣服。他甚至每天站在校门口查服装，不合适的当场揪出来。我记得有一次查男生的T恤，一个男生穿着奇怪图案的T恤，被他抓住后现场脱了，光着上身站在校门口。穿着暴露的女生，抓住就给家长打电话，还在课间操时间揪到主席台上，给全校师生看。"

"感觉那时候，胡万贤特土，特封建，但是人挺好。他就像一位传统教育的守望者，并不是每一个人都有他那样的勇气和魄力，从这个角度讲，至今我仍非常尊重他。"另一名曾经在西北中学就读过的学生说。

"他来的时候，是反对老师补课的。"这名学生说，"他会在家属院溜达，看到夜里补课回家的学生，他很愤怒。"

胡万贤在西北中学最经典的还是一段"样板头"的佳话。当时，学生流行留长发，胡万贤看到后很生气，专门找了两名学生，男生理成板寸，女生理成短发，后给两人拍了照片挂在校门口：这就是"样板头"！要求所有学生照"样板头"梳理头发。当他发现仍有试图留长发的学生时，竟干脆在校门口请来一名理发师，短短两天，试图保住长发者均被现场断发。

胡万贤的铁腕由此可见一斑。

入主兰州西北中学后，胡万贤曾推行"教师聘任制""校内结构工资制""教职工聘任制"等改革，这为他赢得了"铁腕校长"的称呼。胡万贤调任兰州西北中学后不久，兰州市一位领导去该校调研，指着一树的红枣说，每天有两千多名师生从树旁走过，红枣却一颗不少，师生的素质高不高，这一树红枣是个见证。

有资料显示，在胡万贤担任兰州西北中学校长的前五年，学校管理井然有序，教学质量逐年上升，高考上线率由 2000 年的 36% 跃至 2004 年的 86%。

胡万贤的各类改革在西北中学掀起了一场风暴。

伴随着学校的变化，各种荣誉纷至沓来，但与此同时，对于他的争议也从未间断。有人举报他，物价、税务等部门也都查过他，但都没发现什么实质性的问题。

对于胡万贤的举报，到底是有人恶意重伤，还是另有隐情？

"铁腕校长"教师也害怕

朱宗义是承办此案的检察官，接到举报信的时候，他明白，如果稍有不慎，就可能会影响到这所老牌名校上百名教师和数千名学生的正常教学活动。

为了稳妥一些，朱宗义决定绕开中心人物胡万贤，先进行秘密初查。为了更充分地掌握一手资料，朱宗义隐瞒了自己的真实身份，与胡万贤来了一次近距离接触，以调取有关账目为名，他近距离地观察胡万贤。朱宗义发现，这个人的反侦查能力很强。

检察官一方面要调查真相；另一方面，为了保证学校正常的教学秩序，又不能直接从校长胡万贤入手调查，这让检察官从一开始就陷入了两难。那么，该如何入手？这是摆在面前的第一个难题。

朱宗义说："学校这个环境很特殊，如果影响到校园的正常教学秩序，我觉得也不是我们的目的。我们在调查的时候，找人谈话都是在晚上休息时间，这个案子自始至终没有影响到学校的教学活动。"这样，每到学生休息的时间，也成了检察官的办案时间，而找来了解情况的教师们总是欲言又止。种种迹象让朱宗义感到，其中一定另有原因。

根据举报信所说，从 2001 年起，在胡万贤的授意下，西北中学在招生过程中对未达到录取分数线的学生以及择校生等，分别收取九千元到两万元不等的"借读费"。除少部分按规定开具了收据，进入西北中学财务管理外，另有 158 名学生的"借读费"全部以校长批条的形式收取，这些"借读费"和向在校生收取的补课费等，一起放置于可以随便支配的"小金库"中。

检察官知道，如果举报信所说属实，那么涉嫌贪污的绝不会是胡万贤一个人。而走访时教师们模棱两可、含糊其辞的态度，使检察官觉得教师们一定有难言之隐。

检察官没有想到，自己的一举一动，竟然全在胡万贤的视线之内，这位"铁腕校长"也将"铁腕"作风发挥到了极致。有一次，学校的一名教师配合朱宗义的调查工作后，回到办公室还没坐稳，胡万贤的电话就到了，他追问这位教师跟检察官之间的谈话内容，并且告诉这位教师，他俩的通话结束之后，要把他们之间的通话号码消掉，不管谁问都不能说他们之间打过电话。

接电话的时候，这位教师的手一直在发抖。

知情人不肯多说，难道仅仅是因为"铁腕"作风？朱宗义凭着多年的经验判断，事情不会这么简单。

办过多次大案要案的朱宗义第一次觉得，自己的力量竟如此单薄，而背后的一双双眼睛，让他内心的使命感和肩上的责任沉重如山。

学校的调查取证"出师不利"，与此同时，另一路办案检察官也遇到了空前的难题。据了解，从 2001 年开始设小金库至今，胡万贤把"小金库"的账目全部烧掉了，没有留下任何痕迹，而没有凭证，没有账目，查处的难度非常大。

关键人物

2001 年到 2009 年八年多的时间，很多当时的借读生已经毕业，与学校失去了联系，寻找起来难度极大，检察官只能通过学校存底的花名册，让当时的班主任辨认哪些学生是借读生，再通过公安机关调取相关资料，联系到借读学生的家长，与家长核实当时在西北中学借读期间所交借读费的情况。调查发现，按最低标准算，这158名学生最低收取九千元，那么收取的费用也有一百四十多万元。

就在此时，一个关键人物进入了检察官的视野，她就是2002年至2004年间任西北中学出纳的学校教师李小英（化名）。借读费的收入和支出，少不了要经过李小英这一关。

检察官及时调整侦查方向，将重点放在了李小英的身上。

行事张扬、作风跋扈的李小英，原来只是西北中学的一名出纳，2007年，校长胡万贤推举，李小英升任负责行政事务的校长助理，虽是校长助理，但她在学校的权力甚至比副校长还要大。李小英有何能耐？她会是整个案件的突破口吗？

跟李小英的第一次接触，朱宗义有了第一印象，他说："她有善良的一面，作为一个母亲，作为一个女儿，跟她谈话中间，我们了解到她是一个很有孝心的人，她是教师，自己的孩子又面临着高考，所以心理压力很大。"

当得知李小英已被检察机关传唤调查，胡万贤也慌了手脚。

胡万贤主动找到检察官，说有些事情由他本人来澄清，希望检察机关让李小英回去继续工作，因为学校里好多事情离不开她。胡万贤自乱阵脚，让朱宗义一下子感到，李小英很可能是此案突破的关键人物，而这也更坚定了检察官拿下李小英口供的信心。经过激烈的思想斗争，李小英终于开口了。

2007年、2008年，西北中学曾两次委托兰州某旅行社组织教师旅游，先后将

地处偏僻的三十一中如今成了兰州市先进学校

兰州西北中学创办于1928年，是省级重点名校

58.82万元和48.9万元预付给旅行社，而2007年、2008年实际旅游支出为45.11万元和22.7万元。胡万贤不仅没有将结余的三十九万余元交到财务，而且还与李小英将此笔公款据为已有。

此案终于有了一个突破口。李小英说，胡做大账，他们做小账，他们一共分了四次。

拿到了李小英的口供，胡万贤贪污旅游费结余款的犯罪证据已相对充分，与胡万贤正面较量的时刻到了。朱宗义及时给院领导作了汇报，并得到了市委、市人大的支持。

民心鞭炮响起来

初战告捷，朱宗义不敢有丝毫的放松，因为他知道，真正的较量才刚刚开始。

干了几十年反贪工作的朱宗义没有想到，就在胡万贤被刑事拘留的当天，校园里发生了一件意想不到的事情。

早上九点多，他正跟有关人员谈话，校园操场上突然想起噼里啪啦的鞭炮声。兰州跟全国很多地方一样，只有春节的时候，才允许放鞭炮。从办公室的窗户看出去，很多教师都在操场上，原来，教师们得知胡万贤被拘留了，纷纷放起了鞭炮，这一阵响过一阵的鞭炮声，陆续放到了下午四点多。

朱宗义说："这说明了一个什么问题？民心。"

鞭炮声给办案检察官和朱宗义的心里带来了巨大的震动。

正所谓柳暗花明，就在鞭炮声此起彼伏的时候，一个神秘人物提供了一份珍贵资料，让办案检察官的思路豁然开朗。这个神秘人物是个有心人，他保留了胡万贤小金库的一部分原始凭证，这些凭证，胡万贤让他销毁，他为了说清楚自己，悄悄复印了原件，然后在胡万贤面前把原始凭证销毁了。

胡万贤贪污的事实渐渐浮出水面。胡万贤在担任兰州西北中学校长期间，与时任该校出纳李小英、会计严芸（化名）相互勾结，以销毁学校"小金库"账目为手段，2002年至2004年先后四次将西北中学在此期间违规收取的借读费120万元侵吞，其中胡万贤分得52万元，李小英和严芸各分得34万元。胡万贤和李小英将各自侵吞的公款长期借给他人收取利息，至案发前共得利息40万元。

抵赖嘴脸

昔日的"铁腕校长"面对如此铁证，依然故作镇静。虽然表面上胡万贤若无其事，但种种细节还是让朱宗义发现了他的变化，有一次审讯，胡万贤跟检察官僵持了几个小时，朱宗义发现，胡万贤既想谈，又顾虑重重，思想反复很大。

看到这种细微变化，朱宗义避开案件，聊起了胡万贤感兴趣的话题。

果然，几次接触下来，胡万贤对朱宗义的态度发生了改变。

也许是对朱宗义有了了解，胡万贤开口了，但他却用尽各种招数，将所有问题全部推给了昔日的部下——李小英。

李小英不会想到自己如此信赖的校长，如今会将自己推上风口浪尖。而就在此前，她与胡万贤还将旅游款中的结余款，在西北中学附近，以胡万贤儿子的名义买了一套房子；而为了躲避之前的调查，两人还曾几次将借读费秘密转移。

案发前，胡万贤已将"小金库"的账目全部销毁，他认为在没有证据的情况下，检察机关对他也无可奈何。朱宗义并没有点破胡万贤心里的小算盘，而是马上调整思路，再次审讯了李小英。当听到胡万贤将"小金库"的责任全部推到了自己身上时，李小英嚎啕大哭。想到已经 80 岁的老父亲和老母亲，想到了自己的女儿，她痛苦而伤心地写了一封信给胡万贤。

然而，即便是李小英含泪写下的信，也丝毫没能打动胡万贤。

经检察机关查实，胡万贤八年时间，参与贪污公款五起，共计贪污财物 165.1317 万元，实际分得 96.1317 万元；被告人李小英参与贪污四起，共计数额 151.4210 万元，实际分得 36 万元。至此，一个铁腕校长的真实面目暴露了出来。

2009 年 8 月 26 日，兰州市中级人民法院开庭审理了此案。西北中学原校长胡万贤犯贪污罪，判处有期徒刑十四年，犯受贿罪判处有期徒刑二年，决定执行有期徒刑十五年，并处没收个人财产 40 万元。宣判后，胡万贤不服判决，提起上诉。最终，甘肃省高级人民法院驳回上诉，维持原判。

李小英、严芸等也受到了应有的惩罚。

大权在握
市长办公会上独断专行
丈夫钟爱名表
妻子喜欢美玉
贪婪夫妻上演敛财丑剧

草原巨贪念歪经

赤峰市位于内蒙古自治区东南部，在所辖的十二个旗县区中，有九个是国家级和自治区级贫困旗县。身为赤峰市长，徐国元六年时间里狂敛钱财三千余万元。2009 年 8 月 21 日，包头市中级人民法院公开审理了徐国元受贿及巨额财产来源不明案。

法庭上，公诉人的慷慨陈词言犹在耳："多年来，我们党和政府一直在严肃党纪国法，惩腐肃贪，但徐国元利令智昏，身为高级领导干部，却对国家和人民的要求充耳不闻，对党纪国法的严肃性视而不见，我行我素，把党和人民赋予的权力变成为自己谋取非法利益的手段，严重损害了国家和人民的利益，在社会上造成了极坏的影响。案发后，纪检部门共扣押属于徐国元个人名下的财产价值三千余万元。这是一个什么概念？以徐国元现在的工资收入计算，不吃不喝，一分钱不花，挣到这笔钱需要 550 年。当一个党的高级领导干部通过非法手段变得如此'富有'的时候，他的党性原则、理想信念如何，我们就一目了然了。我们也就能够理解人民群众为什么会如此痛恨腐败，也就能够理解党和政府反腐败的决心为何如此坚定。"

徐国元案发，源于收受赤峰市某房地产开发商的巨额财物，经人举报败露后，引起纪检监察机关的注意，此案很快被移交到了检察机关。

天价别墅

2006 年的一个工作日，时任赤峰市市长徐国元的办公室来了一位客人，来人是房产开发商袁忠林（化名）。袁忠林来自大连，他在赤峰搞房地产开发，当初经人引见认识了徐国元，一来二往，徐国元跟他已经是老熟人了。

办公室里，两人闲聊中，徐国元有意无意地说起来，自己的儿子处了一个女朋友，是大连的。袁忠林听了这话，心领神会："我在大连给你买一套房子吧，将来你儿子去大连结婚，可以住这一套房，钱也不用你出，手续我来给你办。"

徐国元没推辞。很快，袁忠林出钱，为徐国元在大连办好了一套价值三百八十多万元的别墅产权，为了避嫌，袁忠林将别墅产权人写成了徐国元在澳大利亚读书的儿子。袁忠林是商人，徐国元是一市之长，两人非亲非故，却以数百万元的别墅相送，两人之间隐藏着怎样的秘密呢？

这事还要从头说起。

2005 年，大连某企业集团的袁忠林为了拓展业务，在内蒙古自治区赤峰市注册成立了一家房地产开发公司，经人引见，他和时任赤峰市市长的徐国元搭上了关系。袁忠林清楚，要想在赤峰赚得盆满钵满，徐国元就是他的"摇钱树"。

经过考察，袁忠林看中了一块黄金宝地，这就是后来赤峰市有名的"水榭花都"住宅小区。在整个赤峰，不管是从小区规模还是档次，"水榭花都"都算得上一流，但是开发初期，凭着商人特有的嗅觉，袁忠林从这个地块上发现了更大的商机。当时这片地的南边，靠着一条河，河边的地方，在赤峰市城市总体规划中是体育设施用地。谁都知道，一个小区要是能够和水沾上边，一定身价倍增。袁忠林明白，为了让未来的"水榭花都"小区名副其实，没有徐国元的帮助，是不能解决问题的。

于是他向徐国元提出来，能不能把规划中的体育设施地块，交给他们公司一起来开发。

徐国元并没有急于答复，他知道，虽然自己是一市之长，但变更土地规划，是要经过严格的论证以及履行相关审批程序后才能进行。不过，对于袁忠林的打算，徐国元心知肚明。他召开市长办公会，决定把这块地交给袁忠林的公司开发，与此同时，徐国元还指示赤峰市建委协调自治区建设厅争取减免"水榭花都"小区的契税。

袁忠林在"水榭花都"项目上赚了两个亿,他发财了,当然不会忘记徐国元给予的关照,他要重金酬谢这棵给他带来滚滚财源的"摇钱树"。于是,当徐国元暗示自己的儿子交了一个大连籍的女朋友时,他自然投桃报李,出钱买下了大连一套价值三百八十多万元的豪华别墅,并把产权人写成了徐国元的儿子。

徐国元把商品交换原则引入了政府的行政管理,谁送了钱他记不住,谁没送钱他却记得很清楚,收钱办事,办事收钱,这是徐国元念的"生意经"。检察官从纪委前期调查的结果了解到,袁忠林先后送给徐国元财物总计高达四百多万元人民币,还有数十万美金,位列徐国元受贿"排行榜"第一位。

然而,对于这套天价别墅是否属于受贿,徐国元百般狡辩。他承认自己在大连有一套别墅,但这套别墅是他出钱买的。

为了收集证据,戳穿徐国元的谎言,检察官前往大连进行了周密的调查。

随着调查的深入,检察官了解到,这套别墅的房款是袁忠林安排公司财务人员交纳的,在得知纪检部门暗地调查自己受贿别墅的事情后,徐国元和妻子李敏杰与袁忠林统一了口径,说这套别墅是袁忠林公司其他人送给李敏杰的,然后李敏杰还专门在两张纸上,把编造的虚假事实写下来,要求公司相关人员背下来,以防调查。

由于大连别墅产权人是徐国元儿子的事实无法更改,狡猾的狐狸还是露出了尾巴,调查很快有了结果。在强有力的证据面前,徐国元的谎言不攻自破。

谎言终究是谎言。进一步调查后,检察官又有了新的发现,这事还是跟别墅有关。原来,袁忠林自知别墅这件事没有办好,给徐国元带来了不小的麻烦,于是,2006年11月底,袁忠林在北京宴请徐国元夫妇,觥筹交错间,为了表示送别墅一事给徐国元带来麻烦的歉意,席间他又送给徐国元30万美元,徐国元笑纳了;2007年春节,袁忠林再次为了感谢徐国元的帮助以及今后能继续得到关照,在徐国元家中又送出了20万元人民币。

30万美元,以当年的汇率计算,相当于人民币200万元,加上别墅等财物,检察机关查明,徐国元仅收受袁忠林的贿赂折合人民币超过了600万元。

借款名义下的索贿

2004 年年底，徐国元夫妇从赤峰来到北京。此次北京之行，除了办事外，他们还有一件更重要的"私事"，就是将另外一名商人送给他的 100 万元人民币，转存到他儿子在国外的账户上。

在北京某商场闲逛购物时，李敏杰看中了一款价值 18 万元的手镯，但他们随身携带的只有七八万元现金。流连忘返、踌躇未决之际，在徐国元授意下，李敏杰主动给远在赤峰的刘玉庆（化名）打了一个电话。电话中，李敏杰说急需 10 万块钱，希望刘玉庆把钱打到她的卡上，并声明这笔钱是借的。刘玉庆是赤峰某房地产开发公司董事长，当时，他在很多工程上正依靠徐国元帮忙。徐国元知道，只要自己开口，他必定言听计从，一切照办，于是授意妻子给刘玉庆打了这个电话。

果然，刘玉庆的 10 万元钱接着就打到了李敏杰的银行卡上。

那天，李敏杰的心头又高兴又沮丧。因为天色已晚，商场关门，当天他们并没有买到这只让她爱不释手的手镯。第二天，他们再次来到商场，不巧的是，这只名贵的手镯已经卖出去了，失望不已的李敏杰回到了赤峰。一晃三年过去了，跟刘玉庆"借"的 10 万块钱被他们"无意"忘掉了。

徐国元夫妇被拘留后，他们极力狡辩说，这 10 万块钱是借款而不是受贿。

为了取得确凿的证据，检察官进行了缜密的调查。调查中，检察官发现，徐国元和李敏杰提出向刘玉庆借款 10 万元的时候，他俩随身携带的现金以及一张银行卡上，总共有一百余万元。

那么，徐国元夫妇身上明明带着一百余万元巨款，为什么就不用呢？

徐氏夫妇辩解说，那 100 万是个整数，他们不想动用，这个理由荒唐得让人发笑。事实上，李敏杰的哥哥和一个干姐妹均在北京居住，经济条件也很好，他们完全可以向北京的亲友张口，但是徐氏夫妇还是选择了远在赤峰的刘玉庆。

眼看这个理由难以成立，徐国元夫妇又想到另一个理由为自己辩解，他们说，开发商刘玉庆是他们"私交甚密的好朋友"。

通过多方调查取证，检察官再次戳穿了他们的谎言。刘玉庆是如何认识徐国元的呢？

原来，徐国元的司机是刘玉庆的堂哥，2002 年 10 月，刘玉庆和堂哥前往北京找正在学习的徐国元，请徐国元为刘玉庆的妹妹安排工作，被徐国元拒绝。后来，他们又找到李敏杰，请李敏杰向徐国元说情。2003年春节前，堂哥和刘玉庆到徐国元家，送给徐人民币五万元，后来，经过徐打招呼，2003年10月，刘玉庆的妹妹被安排到巴林右旗某单位工作。

一回生两回熟，刘玉庆和徐国元夫妇慢慢称兄道弟起来，无话不谈，徐国元将刘引为知己。当然，身为房地产商人，刘玉庆总会有求于他，而徐国元也乐得帮忙。

2006年10月，为感谢徐国元在其承建赤峰红山水库除险加固工程和红山水库管理局在松山区选地建家属楼等事情上的关照，刘玉庆送给徐国元人民币100万元。2007年9月份，他又以资助徐国元竞争赤峰市市委书记为名，到徐国元家送给李敏杰人民币100万元。

如果徐国元不在市长的"宝座"上，不给刘玉庆帮忙，他会送徐国元百万巨款？

贪婪夫妻

1956年8月，徐国元出生于辽宁海城一个普通工人家庭，1974年参加工作，1976年入党，历任呼伦贝尔盟统计局局长、根河市市长、呼伦贝尔盟委组织部部长、赤峰市委副书记、赤峰市市长等职务，从下乡知青成长为厅级领导干部，徐国元有过勤奋学习、努力工作、有所作为的昨天。在人们的心目中，徐国元曾经是一位能干的市长，在他的任期里，赤峰的市容市貌发生了巨大的变化。

然而，随着职务的升高，徐国元经历了一个从精神空虚到政治颓废、从意志消沉到信念垮塌、从私欲膨胀到背弃党的事业的嬗变过程。

徐国元的妻子李敏杰是个十足的"贪内助"。丈夫往家里大笔拿钱，她不仅不劝阻，甚至比丈夫还贪婪，徐国元仕途上发迹，李敏杰私下里发财。

袁忠林送出大连别墅时，徐国元曾经也有拒绝之意，但李敏杰不同意，坚持要。收人钱财，替人出力，这是李敏杰的"生意经"。徐案的行贿者，很多都是通过李敏杰实现的，凡有人到徐家送钱送物，不管丈夫在不在家，她都照收不误。

短短两个月，参与办案的检察官奔赴全国各地，一项一项地取证，一笔一笔地核对，克服了徐国元夫妇对收取的巨额不义之财或转移存放，或投资入股，或编造虚假理由与他人串通等诸多取证上的困难，最终查清了徐国元收受多名行贿人巨额财物的犯罪事实。

徐国元喜欢名表，李敏杰喜欢玉石，这在赤峰他们的朋友圈子里尽人皆知。

检察机关依法扣押徐国元夫妇财产的一份清单里，现金、银行存款、别墅、黄金制品、玉石、手表等财产，价值共计人民币2667万余元，还有美元109万，英镑、欧元、日元、泰币、港币、澳元、加元等外币若干，涉及的币种之多，让人眼花缭乱。在这些被扣押的物品中，各式各样的世界名表就有十几块。

包头市人民检察院的贺永刚说："在这些表中，有许多表的牌子我们闻所未闻，都是贵重的世界级名表，其中有一块是一个开发商送给他的宝珀手表，市值高达十七万多，赤峰的人均年收入2007年时是一万八千多元，十七万元相当于一个普通职工近十年的收入。"

在确凿的证据面前，徐国元夫妇无言以对。

与此同时，来自包头市人民检察院公诉处的检察官提前介入徐国元一案，对案件证据进行提前审查，提出完善证据、引导侦查的具体建议，为该案的顺利起诉打下了坚实的基础。

经检察机关查明，徐国元在担任赤峰市委副书记、市长期间，利用职务便利，为他人谋取利益，单独或伙同其妻李敏杰收受他人财物1258万元，扣除徐国元及其家庭成员能够说明合法来源且查证属实的人民币618万元外，家庭尚有1410万元的财产明显超过合法收入，本人不能说明合法来源。

值得一提的是，就在自治区纪检监察机关对徐国元进行调查时，徐国元依旧我行我素，收钱办事，办事收钱，丝毫没有收敛。仅2007年，他就"进账"一千多万元。被抓的前一天，徐国元夫妇还在商量如何收取他人的一幅名画，其胆大妄为和贪得无厌达到了极致。

徒劳的辩解

徐国元收受礼金的次数和数额逐年攀升，收送礼金的名目和方式也日渐多样化：有的利用项目审批、剪彩、典礼的机会送；有的以谋求对本地区、本单位工作支持送；有的利用礼尚往来送；有的以顾问费、辛苦费、赞助费等名义送……只要有人送，他什么都敢收。

更令人吃惊的是，徐国元"刀架脖子"都不收敛。2006年，徐国元收受大连别墅的事情败露后，有关部门根据举报已经对他进行调查，然而，在相关领导找他谈话时，他一边信誓旦旦地向组织表白清廉，一边毫不收敛地顶风作案。

收受巨额贿赂，徐国元也害怕，并幻想祈求佛祖的保佑。他的家中，有佛堂供奉佛像，夫妻俩每天烧香拜佛。实际上，徐国元并非真心向佛，也不想诵经忏悔，而是心存侥幸。每收到一笔钱，他都要先在"佛龛"下面放一段时间。由于心里有鬼，在他隐匿赃物的箱包中，四角也各摆放一捆钞票，中间放置"金佛"或"菩萨"，乞求平安。他甚至还荒唐地想"放生"一条蛇，期待着能长命百岁。

在隐匿和转移赃物中，他甚至把赃款赃物转移至寺庙。2006年，有关部门对徐国元开始初查，他一边挖空心思编造虚假事实、伪造书证，一边向外转移藏匿现金和贵重物品。他把二百余万元现金和珠宝装在一个密码箱里，运至云南省某座寺院，放在寺院住持的住处，而密码箱的钥匙，竟被他藏匿在了佛像的耳朵里。然而，藏匿和侥幸并没能使他"平安"，徐国元夫妇收受巨额贿赂的事实最终浮出了水面。

2009年7月27日，徐国元案在包头市中级人民法院公开审理。

包头市人民检察院指控：2001年至2007年期间，被告人徐国元利用职务便利，单独或伙同李敏杰为他人谋取利益，数额巨大，行为恶劣，另有巨额财产无法说明来源。另外，案发前，

徐国元：一念可以去天堂，一念可以去地狱

千方百计转移赃款。

法庭上，徐国元极力想把夫妻二人的共同犯罪说成是自己单独的犯罪行为。徐国元的目的，是希望自己能够扛起所有的罪责，但这仅仅是徐国元个人的一厢情愿。

公诉机关认为，被告人徐国元身为国家工作人员，利用担任赤峰市市委副书记、市长的职务之便，单独或伙同李敏杰共同接受他人请托，为他人谋取利益，非法收受他人财物，数额特别巨大，情节特别严重，应以受贿罪追究其刑事责任；被告人徐国元有巨额财产明显超过合法收入，本人不能说明来源合法，应以巨额财产来源不明罪追究其刑事责任。被告人李敏杰伙同徐国元接受他人请托，为他人谋取利益，非法收受他人钱款 17 万元，应以受贿罪追究其刑事责任。

2009 年 8 月 21 日，内蒙古自治区包头市中级法院一审判处徐国元死刑，缓期二年执行，剥夺政治权利终身，并处没收个人全部财产；一审判处李敏杰有期徒刑三年，缓刑五年，并处没收个人财产人民币 10 万元、罚金人民币 10 万元。

一审宣判后，徐国元夫妇均未上诉。

旧城改造，新区建设
他是两个指挥部的副总指挥
单笔受贿60万元
大年初一也在办公室受贿
失去监管让他无所顾忌

大年初一的黑色交易

大年初一收"红包"

2001年大年初一，杭州市上城区近江小区建设工程指挥部里，副总指挥张启超正在值班。大年初一到办公室值班，是他多年的习惯。这一次，他的办公室里来了一位不速之客，来人是上城区近江村的孙波（化名），寒暄过后，孙波从兜里掏出一个信封，没等张启超说什么，孙波就扔下信封，转身走了。张启超打开信封，里面是一万美元的现金。

春节过后，指挥部的工作千头万绪，从征地拆迁到设计规划，从招投标到土建管理，从资金筹措到费用支付，张启超的工作一如既往地忙碌起来。慢慢地，把一万美元还给孙波的事情，他有些淡忘了，只是在他的记忆里，时常还能记起与孙波交往的影子。

孙波所在的近江村是个城中村，随着杭州市上城区旧城改造规模的扩大，近江村的土地也被划入征迁的范围，到近江村征地的时候，村里的领导提出，指挥部里有些业务是不是可以安排给他们村的施工队来做。负责上城区旧城改造工作的张启超答应了，于是，孙波找到张启超。张启超并没食言，安排了一些拆房类的业务给他们。

那是张启超第一次见到孙波，很快，这个人就走进了他的生活。

当年夏天，在施工现场，看到孙波在炎炎烈日下亲自指挥拆房，张启超对他的印象好了起来。张启超负责的近江小区建设工程指挥部，有大量拆迁下来的建筑垃圾，这些垃圾都是由孙波负责清运的，仅此一项，孙波每年都有上百万元的收益。

在担任副总指挥之前，张启超是杭州市上城区房管局局长。1999 年，杭州市城市建设进入快速发展期，由于敢想敢干，能力突出，上城区政府决定将近江小区建设的任务交给他。在上级领导的眼里，张启超工作有魄力、有思路、有想法，也能沉得下心去下面做工作。被委以重任的张启超很快投入了新的角色，上级领导的信任、旧城改造和新城建设的急迫，使原本忙碌的张启超更加繁忙。

上城区近江小区建设工程指挥部承担着一级政府的职能，从征地拆迁到规划设计，从招标投标到土建管理，从项目费用支付到具体材料的采购，事无巨细都由指挥部管理。

孙波明白，能搞定张启超，指挥部下面的方方面面就都能搞定，于是，每年春节，大年初一，他一准儿会出现在张启超的办公室。而张启超，对孙波大年初一来办公室"拜年"已经见怪不怪，成了习惯。

串"标"

上城区是杭州市的中心城区，濒临钱塘江，是杭州珍异所聚、商贾云集的繁华之地，更是杭州经济社会活动的中心。为了加快老城区改造建设的步伐，1999 年 2 月，杭州市上城区成立了近江小区建设工程指挥部，2005 年 2 月成立了杭州市望江地区改造建设工程指挥部，张启超被任命为两个指挥部的副总指挥。

虽然只是工程指挥部，但这个机构的权力非常大。在指挥部里，总指挥由副区长挂名兼任，一般不管具体工作，下面也没有具体的班子成员。作为指挥部的副总指挥，张启超执掌着指挥部的大小事务，更无人监管。

失去了监管的张启超如鱼得

急需改造的旧城区

水，随着手中权力的增大，张启超成了许多建筑商、包工头公关的对象。此时，他迷恋多年的唯一爱好——打牌，成了最好的突破口。

为了拉拢他，陪他打牌的建筑商和包工头越来越多，而且赌的筹码越来越大。建筑商和包工头们摸准了这位"衣食父母"的秉性，于是，张启超有些飘飘然，他的生活也变得丰富多彩，约他打牌喝酒的人多了起来。

没过多久，建筑商和包工头跟张启超称兄道弟，亲密无间。大家清楚，张副总指挥所负责的近江小区建设和望江地区改造，是杭州市规模巨大的民生工程，很多人都希望从那里分到一杯羹，而张启超正是那个有分配权的人。

2007年春节，杭州市某建设集团副总经理侯琦（化名）来到张启超的家中。五年前，张启超的女儿要到英国留学，侯琦帮助办理了繁杂的留学手续，并且调换了两万英镑送给了张启超。这一次来张启超家里，是因为他知道，春节后，张启超所在的指挥部有一个土建项目要进行招投标，标底达到八千多万元。听到这个消息，侯琦希望承接这个项目，而10万块钱是他的敲门砖。

因为帮过女儿，张启超总觉得欠侯琦一些什么，所以侯琦登门的时候，就想帮他，也把欠的人情还了。但是，建筑工程的招投标是有严格程序的，如何操作才能让他们公司入围，并顺利拿到工程呢？。

按照杭州市招投标的规定，指挥部有权力从所有报名竞标的企业中圈定十四家企业入围，然后选择七家企业进入第二轮竞标。张启超对此轻车熟路，他让侯琦提供七家单位的名称给指挥部，实际上，这七家公司的幕后老板都是侯琦，只是以不同的公司名称来进行投标，实际上，七家单位无论哪家中标都是侯琦的公司中标。

一番精心的策划安排后，侯琦的建筑公司如愿中标，顺利拿下了近江地区望江片某住宅小区二期工程某地块的土建工程。投桃报李，2007年端午节，侯琦又将20万元送到了张启超的家中。

张启超曾经是两个指挥部的副总指挥

这只是张启超受贿的一幕。

他的周围，时常聚集着十几个关系密切的人。白天张启超奔波于指挥部和工地之间，夜晚周旋于酒楼棋牌之中，像一架高速运转的机器，而这一切，到 2009 年 7 月 30 日戛然而止。

60 万元的"慷慨"

2009 年春节后不久，张启超打牌豪赌的事情被人举报了，检察机关开始了秘密的初查，在掌握了部分受贿事实的基础上，张启超涉嫌受贿浮出水面。2009 年 7 月 30 日，杭州市人民检察院对张启超涉嫌受贿立案侦查。在被刑事拘留的那一刻，张启超双手捂住面颊，泪流满面，突然之间，他感觉自己没脸做人了。

面对检察官的讯问，张启超似乎一下子从权力的高台上跌落了下来。第一次提审张启超，检察官陈杰对他留下了深刻的印象："他是一个能干的人，讯问中，我们每提出一个问题，他马上就能领会意思，也不绕弯，能够直接回答得很到位，他是非常灵光、聪明、精明的一个人。"

看守所里，张启超的精神状态不再像以前那么昂扬了，而多年的工作经历和长期养成的严谨思维，使他对过去的事情记忆犹新。提审过程中，张启超超强的记忆力让检察官陈杰很吃惊："他能够把那些地块都非常清晰地表述出来，甚至于能够表述到几标段，多少方的工程，合同总价多少万，能够精确到十万百万。"

面对检察机关掌握的大量证据，张启超自知抵赖不过，交代了自己受贿的事实。

为了尽快固定张启超受贿的证据，检察官开始了复杂的取证。向张启超行贿的有十几个人，听到张启超被检察机关刑事拘留的消息，都不敢露面了，经过大量卓有成效的工作，检察官找到了行贿人曾玉春（化名）。

曾玉春承建的工程，土建项目量非常大，然而，对于是否向张启超行贿，曾玉春一开始就遮遮掩掩，他说，他们的工程，是按照杭州市招投标的正常程序取得的。张启超已经交代了受贿的事实，行贿人有什么顾虑呢？

原来，曾玉春担心把自己牵扯进去，自己在这一行做不下去，怕断了生计。

经过宣讲政策和耐心的开导，曾玉春放下了思想上的包袱，表示愿意配合检察机关的调查。重要证人的开口，使张启超受贿的事实日渐清晰起来。张启超收受的贿赂除人民币外，还有美金、港币、英镑、黄金、字画等，包括从规划、土建到提供建筑材料的供应商，所有工程全部都是拿钱换来的。

2003 年年底，曾玉春承接的土建项目出现了土方塌陷，并引起周边居民的恐慌，居民们担心自己的房子出现倾斜，于是自发采取了措施，把进出小区的路全部堵死，不让他继续施工。面对混乱局面，张启超代表区政府，出面帮曾玉春"摆平"了此事。

指挥部的副总指挥当起了"救火队长"，这让曾玉春感激不尽。春节期间，他趁着夜色来到张启超家中，张启超的女儿高中毕业后，准备去英国留学，起程在即，曾玉春当然要表示一番心意，在一个盛着土特产的纸袋中，他藏着六万美元现金。面对六万美元巨款，张启超有些害怕，并试图把六万美元还给曾玉春。曾玉春对张启超说，反正你女儿要去读书，给她做一个学费，你什么时候有钱再还我好了。

一番推推搡搡之后，张启超把钱收下了。

2005 年春节，当曾玉春送来 60 万元现金，并要求在土建工程招投标过程中获得帮助时，这一切似乎都顺理成章了。

曾玉春的"慷慨"让张启超很感慨，自己身为公职人员，薪水和付出不成正比，他的内心掀起不平衡的涟漪。于是，张启超在每个环节都充分使用了他的权力，为自己谋取利益。

转眼间，在英国留学的女儿回国了。有一天，女儿跟张启超提出一个愿望，希望能养一只英国的古典牧羊犬。这种名犬在杭州极为罕见，于是，在与几个包工头打牌喝酒的过程中，张启超看似无意地说起了这件事。

包工头孙永树（化名）一拍胸脯："这事包在我身上。"几个月后，听说杭州下城区有一只古典牧羊犬要生产，孙永树就付了一万元订金，随后张启超陪着女儿前去抱狗的时候，老板让张启超又付了一万元。这事被孙永树知道后，他直接找到了张启超，显得很生气地放下一万块钱，转身走了。

贪婪背后的忏悔

洞开的贪欲之门无异于地狱之门。2009 年 8 月 12 日，张启超被批准逮捕，让办案检察官困惑不解的是，如此聪明能干的张启超明明知道自己是在钢丝上跳舞，为何还甘冒风险，明目张胆大肆受贿呢?

1954 年，张启超出生于杭州一个普通的家庭，父亲微薄的工资养活着全家七口人。1970 年，张启超初中毕业后，被分配到上城区房管局做了一名泥瓦工人，虽然辛苦，但那时的张启超感觉自己是世界上最幸福的人，而这种幸福感也直接传导在他的工作上。

做了八年泥瓦工人之后，由于认真负责，张启超做起了现场的施工管理，80 年代初期，张启超担任上城区房管局副局长，1988 年，他被任命为上城区房管局局长。当了局长的张启超并没有忘记自己的出身和肩上的责任，那时的他清正廉洁，刚直不阿，施工单位来，他很少接待人家。

张启超担任两个工程指挥部副总指挥的十年，是杭州城市建设飞速发展的十年，十年里，指挥部里的事务越来越多，张启超手中的权力也越来越大。张启超自己都没想到，职务的悄然变化，会改变自己的人生轨迹——那根原本绷紧的弦松了。

建筑商们一掷千金、大把花钱的豪气，让张启超的心态失衡了，我有权，你有钱，权力和金钱在共同的利益面前找到了结合点。于是在建筑商、包工头的包围中，张启超掌握的权力似乎在他的心中被无限放大了。

最初，张启超很享受这种被包围的感觉，但是慢慢地，他变得麻木甚至厌烦。因为工作忙碌，他也需要有属于自己的时间和空间，张启超说："到了星期天，他们有时候老是上家里来，跟你在一起吃顿饭，喝顿酒，打打牌，有时候也觉得很烦的。"而这一切，在金钱面前变得软弱无力。打牌喝酒才是权钱博弈的平台，牌桌上，酒杯里，赤裸裸的权钱交易变得轻而易举。

张启超负责的很多项目都是回迁房、经济适用房等民生工程，是政府的公共财政项目。随着年龄的增长，张启超渐渐失去了理智，形成了工作上卖力、经济上贪婪的双重人格。

如果不出事，再过几年，张启超就该退休颐养天年了。让人惋惜的是，在难以抵挡的诱惑面前，他放弃了曾经坚守的原则，付出的却是失去自由的代价。

张启超在忏悔："我一年的收入也有三四十万，他们送来的钱，实际上我都没用过，现在自己收钱收到监狱里来了。"

对于张启超的命运，检察官单其良也发出了一丝感叹："本来他能够做出一番业绩来，但他把组织上的信任、人民赋予的权力变成了个人牟利的工具，最后堕落成了一个受贿金额达数百万元的腐败分子，这是一件可惜可叹的事情。"

张启超说，自己的命运有时候就像做了一场梦，他十分感谢检察官找到了他，因为再这样下去，他估计自己连命都要搭进去了。在看守所，张启超听说自己做了外公的消息，那天晚上，他失眠了，整整一个晚上没睡好，然而他最牵挂的，还是年已90岁的母亲。

……

2009年10月23日，杭州市人民检察院以受贿罪对张启超提起公诉，杭州市中级人民法院公开开庭审理了此案。法院审理后认为，张启超作为国家工作人员，利用职务之便，为有关单位、个人谋取利益，先后收受贿赂326.8万元，已构成受贿罪。案发后，张启超认罪态度较好，并能清退全部赃款，据此作出一审判决：张启超犯受贿罪，判处无期徒刑，剥夺政治权利终身，并处没收个人全部财产；随案移送的赃款人民币317.5万元、金条三块、字画一幅，予以没收，上缴国库。

张启超没有提出上诉。

张启超：十分感谢检察官找到了我，再这样下去，估计我连命都要搭进去了

张启超：他们送来的钱，实际上我都没用过，现在收钱收到监狱里来了

假证明的背后玄机

2006 年下半年，浙江省审计厅对浙江理工大学审计时发现，学校设计研究所账目混乱，研究所成立七年多，总营业额两千多万元，但是未向学校缴纳一分钱的利润。审计人员还发现，该所所长沈丁挪用公款 65 万元，用于其个人以及母亲、妻子名义购买杭州武林巷易盛大厦写字楼一层。

设计研究所财务状况的曝光，在校园内引起轩然大波，人们纷纷猜测背后的玄机。

蹊跷的证明

2008 年 1 月 7 日，沈丁因涉嫌挪用公款，被杭州市江干区人民检察院反贪局立案侦查。检察机关立刻传唤了沈丁，让他对设计研究所的问题进行详细交代。

令人意想不到的是，面对检察官的讯问，梳着长发、颇有艺术家气质的沈丁"镇定自若"，甚至拿出一副被冤枉的架势为自己辩护，他说这个设计研究所是他个人承包的，如果检察机关不信，可以问一下学校领导。检察机关知道，如果承包属实，那么沈丁就不存在挪用公款的职务犯罪问题。

于是，一份关于该研究所经营性质的询证函被递到了夏金荣、白同平的案头。夏金荣是分管学校经营和基建的副校长；白同平是浙江理工大学原党委书记，2006年已经退居二线，担任学校发展委员会主任，继续发挥余热。由于设计研究所的问题是白、夏二人在任时发生的，与学校新任领导班子无关，因此，询证函同时递给了白同平、夏金荣二人。不久，两人都写了证明，称该研究所虽然属于校产企业，但自负盈亏，属于"一脚踢"承包。

入夜，初春的杭州还有几丝凉意，在江干区人民检察院检察长余国利的办公室内，却是一派热火朝天的讨论场景，检察官讨论的焦点是该设计研究所的性质。

"我们隐约觉得有些蹊跷，感觉背后存在重大职务犯罪。"他们说。

为了查清真相，检察官兵分两路，一路迅速对浙江理工大学 2000 年以来的党委会及校长办公会会议记录进行调阅；另一路奔赴工商部门，对设计研究院的资质和股权变更情况进行调查。调查很快有了结果。工商部门的公司材料显示，这个设计研究所是浙江理工大学投入 20 万注册成立的；另外，在浙江理工大学的校长办公会议记录里，确定沈丁为法定代表人，其所长职务是学校红头文件任命的。

所有证据证明，设计研究所并非个人承包，沈丁在说谎！

既然沈丁在说谎，那夏金荣、白同平两人为何还要同时给他出具假证明？此中必有奥秘。

调查中，检察官注意到这样一个背景，2001 年至 2005 年，浙江理工大学位于下沙经济开发区的新校区建设在此段时间内完成，在这个斥资 14 亿元人民币的迁建工程中，沈丁以其仅有三级资质的设计研究所的名义，在本校承接了很多项目和工程。另外，根据校内教职工反映，沈丁只是一个科级干部，却跟出具证明的校领导关系非同一般，甚至私交很深。

证据面前，沈丁很快交代了他跟几位领导的关系。原来早在 2007 年年初，省审计厅对设计研究所的账目进行审计时，他已经感觉要出问题了，但是沈丁认为，"亡羊补牢，犹未晚矣"这句话的意思就是一切还有希望。他四处活动，不仅请教了法律专家，还找到审计专家咨询。专家告诉他，要想化解这次危机，改变设计研究所的性质是他化险为夷的唯一选择。

经"高人"指点，沈丁开始了自己的危机公关之路，他首先向学校提出承包申请，但是被新任校领导拒绝了，这条路走不通。沈丁根据指点，又找到了与自己私交深厚的夏、白两位老领导，希望他们在危急时刻拉自己一把——如果有人调查研究所的性质，就证明是自己承包的。

但是，夏金荣、白同平为何会在非常时期为沈丁出具这样的证明？他们之间又是怎样的关系？这层层谜团，沈丁却闭口不谈，他以为他的缄默可以使事情画上句号，然而案件完全没有按他的想象停下来。冰山一角刚刚露面，检察官却敏感地嗅到了整座冰山即将崩塌的讯息。

夏金荣浮出水面

2008年1月的一天中午，为沈丁出具过证明的浙江理工大学副校长夏金荣，在自己的办公室内不停地来回踱步。沈丁被立案侦查后，他的心里一直忐忑不安。

夏金荣59岁了，马上就要退休，那些曾经辉煌的履历，那些曾经小心翼翼保持的清白岁月，让他止不住一声叹息。1994年以来，他一直伴随着这所百年老校一起成长，这所老校最近几年的每次变化都有他的心血在里面，能不能平安度过这一年，他自己心里也没谱，而往事一幕幕涌上心头。

2000年，这所百年老校要从杭州西部搬到东部，学校委以重任，由夏金荣分管基建工作，并担任下沙新校区建设招投标领导小组组长。从那一天起，夏金荣感到自己的生活发生了质的变化，围绕在身边的人突然多了起来，很多人对自己瞬间变得客气而恭敬。这些变化，一开始他还不能适应。

从那个时候开始，夏金荣体验到一种从未经历的生活，声色犬马、光怪陆离的生活方式，让夏金荣一下子陷入了对自己价值观和人生观的怀疑中，但是这种怀疑很快被打消了，一种被尊崇追捧的感觉，让他难以自拔。夏金荣清楚地记得那个傍晚，一个时常与他"套近乎"的包工头提出要去他家坐坐，夏金荣掂量了一下坐坐的含义，一下子心领神会。在那一刻，他几十年来恪守的原则消失殆尽。那天，夏金荣不费吹灰之力，就得到了10万块钱，他算了一下，这是一年的薪水，这种喜悦，顿时溢满全身，每个细胞都为之振奋和雀跃。从此之后，他家门前总是车水马龙，宾客盈门。

其实夏金荣早已进入检察机关的视线，他为何要签署假证明？在他分管的浙江理工大学迁建项目中，沈丁是怎样分得一杯羹的？这一连串的疑问引起了检察官的疑惑。鉴于没有确凿的证据，江干区人民检察院的缪献文副检察长作出指示，先不惊动夏金荣，采取外围包抄的战术，逐步锁定目标。

办案检察官很清楚,学校的每一个基建项目,从程序上讲,必须先进入招投标程序,学校有招投标委员会,领导小组组长就是分管校长夏金荣,主要成员是基建处处长。如此看来,基建处长显然是案件的切入点,他直接受夏金荣领导,又与大大小小的包工头接触最多。另外,检察机关发现,浙江理工大学的迁建工程中很多都采取了邀请招投标的方式,并没有进入正规的程序,尤其在这个跨度五年的工程中,很多包工头为了达到承接项目的目的,都使用了伪标和串标的方式。对此,这个基建处长都是睁一只眼闭一只眼。

2008年1月,基建处长被江干区人民检察院立案侦查。在众多行贿人的指控下,到案后的他抵挡不住,很快就交代了自己受贿十余万元的事实,但在基建处长的供述中,他提到很多工程的运作并非自己能够做主,最终还要依赖自己的顶头上司夏金荣。

至此,夏金荣彻底浮出水面。

30万牵出百万秘密

虽然有了这个基建处长和几名行贿人的供词,但此时惊动夏金荣,恐怕不妥。正当案件的进展进入瓶颈的时候,一个叫吕平(化名)的行贿人引起了缪献文的注意,吕平说,夏金荣曾经通过沈丁之手向自己"借"过30万元用来购房,这个"借"字,其实就是要的意思。这跟之前讯问沈丁时掌握的线索刚巧吻合。

原来,沈丁被传唤到案后,他手机短信里的几个银行账号,引起了检察官的怀疑。按这些账号查下去,检察官发现,交易的另一头是夏金荣,并且有几十万的资金进出,当时检察官并没搞清楚这些钱的用途。

沈丁被送到看守所之后,只交代之

沈丁只交代之前的挪用公款行为,对其他事情只字不提

前的挪用公款行为，对其他事情只字不提，并且干脆抱病要求监外就医。沈丁刚过四十，却有家族遗传的高血压病史，虽然他的血压基本靠吃药就可以稳定下来，他却反复四次要求住院治疗，他知道，检察机关的侦查是有时限的，能缓则缓，能避则避。抱着这样的想法，沈丁死扛着。

但沈丁的狡猾和拖延战术，最终没能得逞，经过治疗后，沈丁被羁押在外地看守所。在检察官的讯问下，他终于明白，纸包不住火，自己与夏金荣之间的关系再也遮掩不住，为了庇护自己，急于立功的沈丁交代出了手机短信中与夏金荣账目往来的情况。

原来，夏金荣十分信任沈丁，有些建筑商通过沈丁向夏金荣行贿。譬如建筑商吕平，通过沈丁向夏金荣送了30万元，沈丁案发前，夏金荣感觉事情不妙，将30万元通过银行转账又退给了沈丁。

2008年4月，夏金荣被立案侦查。

沈丁落马的消息本来就在夏金荣的意料之中，但是他不明白，为何几个月过去了，检察机关都没有找过自己。2008年4月的一天，夏金荣家的门铃再次响起，他没敢贸然开门，他还在想是哪位拜访者要来上供的时候，家里的电话紧接着响了起来，对方称自己是杭州市江干区人民检察院的，就在楼下。这让夏金荣火热的情绪立刻冰冻了，沈丁的身影立刻浮现在眼前。这个时刻的来临，他已经准备了很久，但是这种突然的方式，还是让他措手不及。

由于前期有行贿人的指证，夏金荣陆续交代了他利用职权收受各种贿赂共计120万元以及收受其他礼物的过程，这些与众多行贿人的供述所差无几，然而夏金荣接下来的想法令检察官啼笑皆非。夏金荣认为，自己交代完了，就没事了，他甚至问检察官："我是不是可以回家？"

在检察官的眼中，夏金荣这种几近

讯问室里，夏金荣认为，交代完就没事了

天真的想法，表现出他的法制观念极其淡薄。

夏金荣是城府很深的一个人，为什么要给沈丁出具假证明，他始终都没有交代出原因。此时，副检察长缪献文在进行案情分析时，注意到在众多口供中都有一个共同点。

许多人都证实，夏金荣有"在位为他人牟利，退休后自己再得利"的想法。

一切都在逐渐接近事实的真相。既然夏金荣在收受吕平30万元贿赂款上如此信任沈丁，可以让沈丁作为中间人转手，是不是夏金荣与沈丁还会有其他不可告人的秘密？

其实，此刻的夏金荣看到问题交代完毕后，自己并不能回家，这加剧了他心底的恐慌，沈丁的身影和往事不断涌上心头。他一直担心沈丁出卖自己，这一刻，他宁愿相信这个想法就是事实。

这个时候，缪献文看到夏金荣的"临界点"已到，对讯问方向又作了重新部署，办案检察官不断地向夏金荣输送有关沈丁的信息。而夏金荣通过对这些信息的梳理，一步步地印证了自己心中的很多疑问，终于，他内心的愤怒爆发了。在一次讯问中，夏金荣口不择言地蹦出了一句："沈丁曾经收受了某房产公司的650万元。"

650万元！这是检察机关一直都未掌握的新线索。沈丁收受650万元，本来应该是一件非常隐秘的事情，他夏金荣又是如何知晓的呢？

650万元的幕后交易

为了慎重起见，江干区人民检察院制定了审讯沈丁的新方案。为了使这次审讯能够一举突破，检察机关作出周密的部署：分不同的人连续提审沈丁，并给其施加有罪不供的强大压力。

沈丁的情绪一直都在犹豫和沉默中徘徊，从留校工作以来，他一直都在钻营，精心编织自己的关系网，夏金荣的贪婪，是他用来满足自己私欲的筹码之一。多年来的从商经验，养成了他谨慎的个性，因而即使到了精神崩溃的边缘，他还是思考着如何自圆其说，解脱自己。

　　这天下午，副检察长缪献文亲自到看守所提审沈丁。沈丁一直表现得很冷静，案发前，沈丁咨询过专家，如果只是挪用公款罪，充其量也就被判个三年五载，但如果是贪污，那罪行就大了。他的这种侥幸心理，让缪献文逮了个正着。在缪献文的亲自审讯下，沈丁彻底乱了心智，他大骂夏金荣不仁义，把事情往别人身上推。出于自保，他交代了这650万的来源，但是他反过来辩称，这650万不是自己的，是替夏金荣保管的。

　　原来，2002年浙江理工大学搬迁至下沙新校区之后，同时面临着教职工来往的不便，为了解决教职工的住房问题，学校计划在下沙与房地产公司合作，筹建职工宿舍楼，由夏金荣负责此项工作。于是，夏金荣自己联系了两家房地产公司，因为地处郊区，人家都不愿意跟他合作。

　　正当夏金荣一筹莫展的时候，沈丁在合适的时间、合适的地点出现了。沈丁在学校里，一直跟自己走得很近，有事没事都会过来拜访。沈丁的出现，让夏金荣看到了希望，因为在他眼里，沈丁一直是个神通广大的家伙，很多事实证明，只要他跟沈丁一起合作，事情就如有神助，进展顺利，于是他将烦恼告诉了沈丁。沈丁带着夏金荣的委托，很快就找到了自己的宁波老乡，一个房地产公司的老总。

　　2002年，杭州市下沙经济开发区的楼市还在规划阶段，在蓝图中，这里将是浙江省最大的高校园区，很多房地产商一开始也在考虑着投入产出比，但都不敢贸然投入资金。沈丁凭借三寸不烂之舌诱惑着自己的朋友，紧接着，沈丁又抛出了一个更具诱惑的条件，那就是这套楼盘的启动资金，浙江理工大学可以先出六千万元，等到建成之后，帮助开发商包销三万平米的面积，开发商可以没有任何后顾之忧。

　　沈丁的话，打动了对方的心，于是该公司决定投资。

　　项目基本促成后，杭州市下沙经济开发区的楼盘价格走势，果然如沈丁预言的那样，每平米的价格从两千多很快涨到三千多，夏金荣的心里开始不平衡起来，他向沈丁提出，要开发商分40%的干股给他们。

　　更让夏金荣没有想到的是，从2002年的5月份一直到2005年，将近三年的时间，位于浙江理工大学不远的这处楼盘马上就要封顶了，每平米的价格从最初的两千多元，迅速飙升到了八千多元。夏金荣着急了，不断催促沈丁尽快将回扣问题谈拢，不然，房子一卖掉，钱还没拿到的话，他们什么也得不到。

这一次，夏金荣决定亲自出马。

他坐在某个咖啡馆的一隅——作为副校长，直接谈钱似乎有些难为情。不远处，沈丁和房产公司老总在讨价还价，这一切，夏金荣都可以听得到。一番激烈的讨价还价后，最终以650万元"成交"。

2005年，开发商将650万元以借款的方式汇入了沈丁与夏金荣亲戚合办的装饰公司，用来支付夏金荣的好处费，沈丁再通过化整为零的方式，逐步将这650万元取出来，随后，这家公司就被注销了。为了将650万成功"洗白"，沈丁借了几十张身份证，以发工资的名义每次每人发一两万块钱，然后再转存到沈丁个人的账户上。

沈丁拿到钱之后，立刻跟夏金荣作了汇报，夏金荣却向他指示：钱先放你那里，等我退休了之后再说。夏金荣知道，如果在位的时候就拿这650万，有一定的风险！但是此刻没有别的办法，他对沈丁还算信任，先放在他那里比较合适。沈丁对夏金荣的想法也心领神会，于是他放心地将这笔钱进行了其他投资，等待回报。

沈丁的交代彻底打消了夏金荣的侥幸心理，他对自己受贿的事实供认不讳。

2009年1月15日，杭州市中级人民法院对浙江理工大学原副校长夏金荣作出一审判决：夏金荣犯受贿罪，判处死刑，缓期二年执行，剥夺政治权利终身，并处没收个人全部财产。其中沈丁与夏金荣同案受审、同日宣判，以受贿罪、挪用公款罪、行贿罪，判处沈丁无期徒刑。

此前，浙江理工大学原党委书记白同平被杭州市中级人民法院以受贿罪判处有期徒刑十一年。

"小金库"里的大秘密

作为女人，已过半百的于小兰并不贪恋官位。她出生于北京一个普通的家庭，1978 年，20 岁的于小兰在"一清集团"前身——北京市第一清洁车辆场参加了工作，是保养车间的一名普通工人。

于小兰很本分，那时的她并不惹人注目，过着普通人的日子，骑车上班下班，一直到连大明（化名）开始注意她。连大明是于小兰的同事，于小兰在第一清洁车辆场参加工作的时候，连大明已经是单位的团委书记了。1987 年，于小兰成了工会的一名女干部，连大明就任第一清洁车辆场党委副书记、副场长。由于于小兰在工会时学会了财会业务，1992 年 11 月，于小兰被任命为财务科副科长，也许就从那个时候开始，连大明开始注意这个本分勤勉的女人——她从不多言多语。1993 年，连大明被任命为北京第一清洁车辆场场长后，6 月份就任命于小兰为财务科科长。连大明的知遇之恩让于小兰感激不已，从此，一个普通工人的命运开始改变了。

2001 年 2 月，于小兰被任命为第一清洁车辆场总会计师，一跃成为单位领导班子成员。2001 年年底，第一清洁车辆场改制成为国有独资的北京一清集团，连大明成了一清集团的总经理，于小兰很快被任命为财务处处长、总会计师。

如果不是连大明的突然去世，于小兰会继续跟随他平步青云。

2006 年 3 月 1 日，因为肝癌晚期，连大明手术后在医院突然去世，听到这个消息，于小兰一下子如五雷轰顶。参加完追悼会，从打击中渐渐苏醒过来，于小兰陷入一种既兴奋又恐慌的情绪之中，因为，她的心里装着一个秘密——在某个银行账户上，潜伏着三千六百余万元巨款。而这个秘密，除了连大明，只有她一个人知道。

审计出的"小金库"

2006年下半年，北京市国资委组织审计组，对合并重组的一清集团等四家企业负责人进行了经济责任审计。审计结果表明，一清集团财务管理混乱，有私设"小金库"等问题，原一清集团总会计师于小兰有公款私存等问题。

此时，一清集团已合并到新成立的北京环卫集团了，于小兰升任新集团的经营发展部部长。接到审计报告后，市国资委纪委开始组织力量进行调查，随着调查的深入，调查组发现，于小兰手里掌握着三千六百余万元巨款，没有向任何一级领导和相关部门报告。

市国资委纪委立即向市纪委作了汇报，市纪委当即决定，直接接触于小兰。

2008年3月6日，刚刚参加完北京环卫集团"三八"节联谊会，于小兰被市纪委调查人员带走。在接到市纪委的案件移交通知书后，北京市丰台区人民检察院随即对于小兰涉嫌贪污立案侦查。

随着对于小兰涉嫌贪污的调查，真相慢慢浮出水面。

天上掉下来的房子

北京一清集团的前身是北京第一清洁车辆场，主要承担崇文区、朝阳区东南区域垃圾粪便的清运、转运、卫生填埋和综合处理，到2005年年底已有职工一千多人，资产总额达3.58亿元，拥有小武基垃圾分选转运站、北神树垃圾卫生填埋场、高碑店粪便处理厂等，还开展了贸易、出租汽车、加油站、环保技术等新业务。

1998年9月，第一清洁车辆场为解决职工住房困难，向上级申请1500万元，用于购买位于朝阳区十里堡某小区的48套住房。一年后，由于开发商未能按期交付新房，按合同规定需要支付违约金，经多次洽谈协商，买卖双方最后达成一致意见：第一清洁车辆场以原来的价格再购买同一小区总价271万元的五套住房，第一清洁车辆场只需付款150万元，余款开发商同意以违约金补足。很快，第一清洁车辆场就付款再购买了五套住房。这53套住房后来经分房委员会和职工大会讨论，都分给了第一清洁车辆场的职工。

此前，连大明在第一清洁车辆场已经分过三套住房，于小兰也分过一套。按照连大明定下来的规矩，这次分房要经过严格透明的程序，两人都没有向单位提出过分房申请。

但连大明、于小兰不想放过这次难得的机会，两人很快想出了一个绝妙的主意。

连大明拿着从开发商那里取得的五套房子的预售契约，找到上级哭"穷"，说48套住房不够职工分配，希望上级再拨款200万元，余款自己解决。上级很快批准了。连大明、于小兰又找到开发商，提出第一清洁车辆场出钱，另给领导买三套住房，房子已看好，就在距这里不远的另外一个小区，同时要求开发商代为购买，并专门叮嘱开发商，不能让第一清洁车辆场的其他任何人知道此事。

1999年9月，连大明将上级拨付的200万元购房款支票交给于小兰，于小兰入到了第一清洁车辆场下属——北京市振环贸易公司账上，随后，于小兰将这200万元连同振环贸易公司账上的资金38万余元一起划到开发商的账上。按照连大明、于小兰的要求，开发商用这笔钱购买了另一公司开发的某小区三套住房。

让于小兰无论如何也想不到，不知出于何种考虑，连大明将两套面积143平米的房子给了于小兰，而将面积为121平米的一套房子留给了自己。

谁都知道，在北京拥有一套住房，就等于坐拥几十万甚至上百万元资产，于小兰做梦都没想到，天上会掉下房子来，而且一下子两套！她的心里忐忑不安，但看到老板安之若泰的样子，于小兰也慢慢地放松了下来。

垃圾清扫车

一晃几年过去了，眼看无人查问此事，两人没有了任何戒备和担心。2004 年 6 月，连大明、于小兰将三套房屋的所有权办到了个人名下，于小兰直接用自己的名字登记，连大明用的是妻子的名字。

聚沙成塔的"小金库"

上个世纪 90 年代，第一清洁车辆场是北京市环卫局下属的全额拨款事业单位，在享受政府全额拨款保障的同时，又在部分垃圾粪便处理工作中对外收费。连大明和于小兰充分利用这种体制，对下属单位人员的工资，先按照事业单位薪资标准下拨，再责令下属单位在经营盈利后，以"垫付款"名义给场里返款。连大明与于小兰将这些下属单位历年上交的垫付款、房租、管理费等统统在单位大账之外，开设了另外的银行账户进行存储和管理。

聚沙成塔，集腋成裘。2002 年年底，连大明、于小兰以一清集团下属北京市环卫综合处理厂的名义在账外存储的资金已经高达两千多万元。

2001 年 9 月，在第一清洁车辆场改制为一清集团之前，于小兰按照连大明的安排，持单位介绍信单独刻制了一套单位的财务章和法人名章，到某银行秘密开设了第一清洁车辆场的账户，将单位的出租房屋收入、下属企业上交款项等存放在此账户上。

在改制期间，第一清洁车辆场将出租车业务剥离，连大明、于小兰将包括出让 50 辆出租车收入在内的下属某出租汽车公司账上的一千余万元，全部转到新设的账外账户里。

2002 年 4 月，第一清洁车辆场已经变更为一清集团，原工商登记已经被注销，原印章已经销毁，但这个以第一清洁车辆场名义开设的秘密账户仍然存在，资金已高达 一千六百余万元。

不论是在第一清洁车辆场还是一清集团，连大明作为一把手亲自管财务，于小兰是其忠实的"账房先生"。由于"保密"工作做得好，这些账外资金，没有其他任何人知道。

2001 年年底，第一清洁车辆场改制为一清集团的过程中，连大明、于小兰千方百计隐瞒这些账外资金，没有纳入单位财务统一管理。2004 年，一清集团委托会计师事务所进行清产核资专项审计，在资产清理、核实、审计过程中，连大明、于小兰瞒天过海，也没有向领导、上级主管部门和单位其他班子成员报告或通报这些巨额账外资金。

这些单位大账之外的巨额资金，已不仅仅是"小金库"，而是一个隐秘的"大金矿"了！

2005年6月，连大明与于小兰从两人控制的北京市环卫综合处理厂账外资金里出资100万元，秘密注册成立了北京董村垃圾处理公司。董村公司一成立，连大明、于小兰就在北京银行某支行开设了这个公司的账户，将仅他们两人掌握的原综合处理厂和第一清洁车辆场两个账外账户内共计三千六百余万元转到这个账户内。因为这时候他们已经知道，一清集团将要被合并重组了，他们得先做好准备。

按照连大明的指示，于小兰对这笔资金守口如瓶。

两年间她坐卧不安

然而，就在连大明、于小兰还未来得及谋划如何处置这一笔巨额资金时，人生的戏剧之神不期而至，从而也将于小兰的后半生笼罩在一种黑色幽默中。

连大明去世了！

2006年春节，连大明突然被查出患了肝癌晚期，心急如焚的于小兰几次想请示连大明如何处置这笔巨款，但连大明被癌症折磨得死去活来，她不忍心加重老板的痛苦，想等到连大明病情好转之后再作请示。可是没想到，2006年3月1日，连大明突然去世，这让于小兰措手不及。

两套房子的房产证办在了于小兰名下，2003年，于小兰花了七万多元对自己名下的两套房子进行装修，然而连大明的突然去世，让于小兰陷入无人商量的迷惘之中，这两套房子和三千六百余万元的小金库，都让于小兰坐立不安。她不知道该如何处理这两套房子和数千万元巨款，连大明并没有留下遗言，也从未对任何人提起过。

彷徨中，她首先想到要处理一下房产。2007年1月，于小兰把其中一套房子卖了107万元，随后她在银行存进100万元做基金理财业务，收益11万元。

于小兰不知道该如何处置老板留下的"遗产"。房子的事情好处理，但三千六百余万元的小金库毕竟不是个小数目。连大明活着的时候不让于小兰说，现在连大明去世了，于小兰害怕自己说不清楚，一旦说出去，责任必然落在自己头上。于小兰头顶一颗炸弹，独自掌管着这三千六百余万元巨款。这个世界上，只有自己掌握着这个巨大宝藏的"密语"，这让她有些害怕。

2006年4月，连大明去世一个月后，一清集团、二清集团等四家集团合并重组为北京环卫集团，一清集团成为环卫集团下属的一清分公司，于小兰随后担任新集团的经营发展部部长，离开了她长期从事的财务工作。合并重组前后，根据市国资委的统一安排，一清集团又自行组织了一次清产核资，仍然没有发现于小兰手里掌握的这笔巨款。

在对一清集团审计过程中，北京市国资委及一清集团共同编制了清产核资管理手册，因为于小兰的隐瞒，这个审计报告和核资手册中没有这三千六百余万元账外资金的"踪迹"。此后，审计组对连大明任职期间履行经济责任情况进行了审计，2007年1月24日的审计报告中也没有董村公司及其账户内三千六百余万元资金的内容。

数千万巨款就这么静静地潜伏着，无声无息。

但于小兰的内心却时时被惊恐吞噬着，她夜不能寐，她希望能把这个秘密保守到底，神不知鬼不觉，就像那两套天上掉下来的房子。于小兰让人注销了董村公司，注销时于小兰只让下属负责到工商、税务部门去办理注销手续，并没有安排注销银行账号。

于小兰轻易地避开了几次审计和清理，依然独守着这个三千六百余万元小金库的惊天秘密，但这笔钱让于小兰辗转难眠，她决定先将这笔钱从董村公司的账上转出去。不久后的一天，于小兰通过在兴业银行亚运村支行工作的一个朋友，将三千六百余万元从北京银行转到兴业银行。2007年6月，于小兰又通过这个朋友的朋友，将这笔钱转到了北京农商行高碑店支行。

几乎没人知道董村公司的存在，更没有人想到这个空壳公司的账上还潜伏着一笔惊天巨款。直到经过大规模审计，于小兰隐匿小金库一事才浮出水面。

而直到案发，于小兰都没有花掉这笔巨款中的一分钱。

"小金库"之痛

案发后，检察官一再提及的是于小兰的侥幸。

客观地说，连大明去世前，他和于小兰长期积累、控制和管理的这些账外资金，两个人并没有想好要怎么办，他们随时都可以将这些公款转回单位大账，或者用于单位的公用支出，这个时候还只能判定是单位财务之外私自设立的"小金库"，但是，在连大明去世之后，于小兰的所作所为让此事的性质发生了根本性变化。

于小兰认为保密工作做得很好，已经过去了很多年，经过了多次的清理、稽核、对账、审计，一直没有人问及，就是对连大明最全面的经济责任审计也只仅仅发现了一点公款私存的小问题，今后也不会有人发现。即使万一被发现了，钱也没动，也还是在董村公司账上，交出去不就完了吗？何况更大的可能性是永远没有人知道。

于小兰拥有很多次机会向组织主动报告，把一桩严重的犯罪消弥于无形，她甚至可能作出重大贡献，拥有很多次机会修正自己的人生轨迹，但是于小兰最终都放弃了，因为她希望得到她本不应该得到的东西。这就是侥幸。

听到判决结果，于小兰身体晃动了一下，说"听明白了"

在于小兰的办公桌上，放着一只精致的八角宫灯型相座，张贴着几张于小兰自己在影楼的带妆照，照片上的于小兰，或职业套装，或浓妆重彩，或清新淡雅，可以看出，于小兰是个热爱生活、性情乐观的中年女性，她本该像大多数人一样，过着平凡普通的日子，然而，这一切都已离她远去……

2009年5月22日，经检察机关提起公诉，北京市第二中级人民法院开庭审理了此案。

距开庭还有半个小时，第三审判庭已座无虚席。9点30分，于小兰被法警带上法庭。法庭上，昔日亲属眼中干练、精明、丰腴的于小兰，明显地消瘦了，满头黑发几乎全部变成了灰白色，旁听席上的人无不为之唏嘘和惋惜。

法庭首先对她用来购房的一笔贪污款项进行了质证，随后宣布休庭。

　　五分钟后，于小兰重新被带上法庭。从法官宣读判决书开始，她的右手一直紧紧捏着衣角，当法官宣读到"被告人于小兰犯贪污罪，判处死刑，缓期二年执行"时，她的身体晃动了几下，随后仅说了一句"听明白了"。

　　2009 年 9 月 15 日，北京市高级人民法院二审维持原判。

贫困县的县委书记
为了女人上演最后的疯狂
一边为经济发展不遗余力
一边大肆收受红包
他说这叫"温和腐败"

县委书记的温和腐败

2008 年 12 月 9 日，云南省文山州某别墅小区内，突然来了几名检察官。

别墅的女主人叫郑娅琳，看到楼下那么多人时，她的心里一时有些慌张。随后，有关人员对她宣读了拘留决定。

郑娅琳手里拿着拘留决定，足足看了两分钟，然后她坐下来，捋了一下头发，签上了自己的名字。从当初开始接受调查，已经一年多时间了，她知道这一天迟早会到来，不过这一天真的来临时，她还是有些难以接受。

当女法警为她戴上手铐后，她下意识地用袖子遮掩了一下，随后郑娅琳被带上了警车。

郑娅琳 38 岁，原文山州委办公室人事教育科科长，根据检察机关前期对她进行的调查，2005 年 8 月至 2008 年 9 月，郑娅琳利用他人的职务之便，多次报销购买私人用品的费用，大到笔记本电脑、洗衣机、平板电视机，小到欧米茄手表、化妆品、汽车坐垫等。郑娅琳只是一个人事教育科长，为什么能够报销个人物品呢？这一切离不开一个叫赵仕永的人。

畸形的爱恋

麻栗坡县位于文山州东南部，是当年对越自卫反击战的前线，如今成了爱国主义教育基地，在县城的烈士陵园里，长眠着八百多名对越自卫反击战中牺牲的年轻战士的英灵。这里是少数民族聚居的地方，生活着汉、壮、苗、瑶、彝、傣、仡佬、蒙古等各族人民；这里的气候四季如春，风景如画，矿产十分丰富。

2002年12月份，年仅40岁的赵仕永从文山州组织部副部长的位置，调任麻栗坡县担任县委书记。在此之前，赵仕永已经在基层干了许多年，如今，来到一个全新的环境，他对未来充满了希望。

麻栗坡地处大山之中，产业结构以传统农业为主，多年来一直靠国家扶贫资金救济。2002年，赵仕永刚到麻栗坡的时候，这里的农民人均年收入只有一千一百多元。赵仕永上任后，立即开始了大刀阔斧的改革，超常规的改革，使麻栗坡的发展充满了活力。

到任不到一个月，麻栗坡一家房地产公司的石运来（化名）就找到了赵仕永。原来，1998年，石运来在麻栗坡县沿河街投资兴建了一条越南商贸街，因影响市容和交通，引起群众的强烈不满，在民愤的压力下，他表示自己愿意拆除，但要求政府给予经济补偿。赵仕永认为商贸街拆除有利于市政建设，便同意了他的要求。石运来按时拆除了这些建筑，并拿到了150万元的补偿款，事成后没几天，为感谢赵仕永的关照，他送给赵仕永20万元。

经过这件事，赵仕永和石运来成了朋友。2005年，在赵仕永的鼎力帮助下，石运来又得到了麻栗坡县政务大楼的开发权——这是麻栗坡最高的建筑物，之后，石运来送给赵仕永15万元表示谢意。

这一天，石运来又来找赵仕永，刚到门口，见一个女人正在和保安交涉，他发现这个女人和赵仕永办公桌上的那张照片非常相似，急忙和保安解释了一下，将这个女人请了出来。这个女人就是郑娅琳，她之所以事先没有打电话，只是想给赵仕永一个惊喜。当晚，石运来在当地最好的酒店为郑娅琳接风，随后，又在宾馆里为郑娅琳和赵仕永准备了一间豪华套房。

郑娅琳和赵仕永是在文山州处级干部公选的时候认识的，两人都爱看书，经常交流一些看书的心得，共同的爱好让他们很快走到了一起，日久生情，两人发展成了情人关系，畸形的爱恋使两个人的交流逐渐从精神领域延伸到了物质领域。他们经常利用出差或者外出旅游的机会一起购物，所买物品大都是各种名牌，有时是赵仕永付钱，有时是驾驶员付钱，然后拿去报销。

有一次，郑娅琳在昆明一家商场看中一只价值 16600 元的皮包，赵仕永豪爽地马上买单，付款后他开了两张礼品发票，拿到了麻栗坡县广电局报销。

随着交往的加深，赵仕永开始将受贿得来的钱财交由郑娅琳保管，他们还在文山修建了一栋别墅，供两人居住，此外郑娅琳还购买了一辆小汽车。赵仕永对郑娅琳在物质方面的满足，为两人走上犯罪之路埋下了祸根。

他要看法律书

2006 年，文山州的干部群众开始举报赵仕永了。举报信反映，赵仕永在工作中存在违反规定公费出国旅游、借用下属企业的车辆、买官卖官等；举报信还提到，赵仕永和一个叫郑娅琳的女人有不正当关系。

根据这一举报，有关部门对赵仕永进行了调查。

经过长达两年的外围调查，调查人员发现，赵仕永和郑娅琳在文山、昆明一共有八处房产，总价值达到六百多万元，而且个人账户存取款频繁，数额较大，有五百多万元。根据这一情况，2008 年 12 月 9 日，文山州纪委对赵仕永和郑娅琳同时采取"双规"措施，随后此案移交到了文山州人民检察院，赵仕永、郑娅琳随即被立案侦查，并批准逮捕。

前期调查中，文山州人民检察院的检察官王强提前介入，使他对赵仕永非常了解。王强知道，赵仕永最关心的问题就是对他和郑娅琳关系的评价，以及对他工作的评价，针对这个特点，文山州人民检察院制定了审讯赵仕永的基本思路。

看守所里，王强和赵仕永说起了他的成长过程以及在县委书记岗位上的所作所为，首先肯定了他为麻栗坡所作的贡献，接下来，王强又和赵仕永分析了他和郑娅琳的关系。

看守所里的赵仕永避重就轻，也在打探检察机关的虚实。

有一天，赵仕永主动要求提审，见到王强，赵仕永提出了一个奇怪的请求，希望王强能给他提供一些法律方面的书籍。一个县委书记为什么这个时候要看法律书籍？原来，赵仕永发现自己在和王强的对话中总是处于下风，他怀疑这是自己在法律知识方面的欠缺导致的。

与赵仕永打过多次交道的王强，十分了解赵仕永的心理："他不是想学法律，他是想考验我们的胆识，跟我们较量，他最大的劣势就是没有我们懂法律，他就想试探，看我们有没有这个胆识，站在同一起跑线上较量。"

对于赵仕永的要求，王强一点也不担心，他立即找来十几本有关书籍，送给了看守所的赵仕永。一周过去了，等到再次提审赵仕永时，让检察官感到意外的是，他开始把自己收受钱物的一些事实交代了出来。赵仕永交代说，除了逢年过节收受礼金之外，他经常到一些企业去视察，帮助这些企业解决问题，这些企业为了表示感谢，也都会送钱给他。

麻栗坡水电资源比较丰富，为了发展经济，赵仕永提出要大力发展水电站，于是经营农场的杨九江（化名），找到了赵仕永。在这之前，赵仕永就认识他。杨九江找他，是想在自己的农场也搞一个水电站，这次登门，他给了赵仕永五万元。由于赵仕永出面协调，在农场搞水电站的项目很快有了眉目，于是，杨九江又借机送给赵仕永五万元。

麻栗坡有很多钨矿，但规模较小，造成很大浪费，于是赵仕永提出，引进紫金矿业集团对麻栗坡的中小钨矿进行整合。麻栗坡一个矿业老板见其中有机可乘，就先后给赵仕永送了14万元。

情人的贪婪

就在检察官为案件获得突破而欢欣鼓舞的时候，赵仕永突然开始对自己的行为进行辩解，原来他在看过法律书籍后，认为自己在为麻栗坡的发展做好事，并没有为企业老板谋取利益，不符合受贿罪的构成要件。这也是赵仕永顺利交代自己收受他人钱财的原因。

赵仕永想当然地认为，自己去一些企业视察，实际上也是帮助麻栗坡发展经济，因此他逢年过节的时候收受一些礼金，很正常，并没有危害国家利益，这属于行业"潜规则"。

针对赵仕永认识上的错误，王强对赵仕永进行了层层剖析。

其实有了赵仕永的口供，他的犯罪事实已经基本清楚，但是为了让犯罪嫌疑人心服口服，王强还是耐心地和他探讨法律知识，最后，赵仕永对自己的行为有了新的认识。

调查取证时，警车行驶在山路上

与此同时，另外一组办案检察官对郑娅琳的审讯并不顺利。在进看守所之前，郑娅琳曾经和赵仕永有过攻守同盟，所以一开始郑娅琳拒不开口。

随后，检察官对郑娅琳家里进行了搜查，尽管大部分资产都已经转移，但是她的一些高档生活用品还是让人惊叹不已：穿衣镜是进口的，六万多元；拉开衣柜，高档服装琳琅满目，随便一件都要上万元；十多双价值数千元的皮鞋整齐摆放着，有的甚至是崭新的；在车库里，检察官还发现了一套没有拆封的红木家具。

当检察官将这些物品清单拿给郑娅琳看时，郑娅琳还在坚守当初的"承诺"，拒不承认让赵仕永报销个人物品的事实。检察官让赵仕永给她写了一封信，然而，郑娅琳对赵仕永无比信任，仍然闭口不谈自己的问题，并认为检察官模仿了赵仕永的笔迹来骗她。检察官让赵仕永亲自给她打了个电话。

接完赵仕永的电话，郑娅琳这才如梦方醒，看到大势已去，她开始配合检察官核实每一笔报销情况："2006年11月我和赵仕永到昆明国美电器购买了一台42寸松下彩电，一台西门子冰箱，总计23680元，是我开成办公用品的发票拿给赵仕永去报销，由卖家托运到文山，开有保修单，我放在家里。"

"2006年1月，我在文山联邦家私购买的家具，一张床、床垫计六千元左右，小衣柜两千元左右，小电视柜一千元左右、金黄色布艺沙发三千元左右，也是开成办公用品拿给赵仕永报销的。现在这些家具在我三鑫别墅苑父母的房间里，小沙发我儿子的卧室。"

......

除了购买生活用品，赵仕永还以郑娅琳的名义购买了多套房产，其中一套位于昆明新亚洲体育城的别墅，价值四百多万元；位于昆明市穿金路的公园道一号有两套房产和两个车位；此外还有文山民族村两个商铺和三鑫别墅苑的一栋别墅。

温和腐败也是腐败

赵仕永是云南泸西县人，1980年，他以超过本科分数线八十多分的成绩，考入云南农业大学。大学期间，他表现优秀，一直在学生会担任宣传部长。毕业后，赵仕永被分配到文山州丘北县委政策研究室，之后赵仕永又被派到基层锻炼了五六年，职务不断升迁，直到2002年，赵仕永来到麻栗坡，正式担任县委书记。

麻栗坡县是国家扶贫开发重点县，赵仕永到麻栗坡县任县委书记时，该县的全年财政收入位居文山州倒数第二名。面对贫困，赵仕永因地制宜，采取了若干既可行又见效快的发展措施，大手笔地进行市政建设、房地产和水电开发、矿产资源和林业资源整合等等。经过四年的奋斗，到2006年年底，麻栗坡县的财政收入已跃居文山州第三名，该县农民人均纯收入2008年已经达到1879元。

赃物

赵仕永在麻栗坡有关单

凭证号	开票时间	开票单位	品名
5、8（04#）	2005、8、17	昆明金时代商务公司 NO:06249530	办公用品
5、8（04#）	2005、8、17	昆明金时代商务公司 NO:06249578	办公用品
5、8（04#）	2005、8、17	昆明新世纪百货 NO:02050353	办公用品
5、10（49#）	2005、8、6	昆明精益眼镜店 NO:00895878	办公用品
5、2（33#）	2006、1、20	文山永通家私城 NO:00132918	办公家具
5、2（33#）	2006、1、24	文山鑫达商贸公司	办公

郑娅琳看中的东西，赵仕永买单，并拿到下属单位报销

在县委书记的位置上，赵仕永充分展示了他的工作能力，再加上他头脑灵活，很快就在麻栗坡开创了一番新天地。

在担任麻栗坡县县委书记之前，出身农家的赵仕永生活一直比较简朴，但是自从认识郑娅琳后，他的个人品味就发生了变化，开始追求虚荣和奢华。

为了满足不断膨胀的私欲，在大力发展麻栗坡经济的同时，赵仕永也在不断敛财，他还为自己的行为取了一个并不难听的名字，叫"温和腐败"。

2008 年 8 月，在赵仕永被秘密调查期间，他被调到文山州民政局担任局长，直到这个时候他仍然肆无忌惮向麻栗坡的下属单位要钱。赵仕永贪污受贿一案经媒体报道后，立即引起极大关注，在网上甚至出现了不少关于他受贿的漫画。

虽然麻栗坡县经过几年的发展，人们生活水平有所提高，但是大部分农民生活仍然很贫困。赵仕永受贿四百多万元的事情在麻栗坡传开后，引起当地群众的极大愤慨，大家算了一笔账，按 2008 年农民人均年收入 1879 元计算，赵仕永的受贿款是一个农民两千四百多年的收入。

2009 年 6 月 22 日，文山州中级人民法院对赵仕永贪污受贿案进行了开庭审理，为了能够清晰直观地展示赵仕永的犯罪事实，文山州人民检察院的公诉人专门制作了一个多媒体文件，在庭审现场进行了演示。

由于检察机关在前期侦查过程中的工作让赵仕永心服口服，因此在庭审时，赵仕永对于检察机关所指控的贪污和受贿事实没有任何异议，认罪态度良好。

2009 年 6 月 27 日，文山州中级人民法院作出一审判决：赵仕永利用担任麻栗坡县委书记、文山州民政局局长的职务便利，收受人民币 406 万元和 5000 美元，犯受贿罪，判处有期徒刑十四年；此外，赵仕永将私人消费支出拿到下属单位报销，侵吞公款五十六万多元，犯贪污罪，判处有期徒刑六年，决定执行有期徒刑十八年，并处没收非法所得 650 万元。

2010 年 4 月 17 日，文山州中级人民法院以贪污罪，判处郑娅琳有期徒刑两年，没收个人财产 50 万元。

二人均没有提出上诉。

民政局长说一不二
福利综合楼变脸豪华酒店
"借"钱入股当起幕后老板
故设连环迷局
泥潭之内
是谁在苦苦挣扎

星级酒店的变脸阴谋

　　这是一家位于山西省忻州市元遗山北路的三星级酒店，外表看似平常，可走进酒店就会发现，酒店内部十分奢华，这就是忻州当地极高档的消费场所——天上人间大酒店。

　　与酒店奢华不相称的是，有个衣着朴素的人一直是酒店的常客。奇怪的是，他来酒店一不消费，二不买单，但每次都有专人接待，被酒店奉为上宾，这个神秘人物是谁呢？

　　知情人说，这个人是忻州市民政局局长陈华梁。

　　最近几年，忻州市纪检委、检察院不时接到跟陈华梁有关的举报信，举报内容集中在他大权独揽、独断专行、办事不公上。陈华梁2001年就任民政局长，人脉很广，以敢说敢做出名。而最近一段时间，关于陈华梁的举报多了起来，有人说他受贿，也有人说他入股奢华酒店。很快，忻州市人民检察院抽调精干力量成立办案组，对陈华梁展开调查。

　　陈华梁身为国家公职人员，正常工资收入根本无法满足其频繁出入高档场所，检察官决定先从陈华梁的个人财产入手，全面调查陈华梁的资产情况。调查结果让检察官感到很意外，通过调查发现，陈华梁在北京、三亚、忻州共有五套房子，另外还有几十万元的保险以及一部汽车，个人存款并不是很多，只有28万元。

　　陈华梁的个人资产仅限于此吗？

另据调查，位于元遗山北路的天上人间大酒店主体建成后不久，就以每年 120 万元的价格承包给了个人，而表面上与酒店并没有多少关系的陈华梁，每次前往都有专人迎接，这里面一定有不为人知的原因。检察官决定展开新一轮调查，天上人间大酒店进入检察机关的视线。

幕后老板

检察官以核实旧账为由秘密接触了天上人间大酒店。检察官亢志勇仔细检索着每一页账单，突然，2007 年的一笔旧账跳入了他的眼帘：建天上人间大酒店的时候，酒店从忻州市民政局下属的福利彩票发行站、忻州市社区服务中心两个单位，各借了 100 万元。检查后续账目时，亢志勇又有了一个新的发现，2008 年 1 月，这两笔借款从天上人间大酒店又转回了这两家下属单位。

拆借资金属于正常，但检察官不能放过任何一个疑点。接受询问时，两家单位负责人异口同声地表示，当时要求转账的，是他们的顶头上司陈华梁。这两笔总计 200 万元的资金是福利款，是陈华梁以天上人间大酒店要建一个高档会议室为名，指示下属单位的负责人转账的。

案情似乎明朗了，陈华梁为酒店承包人拆借资金，用于酒店会议室的建设，之后便成了"天上人间"的座上宾。这一切似乎顺理成章，可一向有"火眼金睛"之称的忻州市人民检察院反渎职侵权局政委吕云章，却感觉事情并不那么简单，他发现了一个重大疑点：当时拆借 200 万元的时候，天上人间大酒店的会议室已经建成，并已营业，那么，陈华梁拆借的这 200 万元一定有别的用途。

为了解开谜底，天上人间大酒店的副总经理被带到了询问室。

亢志勇：这 200 万是谁给的？

副总经理：陈华梁给的。

亢志勇：这 200 万用于什么用途？

副总经理：是股金，用于入股。

亢志勇：参与分红了没有？

副总经理：分了。

……

副总经理的交代，顿时让气氛凝固起来，陈华梁从下属单位拆借资金，看似好借好还，其中却产生了巨额利润。检察官迅速行动，再次来到"天上人间"，这次要查的，是财务部门的内部账单。然而打开电脑，里面除了一些程序，电脑账目消失得无影无踪，很显然有人做了手脚。于是，检察官请来了技术人员，对电脑账单进行了恢复。

恢复过来的结果让办案检察官有些失望，账单里，并没有陈华梁的名字。他们决定改变侦查方向，调取工商部门的注册资料。工商部门的注册资料显示，天上人间大酒店的法人代表是一个叫熊萍（化名）的女人，检察官主动出击，没想到，前两次调查似乎触动了熊萍的神经，关键时刻，她突然消失了。

于是，检察官一方面继续寻找熊萍的下落，一方面监控陈华梁与外界的联系。在接下来的几天里，检察官发现，陈华梁与一部手机号码联系频繁，经过核实，这是"天上人间"大堂经理的手机号码，这个号码，引起了检察官的警觉。在二人频繁联系的短信里，大都是一些互不关联的数字，检察官明白了，陈华梁每天都要求大堂经理向他报账，汇报每天酒店的收入。

这引起了检察官的进一步怀疑：酒店已经承包给了他人，不是你自己的酒店，为什么陈华梁这么关心酒店每天的收入？这里面一定有文章。

这里曾经奢华无限

几乎就在同时，负责寻找熊萍的检察官传来捷报，东躲西藏的熊萍已经找到了。面对检察官的询问，她道出了实情。

原来，熊萍是忻州市民政局下属福利院的副院长，当初，民政局以文件的形式任命她为天上人间大酒店的董事长兼总经理，但是对酒店的经营，她从不过问。熊萍说，自己只是民政系统里的一个小干部，名义上是"天上人间"的法人，其实就是一个傀儡，"天上人间"的幕后老板不是别人，正是忻州市民政局局长陈华梁。

局长变成大股东

根据熊萍的证言，检察官询问了多名知情人，正如熊萍所说，陈华梁实际上操控着"天上人间"的运转。不仅如此，检察官还发现，天上人间大酒店当初在有关部门审批时，是以民政局下属的荣军精神病院福利综合楼立项的。

2006年，陈华梁在民政局的一次会议上，提出要以荣军精神病院的名义建一座福利楼，用于收容孤寡老人和孤残儿童，这个计划得到一致通过。在取得土地使用权之后，大楼开始按照图纸开建了。然而工程过半，陈华梁提出，由于建设资金不足，建议将福利综合楼改做酒店，向社会募集资金。

陈华梁在民政局说一不二，大家不敢反对。不久，一些有投资意向的商人入股酒店，陈华梁亲自为酒店取名为"天上人间"，至此，福利综合楼完成了变脸过程。

为了彻底控制"天上人间"，陈华梁开始利用权势排挤其他股东，他以"天上人间"需要建会议室为名，向下属的两家单位拆借了200万元。这200万元是他成为最大股东的重要筹码，最终陈华梁在酒店入股730万。为了掩人耳目，陈华梁把熊萍推到台前，将所有股份挂在她的名下，而自己却执掌整个酒店的运行。至此，陈华梁巨额股金浮出水面。

陈华梁只是一个处级干部，每个月工资三千多块钱，他的七百多万股金的来源，的确让人生疑。他哪里来的这么多钱呢？

在民政局，陈华梁说一不二

北京取证

2008 年国庆节前，陈华梁在自己的办公室里坐立不安，前几天在省城，他就听说了纪委要查他的消息，这让他有种不祥的预感。他拿起电话，拨通了几个朋友的号码。

2008 年 10 月 18 日，纪委工作人员从天而降，将正在参加会议的陈华梁当场带走。被"双规"后的陈华梁交代了 200 万元拆借资金的问题；12 月 18 日，忻州市纪委将陈华梁案移交到检察机关；12 月 19 日，陈华梁被忻州市人民检察院立案侦查；12 月 29 日，陈华梁被宣布刑事拘留。

被刑事拘留后的陈华梁，闭口不谈自己的问题，扬言对忻州有功无过，绝对没有任何违法行为。而对巨额财产的来源，陈华梁似乎早有准备，他辩解说，自己为了入股，从北京一个女老板手里借了 350 万，又从几个本地商人手里各借了近百万元。这些钱是靠人情关系搞来的借款。

为了搞清楚这些巨额股金的来源，办案检察官迅速联系了陈华梁所说的北京女老板。这个女老板接到电话，称自己这几天均在外地，过两天回京，到时候约个时间地点见一面。

几天后，检察官在北京见到了这个女老板。关于这笔最大借款，女老板的回答很干脆："这个钱我确实借给了陈华梁，在饭店入了股，他说挣了钱以后，给我点，就算我借给他的。"

陈华梁和许多商人交往很深，并为这些生意人提供过便利，现在轮到这些老板反过头来报答陈华梁了。但女老板没敢说这 350 万是她的，而是说，这笔巨款是从一个香港老板那里借的。

检察官亢志勇知道，按常理，如果要将 350 万元交给陈华梁，必然在银行和公司留下汇款记录，在对女老板的公

陈华梁被刑事拘留

司账目进行清查时，检察官发现，这家公司三年内根本没有超过百万元的汇款记录。亢志勇紧追不放，刨根问底，但是女老板的回答再次让检察官吃了"闭门羹"，她说，这笔钱是现金支付的，是从一个香港老板那里用车直接拉过来的，当面交割，当然没有凭证。

显然，陈华梁为检察机关设计了一个连环迷局。然而，迷局之内，吕云章还是发现了一个被忽略的细节：这笔巨款如果是从香港运过来的，那么，海关应该有记录。

回到忻州，检察官迅速和海关取得了联系，海关的回复让吕云章非常兴奋，对手百密一疏，精心订立的攻守同盟还是露出了马脚。海关仔细查找，并没有这笔钱的入关记录，这下子，吕云章乐了。检察机关马上打电话给北京，通知女老板马上到忻州协助调查，原因很简单，陈华梁已经立案侦查，女老板显然作了伪证。

第二天上午，一架北京来的航班在太原机场着陆，行色匆匆的女老板坐上了开往忻州市人民检察院的汽车。上午 10 点，神色慌张的女老板承认，这笔钱她确实没有借给陈华梁，这是他们之间订立的一个攻守同盟，主要是为了应付将来发生的一切调查。

串供的纸条

此时 2009 年春节已近，进一步取证无法正常进行，亢志勇提出，可以转过头来从陈华梁身上取得进展，亢志勇决定也给陈华梁摆一个"迷魂阵"。

在看守所，亢志勇对陈华梁说："你看你这个事情已经都这样了，希望你考虑好，不要影响了别人。"说完，亢志勇就打住了。

听了这话，陈华梁的心里"咯噔"一下，他搞不清检察机关的葫芦里到底卖的什么药。平时镇定犀利的检察官，从北京回来后，却一反常理，并不急于讯问他，这让陈华梁的心里五味杂陈，摸不着头脑，难道他们掌握足够的证据了吗？

检察官知道，此时的陈华梁已经逼近心理底线，吕云章当即决定，欲擒故纵，先不急着审讯，看看陈华梁还会耍什么花样。

果然，陈华梁开始急躁异常，在 2009 年春节此起彼伏的鞭炮声里，陈华梁悄悄地在卫生纸上写下了最后的求救信号，他企图托送饭的人带出纸条，可他不会想到，这些串供纸条一张不少地落到了检察官的手中。徒劳的串供，编造的谎言，给陈华梁日后接受审判提供了有力的证据。

2009 年春节过去了，串供纸条泥牛入海，杳无音信，老奸巨猾的陈华梁决定依靠自己的力量，意欲最后一搏。在讯问过程中，陈华梁提出，自己是教师出身，办过高考补习班，有很多额外的收入，后来又下海做起了买卖，赚了很多钱，用于入股天上人间大酒店的 730 万元，都是自己的合法所得。

为了彻底揭穿陈华梁，检察官开始对陈华梁的资产来源进行彻底的核算。陈华梁在好几个单位工作过，检察官查到了陈华梁在这些单位工作时的每一笔工资收入。

除了工资收入，检察官还找到了上世纪 90 年代陈华梁下海经商时的纳税清单，通过陈华梁缴纳的税款，可以推算出他当时的经商所得。剥离陈华梁近三十年来的所有收入，检察官发现，陈华梁依然有大量的财产不能说明来源。

讯问室里，陈华梁看到了自己所有工资和纳税的清单，他怎么也想不到检察机关能将他过去近三十年的收入核算得这么细致，此时的陈华梁陷入了绝望，濒临崩溃。

最后的挣扎

2009 年 8 月 17 日，山西省繁峙县人民法院对忻州市民政局原局长陈华梁进行公开审理。上午 8 点 30 分，四名法警将被告人陈华梁带上法庭，容纳一百多人的法庭座无虚席。公诉人田植林开始宣读公诉书，此时意外发生了：陈华梁突然低下头，捂住心口，沉默了有五分钟。

这个意外让大家感觉很突然，法医很快对陈华梁进行了护理，在服下速效救心丸之后，陈华梁逐渐恢复了正常。可这个小小的意外，却让公诉人田植林感到庭审绝不会像预想的那么顺利。

事情果然像田植林所料，在接下来的庭审过程中，发生了戏剧性的变化，陈华梁的辩护律师请出了八位证人，根据这八位证人的陈述，陈华梁的 730 万元财产都是借来的——陈华梁故伎重演。

面对陈华梁的疯狂反扑，田植林镇定自若，因为他们手上有 19 本卷宗，3487 页的案卷材料，上面扎实地记录着陈华梁的犯罪事实。公诉人当庭出示了陈华梁写在卫生纸上的串供信息，播放了审讯时的同步录音录像，揭露了陈华梁极力对抗侦查、企图逃脱罪名的嘴脸。

最终，法庭没有采信八位证人的证言，曾经不可一世的陈华梁在公正的法律面前低下了头。

童年苦难，青年奋斗，中年上进，晚年腐败，陈华梁沿着这样的人生轨迹一路走来。在返回忻州市人民检察院的路上，检察官再次路过元遗山北路，此时的"天上人间"已经失去了往日的繁华，只是那对惹眼的巨幅对联仍然挂在门前，上联是：天上仙女常思凡早把人间比瑶池；下联是：人间酷男亦醉酒更将天上视桃园。

在忻州，很多人都没有进过这样的高档场所，老百姓不知道里面是不是真的有人间瑶池，可现在整个忻州百姓都知道，无论上天入地，都不能践踏法律的尊严和人民赋予的权力。

2009 年 8 月 17 日，山西省繁峙县人民法院作出一审判决：陈华梁犯受贿罪，判处有期徒刑十一年；犯挪用公款罪，判处有期徒刑七年；犯巨额财产来源不明罪，判处有期徒刑五年；决定合并执行有期徒刑十五年；不能说明合法来源的财产予以追缴，上缴国库。陈华梁提出上诉，几天后撤诉。

通村水泥路竟是"豆腐渣路"

也是交通局长的"腐败路"

不起眼的手提包里

装有 94 张银行存款单

一个交通局长哪来资产千万

交通局长的受贿
"流水账"

2009 年 3 月的一天,陕西省渭南市大王乡牛寺庙村来了一辆警车。在通村公路上,渭南市临渭区人民检察院的检察官向村民详细问起了当初修路的情况。

检察官调查的这条水泥路,长 1.3 公里,宽不足 3 米,是刘才沟和牛寺庙两个村通往外界的必经之路。通村公路是 2008 年修建的,然而不到半年,水泥路就成了豆腐渣路。调查中,一位村民显得异常气愤:"这样的水泥路还不如从前的石子路,简直就是灰土路!在上面用脚一踢,路面就散了;汽车开过去,扬起的灰土连汽车都看不见。"

修建这条路的钱,是由上级拨款和村民自筹解决的,盼望已久的通村路,竟然成了"豆腐渣路",村民们不甘心,于是把这事反映给了省里的媒体。经过调查采访,2008 年 12 月 8 日,陕西电视台报道了这件事。节目播出后,省市区相关部门立即成立了联合调查组,并于 12 月 10 日在大王乡刘才沟村召开了现场会。

雷建民时任渭南市临渭区交通局局长,通村公路项目正是由他牵头负责的,作为区交通局的一把手,他负有不可推卸的责任。开完现场会的第二天,雷建民就被停职检查了。

如今,事情已经过去了三个多月,渭南市临渭区人民检察院为何在这时才介入调查呢?

来历不明的百万巨款

其实，自从临渭区这条豆腐渣路的报道播出后，渭南市临渭区人民检察院的领导就开始关注这件事了。

2009年2月，春节刚过，临渭区的一些通村公路就陆续开工建设了，这天工地上来了一位中年人，他自称是包工头，经人介绍，来了解一些承包通村路工程的情况。实际上，这个人并不是什么包工头，而是临渭区人民检察院反贪局侦查一科科长戴宏。

通过和一些通村路施工队的接触，戴宏了解到许多交通局的内幕。施工队的人说，在临渭区交通局的这些通村公路建设中，有一个人在工程承包和验收中处于关键地位，他就是临渭区交通局的章玉哲（化名），章玉哲对通村路的工程招投标、验收以及拨付工程款等具体负责。

在掌握了一系列有力的证据后，检察官决定将章玉哲传唤到临渭区人民检察院。到检察院的当天，章玉哲就承认自己收受包工头的贿赂了。他交代，在临渭区通村公路建设过程中，确实存在着暗箱操作的情况，一些工程队老板为了能从交通局多揽到一些工程，就给他送钱，而他抵挡不住诱惑，就收下了。

为了进一步查清事实，检察官开始核查交通局的所有账目。经过几个昼夜的连续奋战，有一笔110万元的进账引起了检察官的注意。修通村路的钱，一是群众的自筹款，再一个就是上级拨款，这笔110万元的巨款，既不是村民的自筹款，也不是工程拨付款，那是什么钱呢？

面对这110万元巨款，章玉哲说，自己根本不清楚是怎么回事，而交通局的会计也同样说不清楚。为了查清事实，检察机关决定传唤临渭区交通局局长雷建民协助调查。

套钱伎俩

雷建民被传唤到了检察院，他万万没想到，这一去，就再也没能回家。

起初，他还跟检察官摆起了架子，起劲地表白自己的功劳。雷建民说，到临渭区交通局上任以后，给临渭区修了很多路，到省里争取了很多资金，吃吃喝喝的事情避免不了，别人送烟酒的事儿也有，但是个人绝对没有收过谁的钱，也没有贪污过一分钱。

面对雷建民的"表白"，检察官胸有成竹，他们拿出早就准备好的账本。面对来历不明的 110 万元巨款，雷建民的神色开始变得慌张起来，他一会儿说是借朋友的，一会儿又说这是村民交的自筹款。与此同时，在另一间审讯室里，章玉哲交代了雷建民私自设立工程项目部的重要事实，而且还提供了雷建民收受贿赂的大量证据。当天晚上，检察机关决定对雷建民立案侦查。2009 年 4 月 24 日，雷建民被临渭区检察院刑事拘留，4 月 30 日被批准逮捕。

雷建民被拘留后，检察官对他的办公室进行了搜查，在他的办公桌抽屉里，检察官发现了四枚公章，分别刻着四个工程项目部的名字。

在接下来的搜查中，他们又有了惊人的发现。在柜子里，整整齐齐地摆放着 19 份工程承包合同。令人感到奇怪的是，这 19 份合同上，甲方无一例外都是临渭区交通局，而乙方分别是这四个工程项目部，涉及的工程项目中，有渭北产业园的道路工程，也有通村公路的工程。面对 19 份如出一辙的合同，雷建民承认，其中有 15 份是假合同。

在四个项目部的账目资料中，检察官又发现，报销人的签字均是"雷大民"，字迹和雷建民的笔迹竟然完全一样。面对检察官的讯问，雷建民承认，这四个项目部

雷建民：吃吃喝喝的事情免不了，但我绝对没有贪污过一分钱

都是自己私自设立的，这些虚假合同也都是他签的：甲方是临渭区交通局，由他来签字；乙方是他自己的项目部，大都是找人代签的。

2006 年，为了推行农村通村公路建设，交通部规定，每修一公里通村路，由国家专项资金补贴 20 万元，剩下的 20 万元由地方财政配套，这让雷建民动起了发财的歪脑筋。正是从这一年开始，雷建民利用职务之便，自己和自己

签订虚假合同，套取国家对通村公路的补贴资金。补贴资金到位后，雷建民将钱转到自己的项目部，而合同上的那些通村路，有的根本就没修，有的则在里程和面积上大大缩水。

在接下来的查账中，检察官发现，雷建民通过这四个项目部，采取签订虚假合同套取工程款和先多付后截留工程款的方式，大肆套取公款五百多万元。对此，雷建民却并不认账，他说用虚假合同套出的通村路工程款，主要是用在临渭区的县乡路修建上了。

事实果真如此吗？

经过查证，检察官发现，雷建民确实将套取的工程款交回了一部分，除去案发时来历不明的110万元，雷建民还给交通局买了两部汽车，组织过交通局职工旅游，这些钱都从项目部的资金里支出。但是除去这些，雷建民套取的五百多万元工程款，还有二百多万元无法说明去向。

经检察机关查实，2006年10月至2008年8月近两年间，雷建民代表甲方临渭区交通局，跟其私自设立的四个项目部签订通村路虚假合同15份，共套取通村路工程款552.8万元，他将这些钱上交临渭区交通局261.71万元，垫付交通局费用和虚假合同税款约68万元，剩余的223万元，就落入了个人的腰包。

普通手提包里的存折

到案后的雷建民拒不承认自己贪污的事实，这给办案增加了不小的难度，检察官决定从赃款去向入手，彻底掌握雷建民贪污受贿的证据。当听到检察机关要对自己的住宅依法搜查时，雷建民神色大变，他连称自己家里什么都没有。

雷建民的反常引起了检察官的怀疑，为了尽快突破，在搜查完雷建民的办公室后，检察官马不停蹄赶到雷建民的家中。房门打开，让他们吃了一惊：客厅内，卧室里，阳台上，到处堆着名烟名酒。

搜查的同时，检察官也在悄悄地观察着雷建民的一举一动，在翻动电视机旁边一个礼品盒时，雷建民的神态突然变得非常慌张。检察官打开盒子，里面有一个黑色的手提包，拉开拉链，一堆房产证和一个信封掉了出来，把信封打开一看，厚厚的一沓子存折，基本上都是五万元一张，起码有近百张。

这让检察官开了"眼界"。

经过清点，雷建民家搜出银行存款单 94 张，共计人民币 517 万元；借据 4 张，折合人民币 468 万元；另外还有三本房产证和一份购房协议，以及他个人办理的返还式保险以及国债等。检察官没有想到，他竟然把所有的财产都集中在这样一个手提包里。

原来，听到风声的雷建民感觉要出事，提前将存折、房产证等集中放到一个手提包里，准备转移出去，可没来得及拿走，雷建民就被传唤到了检察院。

提包里，藏着雷建民的全部秘密

雷建民家搜出的存折等

经过查账，在雷建民私设的四个项目部还发现四十多万元结余。检察官把雷建民的所有资产加到一起，得出了一个惊人的数字：1290 万。

搜查的结果让检察官兴奋不已："刚开始只想钓个虾米，没想到竟然钓上来一条大鱼。"

在临渭区，交通局长是个不小的人物，社会关系千丝万缕、错综复杂，为了防止串供，临渭区人民检察院立即决定，对雷建民实施异地关押，而关押地，在检察院里只有三个人知道。

雷建民被异地关押后，临渭区人民检察院内部实行了严格的保密制度。在案件侦查最关键的一个月里，所有检察官都集中在一个偏僻的办案点，不许回家，每个人的手机都要上交，只能使用五部专门的办案手机。

雷家的巨额财富暴露后，他的家人慌了手脚，一天晚上，雷建民的妻子突然来到了检察院。雷的家属说，雷建民的父亲临死的时候，给他留了 50 万；另外，他还有一个妹妹和妹夫在南方打工，借给了雷建民 250 万元。

雷建民的家属说得有鼻子有眼，凭着多年的办案经验，检察官感觉雷建民的妻子在说谎，她企图冲抵雷建民的存款数额，以减轻雷建民的罪责。对此检察官不动声色，讯问室里，检察官反复问雷建民到底还有没有其他钱，比如说借别人的钱，或者说是你的父母给你留过遗产。雷建民矢口否认。

雷建民的妻子明显在说谎！

笔记本上的罪证

1958 年，雷建民出生于渭南市临渭区河西乡一个农民家庭，大学毕业后他被分配到河西中学当了一名教师，后来调到临渭区政府办公室工作。由于勤奋能干，表现出色，2000 年，雷建民当上了临渭区交通局局长，那时的雷建民，每次开会都要讲讲廉洁奉公的问题。

口头上的廉洁只是个幌子，背地里雷建民却大肆贪污受贿。不仅如此，从 2002 年开始，他还把自己的存款一笔笔记录下来，他自己都没想到，这成了他贪污受贿的铁证。

短短几年时间，雷建民的银行存款节节攀升。这些存款大多数存于西安、渭南、临潼等地的银行，雷建民或家人平均每四天就要跑一次银行办理存款和转存手续。

此外雷建民还有多处房产，其中一处在渭南市中心广场的写字楼，雷建民与他人合伙买下了整整一层，面积有 300 平方米，雷建民交了 150 万元预付款。楼层还没有装修，房子就这么一直荒废着，只是它不知道主人已经身陷囹圄。

在对雷建民办公室进行搜查时，检察官同时查获的还有一个账本，在长达 27 页的受贿账本上，密密麻麻地记载着近三百人给他行贿的详情。这些记录，大到工程队负责人送了几万元，小到个人送的烟酒、月饼、咖啡、茶叶、水果、营养品、酸奶、脑白金、露露、核桃、卢柑、苹果、栗子、石榴、冬枣、柿饼、圣女果、开心果、鸡蛋、大肉、碗子（渭南特产）、西瓜、黄瓜、葱、米、面、油等等。

在雷建民的受贿记录本上，受贿的钱数排在最先，以万元为单位，分别用"1"、"0.1"、"0.05"等表示，随后是所送的物品。雷建民解释说，"1"表示10000元，"0.1"表示1000元，"0.05"表示500元。

雷建民收受的香烟中，有熊猫、中华、苏烟、玉溪、好猫、芙蓉王等，这些烟，雷建民都要记清楚是黄熊猫还是小熊猫，是软中华还是硬中华，是蓝芙蓉王还是黄芙蓉王，是红好猫还是蓝好猫，是精装苏烟还是简装苏烟，以及所送的数量。

雷建民收受的酒类有XO、威士忌、茅台、五粮液、剑南春、西凤、黄金酒、枸杞酒、泸州老窖、金枝玉叶、干红等。对于这些酒，雷建民要记清楚茅台酒是内供酒还是外销酒，是飞天茅台还是一帆风顺茅台；剑南春要标明是普通的剑南春还是珍品剑南春；干红酒也要记清楚是长城干红还是威龙干红，或者是宁夏干红；西凤酒要记清楚是多少年酿造，是单瓶装还是双瓶装。

就连送给他的铁观音茶叶，他都要写清楚是普通铁观音还是观音王，所送的月饼也要记清楚月饼的牌子是什么。

2007年10月，雷建民在老家盈田村盖房子上楼板时，按照当地习俗，亲朋好友要去祝贺，谁送了多少钱，谁送了一条烟，一箱啤酒，一挂鞭炮，也都记得一清二楚。

就这样，逢年过节就收钱，成了雷建民名正言顺的人情往来。至案发时，他还保存着行贿人给他送钱时用来装钱的46个信封。

穷县里的富局长

临渭区是一个以农业为主的大区，经济并不发达，每年都要靠国家财政补贴，这里一个普通公务员的月工资只有一千元左右。可让人想不到的是，一个交通局长的个人资产却有上千万，不仅老百姓感到吃惊，临渭区交通局的职工也都感到不可思议。

单位同事说，雷建民在工作中特立独行，平时在单位很难见到他，特别是工程项目上的事，交通局机关很少有人知晓。

虽然雷建民贪污受贿了很多钱，但他自 2000 年上任以来，交通局的办公条件一直没有任何改善，办公桌椅大都是上世纪 70 年代的，电脑也少得可怜，只有办公室、财务室配备了几台。更令人想不到的是，每到下雨天，二楼的几间办公室还会漏雨。

尽管办公条件不能改善，但雷建民自己却过着随心所欲的生活，足浴和唱歌是他的爱好，也许是交通局长走的路多，雷

雷建民去足浴中心的流水账（局部）

建民很早就成了渭南多家足浴场所的贵宾。在雷建民的两个笔记本上，从 1996 年起就清清楚楚地记载着他去这些场所消费的情况，并有时间、地点、一同去的人数及姓名。这些条理清晰的糊涂账本，不仅成为雷建民贪污受贿的有力证据，更记录了他一步步滑向犯罪深渊的历程。

经过三个月的侦查，检察官整理的案卷共有 18 卷之多，雷建民贪污受贿的事实清晰地展现在人们的面前。最后检察机关查实，雷建民贪污 378.88 万元，受贿 42.9 万元，其余 433.32 万元巨额财产来源不明。

2009 年 11 月 18 日，渭南市中级人民法院开庭审理了雷建民贪污受贿案。2009 年 12 月 28 日，渭南市中级人民法院作出一审判决：

一、雷建民利用职务便利，侵吞、骗取公款 378.88 万元，犯贪污罪，判处无期徒刑，剥夺政治权利终身；

二、雷建民收受他人财物 42.9 万元，为他人谋取利益，犯受贿罪，判处有期徒刑十三年；

三、雷建民个人财产超过合法收入，不能说明来源的财产达 433.32 万元，犯巨额财产来源不明罪，判处有期徒刑五年。数罪并罚决定执行无期徒刑，剥夺政治权利终身。

雷建民没有提出上诉。

假烟案牵出案中案
贩假者为何理直气壮
鼠在前，猫在后
猫鼠合谋的背后
是见不得阳光的交易

蹊跷假烟案

2009 年 3 月 23 日，一辆警车开进了贵州省贵阳市花溪区烟草专卖分局，正在上班的稽查工作人员胡海被当场带走，而在前几天，与胡海同一个办公室的另一名稽查工作人员周真祥也是这样被带走的。

稽查科工作人员连续被带走，这在花溪区乃至贵阳市都引起了不小的震动，人们议论纷纷：烟草专卖局到底发生什么事情了？

假烟从何而来

2009 年 3 月，贵阳市花溪区人民检察院接到了贵州省人民检察院的案件交办函，查办一起国家工作人员与烟草贩子合谋倒卖假烟的案子。

而这起假烟案，事发于离贵阳市花溪区一千多公里的黔东南州凯里市。

2008 年 11 月的一天，凯里市烟草专卖局接到电话举报，说发现有人在贩运假烟。根据举报线索，烟草稽查人员与凯里警方迅速出击，查获了价值 65 万元的假烟和运输假烟的烟贩子周勇。在追查假烟来源的时候，烟贩子周勇的供述令人大吃一惊。

周勇说，让他帮助发货的，是贵阳市花溪区烟草专卖分局的烟草稽查人员周真祥，并给了他两千块钱作为这次发货的酬金。这让凯里烟草专卖局的稽查人员很疑惑，按常理，烟草稽查人员与假烟贩子水火不容，是一对天生的"死对头"，周真祥作为贵阳市花溪区的烟草稽查人员，怎么可能雇人贩运假烟呢？为了弄清事情的真相，凯里警方把周真祥从花溪区带回凯里市协助调查。

周真祥解释说，2008年年初，在凯里市烟草专卖局工作的同学陆某找到他，说他们有查处假烟的任务，让他在花溪区看看，能不能帮他找一点假烟的线索。为了帮助凯里的陆某完成任务，以提高其工作业绩，他就把自己近期在花溪区查获的假烟，分出一半来，叫周勇给远在凯里的陆某送来，没有想到同学陆某慢了半步，这批假烟让别人先查了。

周真祥辩解说，他自己根本不知道这些假烟是从哪里来的，只说是自己的"线人"、一个叫刘发松的人提供的假烟线索。

警方立即把刘发松带到凯里市。讯问中，刘发松交代，自己和一个叫陆绪松的人一起从广东购买假烟，他只管贩运，举报由陆绪松负责。刘发松花钱长途贩运来的假烟，为什么叫陆绪松举报呢？难道就是完成周真祥稽查假烟的指标吗？

很快，另一名涉案人员陆绪松到案，但他说自己对此事一无所知。

此时的周真祥大声喊冤，始终不承认自己与刘发松等人有更多的关系，只辩解说，刘发松、陆绪松就是自己打假的"线人"。

事情变得扑朔迷离起来。

在了解了案件的来龙去脉后，根据多年的办案经验，花溪区人民检察院的王筑生检察长判断，这决不是一起单纯的贩烟案件，其中一定有见不得光的交易。

周真祥：我跟假烟贩子没有更多关系

假烟贩子陆绪松

胡海浮出水面

周真祥、陆绪松拒不交代贩运假烟背后的真实目的，为了尽快找到突破口，检察官决定另辟蹊径。

凯里市离贵阳有一千多公里，如果花溪区人民检察院组织力量对犯罪嫌疑人进行突审的话，要长途奔波，行动很不方便。于是，在履行了相关手续后，陆绪松、周真祥等四名犯罪嫌疑人被从凯里市看守所转到贵阳市进行羁押。

押解回来的当天，就如何突破周真祥等人，花溪区人民检察院召开了案情分析会。检察机关制定了两套方案，一是调查假烟的来源，查找新的犯罪证据；二是兵分几路，调查犯罪嫌疑人的银行账户。

被查获的假烟，烟丝和做工极其低劣

在贵阳市各大银行调查的检察官，并没有发现周真祥的账户上有可疑的资金往来；另一路去广东调查假烟来源的检察官，根据刘发松的交代并没有找到更有价值的线索。此时，被羁押在看守所的周真祥和陆绪松还是一脸的无辜，难道他们真的是被冤枉了吗？

办案检察官重新调整思路，不经意间，一个经不起推敲的细节引起了他们的注意。检察官发现，凯里警方查获的这伙人购进的熊猫、中华等假烟，虽然都是名牌，但其烟丝和做工却极其低劣——烟头和烟嘴很容易就能分开，另外他们贩卖的这种烟没有经过糊烤，烟的生味很重。

质量如此低劣的假烟，怎么可能销售出去呢？检察官决定先到市场上进行秘密调查。很快，怀疑得到了印证，这类香烟在市场上无影无踪，从来没有销售过。他们这伙人购买低劣香烟的真正目的是什么呢？他们会不会单纯为打假而贩假呢？检察官再次提审了周真祥和陆绪松，但他们两人依然极力辩解。

而就在此时，另外一组前往陆绪松的老家毕节市进行调查的检察官传来好消息，他们发现，在陆绪松被抓之前，他的银行账户上有一些可疑的资金往来。

陆绪松的银行账户上显示，2008 年 7 月至 9 月间，陆绪松与刘发松资金往来频繁，并且很不正常。在陆绪松继续抵赖的情况下，检察官决定从刘发松身上寻找突破口，没想到，刘发松很快交代出了他不仅跟周真祥有交易，还与花溪区烟草专卖分局的另一名执法人员胡海也有类似的交易。

刘发松的交代让另一名烟草稽查人员胡海浮出水面。2009 年 3 月 23 日，胡海因涉嫌滥用职权被检察机关批准逮捕。

一万块钱的疑问

与检察官第一次照面的胡海，和周真祥一样，面对讯问态度非常强硬，辩解自己并没有与假烟贩子合谋，只是让他们提供打假线索，提高工作业绩，以此获得领导的信任和赏识。

尽管有烟贩子刘发松的证言，但作为烟草稽查人员的胡海和周真祥如果不交代的话，很难对这起案件深入查处。检察官深知，曾经作为烟草执法者的周真祥、胡海，他们有着较强的对抗审讯经验。

显然，没有扎实的证据很难撬开他们的嘴巴。检察官决定利用胡海立足未稳，首先突破胡海，然后再突破周真祥、陆绪松。那么如何突破早就有充分准备的胡海呢？经过仔细阅卷和缜密的侦查，检察官发现了疑点：胡海几年来查处的九起假烟案件中，没有一个烟贩子落网。另外，通过对胡海银行往来资金的查询发现，胡海与在押的陆绪松过去也有资金往来，他曾经通过银行转账，把一万块钱打到了陆绪松的账户上。

面对讯问，胡海说，这一万块钱是因打假有功奖励他的钱，陆绪松举报假烟有功，胡海把局里对自己的奖励拿出来给了陆绪松，他不能吃独食。

胡海：我把给我的奖励给了陆绪松

检察官当然不相信这看似合理的解释，因为胡海打到陆绪松账户上的一万块钱，从时间上推断，他们当时还没有开始贩运假烟。那么胡海打到陆绪松账户的一万块钱究竟是用来做什么的呢？

　　检察官锲而不舍，加大了对陆绪松的审讯力度。面对审讯，陆绪松一时间有些心神不定，这让检察官感到他不仅内心斗争激烈，而且似乎另有隐情。检察官通过对陆绪松家庭进行走访得知，陆绪松的妻子正在医院待产。

　　检察官及时到医院了解情况，并与看守所沟通，把母子平安的照片送给了陆绪松。看到这些，他流泪了。

　　被检察官的真诚所感动，陆绪松主动交代了自己和胡海、周真祥互相勾结，以假查假打的手段骗取国家烟草举报专项资金的作案过程。陆绪松说，这一万块钱是胡海给他购买假烟的钱。

竞争上岗想"歪招"

　　身为烟草稽查人员的胡海、周真祥年轻有为，他们是怎样与自己的死对头——假烟贩子勾结在一起的呢？这事还要从一场竞争上岗说起。

　　2008年春节后，花溪区烟草专卖分局正在搞竞争上岗，胡海想竞争烟草专卖分局稽查大队中队长的位置，竞争上岗必须有让人信服的业绩，当时的花溪烟草专卖分局打假工作很少，接到的举报也不多，胡海在这上面动起了心思。

　　2008年6月，胡海回到他的老家毕节市寻找这种假烟线索，找到了战友的弟弟陆绪松，希望帮忙。陆绪松关系多，加上自己的哥哥跟胡海是战友，在这种背景下，陆绪松一口答应下来，并带着胡海找到了曾经做过假烟生意的刘发松。胡海提出由刘发松购买假烟，并向他举报时，刘发松一时愣住了："怎么可以贩卖假烟再自投罗网举报呢？"

　　胡海听后一笑，娓娓道来其中的奥秘。原来，2007年，贵阳市烟草专卖局制定出台了《罚没案件奖励办法》，规定查获假烟案件按照假烟案值的30%，奖励给举报人、协查单位和办案人员。但是，胡海在跟刘发松解释这个奖励办法的时候，把奖励的比例由 30% 降到了 10%。胡海很精明，他想名利双收。

听完胡海的解释，刘发松当即就明白了其中的奥妙，做过假烟生意的他在心里打开了"小九九"，他知道，在广东的黑市上，五万元能买到批发价一百万元的假烟，而这样就能获得十万元的奖励。胡海的承诺，让刘发松顿时来了兴趣，他连忙与熟悉的广东烟贩子联系上了。

三个人觥筹交错间，胡海又安排了具体的细节和分工：刘发松负责购买假烟，陆绪松负责打电话给他"举报"，胡海负责查处，陆、刘二人能赚到钱，胡海能得到业绩，各得其所。于是三个人一拍即合。

几天后，刘发松和陆绪松前往广东，很快找到了假烟贩子，并且商量好了成交的价钱。由于所带的购买假烟的资金不够，陆绪松给身在贵阳的胡海打去电话，让他给自己的账户里打一笔钱。于是，胡海"乖乖"地将一万块钱打给了远在广东的陆绪松，并授意买些什么品牌的香烟。

就这样，刘发松、陆绪松等人用胡海的一万块钱加上自己的钱，从广东某地开始购买假烟。假烟很快买好了，刘发松、陆绪松雇车把假烟贩运到贵阳市区后，陆绪松电话告知胡海存放假烟的具体地点，并告诉胡海，可以过来"查"了。

于是，接到"举报"的胡海立即装模作样地向上级报告，然后，胡海带着不明真相的烟草执法人员一道来到事前定好的地点，这样，假戏真做，假烟被当场查获，当然不见假烟贩子的踪影。

这笔"买卖"，他们共套取烟草专卖局的奖励八万多块钱，这八万多块钱是胡海通过银行转账转给陆绪松的，再由陆绪松分赃。

东窗事发

看到胡海查处假烟的所谓战绩，跟胡海在一个办公室的周真祥也按捺不住了，他也开始与陆绪松、刘发松等人勾结起来。

2008 年 7 月 19 日，陆绪松一伙从广东购进一批假烟返回贵阳后，电话通知周真祥，接着周真祥带着烟草执法人员，拦下装载假烟的货车，当场查获案值 85 万元的熊猫、中华等假烟。

仅仅相隔四天，7月23日，周真祥查获案值100万元的中华、熊猫等1692条假烟。9月24日，周真祥再一次带人查获刘发松提供的价值55万元的假烟。

……

查扣完假烟之后，胡海、周真祥就通过内部的报批程序，将假烟上报单位，经过贵阳市烟草专卖局审核后，对举报人的奖励款就会拨付下来，专项奖励资金就到了花溪区烟草专卖分局。这时，胡海、周真祥他们用编造好的一个个假名字，轻松地签完字，打假奖金就这样从花溪区烟草专卖分局冒领出来了。

陆绪松后来也知道，烟草专卖局的奖励是案值的30%，他自恃购买假烟有功，提出要举报奖励的10%，而且他还要打假有功人员所获奖励的20%作为对他的"回报"。至此，执法者完全被造假者牵着鼻子走了。花溪区人民检察院副检察长龙亚海有个形象的比喻——老鼠戏猫，他说："这个老鼠就是要牢牢地控制猫，他用的手法就是要求他们出资，而且要留下绝好的证据。"

然而好景不长，2008年9月起，一伙人由于分赃不均，闹起矛盾来，周真祥和胡海领头各干各的，一个以假贩假的团伙，从此变成了两个团伙同时作案。

2008年10月底，刘发松等人按照周真祥的要求，又从广东运来120万元的假烟。假烟运到贵阳后，周真祥分成两半，一半留着自己查处，另一半让周勇运到凯里市，不曾想，此后东窗事发。

编造的奖励人员名单

2009年5月15日，团伙另外两名成员姚维超和向勇被抓获，落网后的两名团伙成员检举出贵阳市白云区烟草专卖分局稽查大队大队长阳斌也与他们曾作案多次。至此，一个由三名烟草专卖局执法人员和多名社会人员组成的打假贩假团伙成员全部被抓获归案。

其实，胡海和周真祥等人每次作案都非常小心，在搞了几次假打假查骗取举报资金之后，他们也很害怕，他们叮嘱刘发松和陆绪松几个人，一定要守口如瓶，哪怕是自己的父母妻儿都不能说。

检察机关查实，周真祥、胡海和阳斌三名烟草执法人员，与多名社会人员内外串通预谋，11次从外省贩运假烟，涉案金额高达870万元。

2009年11月，胡海、周真祥和阳斌以滥用职权罪、贪污罪分别被判处十三年、十三年和十一年有期徒刑；陆绪松、刘发松等几名假烟贩子以生产销售伪劣产品罪、贪污罪分别被判处十三年至十四年不等有期徒刑。

一封匿名举报信
牵出环保领域惊人内幕
他是业内知名环保专家
担任环保局副局长十多年
退休之后仍受贿

恣意环评的代价

2009年8月27日9点30分，上海市第二中级人民法院刑事审判庭。

这是一次不同寻常的庭审，被告人严舜钧是上海市环保局原副局长，业内知名的环保专家，已经退休。因为他的特殊身份，庭审现场来了许多媒体，所有镜头都对准了被告席上面无表情的严舜钧。与此同时，在离法院最近的上海市第十人民医院，一辆救护车正停在急救中心门口——严舜钧的身体患有严重疾病，救护车随时待命。

整个庭审过程非常平静，除了回答公诉人的提问外，严舜钧没有更多的回避和辩解，面对检察机关指控的七项受贿事实，他全部承认属实。

媒体上对严舜钧的报道

检察机关的指控证据确凿、扎实，严舜钧对受贿事实一一作了供认，法庭没有传唤任何证人到庭质证，控辩双方没有激烈的辩论，原来计划一天的开庭审理，半天就结束了。直到这时，检察官悬着的心才真正放了下来。

第二天，上海多家媒体对严舜钧受贿案庭审的情况进行了报道，引起了人们的极大关注。大家都在猜测，身为环保局副局长的严舜钧已经退休，原本应该安度晚年，是什么让他从一个知名环保专家沦为了阶下囚？

他是知名环保专家

2008 年 11 月底，上海市人民检察院第二分院接到了一封匿名举报信。举报信称，上海市环保局原副局长严舜钧利用职权，帮助某跨国环境资源管理咨询公司，将环评资质由乙级升为甲级，并指定这个公司承接重要的环评项目，从中收取了几十万元贿赂；另外，严舜钧跟这家公司的总经理金思明（化名）关系非同一般。

像这样的举报信，上海市人民检察院二分院每天都能收到很多，但是对于环保领域的案子他们还是第一次接触。之前，在全国各地，陆续查处了一些环评方面的案件。这个线索被评估以后，检察官觉得很有价值。

检察官首先对环保领域的专业知识进行了初步了解，他们发现了这样一个背景，自从 2003 年 9 月 1 日《中华人民共和国环境影响评价法》颁布实施后，环保部门的地位也随之发生了变化。环境影响评价是各项工程的先置程序，只有专业的评价机构才能对工程可能产生的环境影响进行评估，而评估能否过关，环保局有着直接的权力。环评法颁布实施之前，对于环境评价，环保部门只有建议权，而环评法颁布实施之后，环保部门一下子成了权力舞台的中心。根据多年办案经验，检察官感到，越是权力集中的地方，越容易成为滋生腐败的温床。

严舜钧在上海环保领域是专家，很有名气，对于这样的专家型领导干部，初查需要十分慎重。

检察官决定兵分两路，对严舜钧进行秘密调查。一路人马首先来到银行、房产部门，调查后发现，严家的财产远远超过其正常收入，不仅有上百万元存款，而且有三套房产，其中两套是价值不菲的别墅。与此同时，另外一路人马来到了举报信中提到的某跨国环境资源管理咨询公司。

随着调查的深入，疑点越来越多。检察官发现，金思明所在的这家跨国环境资源管理咨询公司，后台背景确实非同一般，2004 年，这家公司获得乙级环评资质，2007 年环评资质又从乙级升至甲级，成为国内第一家获此资质的外资公司。甲级环评资质不仅意味着可以在全国范围内从事环评工作，而且还可以承揽更多的大型工程项目。换句话说，有这个资质在手，就等于一年有两千万的收入，因为一旦把资质出借给他人，便可收取管理费，所以拥有甲级环评资质，就等于拥有了一座"金矿"。

作为上海的一家外资环境咨询公司，如果没有严舜钧的帮忙，它是很难获得甲级环评资质的。此外，严舜钧还把"上海市杭州湾沿岸化工石化集中区环境影响评价"项目，切下来一部分，给了这家公司来承包。严舜钧身为国家公务人员，跟非亲非故的金思明来往密切，频频提供帮助，他们之间隐藏着什么不可告人的秘密呢？

检察官把焦点对准了金思明，发现金思明和严舜钧关系确实非常密切，他们经常一起到国外进行考察。除此之外，检察官没有发现其他更有价值的线索。

柳暗花明

金思明所在的是一家全球知名的外资公司，在国内外影响很大，若要对他采取强制措施，检察官必须要找到强有力的证据。

初查结果表明，该公司资金来源合理，也不存在资金抽逃以及纳税方面的问题。就在检察官为寻找突破口而四处调查时，二分院的检察官得到了一条重要信息：国家环保总局环评中心原主任吴波因受贿被逮捕，由最高人民检察院指定河北衡水某检察院管辖。

听到这个消息，检察官的心头豁然开朗起来。

根据环评法的相关规定，环评公司申请甲级资质，必须在获得乙级资质的基础上，报请国家环保总局批准，而申请报告到了国家环保总局，则必须经过吴波这一关。虽然没有决定权，但按照业内的说法，吴波的位置是"点头不算，摇头算"。按照常理，金思明与严舜钧关系密切，金思明的公司已经取得了环评甲级资质，金思明有可能送钱给严舜钧，也完全有送钱给吴波的可能。

经过研究，2009年3月17日，二分院的检察官连夜出发赶往河北，他们希望从吴波身上顺藤摸瓜，找到金思明行贿的证据，从而进一步打开严舜钧案的缺口。3月18日凌晨，他们到达衡水，在当地检察院的协助下提审了吴波。

在很短的时间内，吴波就承认了金思明在办理甲级资质的过程中，向他送过两万元钱。

灵验的测谎仪

有了吴波的口供，就等于找到了金思明涉嫌行贿的证据，检察官掩饰住内心的兴奋，回到上海后决定，立即传唤金思明。然而就在此时，金思明突然不见了。

通过技术手段，检察官发现金思明不在上海，他去哪里了？公司的人告诉检察官，金思明去了北京，航班查询也证实了金思明的行踪。金思明为何突然去了北京？是正常出差还是他已经觉察到了什么？是去北京找到他还是在上海守株待兔？办案检察官展开了激烈的讨论。

经过两个小时的协商，检察官最终作出决定，为了防止事情有变，立即赶往北京找到金思明，让他异地协助调查。

在北京，他们迅速与北京市人民检察院侦查指挥中心取得了联系，在公安部门的配合下，对北京市所有宾馆的登记情况进行排查，很快发现，金思明落脚在亮马河附近的一家宾馆里。

来到金思明入住的酒店，检察官向酒店前台表明了身份。前台接待人员说，这个客人刚刚出去，行李还在房间，不知道什么时候才能回来。检察官灵机一动，让服务员把金思明的房卡进行了消磁，然后就在酒店大堂悄悄守候。晚上九点左右，金思明出现了，他回到房间打不开房门，于是找到了总台，一旁守候的检察官确定这就是金思明，立即上前将他带走。

金思明曾是研究环保科学的大学副教授，后来在英国某知名大学拿到了博士学位，在环保领域属于专家型人才。在接下来的讯问里，金思明承认了给吴波行贿的事实，但是他却一直否认和严舜钧有重大经济往来。

案件在这里陷入了僵局。检察官担心，如果继续拖延下去，严舜钧那边会有意想不到的情况。原来，严舜钧的妹妹和女儿都定居在美国，严舜钧的父母亲也在美国，如果严舜钧察觉到检察机关正在对他进行调查，出逃的情况随时都可能会发生。为了防止严舜钧外逃，检察机关依法对他进行了24小时监控。与此同时，检察官必须尽快在金思明这里取得突破，找到证据。为此，他们使用了一种秘密武器——测谎仪。

经过三小时严密的监测，测谎结果表明：金思明交代的与严舜钧交往的过程不实，有明显说谎的体征反映！金思明是高级知识分子，面对测谎结论，他不得不吐露了一件实情：他去美国的时候，顺道看望了严舜钧女儿，受严舜钧的委托，给了严舜钧的女儿两万美元。金思明证实，直到案发，在有能力归还的情况下，严舜钧既没有归还的行为，也没有归还的表示。

有了金思明交代的两万美元事实，这个证据已经足够了。至此，案件取得了重大突破，接下来，和严舜钧正面接触的时刻到了。

环保专家的担忧

严舜钧的家在上海九亭的某高档小区，检察官一直在这里盯守，而严舜钧似乎也预感到了什么。2009 年 4 月 2 日，检察官从位于上海九亭的别墅里将严舜钧带了出来，身穿深色夹克衫的严舜钧似乎早就在等待这一天的到来。

面对 63 岁的严舜钧，检察官并没有直接讯问他受贿的事实，而是肯定了严舜钧多年来对上海市环保事业的贡献，肯定了他在环保领域的专家地位。

严舜钧是一个很爱面子的知识分子，检察官的举动让他很意外，也很感动。

有了可以沟通的桥梁，接下来，检察官开始切入主题。几小时交锋过后，严舜钧把这几年利用职务之便收受贿赂的情况一一讲了出来。

严舜钧 1946 年出生在上海，后来知识青年上山下乡，他去了甘肃，在当地工作了二十多年，后来考上了大学，毕业后才回了上海。凭着自己的业务能力和勤奋，他当上了上海市环保局副局长，一干就是十余年。严舜钧同时也是闻名遐迩的"环保专家"，像知名的杭州湾沿岸化工集中区项目、上海磁悬浮铁路工程，他都有参与，为上海的环保建设作出过许多贡献。

和大多数贪官一样，严舜钧的犯罪道路也是从接受小恩小惠开始的，出国考察的时候开始接受一些专家咨询费，直到收受金思明的两万美元。严舜钧说，那全都是为了女儿。

女儿的婚姻并不幸福，生活上的不如意和经济上的不宽裕，让身在上海的严舜钧心里充满了牵挂和担忧。一方面为了女儿，一方面出于对未来生活的考虑，在临近退休的时候，严舜钧逐渐有了贪念，开始接受各种好处费。

　　黄玉文（化名）是严舜钧的徒弟之一，后来下岗创业，从事消音工程，短时间内，他从一个包工头成了大老板，上海外环线高架桥上的隔音板都是他的公司承包的，这与严舜钧的提携不无关系。但是面对检察官的讯问，黄玉文始终不愿对不起自己的恩师。

　　几天后的一个夜晚，检察官突然提审黄玉文，他们将严舜钧接受讯问的照片和文书等摆在桌上。见此情景，黄玉文痛苦万分，他害怕连累一起创业的家人，权衡之下，道出了两次送给严舜钧40万元的事实。

　　经过多次提审，严舜钧所有犯罪事实已经基本清楚，剩下的工作就是找到行贿人，进一步固定证据了。

重病的犯罪嫌疑人

　　在上海市人民检察院二分院，关于严舜钧案的侦查起诉工作正在有条不紊地进行。

　　然而就在这时，看守所里传来一个惊人的消息，严舜钧突然昏迷不醒，病情危急。看守所立即将严舜钧送到医院，经过抢救，严舜钧苏醒了过来。经过检查，医生发现严舜钧患有严重的肝硬化，医生介绍，肝硬化引起的血管曲张一旦发作，短时间内完全可能死亡。

　　严舜钧的病情十分危险，但是案件调查还要继续，为了防止意外发生，检察院和医院之间建立了一条绿色通道，一旦犯罪嫌疑人出现不良反应，医院立即派医生过去。另外，医院派了一名医生和一名专职护士，每天早上给他打针，检查身体，在每次审讯之前对他的血压进行测量。在饮食上，检察官也对严舜钧进行了特殊的照顾，严舜钧不能吃一些粗纤维的东西，即使是芹菜也要剁成碎末儿，看守所都是大灶，经过沟通，看守所为严舜钧在饮食上开了"小灶"。

　　检察机关的人性化办案，使严舜钧非常感动。

　　面对严舜钧的病情，他的家人提出对严舜钧取保候审的请求。对一个涉嫌受贿的厅级领导干部取保候审，并且七个行贿人有六个都处在非羁押状态，这给检察机关带来了不小的压力。

考虑到严舜钧到案后，始终认罪、坦白，再考虑到他的身体状况不适合继续羁押，检察机关决定对其实行取保候审，并采取了相关的措施：每周一三五下午，由环保局纪委专程派车，将严舜钧送到检察机关，让他复述自己受贿的一些事实，以保证口供的稳定性。

一方面担心严舜钧病情恶化，一方面担心时间长了容易翻供，检察机关制定了快侦快结的方案。他们分秒必争，外查内调，查实每次权钱交易的背景和细节。

为了不让女儿受到牵连，严舜钧同意由他做通女儿的思想工作，把在美国接受金思明两万美元的事实写成书面证词，为本案提供了来自境外的关键证据。

从立案到侦查结束，严舜钧案的侦破仅仅用了 28 天的时间，这在上海市人民检察院第二分院还是第一次，也为严舜钧案的顺利开庭打下了基础。

法庭上，严舜钧没有更多的辩解

2009 年 12 月 25 日，上海市第二中级人民法院作出判决：上海市环保局原副局长严舜钧在担任环保局副局长期间，利用分管环境监督管理、建设项目管理、环境辐射管理等职务便利为他人谋取利益，收受贿赂 86.4 万人民币、两万美元及 4000 欧元，犯受贿罪，判处有期徒刑十一年，剥夺政治权利二年，并处没收财产人民币 10 万元。

一笔万元行贿款
牵出一个受贿百万的水务局长
一座年久失修的大桥
揭开一桩见不得人的肮脏交易
一个不辞而别的妻子
一声发人深省的叹息

千万大桥下的百万交易

2009 年 8 月的一天，几个身影悄悄来到安徽省临泉县水务局家属院，来人是阜阳市人民检察院的几名检察官。在确定了房间号码后，他们敲响了紧闭的房门。

敲门声在楼里回响，房间里鸦雀无声，几名检察官有一种不好的预感。

2009 年夏天，阜阳市人民检察院在侦办安徽省临泉县水务局原局长马骏洲涉嫌受贿案的过程中，马骏洲交代，受贿钱财大部分放在妻子的手中。检察官火速赶到马骏洲家中，没想到人去楼空，马骏洲的妻子突然不见了。

马骏洲受贿的钱财，除了现金外，还有很多玉器类的实物，行贿人知道马骏洲有收藏玉器的嗜好，于是投其所好。这些玉器的价值，据马骏洲自己估算，约有一百万元左右。

马骏洲妻子的失踪让几名检察官吃了一惊，前期积极配合调查的她，在检察机关追赃的关键时刻，为什么不辞而别了呢?

证人变成嫌疑人

2009 年年初，阜阳市人民检察院在侦办另外一起受贿案件时，犯罪嫌疑人交代，临泉县水务局局长马骏洲曾经送给他一万元。

作为证人，马骏洲接受了检察机关的询问。马骏洲人高马大，说话声音也很洪亮，面对调查，他拒绝承认曾向他人行贿。为了尽快脱身，马骏洲自以为是地想到了一个办法："我确实想不起来这一万块钱的事，干脆我交代自己的问题吧。"

马骏洲交代，从 2003 年开始，他在农村饮水改造工程、环城水系疏浚、绿化工程招投标中，先后收了承包商所送钱物共计二百多万元。这二百多万元，都是承包商按照 5%~10% 的工程款比例，折算后送给马骏洲的回报。

这二百多万元的主动曝光，引起了检察官的注意，为什么马骏洲拒绝交代向他人行贿一万元，反而主动曝光自己收受二百多万的问题呢？马骏洲的坦白让人想不明白。

马骏洲解释说，参与工程招投标，拿回扣是个"潜规则"，而且投标单位一旦未中标，他都按规矩予以退款。马骏洲认为，国家这一块没损失，他是从承包商的利润里边拿的钱，拿了回扣的马骏洲认为，这最多就是违纪，还不至于违法。

这个马骏洲，天真得有点可爱。但接下来，检察官发现，马骏洲并不傻，对于收受哪些人的回扣，马骏洲一直遮遮掩掩，再也不肯实话实说。

面对检察官的讯问，性子耿直的马骏洲似乎显得理直气壮："大不了我把收的钱退出来，实在不行，大不了局长我不干了。"

"清水衙门"里的腐败

马骏洲的坦诚，让他一下子由证人变成了犯罪嫌疑人，这让检察官啼笑皆非——马骏洲虽然身为水务局局长，但却是一个标准的法盲。

2009 年 6 月 29 日，阜阳市人民检察院对马骏洲涉嫌受贿立案侦查。

虽然初步交代了自己的问题，但仅凭马骏洲的口供，检察机关还不能形成完整的证据链。对此，检察官兵分两路，一路继续对马骏洲进行讯问，保持压力；另一路开始寻找行贿人，调查取证。

在检察官的眼中，水务局是个"清水衙门"，并且有很强的专业性，这对检察官来说是一个新领域。一边是对水利业务不甚熟悉的检察官，另一边是在行内摸爬滚打多年的水务局长，彻底查清马骏洲的问题，绝没有那么容易。

检察官从水务局近年来主管的招投标工程入手查起。

根据《中华人民共和国招投标法》规定，大型基础设施、公用事业建设必须公开招投标，相关过程和结果必须向社会公示。最近几年，水务局主管的招投标工程很多，找到这些工程的中标单位，是不是就可以顺藤摸瓜，找到行贿人了呢？

于是，检察官首先从安徽水利招投标信息网上，找到了临泉县水利系统招投标的全部资料，在这些资料中，哪些单位参与了投标，哪些单位中标都一清二楚。通过网上查询，检察官很快锁定了三十多个目标，但在进一步调查中却发现，这些参加投标的单位和个人大都不在本地，而是遍布省城及周边几个省份，即使是一些本地人做的工程，很多也是借助外地企业来投标的。

检察官深知，尽快找到这些单位和个人，是案件突破的关键。但是，问题接踵而至，许多外地单位和个人并不配合，躲着不见。

检察机关人手有限，为了尽快找到这些单位和个人，他们制定了新的方案，把一些不愿意露面的企业和人员，安排水务局业务部门跟他们联系，请他们来对账。很快，有一部分人从外地赶了过来，通过做工作，检察官查清了这部分人与水务局的经济往来。

经过检察官的努力，马骏洲涉嫌受贿的事实逐渐浮出水面。

2009年7月10日，阜阳市人民检察院批准对马骏洲执行逮捕。同时，马骏洲积极通知妻子配合检察机关，主动上缴了部分赃款。

关键人物出走了

案件进展很顺利，顺利得让人生疑。在网上的招投标项目查询中，检察官发现，2009年4月底，临泉县有一个泉河大桥重建工程正式对外招标，而这个工程的招标单位也是临泉县水务局，奇怪的是，审讯中马骏洲对泉河大桥从未提及，是忽略了还是故意回避呢？

通过调查，检察官发现，泉河大桥是临泉县的重点工程，标底金额有三千多万元。在建筑行业，有"金桥银路铜房子"的说法，也就是说，如果参与这座大桥的修建，中间会有很大的利润。

检察官马上赶往泉河大桥实地调查，现场勘察后他们发现，本该开工的大桥重建工程迟迟不见动静。继续调查中，检察官有了一个意外发现，大桥建管处处长不是别人，正是马骏洲。

泉河大桥是一座横跨临泉县泉河南北的混凝土结构公路桥，位于临泉县城的中轴线上，修建于1983年，到2009年的时候，大桥已经破烂不堪。2009年年初，临泉县决定筹集资金重修大桥，大桥重建的任务由临泉县水务局负责，身为局长，马骏洲自然是泉河大桥重建工程的第一负责人。

面对掌握的新情况，检察官决定再次审讯马骏洲。

可就在检察官刚刚触及泉河大桥重建招投标问题的时候，马骏洲却一改常态，惜字如金。

前面的"坦诚"让马骏洲一下子由证人变成了犯罪嫌疑人，此时的马骏洲似乎意识到，口无遮拦只能暴露更多的问题，他正在一步一步地陷入自己制造的泥潭之中。于是，这一次他选择了沉默。

马骏洲的反常坚定了检察官的判断。依照马骏洲的爽直性格，如果泉河大桥招投标工程没有问题，他肯定会一吐为快。检察官决定从中标单位入手进行调查，很快，承接大桥重建工程的安徽某机械施工公司进入了检察官的视线。

通过进一步调查发现，为了中标泉河大桥重建工程，这个公司已经先期支付了150万元的好处费。公司经理袁可（化名）交代，这150万并没有直接交给马骏洲，而是交给了临泉县一个叫张德顺的个体户，而且是张德顺在中间"牵线搭桥"，最后他们拿到了泉河大桥的工程。

这个张德顺是谁？袁可为什么会把150万元放心地交给他？张德顺和马骏洲又是什么

泉河大桥横跨临泉县泉河南北，位于临泉县城的中轴线上

关系？还有，150 万元到底是不是给了马骏洲？一连串的问号在办案检察官的脑海里盘旋，只有找到这个叫张德顺的人，这些谜底才能解开。然而，检察官赶到张德顺家的时候，他却不见了踪影。

通过了解，张德顺只有小学文化，只会写自己的名字。6 月中旬，就在马骏洲接受调查的时候，张德顺离家出走，再也没有回来。

关键人物的失踪，使案件侦破变得一波三折起来，然而在张德顺家，检察官还是看到了希望。张德顺的爱人当时已经有了六七个月的身孕，检察官断定，即将初为人父的张德顺不会走远，于是决定派人在张家附近蹲守，直到张德顺回来。

十几天过去了，令人惊讶的是，张德顺一直在外面潜逃，跟家人断了音讯。

为女儿第一次受贿

看守所里，马骏洲对泉河大桥的事情一言不发。僵持和沉默持续了几天，马骏洲心底的一丝良知似乎在渐渐苏醒，他开始和检察官聊起了家常。

讯问中，马骏洲屡次提到自己在北京的女儿。马骏洲说，为供养自己的女儿上学、找工作，他非常不容易。女儿在北京某大学即将毕业的时候，想留在北京发展，他到北京给女儿联系工作，找到一些亲戚和朋友，他们都说，北京户口根本没办法解决，即使考公务员入围了，进入前几名了，没有一二十万块钱，你想也别想。

这话让马骏洲很沮丧，自己当了四年多局长了，一二十万块钱就是一个天文数字。当马骏洲第二次去联系的时候，这些亲戚朋友借故不跟他见面，这让马骏洲知道了钱的重要。无论求谁，都离不开钱，此时的马骏洲心里不平衡了，想想自己参加工作三十多年了，这种不平衡感越来越强。

马骏洲参加工作时，先在水务局做绘图员，靠着业务精熟一步步走上了局长的岗位。2001 年 9 月，马骏洲被提拔为临泉县水务局局长，他很珍惜这来之不易的机会，主持水务局工作近八年，先后力推的重大工程数以十计，全面改造了临泉的水系和农村管网，涉及民生的方方面面。马骏洲吃得了苦，都当了局长了，依旧领着工人们在河堤上连续干几天几夜。

马骏洲身为局长，工作成绩突出，再加上从基层出身，性格直爽，在临泉当地很有人缘。马骏洲的名字在临泉县大家不一定知道，但是他的绰号"马宝"，却在临泉县尽人皆知，马骏洲为人仗义，性子耿直，大家都知道临泉有个"马宝"。

因为女儿工作的事，马骏洲深切体会到了钱的重要，但是自己身在清水衙门，怎样才能拿到更多的钱呢？马骏洲把目光盯上了自己手中的权力，俗话说靠山吃山、靠水吃水，自己靠着水，而水能生财。从第一次开始收几万到最后几十万，甚至上百万，一步一步走到了现在。

对于这些不明不白得来的钱财，马骏洲的妻子非常担心，常常睡不着觉，多次劝说丈夫，把这些钱退回去，两个人都有工资，足够生活。但马骏洲把眼一瞪，吓得妻子不敢吱声了，在马骏洲的心目中，为女儿联系工作，没有钱这件事对他的刺激太大了。

为了不让妻子过于担心，马骏洲想到一个两全其美的办法，他把收的钱大部分换成玉石，然后再把玉石拿回家。一万块钱的玉，他告诉妻子才两千块钱，从此，妻子不再说什么了。在她眼里，丈夫拿回家的不是钱，而是些"破石头"，这东西没啥。

马骏洲越说越兴奋，按照他的性格，他索性一吐为快。

马骏洲交代，受贿的钱财很多被用来买玉了，而这些玉都存放在家中。

于是就出现了本文开头的一幕，就在检察官前往马骏洲家中追回这批玉的时候，马骏洲的妻子突然不见了。她离开时，带走了家中所有的财物，包括马骏洲交代的玉器和部分现金。

马骏洲：为了供养女儿上大学、找工作，我很不容易

听到妻子不辞而别，马骏洲再也掩饰不住情绪，哭了起来

又一个关键人物的失踪，让检察官感觉到了极大的压力。一方面，检察官积极部署追逃工作；另一方面，检察官决定，将此消息告诉马骏洲。听到这个消息，马骏洲再也掩饰不住自己的情绪，哭了起来。

马骏洲毫不掩饰对妻子的愧疚之情。原来，和许多成功男人一样，马骏洲的地位和性格，吸引了许多女人的芳心，马骏洲在外面包养了三个女人，这在单位已经是公开的秘密，而这一点深深地伤害了马骏洲妻子的心。她是个南方女子，马骏洲是个典型的北方大汉，在家里，马骏洲顶天立地，稍有不顺就跟妻子一通乱吼。

到此为止，原本心存侥幸的马骏洲被击垮了，他彻底交代了在泉河大桥重建工程招投标中，自己以权谋私，收受张德顺钱财的事实。

床上的 100 万现金

张德顺早年就和马骏洲认识，但是二人没有任何经济来往。就在泉河大桥重建公开招标的消息发布没多久，张德顺通过自己的岳父马向东（化名）请马骏洲吃饭。马向东退休前也是县里的干部，由于工作关系，跟马骏洲很熟悉。

饭桌上，马向东引荐了安徽某机械施工公司经理袁可，并称他的公司有意投标泉河大桥重建工程。此时，马骏洲并没急于拒绝，只说，大桥工程你们来投资，欢迎欢迎，能够提供的帮助，一定尽力。

这显然只是马骏洲在酒桌上的客套。初次见面，马骏洲原本以为，这仅仅只是双方蜻蜓点水式的一个接触，毕竟，在他的手上，还有多家公司想报名竞标泉河大桥重建工程，但是饭后，马骏洲却被神秘地带到一个房间。房间里有一张床，马向东随手揭开床单，床上满满地铺着成捆的现金，红彤彤一片。

马骏洲大吃一惊，马向东说："这是 100 万，犒劳犒劳你，拿到这个工程后，再按比例给你。"面对一床的钞票，马骏洲明显没有心理准备。

"工程八字还没一撇，要啥钱！"说完这句话，他迅速离开了。

几天后，马向东再次找到马骏洲，见面后，他拿出一张银行卡，让马骏洲收下。"说实话，当时我心里没有承受这么大金额的能力，不敢要。"这一次，马骏洲又推掉了。

岳父没能拿下马骏洲，张德顺决定亲自上阵。时隔不久，他找到马骏洲，重提泉河大桥工程的事情，并请马骏洲多关照。马骏洲爽快答应并暗示，不能直接从他的岳父那里拿钱："都是县里的干部，级别也差不多，这不合适。"

　　得此暗示后，张德顺明白了。几天后，在一辆车上，双方开始了第一次交易：张德顺送给马骏洲 20 万元钱，后者欣然"笑纳"，并明确表示愿意关照。

　　按照招投标的相关规定，所有参加竞标的企业和单位，最后都要经过评标委员会的打分，分数最高的就中标。评标委员会由七人组成，马骏洲是其中之一，而且是主任，在临泉县水务局组成的评标委员会中，兼任大桥建管处处长的马骏洲一言九鼎，是最后的拍板决策者。马骏洲通过操控评标委员会，让安徽某机械施工公司顺利入围，同时也使自己一步步滑向犯罪的深渊。

　　4 月下旬，安徽某机械施工公司以及另外两家企业作为中标候选单位入选了，临泉县水务局对这些企业进行了实地考察。在这个过程中，张德顺又开车接马骏洲吃饭，送他回家的路上，又给了他 30 万元。

　　2009 年 5 月 1 日，临泉县水务局向安徽某机械施工公司送达了中标通知书，为表示感谢和在以后的工程施工过程中能得到关照，张德顺再次送给马骏洲人民币 50 万元。然而，据袁可交代，他们分两次划出的一共是 150 万元，马骏洲交代自己分三次拿到的只有 100 万元，另外 50 万元去了哪里了呢？

　　两个月后，在警方的配合下，张德顺在当地一家棋牌馆被抓获归案。

　　张德顺归案后，检察官连夜对他进行了讯问。张德顺对介绍行贿马骏洲一事供认不讳，他交代，确实从袁可那里收到 150 万元现金，给马骏洲的也确实是 100 万元，其他的钱被自己花了。

　　经阜阳市人民检察院查实，马骏洲在担任临泉县水务局局长期间，先后 20 次收受他人所送财物约 315 万元；案发后，其配合追回 202 万余元赃款，挽回部分经济损失。2009 年 12 月 14 日，阜阳市中级人民法院一审作出判决：以受贿罪判处马骏洲有期徒刑十五年。马骏洲没有提出上诉。

　　2010 年 1 月 25 日，张德顺以行贿罪被判处有期徒刑八个月。

　　判决生效时，马骏洲的妻子依然不知去向。

他本可在政界出人头地
却被调到了国土资源局
当兵时就是百万富翁
他收了很多钱
却从不乱花钱

国土局长的"刨金术"

2009 年 3 月的一天，一辆警车悄悄驶出安徽省蚌埠市人民检察院的大门，车子驶离热闹的蚌埠市区，向二百多公里外的马鞍山市驶去。警车里，两位检察官神色凝重。傍晚时分，警车来到离马鞍山市区不远的一个小村庄。

在一户村民家里，检察官从卧室里找到一个保险柜，保险柜里的内容让检察官吃惊不小，除了二百多万元人民币现金，还有十几个房产证、两根金条以及大量的名表和外币。

王海风弟弟家里的保险柜

这家男主人是一名普通工人，靠薪水度日的工人家里怎么会有这么多钱？面对调查，男主人坚称，钱是自己做生意赚来的。在检察官的步步追问下，他的回答漏洞百出，最后他承认，这些钱是他的哥哥王海风放在这里的。

主动交代四个行贿人

在马鞍山市红旗南路，有一幢非常醒目的建筑，这就是马鞍山市国土资源局，王海风曾经在这里当了七年多的局长。2008 年 7 月，安徽省有关部门在查处马鞍山市原副市长吕金宝受贿案时，其中两个行贿人在交代了给吕金宝行贿的事实后，还主动承认曾经给马鞍山国土资源局局长王海风送过钱。根据这一线索，安徽省人民检察院指定蚌埠市人民检察院对王海风涉嫌受贿立案侦查。

接受任务后，蚌埠市人民检察院反贪局立即进行了周密部署。

蚌埠距离马鞍山市有二百多公里，为了慎重起见，办案检察官来到马鞍山以后，通过马鞍山市委组织部，以使用干部需要了解有关情况为由，让王海风到组织部来一趟。

没过多久，王海风自己开车来到组织部的楼下，此时，检察官已经等他多时了。

2009年1月24日，王海风被批准逮捕。让人意想不到的是，到案后王海风的态度非常好，讯问室里，刚坐下没多久，他就主动交代了自己收受他人贿赂的情况。但是，王海风交代的四名行贿人，更像社会上的迎来送往，并且数额大多在一两万元，而在他主动交代的四名行贿人中，没有检举他的那两个行贿人。凭着多年的办案经验，检察官感到，王海风肯定还隐瞒着重大的受贿事实。

讯问室里，王海风总是有意无意地说起他的过去，他说他陪着市领导到欧洲，在异国他乡的某个高档饭店里，有一架很大的钢琴，多才多艺的他往上一坐，一曲下来，赢得掌声一片。王海风的用意很明显，他在炫耀自己的过去，也在向检察机关施压。

前期的调查，检察官对王海风有了较多的了解。在检察官眼里，王海风不仅仕途顺利，而且还是一个很有才气的人。1954年出生的王海风，原籍安徽省宿州市，父亲是1942年参军的抗日老战士，1972年12月，王海风从马鞍山市入伍，被分配到昆明空军部队某部服役，1979年参加对越自卫反击作战，因表现突出，两次荣立三等功，多次受到嘉奖。

在部队服役时，王海风训练刻苦，头脑灵活，很快当上了班长，参军一年半入党，两年半提干，凭着英勇的表现和聪明的头脑，一表人才的王海风很快成了某部队副司令员的乘龙快婿，妻子也是一名军官。自此，王海风的军旅生涯踏上了升迁的快车道，38岁时就被任命为上校正团职军官。1995年王海风转业到了马鞍山，被安排到马鞍山市花山区人民政府担任副区长，两年后成为区长。至此，王海风的仕途可谓一帆风顺，这也造就了他十分自信的性格。

仕途受挫

前期调查中，两名行贿人交代，王海风在马鞍山市名筑小区有一套私人住宅。检察官来到小区调查时，却发现这套房子里住着一个姓张的女人，在难以确定王海风和这个女人关系的情况下，办案检察官制定了两套审讯方案。首先从最初检举王海风的两个行贿人入手，期望能取得进一步的突破。

两名行贿人交代，马鞍山市原副市长吕金宝案发后，王海风立即给他们打了招呼，订立了"攻守同盟"。王海风万万没想到，就是这两个行贿人主动供述了向他行贿的事实。

此时，王海风摆出一副已经彻底交代清楚的样子。审讯中，他刻意和检察官"套近乎"，一方面想探听检察机关掌握证据的虚实，另一方面意欲博取检察官的同情。

他看到检察官郭杰的钥匙环上有一个小指甲剪，就向郭杰提出："我在欧洲买了一百欧元一把的指甲剪，我买了十把，我肯定是有罪了，但是我出去后，我肯定送你一把指甲剪。"

针对王海风自信甚至自负的性格，检察官向他讲明，现在的认罪态度跟将来的量刑有很大关系。经过审讯，特别是当王海风看到其中一个行贿人的证言时，他的思想防线终于被撕开了一道口子，他交代了二十多人，给他行贿四百多万元的事实。

在王海风交代的行贿人中，行贿数额最大的是某房地产开发公司的曾科义（化名）。在五年时间里，他共向王海风行贿房产和款物折合人民币330万元，其中最大的一笔是在2006年，曾科义为感谢王海风在开发某小区项目时所给予的帮助，将一套五百多平米的门面房送给了他。对于这个招摇的门面房，王海风似乎并不"感冒"，他提出来，能不能帮他卖掉。曾科义很听话，门面房卖掉后，把250万元现金分几次送给了王海风。

王海风和曾科义算是老朋友了，在担任花山区区长的时候，当时区里有一个八亩塘的旧城改造工程，曾科义通过朋友介绍认识了王海风，并且拿到了这个项目。工程结束后，王海风只收了五千块钱，那也是他担任区长期间唯一的一次受贿。

在担任花山区区长期间，王海风还是一个廉洁的干部，他本人对这个岗位比较满意。那个时候的他才四十多岁，前途一片光明，他觉得只要好好干，凭着他的政绩和头脑，一定能当区委书记，能当副市长，在政界平步青云，出人头地，于是，王海风在工作中尽职尽责，深得上级领导和群众的认可。那时的王海风踌躇满志，非常有希望在仕途的阶梯上越爬越高。

然而好景不长，2001 年 8 月，市里的一纸任命摆在了王海风的面前——他被免去花山区人民政府区长的职务，调任市国土资源局任局长。王海风简直不敢相信自己的眼睛，愣了半天回不过神来。

王海风非常不高兴，他认为这种调动，对自己的仕途是个特别大的打击，带着满腹的怨气，他找到市委书记表达了自己的不满，市委书记狠狠地批评了他。回来后，王海风闷闷不乐，那时的他已经 45 岁，正是干事业的大好时光，这种平级调动，他偏执地认为自己被判了政治上的死刑，这个念头一下子让他万念俱灰。

说起当时的心情，王海风说："你到了一个单位，最起码还要干几年才能显现出来，因为我的年龄一天天大了，你再干五年，你到 50 岁了，怎么提拔你怎么用你？我从这个方面去考虑的，我感到不行，政治上不行了。"

在王海风的眼里，国土局是一个很差的地方，整天跟土地打交道，能有什么出息？于是他采取软对抗的方法，拖着不去报到，直到组织上严厉地批评他，他才意识到这样对抗下去，可能官位不保，于是勉强去市国土局报到上班了。

这一去，彻底改变了他对国土局的印象。

对于官场上的人来说，每年的中秋节和春节格外重要，因为这是联络感情、谋求升迁的绝好机会。王海风刚到国土局的时候，正赶上房地产市场迅猛发展，他没想到，来到马鞍山国土资源局的第一个春节，就让他改变了对国土资源局的看法。作为局长，王海风的门前一下子变得车水马龙，看望他的人络绎不绝。"我以前在区里的时候，也有朋友来看的，那个时候看你提着两盒茶叶，或者提两条烟，这算比较好的。土地部门不一样，送礼很多，很厚实，很厚重。"王海风说。

自认为仕途上升迁无望的王海风，思想发生了 180 度的变化，他开始追求经济上的实惠，过去那种强烈的事业心和责任感淡漠了，捞钱的欲望却越来越强烈，"政治上不行了，在经济上，我一定要超过别人。"

昔日那些在社会上趾高气扬的大老板不断地登门拜访，慢慢地，王海风和曾科义这样的房地产商人交上了朋友。时间一长，王海风开始接受这些所谓朋友给的钱物，对于登门送钱的人，他不再拒绝。

在担任国土资源局局长七年多的时间里，两个节日成了王海风捞钱的"黄金"季节。

受贿千万

在交代了收受曾科义330万元贿赂的事实后，王海风又沉默了。王海风认为，自己已经交代了最大的一笔受贿款，其他一些小额的受贿款，他没必要再说了。

尽管王海风声称已经彻底交代，但检察官知道，还有另一个行贿人他始终没有提及。检察官启动了第二套审讯方案。那时正逢过节，在征得上级领导的同意后，检察官在办案点和王海风一起度过了一个简单的节日，此外，在法律允许的范围内，检察官也尽量满足王海风的一些合理要求。王海风被逮捕时，他的孩子上六年级，孩子的升学一直是王海风记挂在心头的一块心思。检察官和他的家人取得了联系，及时地把孩子的情况反馈给了王海风。

检察官的人性化办案，使紧张气氛得到了缓和，王海风的情绪变得稳定了。

接下来，他又主动交代了收受安徽某公司钱物的一些事实。因为帮助该公司在项目拆迁上加快进程，2003年，该公司为王海风预留名筑小区住房一套，在未付款的情况下，王海风又将房子转让给他人，获利36万元。2006年王海风又以情人的名义购买了名筑小区农贸市场旁一间商铺，低于市场价56万元……

随着调查的深入，王海风交代的受贿数额越来越大，已经接近一千万。王海风开始有点害怕了，他担心自己会被判处死刑，因此，他的情绪突然变得十分抵触，甚至要推翻以前的供述。

检察官一方面稳定王海风的情绪，一方面又通过外围调查，继续扩大战果。不久，负责外围调查的检察官传来消息，他们发现一个叫石泉（化名）的房地产商和王海风关系密切，国土局的办公大楼项目是由石泉承接的，之后他又转手承包给了别人。

然而，就在检察机关决定传唤石泉时，他却突然在马鞍山市消失了。检察官通过技术手段，在南京一家高尔夫球俱乐部里找到了他。面对检察官，石泉一脸的惊讶。

石泉交代，他给王海风行贿了165万人民币以及两万美元。

检察官将石泉的讯问录像给王海风观看，这无异于一枚重磅炸弹，让他震惊不已。在铁证面前，王海风彻底放弃了抵抗。

当兵时，他已是百万富翁

经过近七个月的调查，检察官掌握了王海风受贿的全部事实。王海风担任马鞍山国土资源局局长期间，利用职务上的便利，收受房地产商和矿产商钱物共计人民币1425万元，此外还有36万美元、10万新台币、4万港币，以及金条四根、劳力士手表两只、诺基亚手机两部、LV皮包一个等物品，折合人民币共约一千七百多万元。此案一经媒体报道，立即在当地甚至全省引起了极大轰动。

王海风喜欢钱，收了很多钱，但他并不乱花钱，他很善于投资。翻开王海风的履历不难发现，其实他对金钱的追求，早在昆明空军某部当兵的时候就已经练就了。

在军营的时候，当地烟草公司正好租用了部队的几间房子，由于离得近，王海风跟烟草公司的人很熟悉。在大家还不习惯经商牟利的年代，王海风就动起了赚钱的心思，他利用和烟草公司的关系，第一次批发了一箱香烟，转手倒出去，赚了120块钱——这笔钱相当于王海风当时一个半月的工资。有了这次成功的经历，王海风已不满足于小打小闹，而是整车地批发倒卖香烟，短短几年间，王海风足足赚了三百多万元。

这时的王海风仍不满足，当股票在我国刚刚兴起时，他凭着聪明和敏感的神经，又购买了朋友推荐的股票，赚了不少钱。

1995年，在没有与妻子商量的情况下，王海风转业回到了马鞍山市，妻子由此与他分手，王海风孑然一身回到了马鞍山。此时，王海风不仅是一名衣锦还乡的正团职转业干部，而且还是一个腰缠数百万元的富翁。

王海风从部队带回来那么多钱，但从来不存银行，他认为这样有风险，于是把钱锁在自己卧室的铁箱子里。王海风离婚后，又娶了一个年轻漂亮的妻子，在共同生活的十几年里，王海风都没告诉她，家里有多少钱。

矿山是个"无底洞"

王海风极具商业头脑，随着受贿的钱款越来越多，他把这些钱用来投资房产，购买股票和国债，再后来他又到内蒙古投资了三个矿山，他执拗地认为，自己在政界的前途已经黯淡无光，唯有在经济上出类拔萃，心里才能平衡一些。还在国土局当局长的时候，他已经在为自己的后路做打算了，他准备辞去公职后，带上自己受贿的黑钱，利用矿山把黑钱洗白。但是王海风没有想到，这几座矿山却成了他的梦魇。

投资矿山需要巨额资金，投了七百多万元以后，王海风经济上就有点招架不住了。他找到了昔日的战友——矿业老板鲁毅（化名），借了200万元。

鲁毅跟他讲了一句话："你拿去用吧，到时候亏了算我的。"

王海风对内蒙古开矿抱有很大的希望，他前后一共投入了七八百万。据王海风自己交代，他后来之所以疯狂受贿，很大程度上是为了弥补矿上的资金不足。

王海风在国土局工作的七年多时间里，平时为人低调，工作努力，生活俭朴，也没有什么不良嗜好。按照他的工资，原本可以过着很幸福的日子，但内心的贪欲却使他疯狂敛财，甚至很多购物卡都已经过期，他却不知道。

一开始收钱时，王海风并没觉得自己做错了什么。逢年过节，一些找他办事的人前来看望，明眼人一眼就能看出的门道，王海风却认为这帮人"够哥们""细微之处见真情"。

他忘不掉第一次受贿巨额现金时的心情。2003年，有人一次性在王海风办公室送给他20万元，王海风既吃惊又害怕。

接受调查时，王海风说："当时我心里十分矛盾和复杂。开始不敢收，随着时间的推移，越收越多，内心的矛盾和焦虑也越来越大。"王海风喜欢钓鱼，一到周末总能接到邀请他垂钓的电话；王海风出国考察，总有人找出合适的理由给他送来美金。王海风和他们打得火热，关系越走越近。

王海风：如果我不在这个位置上，他们凭什么给我钱

2008年11月，纪委找他谈话时，王

海风顿感灭顶之灾即将来临，清醒之后，他把藏有二百多万元现金和财物的保险柜，转移到了弟弟的家里。

案发后，幡然醒悟的王海风感叹："如果我不在这个位置上做这个官，他们凭什么给我钱？每送一次钱，就是在我身上加一道绳索，他们将一道道绳索套在你的脖子上，时不时地拉拉拽拽，你怎么能堂堂正正？其实他们有小九九，没有目的，谁会送你一分钱？"

"后悔，后悔加后悔！"王海风追悔莫及。

2010年3月11日，安徽省蚌埠市中级人民法院一审以受贿罪判处王海风死刑，缓期二年执行，剥夺政治权利终身，并处没收个人全部财产，追缴的赃款、赃物上缴国库，不足部分继续追缴。一审宣判后，王海风当庭表示不上诉。

十二小时冲破禁毒黑幕

这一天，四川果城南充，华灯初上，江风给这座不夜城带来了丝丝凉意。此时，南充市人民检察院的讯问室里，一场力量悬殊的较量将要开始。

踏进这个讯问室，梁维东有一种不祥的预感。自己在政法战线工作二十多年，讯问了无数犯人，但是今天，角色变了，他变成了犯罪嫌疑人，他的内心挣扎不已，他在等待检察官的到来。

时光回到半年前，同样是夜晚，四川省广安市，一场歼灭川东北贩毒集团的战役即将打响。车站、码头、居民区、茶馆等地方紧锣密鼓，层层布防，身着便衣的缉毒战士按预定方案，在茫茫人群中捕捉着可能出现的目标。

12月21日凌晨，外号叫"飞仔"的毒贩进入缉毒战士的视线，当场人赃俱获。被抓的"飞仔"表示，愿意配合公安机关，戴罪立功，他供出了川东北特大毒犯之一肖建波。当晚，在广安市科贸街一间昏暗的小房子里，警方一举抓获了正在分包毒品的肖建波等人，并且收缴毒品海洛因215克。

2001年1月21日，震惊川东北的肖建波家族式特大贩毒集团的十余名犯罪嫌疑人，被南充市人民检察院批准逮捕。

此案震惊四川。

毒贩为何屡屡得逞

这样一个有组织、有分工的跨区域贩毒集团，能在警方围追堵截下，屡屡得逞，这其中必有原因。检察官发现，肖建波在广安贩毒是非常公开的事情，他在广安市有个手机号码，是专门用来贩卖毒品的热线，广安市及邻近市县吸毒、贩毒的人几乎都知道这个号码。肖建波的这个手机，每个月的通讯费三四千块钱，广安的通信部门甚至还准备给肖建波做一个专访，说他是通信大户，信誉非常好，从来不欠话费，但肖建波没有同意。

这样公开猖獗的贩毒活动，居然没有引起当地公安禁毒大队的注意，这让检察官感到难以相信。就在这时，南充市人民检察院的检察官在讯问过程中，肖建波交代了一个细节：一次，自己在广安市的广场上贩卖毒品时，被广安市邻水公安分局禁毒部门抓获，但是他只打了一个电话，就被释放了。

肖建波说，他把电话打给了广安市公安局广安分局禁毒大队大队长梁维东，他说，他能够把毒品生意做得这么好，主要就是靠"梁叔"的关照。肖建波称自己的贩毒是合法的，是经过广安禁毒大队允许的，因为，他每个月都要送给广安市公安局广安分局禁毒大队大队长梁维东几千块钱，他是上了"税"的。

自此，梁维东进入检察机关的视线。

梁维东，男，1960年出生于四川广安，先后在广安县人民检察院批捕部门、县政法委、县公安局预审科工作，历任书记员、助理检察员、基层派出所所长、公安局法制科副科长，1997年至2001年初任广安区公安分局禁毒大队大队长。检察官在对梁维东的调查过程中发现，梁维东的口碑不错。

如果肖建波的供述属实，那么，一个以打击贩毒为主要职责的禁毒大队长向贩毒分子收取保护费，放纵他们大肆贩毒就意味着徇私枉法。

考虑到该案性质严重，四川省人民检察院决定，采取异地审讯的方式，指定南充市人民检察院查办梁维东案。5月21日，南充市人民检察院对梁维东立案侦查，与此同时加大对肖建波的审讯力度。在检察官的政策攻心下，肖建波陷入了矛盾，他逐渐认清了梁维东在自己的贩毒生涯中充当了什么角色。

2001年5月3日，为了立功，肖建波书面检举了梁维东的犯罪事实。

"小丫"挑大梁

考虑到梁维东的警察身份，并且可能随身携带武器，南充市人民检察院调集了二十多名检察人员，趁着夜色来到梁维东家中，将他带到检察机关接受讯问。检察官深知，虽然有肖建波的供述，但拿到证据，是此案成败的关键。

此刻，坐在检察机关的讯问室里，梁维东也在思忖着对策，他知道，未来的12个小时将决定自己后半生的命运。

谁担任主审检察官？讯问室里，梁维东一直在等待他的对手，这种猜测让他有些窒息。

当主审检察官王岚出现在梁维东面前的时候，他吃了一惊，顷刻间，原来逼迫在他身上的窒息感消失了。这是一位个子娇小、看上去不过三十岁上下的女检察官，按照梁维东的思维，这人不过是刚刚能够独立办案的黄毛丫头。

就在半个小时前，王岚刚刚接到通知，由她担任犯罪嫌疑人梁维东的主审检察官，挑此重担，王岚的心情也很复杂。

王岚出生在宁夏，在那里生活了13年，后随父母回到老家四川，骨子里她保留了西北人刚毅耿直、爱憎分明的个性。1988年，王岚毕业于西南石油大学计算机软件专业，被分配到南充市计划委员会信息中心，从事计算机软件开发工作。1992年，24岁的她被任命为计委信息服务部经理、法人代表。虽然当了领导，但王岚隐隐觉得自己不是搞企业的材料，不说别的，仅仅应酬场合上那一套，她就很反感。

那时的王岚可能没想到自己将与检察工作结缘。也许是机缘巧合，也许是性格使然，1993年，南充市人民检察院面向社会考调人员，王岚听到这个消息后，心里砰然一动。

1994年，王岚瞒着父母报考南充市人民检察院，经过层层筛选，王岚被录取了，职位从书记员做起。实践是最生动、最鲜活的教科书，王岚的成长充分印证了这个真理，每一次较量都是一次智慧的比拼，每一个案件的侦破，都需要对检察工作的无畏与激情。

王岚当过很多案件的主审检察官，这次，面对梁维东这样反侦查能力极强的对手，王岚知道，成败就在未来的12小时，这一仗只能赢不能输。

讯问室里的对抗

在梁维东打量王岚的同时，王岚也在观察着梁维东。

回忆起那天第一次见面的情景，王岚说："当天梁维东穿着一件黑色衬衣，个子挺高，很有一点儒雅的气质，跟我想象当中给毒贩子充当保护伞的人物有一定的差距。"

看到进来的女检察官只是一个"黄毛丫头"，老练的梁维东放松了警惕，在他看来，如果检察机关没有拿到确凿的证据，这12个小时他将平安度过，或许回家还能吃上一顿热乎乎的早餐。

对于王岚和她的同事而言，梁维东的想法并不奇怪。梁维东是禁毒干警，他熟知侦查、审讯等一系列程序，有很强的反侦查能力。但是，王岚和她的同事手里，仅仅只有肖建波直接指控的书证，并没有其他证据。

开始的五分钟，双方都没有说话。讯问室里，一股难言的对抗在梁维东和王岚之间交织着，这是一种心理的较量。梁维东的沉稳给了王岚一种压迫，王岚知道，这个开场白自己并不占优势。

接下来，王岚进入了正常的讯问阶段，然而她的每一个问题都被梁维东轻易地挡了回来，他说他不认识肖建波。梁维东性格沉稳，心理素质极好，问题回答得滴水不漏。

对梁维东来说，这样的讯问他经历的太多了。

六个小时很快过去了，讯问陷入了僵局，梁维东娴熟的对抗技巧让王岚几乎无计可施，最终梁维东已基本上保持着沉默，此时他开始等待那个讯问截止时间。而此时，在梁维东家进行搜查的检察人员，没有给王岚传回有价值的信息。王岚有些着急，时间已经过去了一半，讯问还没有任何进展。

智取梁维东

僵持的气氛弥漫在整个讯问室里，虽然表面平静，但暗流涌动，王岚安慰着自己，不能急。僵持间，她想到一个办法。

王岚站起身，自己倒了一杯水，然后给梁维东也倒了一杯水，就是这一杯水，讯问室里的气氛缓和了下来。王岚告诉同事，讯问基本就这样了，等天亮以后再说，剩下的时间，大家聊聊天吧。这话让在场的所有人松弛了下来，也让梁维东放松了警惕，他认定，这位女检察官已经对他毫无办法了，此时的梁维东，好像已经嗅到了美味早餐的味道。

看到梁维东眼神中的警惕开始逐渐消失了，王岚索性跟梁维东聊起了家常，王岚看似随意地聊起了梁维东的妻子。

梁维东经历了两次婚姻，他和第二个妻子陈某是在茶馆里认识的，但是陈某的前夫在他们即将结婚时，悄悄地将陈某抢回去并藏了起来。梁维东曾经找人帮他把陈某夺回，而这个帮他夺回陈某的人，就是肖建波。

王岚说："梁维东啊，你说你做个警察吧，怎么那么没面子，去找你的后妻吧，还叫肖建波他们带人去找。"

梁维东想都没想，叹了口气："是啊，我们虽然是警察，像这些事情还不是要找肖建波他们，帮个忙，砸个场子……"说完这话，梁维东似乎突然意识到了什么。

瞬间，讯问室的空气凝固了，所有人一下子紧张了起来。

王岚趁热打铁："你怎么认识肖建波的？"

梁维东有些后悔，他沉默了一会儿，眼睛盯着王岚，一言不发。

"你到底怎么认识肖建波的？"王岚乘胜追击。

这突如其来的转变让梁维东有点发懵，在王岚的步步追问下，他初步交代自己和肖建波的关系。原来，2000年4月，梁维东在执行任务时，抓获了正在吸毒的肖建波，肖建波通过熟人找到梁维东，用重金收买了这个禁毒大队长，自己得以释放。

王岚："肖建波为啥要送你这么多东西？"

梁维东："其实他也有他的目的，他是吸毒的，以贩养吸，希望我们不查处他。"

梁维东万万没有想到，自认为可以平安度过12个小时，只用了八个小时他就缴械投降了。王岚走出讯问室后，同事们向她发出一片欢呼声。

危险的交易

梁维东关押在西充看守所，距离南充市区三十公里。接下来的一个多月时间，王岚和她的搭档王喻几乎每天都要出现在看守所里，大量艰巨的审讯工作要在这里完成。

根据梁维东和肖建波双方的供述，这个为毒贩子充当保护伞、帮助毒贩子逃避打击的禁毒大队长的面目逐渐清晰起来。

当时，肖建波贩卖毒品，既批发也零售，按照他的想法，批发毒品量大，风险低，利润也低；零售毒品利润大，但是风险也高。为了利益，他决定铤而走险。

2000年4月，肖建波吸毒时被梁维东抓获，在第一次贿赂梁维东被释放之后，他就发现了梁维东的贪婪之处，他认为一个人有弱点，就容易被利用。于是，他找到梁维东，两人达成了一个交易：赚了钱大家用。梁维东觉得肖建波够义气，于是这个交易他默认了。

肖建波与梁维东一拍即合，成为所谓的利益共同体，有了这个保护伞，肖建波贩卖毒品更加猖獗。在肖建波贩毒活动中，梁维东不仅充当了保护伞，他甚至将自己缴获的毒品拿给肖建波销售，这样的共同利益让两个人的关系更加密切。

梁维东知道，这样的联系只能控制在秘密范围内。为了安全起见，梁维东每次与肖建波见面，时间地点都由他一人指定，每次公安机关的毒品查处活动或者重大

查获的毒品

行动，肖建波都会在第一时间得到通报，赶在行动前停止贩毒活动。肖建波屡屡漏网，这要"归功"于梁维东。

2001年11月26日，震惊川东北特大贩毒集团案在南充市中级人民法院公开审理，被告人肖建波参与贩卖海洛因15126.82克，以贩卖毒品罪被判处死刑，剥夺政治权利终身，并处没收个人所有财产。

与此同时，充当川东北特大贩毒集团保护伞的梁维东，因犯受贿罪、贩卖毒品罪、帮助犯罪分子逃避处罚罪等被判处无期徒刑，剥夺政治权利终身，并处没收个人所有财产。